MÉMOIRES

DU

DUC DE LUYNES

TYPOGRAPHIE DE H. FIRMIN DIDOT. — MESNIL (EURE).

MÉMOIRES

DU

DUC DE LUYNES

SUR LA COUR DE LOUIS XV

(1735 — 1758)

PUBLIÉS

SOUS LE PATRONAGE DE M. LE DUC DE LUYNES

PAR

MM. L. DUSSIEUX ET EUD. SOULIÉ

TOME QUATRIÈME

1741 — 1743

PARIS

FIRMIN DIDOT FRÈRES, FILS ET Cⁱᵉ, LIBRAIRES

IMPRIMEURS DE L'INSTITUT, RUE JACOB, N° 56

1860

Tous droits réservés

MÉMOIRES
DU
DUC DE LUYNES.

ANNÉE 1741.

OCTOBRE.

Mort de la princesse de Tingry. — Caractère de la douleur du Roi. — Mort de M. d'Estourmel. — Nouvelles des armées. — Fin des voyages de Saint-Léger. — Mariage du prince de Soubise avec Mlle de Carignan; billet de faire part. — Contestation sur le service du Dauphin. — Audience du comte de Loss. — Conversation du Roi avec M. de Meuse sur son logement. — Mémoire de M. de Châtillon sur le service du Dauphin et décision du Roi. — Permission à M. de Lignerac de vendre sa charge. — Épitaphe en vers de l'empereur Charles VI. — Communion du Dauphin.

Du mardi 3, Versailles. — Vendredi dernier, Mme la princesse de Tingry mourut à Paris; elle avoit vingt-six ans; elle étoit fille de M. de Senozan; elle étoit d'un caractère aimable, et avoit une figure qui plaisoit. Il y avoit longtemps qu'elle étoit mourante, et on prétend que c'étoit par le goût qu'elle avoit pour les remèdes, se faisant saigner en cachette quand elle savoit qu'on pourroit l'en empêcher, et prenant toutes les drogues qu'on lui proposoit; elle ne laisse d'enfants qu'une fille qui a quatre ou cinq ans.

Vendredi, le Roi revint de Saint-Léger, et il y est retourné aujourd'hui pour jusqu'à vendredi prochain; il paroît toujours, dans des temps de la journée, extrêmement sérieux et de mauvaise humeur. Hier, il soupa dans l'appartement de Mme la comtesse de Toulouse, avec Mme de Mailly, MM. de Meuse, d'Ayen, d'Harcourt, de Soubise et de Noailles. C'étoit le souper de M. le comte de Noailles qu'il avoit fait apporter.

Hier, le Roi avoit été à la chasse aux environs d'ici. Mme de Mailly y alla seule de femme dans le carrosse du Roi ; elle monta en carrosse au bas de la cour de marbre, au même endroit où le Roi y monte ordinairement ; elle y a déjà été de la même manière une ou deux fois. Il paroît, par l'air sérieux du Roi et par la manière respectueuse dont il entend la messe, que les réflexions de religion et l'habitude forment un grand combat en lui. Mme de Mailly est toujours dans l'affliction, mais il y a lieu de croire que ce n'est point seulement une douleur d'amitié, que les réflexions du Roi, peut-être même celles qu'elle fait, y ont quelque part.

On a eu des nouvelles de l'armée de la Meuse, que M. d'Estourmel (1) étoit mort à Nuys (2). Il est mort de la dyssenterie ; il étoit maréchal de camp ; il avoit commandé ci-devant le régiment de Toulouse-cavalerie ; il étoit malade avant que de partir, et n'avoit même pu joindre l'armée que le 10.

La compagnie de gendarmerie [Bourguignons], vacante par la mort de M. de Belsunce, a été donnée à l'ancien, et on a donné un guidon à vendre à la famille. La charge de grand louvetier n'est pas encore donnée ; M. de Flamarens la demande, et M. d'Heudicourt la désireroit pour M. d'Hautefort, son beau frère.

Du samedi 7, Versailles. — Le Roi revint hier de Saint-Léger, et ramena Mme de Mailly seule de femme dans son carrosse ; il n'alla point chez la Reine en arrivant, et on ne le vit point de toute la soirée. Le voyage de Saint-Léger a

---

(1) Louis d'Estourmel du Fretoy, marquis d'Estourmel.
(2) Neus, ville des États Prussiens (province Rhénane).

été un peu moins triste que les autres. Le Roi y a joué au trictrac, et Mme de Mailly a joué quelques parties de quadrille.

Nous apprîmes hier que la charge de grand louvetier étoit donnée à M. de Flamarens. Le détail que j'ai marqué ci-dessus n'est pas exact; elle ne vaut que 23,000 livres de rente, sur quoi il faut entretenir l'équipage; sur cela M. d'Heudicourt, en mariant sa fille, lui a assuré 200,000 livres et s'est réservé à lui-même 4,000 livres de pension.

Du mardi 18, *Versailles.* J'ai appris pendant que j'étois à Dampierre, où j'ai resté huit jours, que M. d'Ormesson [de Noiseau] avoit la place d'avocat général de feu M. Daguesseau de Plimont. M. d'Ormesson avoit quatre garçons, dont il y en a eu un de tué à une des deux affaires contre les Anglois; des trois autres, l'aîné a la survivance de M. d'Ormesson, l'autre est présentement avocat général, et l'autre est exempt des gardes du corps.

Les nouvelles que l'on a des deux armées disent que celle de M. de Maillebois manque beaucoup de subsistances, étant dans un pays où l'on ne la voit qu'à regret, et que dans celle de Bavière l'on désireroit beaucoup la présence de M. de Belle-Isle; elle est actuellement commandée par l'électeur, et sous ses ordres par M. de Terring, celui qui étoit ici il y a deux ans: on l'appelle le maréchal de Terring; il a été fait feld-maréchal à l'occasion de cette campagne.

Du mercredi 19. — Le Roi revint le mercredi 11 de Saint-Léger; il n'y avoit de dames à ce voyage que Mme de Mailly, Mme la duchesse d'Antin et Mme la duchesse de Gramont. Il n'y a plus de voyages de Saint-Léger. Le Roi depuis son retour a soupé tous les soirs chez Mme la comtesse de Toulouse, hors les jours de grand couvert, et ces jours-là même il y va après souper. Il a été plusieurs fois à la chasse, et Mme de Mailly y a toujours été seule de femme, et au rendez-vous elle montoit dans les calèches.

du Roi avec M. de Meuse. M. de Meuse et M. d'Ayen ne la quittent point et dînent tous les jours avec elle; on accommode actuellement un logement au-dessus de la petite galerie du Roi que l'on dit être pour M. de Meuse.

Le Roi alla hier courre le cerf, Mme de Mailly avec lui, et de là coucher à la Meutte, d'où il revient ce soir après souper. Mademoiselle est toujours restée à Madrid depuis un mois ou six semaines. Mme de Mailly lui écrivit il y a deux ou trois jours pour lui proposer d'aller à la Meutte; ainsi il y aura quatre dames à ce voyage-ci, Mmes d'Antin et Mme de Ruffec y allant.

Le contrat de mariage de M. le prince de Soubise avec Mlle de Carignan fut signé par le Roi dimanche dernier. Mme de Carignan et M. de Rohan ont fait imprimer à l'ordinaire des billets pour faire part du mariage. L'incognito rend ceux de Mme de Carignan assez singuliers; ils sont conçus dans ces termes : « Mme la marquise de Busc est venue pour avoir l'honneur de vous faire part du mariage de la princesse Anne de Carignan, sa fille, avec M. le prince de Soubise. » Mme de Carignan et M. de Soubise partent ces jours-ci pour aller faire le mariage à Saverne. M. et Mme de Rohan n'y vont point; la santé de M. de Rohan est toujours mauvaise, et il est dans un grand abattement.

J'ai marqué ci-dessus le changement qui a été fait à l'appartement de M. le Dauphin; on l'a augmenté d'une pièce, qui étoit anciennement de cet appartement. Ce changement a donné occasion à une petite contestation. Avant le changement, M. le Dauphin entendoit la messe tous les jours ouvriers dans son cabinet; les officiers des gardes du corps de service y entroient et y recevoient l'ordre de M. de Châtillon. Depuis le changement, on dit la messe dans la pièce qui est avant la chambre. Le premier jour de ce changement, M. le Dauphin étant dans son cabinet, l'officier des gardes vint pour prendre l'ordre; l'huissier lui refusa la porte. L'officier crut que c'étoit une méprise, et persista à vouloir entrer; mais il fut toujours refusé. Il se plaignit, et on a demandé une décision. Il a été décidé que lorsque les entrées seroient chez M. le Dauphin, M. de Châtillon pourroit faire entrer les officiers des gardes qui sont de service auprès de lui. Cette décision ne leur donne rien dans ce moment-ci, puisque tout dépend de la volonté de M. de Châtillon, cependant ils en sont contents. M. de Châtillon a le droit de refuser même les grandes entrées quand il le juge à propos, et d'ailleurs lorsque M. le Dauphin n'aura plus de gouverneur, le règlement qu'on vient de faire donne aux officiers des gardes les entrées chez lui. Il est même dit par le réglement que non seulement M. de Châtillon, mais même l'huissier, pourra faire entrer les officiers des gardes lorsque les entrées de la chambre seront chez M. le Dauphin. Cette décision est un adoucissement à celle qui a été faite sur le point qui étoit en contestation ; car il est dit par rapport à l'ordre que les officiers des gardes le prendront entre les deux portes, ce qui ne se peut entendre que de la porte du cabinet en dedans de la chambre. Il y avoit encore une autre difficulté. M. le Dauphin monte presque toujours de chez lui chez le Roi par un petit escalier qui rend dans l'antichambre à œil-de-bœuf ; on prétendoit que les officiers des gardes ne le devoient point suivre par cet escalier. Il a été décidé à cette occasion-ci que lorsque M. le Dauphin iroit chez le Roi dans un temps où l'antichambre à œil-de-bœuf n'est point encore ouverte à tout le monde, l'officier des gardes feroit le tour ; que lorsqu'elle seroit ouverte, l'officier suivroit M. le Dauphin par le petit escalier.

Avant-hier mardi, l'envoyé du roi de Pologne, électeur de Saxe, eut audience ; il s'appelle M. le comte de Loss ; c'étoit une audience publique. La Reine le reçut dans son grand cabinet avant sa chambre, et ne se leva point quand il entra ni quand il sortit. Il étoit conduit par M. de Sainctot ; il parla en françois, et après sa harangue il présenta son fils et quelques étrangers qui étoient avec lui.

Du samedi 21, *Versailles.* — Le Roi soupa hier au grand couvert ; il ne va plus du tout chez la Reine, ni en partant, ni en arrivant, ni avant son souper, comme il avoit coutume de faire lorsqu'il soupoit dans ses cabinets ; mais la Reine continue à aller tous les matins chez lui.

J'appris hier le détail de ce qui s'est passé par rapport à l'appartement, dont j'ai déjà parlé, que l'on fait au-dessus de la petite galerie. Cet appartement est presque fini, et le Roi doit y souper dans la semaine prochaine. Il y a quelque temps que le Roi, étant avec M. de Meuse et Mme de Mailly, demanda à M. de Meuse s'il étoit content de son logement, et s'il ne lui feroit point plaisir en lui en donnant un autre, ajoutant que la chambre qu'il avoit actuellement étoit triste et n'avoit pas beaucoup de jour (1). M. de Meuse répondit qu'il recevroit toujours avec reconnoissance les bienfaits du Roi. Le Roi lui dit : « Je veux vous en donner un au dessus de ma petite galerie. » M. de Meuse se confondit en remercîments, et dit que sa reconnoissance étoit d'autant plus grande qu'il seroit bien près des cabinets de S. M. Le Roi dit : « Mais je ferai fermer la communication. » Il ajouta : « De quoi voulez-vous que votre logement soit composé ? » Sur cela on raisonna sur la distribution du logement ; il est composé d'une petite antichambre, d'une seconde antichambre assez grande pour y manger, d'une jolie chambre, d'un cabinet, et dans le double une office, une cuisine, une garde robe de commodité et une garde robe pour coucher. Le Roi, continuant la conversation sur le logement dit à M. de Meuse : « Votre chambre sera meublée ; vous y aurez un lit, mais vous n'y coucherez point ; vous au-

---

(1) Le logement de M. de Meuse est au-dessus de ma chambre et au-dessus du corridor ; sa chambre n'a qu'une petite fenêtre sur la cour des cuisines. M. de Meuse avoit envie de faire faire une seconde fenêtre, et avoit demandé au Roi la permission de la faire faire à ses dépens. Le Roi lui avoit accordé cette grâce ; mais M. Gabriel y ayant trouvé de l'inconvénient, le projet est resté là. (*Note du duc de Luynes.*)

rez une chaise percée, mais vous n'en ferez point d'usage ; vous aurez la clef dans votre poche, et vous pourrez y faire entrer M. de Luxembourg et M. de Coigny quand ils seront revenus de l'armée; mais il faudra que vous y dîniez. Qu'est-ce que vous voulez avoir pour votre dîner ? » M. de Meuse, qui n'avoit pas été au fait à la première question, mais qui voyoit de quoi il s'agissoit, dit qu'il aimoit assez à faire bonne chère ; qu'il ne seroit pas fâché d'avoir un bon potage, une pièce de bœuf, deux entrées, un plat de rôti, deux entremets. Le Roi lui dit : « Mais j'irai y souper quelquefois. » M. de Meuse répondit qu'il tâcheroit alors de faire faire bonne chère à S. M. « Combien demandez vous, dit le Roi, pour faire cette dépense ? » A cette question, M. de Meuse, fort embarrassé, craignant de dire trop ou trop peu, dit à Mme de Mailly : « Madame la comtesse, aidez-moi donc. » On examina ce qu'il falloit d'officiers pour servir cette table, et M. de Meuse, pressé vivement par le Roi de dire une somme, dit qu'il imaginoit pouvoir faire cette dépense pour 12 ou 1,500 francs par mois. Les choses en sont là jusqu'à présent. Il y aura trois douzaines d'assiettes pour cette table, et apparemment que le Roi donnera aussi des plats; et le valet de chambre de Mme de Mailly sera le maître d'hôtel.

J'appris aussi hier quelque détail de ce qui s'est passé à la Meutte. Le Roi n'y a point été fort gai ; il étoit déjà arrivé lorsque Mademoiselle y vint de Madrid. La réception fut polie, mais froide, et il n'y a eu aucun tête à tête d'elle avec Mme de Mailly. Avant hier, Mme de Ruffec alloit à Paris parce que M. de Saint-Simon, qui a été trois ou quatre mois chez M. de Metz, à Frescati, arrivoit; Mme d'Antin alloit aussi à Paris. Le Roi monta dans son carrosse après le souper pour revenir ici, et Mme de Mailly y monta toute seule de femme en présence de Mademoiselle, laquelle retournoit coucher à Madrid. Mme de Mailly a dit depuis qu'elle n'avoit pas été fâchée de monter ainsi devant elle et de lui faire voir qu'elle pouvoit se passer d'elle.

A l'occasion du règlement ci-dessus du 5 octobre 1741, M. le duc d'Harcourt ayant prétendu que M. le duc de Châtillon étoit obligé de donner l'ordre au chef de brigade dans le cabinet qui est après la chambre à coucher de Mgr le Dauphin, et M. le duc de Châtillon ayant prétendu qu'il le devoit donner dans la chambre, ils ont donné chacun leur mémoire à M. de Maurepas pour les rapporter au Roi.

Mémoire remis à M. de Maurepas pour le rapporter devant le Roi, le 17 octobre 1741.

Le duc de Châtillon a l'honneur de suplier S. M. de vouloir bien donner sa décision sur une difficulté qui se présente sur la façon de donner l'ordre à MM. les officiers des gardes du corps qui servent chez Mgr le Dauphin.

Tant que la messe s'est dite dans le cabinet de Mgr le Dauphin, le duc de Châtillon a donné l'ordre à MM. les officiers des gardes du corps au sortir de la messe dans le cabinet, n'ayant point voulu leur faire la difficulté de les faire passer dans la chambre pour le recevoir. Mais à présent que la messe se dit dans la pièce qui précède la chambre, le duc de Châtillon croit devoir le donner dans la chambre à coucher, au lieu que M. le duc d'Harcourt prétend que le chef de brigade doit entrer dans le cabinet pour le recevoir. Le duc de Châtillon fonde son refus pour le faire :

1º Sur ce qu'on l'a assuré que feu Monseigneur ne le donnoit jamais que dans sa chambre à coucher.

2º Sur ce que depuis six ans il n'a jamais donné l'ordre le soir à MM. les chefs de brigade que dans la chambre ; il les en prend tous à témoin. Pourquoi donc, la messe ne se disant plus dans le cabinet, l'ordre se donnera-t-il le matin dans le cabinet, et le soir dans la chambre?

3º En novembre 1739, il fut agité entre M. le duc d'Harcourt et le duc de Châtillon, Mgr le Dauphin étant parti plus tôt que le Roi de Fontainebleau pour revenir à Versailles, où Mgr le Dauphin donneroit le mot au chef de brigade. Il fut convenu que ce seroit à la porte de la chambre en s'en allant à son prie-Dieu. Le chef de brigade qui étoit de quartier auprès de Mgr le Dauphin s'en souviendra sûrement. Le duc de Châtillon l'a marqué sur le registre (1) où il écrit tout ce

---

(1) M. de Châtillon écrit dans un livre tout ce qui regarde la maison de M. le Dauphin. (*Note du duc de Luynes.*)

qui concerne le service de Mgr le Dauphin depuis qu'il a l'honneur d'être auprès de lui.

Décision du Roi du 17 octobre 1741.

1° Dans le cas où Mgr le Dauphin seroit dans son cabinet avec toutes les entrées de la chambre et voudroit donner l'ordre, l'Officier des gardes du corps pourra l'y recevoir.

2° Lorsque Mgr le Dauphin rentrera de la messe dans son cabinet pour s'y retirer et que l'ordre n'aura pas été donné, l'officier des gardes du corps le recevra dans la chambre à la porte du cabinet.

3° A l'égard du petit escalier, quand Mgr le Dauphin montera chez le Roi aux heures particulières, le matin ou le soir, on avertira l'officier des gardes du corps pour qu'il fasse le tour ; et aux autres heures, c'est-à-dire lorsque la pièce à œil-de-bœuf est ouverte à tout le monde, on appellera l'officier des gardes du corps pour suivre Mgr le Dauphin (1).

Le 18 octobre au matin.

J'ai demandé au Roi l'explication sur le premier article, pour savoir si de l'heure du lever à la messe je devois regarder le cabinet qui est après la chambre de Mgr le Dauphin comme le cabinet du conseil du Roi et par conséquent y faire entrer les entrées de la chambre ; le Roi m'a répondu que je ferois entrer les entrées de la chambre dans ce cabinet si je le voulois, et que je ne les y ferois pas entrer si je ne le voulois pas, que j'en étois entièrement le maître. *Signé le duc de Châtillon.*

Règlement donné par M. le duc de Châtillon le 18 octobre 1741 aux huissiers de quartier servant chez M. le Dauphin.

MM. les huissiers qui servent et qui serviront chez Mgr le Dauphin auront attention à l'avenir, après que le lever de Mgr le Dauphin sera fait, et en même temps qu'il passera dans son cabinet doré, de laisser entrer dans le cabinet qui est après la chambre à coucher, les entrées de la chambre et par conséquent le chef de brigade de quartier qui a les dites entrées de la chambre, à l'exception des jours que je leur dirai de ne point laisser entrer les entrées de la chambre dans le cabinet, ainsi que le Roi m'a dit que je le pouvois faire. Ils observeront qu'après que Mgr le Dauphin sera rentré de la messe, il n'entrera le reste du jour dans

---

(1) M. de Maurepas a l'original avec le bon du Roi. (*Note du duc de Luynes*).

ce même cabinet que les grandes et premières entrées et les personnes qui me seront annoncées.

Ils ne laisseront à l'avenir entrer dans le cabinet doré que les grandes entrées et les personnes que j'y fais entrer, ce cabinet devant être regardé comme celui du Roi qui est après le cabinet du conseil. Au surplus ils continueront ce que j'ai réglé ci-devant, pendant que Mgr le Dauphin est à son étude, n'y changeant rien par ce règlement.

M. de Châtillon, en me remettant l'écrit que j'ai fait copier ci-dessus, me fit quelques observations.

L'ordre qu'il a donné aux huissiers depuis le règlement a été pour faire voir que, bien loin de vouloir faire de la peine aux officiers des gardes, comme peut-être quelques-uns l'ont cru, il cherchoit à leur faire plaisir, puisqu'il ordonnoit qu'on les laissât entrer tous les jours, au lieu qu'aux termes du règlement il auroit pu chaque fois se les faire annoncer et les faire entrer ou non suivant qu'il auroit jugé à propos.

Il faut observer que cet ordre n'est que pour le chef de brigade et non pour l'exempt ; lorsque le chef de brigade est absent, c'est-à-dire lorsqu'il a demandé permission à M. de Châtillon, car suivant la règle il ne peut s'absenter sans cela, alors l'exempt le remplace. Il a les mêmes priviléges que lui ; mais lorsque le chef de brigade ne se trouve pas dans le moment, l'exempt n'a pas droit de prétendre d'entrer dans le cabinet. Le cas est arrivé ces jours-ci, depuis le règlement. M. de Vandeuil est le chef de brigade en quartier, depuis le 1er octobre, chez M. le Dauphin ; son fils, qui est exempt, étoit la semaine dernière chez M. le Dauphin. M. le Dauphin étant rentré dans son cabinet après la messe, M. de Vandeuil le père étoit dans ce moment à causer dans le caveau de M. le Dauphin ; le fils se présenta pour entrer dans le cabinet ; l'huissier lui dit qu'il n'avoit point d'ordre de le laisser entrer, que M. son père ne pouvoit pas être bien loin, qu'il n'y avoit qu'à l'avertir.

M. de Vandeuil le père est de la compagnie d'Harcourt ;

ce fut à M. le duc d'Harcourt qu'il alla se plaindre lors de la contestation. M. le duc d'Harcourt prit fait et cause, prétendant que le chef de brigade doit avoir chez M. le Dauphin les mêmes prérogatives que le capitaine des gardes a chez le Roi. M. de Châtillon répond à cela que si cela est absolument égal, il faut donc que le chef de brigade monte dans le carrosse de M. le Dauphin comme le capitaine des gardes monte dans celui du Roi; et comme ils ne l'ont même pas prétendu jusqu'à présent, M. de Châtillon en conclut qu'il y a donc quelque différence. MM. les capitaines des gardes disent encore que le major même des gardes prend bien l'ordre du Roi dans le cabinet. M. de Châtillon, sur cela, demande ce qui arriveroit si par hasard le major ne s'y trouvoit pas, si celui qui le remplaceroit, soit un aide-major, soit un chef de brigade, entreroit dans le cabinet pour prendre l'ordre. (On peut voir dans les mémoires de M. de Dangeau un exemple qu'en l'absence des quatre capitaines le major a remplacé; mais on ne voit point que cela ait été jusqu'au chef de brigade ni un aide-major). Il paroît que l'intention de M. de Châtillon est de donner l'ordre dans la chambre, au retour de la messe, d'autant plus que cela s'est toujours passé de la même manière le soir chez M. le Dauphin; et l'entrée aux officiers des gardes dans le cabinet pendant l'intervalle entre le lever et la messe n'est qu'une facilité donnée au chef de brigade pour faire sa cour plus agréablement.

M. le marquis de Lignerac, enseigne des gendarmes de la garde, gendre de M. le marquis de Broglie et beau-frère de M. du Chayla, a demandé permission de vendre sa charge; il se meurt de la poitrine. Cette charge donne le rang de mestre de camp. Le Roi a bien voulu lui conserver son rang de mestre de camp, ce qui seroit une grande grâce si la santé de M. de Lignerac n'étoit pas sans espérance. Par la retraite de M. de Lignerac, M. de Marcieu monte à l'enseigne, en donnant 50,000 livres. M. de

Poyanne, qui étoit premier guidon, étant présentement mestre de camp du régiment de Bretagne depuis la mort de M. le comte de Gassion, M. de la Salle, troisième enseigne, devient le second. M. de Saint-Chamant, second guidon, devient le premier. M. de Merinville, qui étoit le troisième, devient le second, et le troisième guidon vient d'être donné à M. de Goas, neveu de M. de Fimarcon, fils d'une de ses sœurs.

Je mets ici des vers qui ont été faits au sujet de la succession de l'empereur Charles VI et de la situation présente de la reine de Hongrie :

> Des fiers Autrichiens gît ici le dernier,
> Trop tard pour son honneur, trop tôt pour sa famille.
> En attendant un héritier,
> Ce prince trouva l'art de laisser à sa fille
> Un héritage en l'air, des droits litigieux,
> Un époux méprisé, déchu de ses aïeux,
> De cent titres brillants la pompeuse fumée,
> Point d'argent, nul conseil, sans amis, sans armée.

Du lundi 30, Versailles. — Je n'ai rien écrit depuis plusieurs jours parce qu'il ne s'est rien passé de nouveau ni de considérable. M. de Soubise partit il y a quelques jours pour Saverne ; Mme de Carignan et Mlle sa fille partirent à peu près dans le même temps. Le mariage doit se faire d'aujourd'hui en huit, 5 du mois de novembre. M. le prince de Rohan, dont la santé n'est point rétablie, a pris le parti de n'y point aller ; il est ici depuis quelques jours avec Mme la princesse de Rohan. Il paroît fort flatté de ce mariage ; mais en même temps il se fait un plaisir de dire qu'il n'a point acheté cet honneur, et de faire voir que cette alliance n'est point au dessus de celle qu'il pouvoit prétendre. Mlle de Carignan a 20,000 livres de douaire et 10,000 livres d'habitation. Sa dot est 100,000 écus valant 18,000 livres de rente, à cause de la différence de la monnoie.

Le Roi n'a point sorti d'ici depuis le dernier voyage de la Meutte que j'ai marqué. Il y eut hier huit jours qu'il dîna pour la première fois dans le petit appartement dont j'ai parlé, qui est au-dessus de la galerie; depuis ce temps il a continué à y dîner ou souper presque tous les jours; il n'y a de femmes que Mme de Mailly, et d'hommes admis que M. de Meuse, le duc d'Ayen, le comte de Noailles, et le duc d'Harcourt, qui est en quartier. Le Roi a continué d'aller [chasser] la semaine passée comme à l'ordinaire. Jeudi, il chassa dans le parc un cerf qui y étoit entré par une brèche. Mme de Mailly et M. de Meuse étoient à cette chasse dans une calèche du roi.

Hier étoit le premier jour de la semaine de Mme de Mailly; elle vint chez la Reine pour la première fois depuis la mort de sa sœur.

Du mardi 31, *Versailles*. — Aujourd'hui, veille de la Toussaint, le Roi a été à la chasse. La Reine ne vit hier personne l'après-dînée, et aujourd'hui elle a fait ses dévotions; c'est l'abbé d'Alègre, son aumônier, qui a dit la messe.

M. le Dauphin se confessa hier au P. de Linières (c'est toujours le confesseur du Roi qui confesse les enfants de France); il a fait ses dévotions ce matin à la chapelle Saint-Charles en haut. Lorsque M. le Dauphin est arrivé, son prie-Dieu étoit en dedans de la chapelle; M. de Châtillon l'a fait reculer et mettre au pied de la marche qui monte dans ladite chapelle. Le P. de Linières étoit à droite du prie-Dieu le plus près de M. le Dauphin, et l'abbé d'Andelot, aumônier du Roi de quartier, en habit long, à la droite du P. de Linières, du côté de l'autel; à la gauche du prie-Dieu étoit M. l'évêque de Mirepoix en rochet et en camail. C'est M. le cardinal d'Auvergne qui a dit la première messe; il a premièrement donné de l'eau bénite à M. le Dauphin par aspersion, comme cela se pratique pour le Roi et pour la Reine. Après l'Évangile, un des clercs de chapelle a apporté le livre couvert du voile du calice, l'a présenté à M. l'évêque de Mirepoix, en ôtant le voile, et M. de Mirepoix l'a donné à baiser à M. le Dauphin. Aussitôt après, un clerc de chapelle a présenté à M. l'abbé d'Andelot un plat avec une boîte où étoient les hosties; M. l'abbé d'Andelot en a pris une pour faire l'essai, et a présenté l'autre à M. le Dauphin; aussitôt après M. d'Andelot a porté l'hostie à l'autel. Immédiatement après la communion de la messe, on a mis un tabouret au pied de l'autel sur lequel on a mis un carreau qu'on a couvert aussitôt d'une espèce de tapis, et par-dessus une nappe de communion. M. le Dauphin s'est avancé auprès de ce tabouret, et s'est mis à genoux sans carreau. Deux clercs de chapelle ont déplié la nappe et en ont pris chacun un bout; du côté de l'autel, M. le duc de Châtillon tenoit le côté à droite, et j'ai tenu le coin du côté gauche (suivant la règle, le plus ancien duc devroit tenir le côté droit.) M. le cardinal d'Auvergne a communié M. le Dauphin en lui faisant auparavant baiser son anneau, suivant l'usage des évêques. M. le Dauphin a entendu tout de suite une seconde messe dite par un chapelain du Roi, lequel lui a présenté de l'eau bénite comme à la première.

Le Roi est revenu de la chasse d'assez bonne heure pour entendre les premières vêpres; il les a entendues en bas; la Reine y étoit; M. le Dauphin et Madame sur le drap de pied. C'est M. l'archevêque d'Arles (l'abbé de Bellefonds) qui a officié.

M. le cardinal de Polignac est fort mal.

NOVEMBRE.

Office de la Toussaint; sermon du P. Fleury. — Le Roi, Mme de Mailly et M. de Meuse. — Détail sur les audiences des ambassadeurs turcs et persans. — Nouvelles d'Allemagne et de Suède. — Lettre du roi de Prusse. — Le Roi retourne à Choisy. — Mariage du comte de Noailles avec Mlle d'Arpajon; privilége de la maison d'Arpajon de porter la croix de Malte. — Le prince de Saxe-Gotha et sa sœur la princesse de Galles. — Mort du cardinal de Polignac. — Nouvel appartement de Mme de Mailly; elle a cinq appartements à Versailles. — Nouvelles de Bohême.

Du jeudi 2, Versailles. — Le Roi fut hier à la grande messe à la chapelle en bas; M. d'Arles y officia. La Reine, M. le Dauphin et Madame y furent aussi. L'après-dînée, ils entendirent le sermon du P. Fleury, jésuite, prédicateur de l'avent. Ce prédicateur n'a ni le son de voix ni le geste agréable, et n'est point orateur. Il paroît qu'il prêche apostoliquement; il fit un compliment suivant l'usage, lequel me parut assez bien et même touchant; il parcourut dans ce compliment tous les différents sujets de gloire du Roi, par les heureux succès de ses armes et de ses négociations, par la sagesse de ses conseils et par la bénédiction que Dieu avoit donnée à sa famille, n'oubliant pas même la circonstance que le Roi, quoique jeune, alloit être bientôt grand-père, et finit par lui souhaiter de vaincre ses passions pour mériter la véritable gloire, qui est le bonheur des saints.

Le Roi continue toujours à dîner ou souper dans le nouveau petit appartement dans lequel Mme de Mailly se tient toute la journée; il n'y est servi que par un officier de la bouche et un du gobelet, et c'est le valet de chambre de Mme de Mailly qui met les plats sur la table; il y joue quelquefois à quadrille, fort petit jeu; souvent la conversation y est sérieuse et triste; il y a même des temps où Mme de Mailly a de l'humeur. Aussitôt que le Roi entre dans l'appartement, Mme de Mailly y étant, si M. de Meuse n'y est pas encore arrivé, on l'envoie quérir sur-le-champ. Il paroît que les amusements du Roi sont troublés par de fréquentes réflexions. Il y a quelques jours qu'en parlant d'un rhumatisme qu'il a sur le bras droit et dont il souffre assez, il dit à M. de Meuse : « Je ne suis pas fâché de souffrir, et si vous en saviez la raison, vous ne la désapprouveriez pas. » La vaisselle dont on se sert dans ce petit appartement est marquée aux trois couronnes. La communication avec le petit cabinet n'est pas fermée.

Du vendredi 3, Versailles. Le Roi entendit hier la messe à l'ordinaire; il n'y eut point de grande messe; il partit à onze heures et demie pour le bois de Boulogne (1); Mme d'Antin et Mme de Mailly montèrent dans son carrosse, M. le duc d'Harcourt et M. de Richelieu. Il joua à l'hombre et au trictrac, fut environ deux heures à table, et repartit à onze heures et demie.

Mme de Mailly, avant-hier à la chapelle pendant les premières vêpres des Morts, paroissoit dans une grande affliction; cependant hier elle parut à peu près comme à l'ordinaire. Le Roi ne fait point aujourd'hui la Saint-Hubert, à cause de la fête de Saint-Marcel; il va tirer dans le petit parc. Mme de Mailly, qui est de semaine, ne devoit point aller à la chasse, et M. de Meuse, qui y va toujours avec elle, étoit sorti pour quelques affaires. Le Roi l'a envoyé chercher plusieurs fois et l'a attendu un quart d'heure; ensuite il lui a dit, en montant en carrosse, d'aller dire à Mme de Mailly que si elle vouloit aller à la chasse, il alloit lui renvoyer une calèche. Le Roi effectivement, d'auprès de Trianon où il a monté à cheval, a renvoyé la seconde calèche; Mme de Mailly y a monté en grand habit, avec M. de Meuse, et a été trouver le Roi; elle est revenue un peu avant S. M. pour suivre la Reine à vêpres, étant de semaine.

Du samedi 4, Versailles. — Le Roi a été aujourd'hui faire la Saint-Hubert aux Alluets; il soupe ce soir chez Mme la comtesse de Toulouse.

Du mercredi 8, Versailles. — Il n'est point encore décidé comment les dames seront habillées à l'audience que le Roi doit donner à l'ambassadeur turc le mois prochain. Il paroît comme certain que cet ambassadeur ne verra pas la Reine; c'est M. de Sainctot, introducteur des am-

---

(1) Mademoiselle, qui est à Madrid, avoit été avertie de la part du Roi de venir souper à la Meutte; elle y arriva pendant que le Roi étoit à la chasse; elle y soupa et s'en retourna après le souper à Madrid. La réception fut assez froide et à peu près comme celle du voyage précédent. (*Addition du duc de Luynes*, datée du 4 novembre 1741.)

bassadeurs en exercice, qui est chargé de faire sur cela la recherche des exemples. Je demandai il y a quelques jours à M. de Verneuil, l'autre introducteur, s'il ne savoit point ce qui s'étoit passé; il me dit que cela ne le regardoit point, que cependant il chercheroit pour me faire plaisir, mais qu'il demandoit sur toutes choses de n'être point cité. Il m'a envoyé aujourd'hui le petit mémoire dont voici la copie.

En 1669, le Grand Seigneur envoya à Louis XIV un ministre, lequel reçut depuis Toulon jusqu'à Paris les honneurs dus à un ambassadeur, parce qu'on le croyoit revêtu de ce caractère. On reconnut dès qu'il fut ici qu'il n'étoit qu'envoyé; cependant le 5 décembre 1669, le feu Roi lui donna une audience à Saint-Germain en Laye avec beaucoup d'appareil. La Reine n'étoit point à cette audience, et elle n'en donna point à ce ministre.

En 1716, Mehemet Riza Beg, ambassadeur de Perse, ne prit point audience de Mme la duchesse de Berry.

En 1721, l'ambassadeur du Grand Seigneur eut au palais royal une audience en cérémonie de M. le duc d'Orléans; il ne vit ni Madame ni son Altesse Royale.

Il paroît par les nouvelles d'Allemagne que nous agissons toujours de concert avec le roi de Prusse. Le général Neuperg, qui avoit toujours observé jusqu'à présent l'armée du roi de Prusse, a quitté la Silésie depuis peu de temps, et est entré en Moravie pour être également à portée de l'Autriche et de la Bohême. Le Roi de Prusse a écrit à l'électeur de Bavière pour le remercier de l'avoir débarrassé de ce général. Malgré l'union de ces deux princes, les Autrichiens ont fait publier qu'il y avoit un traité de fait entre la Reine de Hongrie et le roi de Prusse. La ratification de ce prétendu traité a été remise à Vienne au ministre du roi de Pologne, électeur de Saxe, de manière que la cour de Dresde a été plusieurs jours à croire que ce traité étoit vrai. Pareille copie a été envoyée ici à M. de Wassenaer, ministre de la reine de Hongrie; mais M. de Wassenaer, sachant que l'on est ici prévenu et que l'on ne donneroit point dans ce panneau, n'a pas osé en parler.

Les dernières nouvelles sont que l'avant-garde des troupes de l'électeur est entrée en Bohême par Freistadt et Budweiss.

M. de Loss dîna hier ici avec M. le comte de Wistown ; ce n'est point une chose d'étiquette que ce dîner ; c'est une politesse. M. de Loss paroît avoir environ cinquante ans ; il est grand et bien fait. M. de Wistown paroît avoir vingt-quatre ou vingt-cinq ans. Il est grand, bien fait, a un visage agréable ; il sait bien la musique et joue bien du clavecin.

On parle d'un petit combat entre quelques vaisseaux anglois et espagnols, dans lequel les Anglois ont été battus. Cette nouvelle même paroît assez certaine.

Les gazettes ont beaucoup parlé d'un combat qu'il y eut il y a environ six semaines en Finlande, entre les Suédois et les Russiens. Il est certain que les Suédois ont été battus ; mais on a fort augmenté, de la part des Russiens, le détail de cette victoire, prétendant que le corps des Russiens n'étoit que peu supérieur à celui des Suédois. Quoique les nouvelles de Stockholm aient appris la vérité de ce qui s'est passé dans cette action et aient fait connoître que les Russiens étoient cinq contre un, cependant ils ont omis une circonstance qui me fut contée hier par M. de Tessin, chargé ici des affaires de Suède, quoique sans caractère, et qui compte s'en aller incessamment dès qu'il sera arrivé un envoyé du roi son maître. Cette circonstance est, que les nouvelles de Stockholm ont dit que le corps des Suédois étoit de deux mille huit cents hommes ; sur ce nombre, il y avoit treize cents Finlandois ou Finnois qui prirent la fuite au commencement de l'action, de sorte qu'il n'y eut que les quinze cents Suédois qui combattirent réellement. On a caché cette circonstance de la part de la Suède pour conserver la réputation des Finnois. Ce que l'on sait depuis ce temps-là, c'est que les Russiens se retirent en brûlant tout leur pays.

Voici une lettre écrite par le roi de Prusse (1) au sujet de M. Robinson. M. Robinson est un ministre de la reine de Hongrie qui a été chargé de négocier avec le roi de Prusse et qui a fait une multitude de voyages sans succès.

« L'infatigable Robinson est venu me faire des propositions aussi puériles qu'impertinentes ; il a eu la lâcheté de vouloir me détacher de mes meilleurs et plus désintéressés amis de qui j'espère tout, la France et la Bavière. Qu'il sache, ainsi que l'univers, que je ne m'en séparerai jamais. »

Du Jeudi 9, Versailles. — Les comédies ont recommencé mardi dernier ici ; ce sont les François qui ont commencé ; les Italiens mercredi, et tragédie aujourd'hui.

Du lundi 13, Versailles. — Le mariage de M. le comte de Noailles fut public avant-hier, avec Mlle d'Arpajon. Il y a longtemps que l'on savoit ce mariage ; Mlle d'Arpajon est petite-fille de Montargis.

Le Roi va mercredi à Choisy, et revient le lendemain jeudi. Il a eu beaucoup de peine à se déterminer à ce voyage, craignant pour Mme de Mailly et pour lui de rentrer dans un lieu où ils ont beaucoup vécu avec Mme de Vintimille. Mme de Mailly, voyant combien il étoit difficile de résoudre le Roi à y aller, lui dit que s'il ne vouloit pas y aller, elle iroit toute seule voir ses bâtiments. Je demandai avant-hier au Roi permission de lui aller faire ma cour à Choisy, comme j'ai coutume de le faire ; et j'ajoutai que je lui demanderois même une chambre s'il vouloit bien m'en donner une. Le lendemain, Mme de Mailly m'envoya prier de passer chez elle, et me dit que le Roi l'avoit chargée de proposer à Mme de Luynes de venir à ce petit voyage. En conséquence Mme de Luynes en alla parler sur-le-champ à M. le Cardinal, qui lui dit qu'elle ne pouvoit pas s'en dispenser. Le lendemain, elle en

---

(1) A M. Hindfort. (*Note du duc de Luynes.*)

parla à la Reine, qui la reçut parfaitement bien, et lui dit qu'il falloit nécessairement qu'elle y allât puisque le Roi le désiroit. Il n'y aura point de liste pour ce voyage. Il n'y aura de femmes que Mme de Mailly, Mme la duchesse de Gramont et Mme de Luynes. M. le prince de Conty avoit fait demander au Roi permission d'y aller; mais le Roi lui a fait dire que ce voyage étoit court et qu'il feroit mieux d'y venir un autre voyage.

M. le cardinal de Fleury a été un peu incommodé ces jours-ci d'un dévoiement, et a mangé seul; il est mieux présentement.

On attend à tous moments des nouvelles de M. de Belle-Isle; il doit être à l'armée, et il est vraisemblable que l'on va faire le siége de Prague.

Mardi 21, *Versailles*. — Le Roi fut mercredi à Choisy et en chemin faisant courut le cerf ici aux environs, du côté de Verrières. Il mena dans son carrosse Mme de Luynes, Mme de Mailly, MM. le duc d'Harcourt, d'Ayen, comte de Noailles et moi; il y avoit une calèche au rendez-vous, où les deux dames montèrent avec M. de Meuse et moi. Après la chasse, il monta dans un carrosse avec quelques hommes, et laissa un carrosse pour les dames et les hommes qui restoient. Il nous parut de fort bonne humeur, Mme de Mailly fort occupée de lui, cependant sans aucune affectation. A l'égard du Roi, il paroît traiter Mme de Mailly avec amitié, mais on ne peut remarquer ni amour ni empressement. Mme de Mailly jeta quelques larmes en approchant de Choisy; elle n'y avoit point été depuis la mort de sa sœur. Quand nous y arrivâmes, le Roi étoit à se promener et à voir ses nouveaux bâtiments, qui sont fort avancés. Aussitôt que les dames furent arrivées, il les mena voir un meuble nouveau dans un appartement que l'on vient d'accommoder pour Mademoiselle. Mme la duchesse de Gramont étoit de ce voyage; elle y étoit arrivée et étoit venue avec M. le duc de Gramont. Comme c'est à M. du Bordage à qui le Roi a donné l'exercice du gouvernement de Choisy, en l'absence de M. de Coigny, M. du Bordage en fit les fonctions pour la première fois ; il voulut servir le Roi à souper, et le Roi lui ordonna de se mettre à table ; il resta au coucher du Roi après que tout le monde fut sorti, et le lendemain je le vis entrer au lever avant M. de Bouillon et M. de Rochechouart. Il faut observer que les entrées à Choisy ne sont pas réglées dans la journée, au moins au débotter, comme elles le sont ici. Tous ceux qui sont du voyage entrent et voyent déshabiller et habiller le Roi entièrement ; mais le matin et le soir on fait entrer et sortir à l'ordinaire. M. le Prince de Conty étoit venu de Paris, et coucha à Choisy ; on fut un peu étonné de l'y voir arriver, le Roi lui ayant fait dire, comme j'ai marqué ci-dessus, que ce voyage seroit bien court et bien peu amusant, et que cependant il étoit le maître. Mme de Mailly me parut trouver que M. le prince de Conty auroit mieux fait de remettre à un autre voyage. Cependant je ne l'entendis pas désapprouver la visite que fit le lendemain M. le comte de Charolois, qui vint faire sa cour, et qui ne s'en alla qu'un peu avant le souper du Roi. Le Roi n'a joué qu'à l'hombre et au trictrac pendant ce voyage. Le jeudi, il soupa à cinq heures, et repartit à neuf pour revenir à Versailles. On ne peut pas marquer plus d'aisance et de facilité dans le commerce que le Roi en marque à Choisy ; il est occupé que l'on soit bien chez lui comme un particulier pourroit l'être, et l'on peut ajouter que l'on ne s'aperçoit de ce qu'il est que par ce qui l'environne. Il parla après souper de M. de Belle-Isle, et nous dit qu'il étoit parti de Francfort pour aller à Dresde joindre les troupes du Roi de Pologne, électeur de Saxe, et que ce prince lui avoit donné une patente pour commander ses troupes. Le Roi paroît toujours fort occupé de ses jardins et de ses bâtiments, et l'on n'entend de lui ni de ceux qui l'environnent aucun propos qui ne soit très-convenable.

Dimanche dernier nous vîmes ici la signature du contrat de mariage de M. le comte de Noailles avec Mlle d'Arpajon; on ne peut s'empêcher de marquer à cette occasion le privilége singulier de cette maison de porter la croix de Malte. MM. d'Arpajon descendent des anciens comtes de Toulouse, et comptent pour le premier de leurs ancêtres Bérauld de Toulouse, vicomte de Lautrec, second fils d'Alphonse dit Jourdain, comte de Toulouse, qui vivoit vers l'an 1207; il épousa Gaillarde, héritière de la maison d'Arpajon. Leur fils Hugues 1er quitta le nom de Toulouse, et prit celui de sire d'Arpajon. Le septième de cette famille, nommé Jean 1er, qui vivoit sous Louis XI, fut substitué aux biens de Séverac par Amaury de Séverac, maréchal de France, cousin de sa mère, en 1430. Le onzième de cette maison, nommé Charles, fut nommé par Henri III chevalier du Saint-Esprit, honneur qu'il refusa, ne voulant point changer de religion et étant né calviniste. Le treizième de cette maison fut Louis, vicomte d'Arpajon, qui fut marié trois fois; sa troisième femme, qui étoit Harcourt-Beuvron, fut dame d'honneur de Mme la Dauphine-Bavière; il eut de celle-ci une fille qui épousa M. le comte de Roucy et fut dame du palais de Mme la Dauphine-Savoie; et Louis vicomte d'Arpajon eut de Louis XIV un brevet de duc en 1651. Il étoit lieutenant général des armées du Roi et gouverneur de Lorraine; il servit avec distinction sous Louis XIV, et en 1645 il demanda à ce prince permission d'aller à Malte, volontaire, dans le temps que cette île étoit menacée d'une irruption par les Turcs. Il fut fait généralissime des armées de la Religion (1). Le grand maître

---

(1) Ibrahim, ayant appris la perte de son grand galion enlevé avec toutes les richesses dont il étoit chargé, envoya un hérault déclarer la guerre au grand maître et à l'Ordre.

On travailla avec soin à mettre les forces de la Religion en état de résister à la puissance formidable du Grand Seigneur; on envoya chercher de tous côtés du secours et des munitions de guerre et de bouche.

Belle action et à jamais mémorable de Louis vicomte d'Arpajon, seigneur de la première qualité et de la haute noblesse du royaume de France, qui fait

Jean Paul Lascaris fut si satisfait des services importants que rendit M. d'Arpajon, qu'il lui donna pour lui et ses descendants aînés, le droit de porter sur le tout de leurs armes celles de la Religion avec l'écu posé sur la croix octogone, les extrémités saillantes, et qu'un de leurs fils au choix du père seroit chevalier en naissant et grand croix après avoir fait profession, à l'âge de seize ans. Ce privilége (1) fut confirmé, en 1715, par le grand maître Raymond de Perellos ; et le grand maître d'aujourd'huy, en faveur du mariage de M. le comte de Noailles avec l'héritière de cette maison, a bien voulu accorder à M. le comte de Noailles le droit de porter la croix de Malte sans aucune obligation, et sans que cet honneur puisse l'empêcher de porter les autres ordres qui pourront lui être conférés (2).

---

prendre les armes à tous ses vassaux, lève deux mille hommes à ses dépens, charge plusieurs vaisseaux de munitions de guerre et de bouche ; et, accompagné de plusieurs gentilshommes de ses parents et de ses amis, met à la voile, se rend à Malte, et présente au grand-maître un secours si considérable qu'il n'eût osé en espérer un pareil de plusieurs souverains. Le grand-maître crut ne pouvoir mieux reconnoître un service si important qu'en lui déférant le généralat des armées, avec le pouvoir de se choisir lui-même trois lieutenants généraux pour commander sous ses ordres dans les endroits où il ne pourroit se transporter. (*Note du duc de Luynes.*)

Il se trouva que la guerre dont le Turc menaçoit Malte n'étoit qu'une fausse alarme ; il s'attacha à l'île de Candie, assiégea et prit la Canée. Toutes ses forces, tant de terre que de mer, de puissantes flottes et des armées considérables fondirent sur cette île. Malte, délivrée de l'effort de leurs armes, envoie son escadre au secours des assiégés. Le vicomte d'Arpajon prend congé du grand maître. Ce prince, de l'avis du conseil, pour reconnoître le généreux secours qu'il lui avoit amené, par une bulle expresse lui donna la permission pour lui et pour son fils aîné de porter la croix d'or de l'Ordre ; qu'un de ses cadets ou de ses descendants seroit reçu de minorité quitte et franc des droits de passage ; qu'après sa profession il seroit honoré de la grande croix ; que les chefs et les aînés de leur maison pourroient porter la croix dans leur écu et dans leurs armes. (*Histoire de Malte* de l'abbé de Vertot, page 205, tome V.)

(1) C'est ainsi que Moréri le rapporte ; mais ce privilége accordé par tout l'Ordre n'avoit pas besoin de confirmation. Il y eut seulement une lettre de félicitation du grand maître. (*Note du duc de Luynes.*)

(2) Il faut distinguer les deux croix que portent MM. les chevaliers de Malte. Cet ordre est militaire et religieux. Les chevaliers qui n'ont point fait

M. le duc d'Arpajon mourut en 1679 ; il étoit grand-père de feu M. d'Arpajon, gouverneur de Berry, chevalier de l'ordre de la Toison, qui épousa en 1715 Mlle de Montargis, qui a été depuis dame d'honneur de Mme la duchesse de Berry. Il en eut deux garçons, qui sont morts, et Mlle d'Arpajon qui épouse M. le comte de Noailles.

Le Roi a soupé samedi et dimanche au grand couvert, hier dans le petit appartement de Mme de Mailly, et aujourd'hui chez Mme la comtesse de Toulouse. Ce matin, comme il est parti de fort bonne heure pour la chasse, et que c'étoit mardi, jour des étrangers, quelques-uns de ces ministres ne sont pas arrivés assez tôt pour faire leur cour au lever. M. le comte de Loss, envoyé de Saxe, qui n'avoit point vu le Roi, m'est venu demander s'il ne pouvoit point faire sa cour au débotter. Je lui ai dit que je ne croyois point que ce fût l'usage, n'y ayant jamais vu d'étranger. M. le duc de Rochechouart, à qui j'en été parler, m'a confirmé la même chose, et m'a dit qu'il ne pourroit pas le faire entrer sans prendre l'ordre du Roi. Comme ce n'étoit point l'intention de M. de Loss de demander une grâce particulière, il n'a point été chez le Roi.

M. de Loss a présenté aujourd'hui à Mme de Luynes M. le prince de Saxe-Gotha et M. le baron de Stoudnitz, qui

---

profession ne sont encore que militaires, et ne portent d'autre croix que celle qui est pendue au col et attachée avec un ruban noir; c'est cette croix que M. le comte de Noailles est en droit de porter et qu'il porte effectivement, quoiqu'il ne soit point encore marié, en vertu de la grâce qui vient de lui être accordée. Ce droit s'étend non-seulement à lui mais même à ses enfants et petits enfants aînés à l'infini, et il entre dès ce moment dans tous les droits de la maison d'Arpajon comme s'il descendoit lui-même de cette maison. Cette grâce ne peut être accordée par le seul conseil de Malte, il faut que ce soit par le vœu unanime de tout l'Ordre. Elle l'a été dans cette occasion-ci sans que personne ait été d'un sentiment différent. Cette croix ainsi pendue au col n'empêche point que l'on ne reçoive tous les autres ordres ; il n'y a que l'autre croix qui puisse en empêcher. Cette autre est une petite croix blanche cousue à l'habit du côté gauche; il n'y a que les chevaliers qui ont fait profession, et qui sont par conséquent religieux, qui aient droit de la porter. (*Note du duc de Luynes.*)

est un jeune homme qui est avec lui et que l'on dit même être de ses parents. Le prince de Saxe-Gotha n'auroit point une figure désagréable s'il n'avoit point le nez un peu long et tombant. La princesse de Galles (1) est sa sœur; on dit qu'elle a de l'esprit et que sa figure n'est pas mal.

Mme de Bulow (2), sœur de Mme de Saint-Florentin, dont le mari demeure à Hanovre et est au service de l'électeur de Hanovre, roi d'Angleterre, laquelle est ici depuis peu de temps, contoit hier à la Reine que lors du mariage du prince de Galles, le roi d'Angleterre déclara qu'il ne marieroit jamais son fils sans voir auparavant celle qu'il lui feroit épouser; le mariage étoit déjà conclu avec la princesse de Saxe-Gotha; mais sur cette déclaration, la princesse sa mère dit qu'elle n'enverroit point sa fille pour être examinée par le roi d'Angleterre, et en conséquence le mariage fut comme rompu; la fille, qui le trouvoit assez avantageux pour ne pas le laisser échapper et qui croyoit apparemment pouvoir être assurée du succès, demanda permission à sa mère d'aller passer quelques jours avec des dames à la campagne chez son frère. Comme cette maison de campagne n'est qu'à cinq ou six lieues d'Hanovre, elle partit de cette campagne, avec quelques dames, se rendit à Hanovre, et fit dire au roi d'Angleterre qu'elle seroit à telle heure dans tel jardin. Le roi d'Angleterre s'y rendit, s'approcha de la compagnie, et ayant fait la conversation pendant quelque temps, fut si content de l'esprit et de la figure de la princesse, que le mariage se fit peu de temps après.

M. le cardinal de Polignac mourut la nuit de dimanche

---

(1) Auguste de Saxe-Gotha, fille de Frédéric II, duc de Saxe-Gotha, née en 1719; mariée le 8 mai 1736 à Frédéric-Louis, prince de Galles.

(2) Elle est Platen, et aînée de quelques années de Mme de Saint-Florentin. Elle lui ressemble assez; cependant Mme de Saint-Florentin est mieux; elle est luthérienne. (*Note du duc de Luynes.*)

à lundi, à cinq heures du matin; il étoit dans sa quatre-vingt et unième année. Il vaque par sa mort l'archevêché d'Auch, où il y a des réparations immenses et où il n'a jamais été; il avoit outre cela plusieurs abbayes, entre autres celle de Bonport valant 20,000 livres, celle de Corbie 38 à 40,000 livres, celle d'Anchin 38,000 livres, celle de Bégard de 9,000 livres, celle de Mouzon de 12,000 livres, et celle de Melet. Son cœur doit être porté à Anchin; il aimoit beaucoup cette abbaye; c'est celle où il avoit été exilé. Il étoit grand maître de l'ordre du Saint-Esprit de Montpellier. Il a fait un testament par lequel il ordonne que son cœur sera porté à Anchin. Il donne à ses deux neveux, les deux tiers à l'aîné, l'autre au cadet, de ce qui restera les réparations payées; mais quoiqu'il ait beaucoup d'effets, entre autres la famille de Lycomède, roi de Scyros, fameuse parmi les curieux par la beauté des statues, il y a lieu de croire que les réparations consommeront la plus grande partie desdits effets. L'abbaye d'Anchin, dont le revenu est fort considérable, ne peut être possédée que par un moine ou par un cardinal; et même quand c'est un cardinal, les religieux ont grand soin de faire nommer un moine de leur ordre pour coadjuteur; c'est ce qui est arrivé quand M. le cardinal de Polignac a eu cette abbaye, de sorte qu'elle passe actuellement à un religieux. Le cardinal d'Auvergne avoit demandé celle de Corbie; mais le Roi l'a donnée aux économats.

On attend à tout moment des nouvelles de Bohême et de la prise de Prague, dont nos troupes sont fort peu éloignées. Suivant les dernières lettres que l'on a reçues, l'on n'est pas sans inquiétude sur le général Neuperg que l'on dit avoir un corps d'armée considérable, et l'on n'a point encore appris que nos différents corps de troupes soient rassemblés.

Du mercredi 29, *Versailles*. — Le Roi revint hier de la Meutte; il n'y étoit que depuis avant-hier; il n'y avoit de dames à ce voyage que Mademoiselle, Mme de Mailly,

Mme d'Antin, Mme la duchesse de Ruffec. Il paroît qu'il y a toujours du froid entre Mademoiselle et Mme de Mailly ; et Mademoiselle, qui étoit ici depuis plusieurs jours, avoit toujours été dans l'incertitude, jusqu'à la veille du voyage, si elle en seroit.

L'appartement qu'avoit feu M. le cardinal de Polignac, au-dessus de l'appartement de Mme de Mailly, mais deux étages plus haut, vient d'être donné à M. le comte de Matignon (Gacé), qui avoit celui immédiatement au-dessous ; et celui de M. le comte de Matignon, qui est immédiatement au-dessus de celui de Mme de Mailly, a été donné à Mme de Mailly. On fait un escalier en dedans de son appartement qui montera à celui-ci ; elle couchera dans celui d'en haut, que l'on fait accommoder, et fait de sa chambre en bas, où elle étoit incommodée par le bruit, un grand cabinet.

L'ancien logement de M. l'abbé de Pomponne, qui lui avoit été donné, s'est trouvé dans l'impossibilité d'être accommodé, parce que les poutres sont pourries ; et on a pris le parti d'en murer les portes jusqu'à ce qu'on juge à propos de le rebâtir. Par toutes ces circonstances, en comptant le logement qui est dans les petits appartements et celui du petit de Vintimille, on peut dire que Mme de Mailly a présentement cinq appartements dans le château.

Le Roi courut avant-hier le daim dans le bois de Boulogne. Mme de Mailly étoit à la chasse dans une calèche avec M. de Meuse ; après la chasse elle fut dans la même voiture dans laquelle elle avoit couru, qui est un soufflet du Roi, en habit de chasse, avec M. de Meuse, au Roule, voir la statue équestre du Roi, qui a été faite pour Bordeaux. L'ouvrier (1), nommé Lemoyne, qui l'a faite, fut si content

---

(1) Le nom d'artiste n'était pas encore employé généralement pour désigner les auteurs d'ouvrages d'art. Piganiol de la Force, dans la préface de la 6e édition de sa *Description de Versailles* (1730) dit encore : « Des deux tables que j'ai ajoutées à la fin de l'ouvrage, il y en a une qui contient un abrégé de

des louanges qu'elle lui donna, qu'il lui promit de lui en faire une en petit, pour elle, sur le même modèle. De là, elle entra dans Paris pour aller à Sainte-Agnès ; elle trouva en chemin M. le comte et Mme la comtesse de Noailles avec Mme d'Arpajon, dont le carrosse venoit de casser ; elle mit pied à terre dans un cabaret où elle leur rendit visite. Le mariage de M. le comte de Noailles avoit été fait ce même jour-là.

Mme de Picquigny accoucha la nuit d'avant-hier à hier d'un garçon, qu'on appelle le vidame d'Amiens. Le Roi vient de donner ordre tout à l'heure devant moi, à un gentilhomme ordinaire d'aller savoir de ses nouvelles de sa part. Le Roi envoie toujours chez les femmes titrées lors même qu'elles accouchent d'une fille ; il me semble que la Reine se dispense souvent d'y envoyer.

Les nouvelles de Bohême sont que M. de Belle-Isle est resté malade quelques jours à douze lieues de Dresde ; que l'électeur est devant Prague, où les Saxons, les Prussiens, les Bavarois et nos troupes doivent être présentement rassemblés ; et que d'un autre côté le général Neuperg s'est avancé jusqu'à Tabor avec une nombreuse armée ; on dit même qu'il est à Prague. La rivière de Moldau, qui passe au travers de Prague, sépare les deux armées.

On croit don Philippe parti pour aller en Italie. Madame Infante écrivit il y a quelques jours ici à Madame sa sœur ; elle lui mandoit que quelque affligée qu'elle fût dans l'état où elle est (étant prête d'accoucher), de voir partir don Philippe, elle aimoit encore mieux qu'il fût parti que s'il avoit fait comme le duc de Lorraine (1). On rapporte une réponse de Madame Infante à la reine d'Espagne qui

---

la vie des ouvriers dont il est parlé dans le corps du livre. » Ce n'est que dans la 7e édition (1738) que ce mot est remplacé par celui d'artistes.

(1) On a reproché au duc de Lorraine d'avoir balancé longtemps d'aller se mettre à la tête de l'armée du général Neuperg ; cependant on dit qu'il y est présentement. (*Note du duc de Luynes.*)

mérite de n'être pas oubliée. La reine d'Espagne lui demandoit si elle seroit bien affligée du départ de don Philippe; Madame Infante lui répondit qu'elle en seroit très-affligée, mais cependant pas tant que la Reine. La Reine, surprise de cette réponse, lui en demanda l'explication : Madame lui répondit : « C'est que j'irai le trouver partout où il sera; mais que pour la Reine elle pourroit être longtemps sans le revoir. »

DÉCEMBRE.

Prise de Prague. — Présentation de Mme de Soubise. — Mort de Mme de la Mothe, de M. de Lignerac et de M. de Montbrun. — Contestation entre les premiers gentilshommes de la chambre et le contrôleur général. — Nouvelles des armées. — Mme de Loss. — Mémoires du directeur général des bâtiments, des premiers gentilshommes de la chambre et du contrôleur général, présentés au Roi. — Relations du duc de Chevreuse sur l'escalade de Prague. — Dispositions pour l'audience de l'ambassadeur turc. — Présentation de Mme de Mirepoix. — Mort de la reine de Suède. — Révolution de Russie. — Étrennes de Mme de Mailly à Mademoiselle.

Du vendredi 8, fête de la Vierge, Versailles. — Dimanche dernier, 3 de ce mois, il arriva un courrier de M. Blondel, ministre du Roi à Mayence, lequel est présentement à Francfort. Il apportoit une lettre de M. de Belle-Isle pour M. Amelot, à laquelle étoit ajouté par apostille que Prague venoit d'être pris par escalade; il y avoit fort peu de détail. Cette nouvelle étoit arrivée à M. de Belle-Isle par un des gens de M. de Séchelles qui étoit parti pour Dresde (1) avant même que l'affaire fût finie. M. de Montijo, qui est à Francfort, mandoit la même nouvelle par le même courrier à M. de Campo-Florido.

---

(1) Aussitôt que M. de Belle-Isle eut reçu le courrier de M. de Séchelles, il fit partir un courrier pour Francfort, qui étoit tout prêt. Indépendamment de la nouvelle de Prague, comme il se trouva à Francfort un courrier de M. de Montijo prêt à partir pour Paris, on remit son paquet au courrier de M. Blondel. (*Note du duc de Luynes.*)

Le lundi le Roi alla à Choisy, et l'on comptoit à chaque moment avoir un courrier de l'Électeur ; cependant le mardi et le mercredi se passèrent sans aucune nouvelle ; enfin le jeudi, à une heure après midi, le Roi reçut une lettre de M. le Cardinal par laquelle il lui marquoit que le courrier de l'Électeur venoit d'arriver. La lettre contenoit le détail de ce qui s'est passé à l'action. Ce courrier de l'Électeur est M. de Tavannes, cousin de M. l'archevêque de Rouen ; il a été lieutenant de cavalerie dans mon régiment ; de là, capitaine de dragons dans le régiment de Condé ; il fut ensuite quelque temps attaché à feu M. le Duc, en qualité de capitaine de ses gardes. Ce fut dans ce temps-là qu'il enleva Mlle de Brun ; cette affaire, suivie vivement par M. de Brun, a été terminée par un arrêt qui a condamné M. de Tavannes à avoir la tête coupée ; il avoit déjà pris le parti de sortir du royaume, et il s'étoit attaché à l'électeur de Bavière auprès duquel il a toujours demeuré depuis. Il y est en qualité d'ajdudant général et y a le rang de colonel. La circonstance où il se trouve l'a obligé à changer de nom en arrivant ici ; il a été présenté aujourd'hui au Roi sous le nom de M. le baron de Montarlo. Le Roi est sorti de son cabinet et lui a parlé à la porte de sa chambre ; il a aussi été présenté à la Reine, à M. le Dauphin et à Mesdames. Il rapporte que l'Électeur, assez embarrassé de ce que l'artillerie de Saxe sur laquelle l'on comptoit n'étoit point encore arrivée le 25, avoit pris le parti de faire escalader la ville. Ce projet avoit été formé sur le plan donné par M. de Gourutz, Suédois, aide de camp de M. le duc de Boufflers. M. de Gourutz, qui sait parler la langue bohémienne, s'étoit avancé quelques jours auparavant du côté de la Moldau, déguisé en paysan et s'étoit promené assez près de la ville pour faire la conversation avec les sentinelles, et après avoir remarqué qu'il étoit aisé d'escalader la ville de ce côté-là, pendant le temps qu'on attiroit la garnison de la ville d'autre côté par d'autres attaques, il avoit communiqué ce projet à l'Électeur, lequel, après avoir écouté plusieurs raisonnements différents pendant quelques jours, s'étoit enfin déterminé à le suivre. En conséquence, M. le comte de Saxe avoit passé la Moldau et s'étoit allé poster dans un petit village assez près de Prague; et, pendant que l'on faisoit trois autres attaques, deux par les Saxons à la tête d'une desquelles étoit le frère de M. le comte de Saxe, et l'autre par nos troupes, M. le comte de Saxe lui-même, à la tête des François, ayant fait escalader la ville par les grenadiers et les dragons, s'étoit rendu maître d'une porte par où tout le détachement, qui étoit d'environ deux mille hommes, étoit entré. Il paroît que toutes nos troupes ont observé la plus exacte discipline; il n'y a pas eu le moindre désordre. La ville de Prague est fort grande, suivant le rapport de M. de Tavannes; elle a trente-quatre bastions. Il n'y avoit que deux mille sept à huit cents hommes de garnison et peut-être douze ou quinze cents écoliers ou bourgeois armés. Les ennemis, persuadés que l'on vouloit ouvrir la tranchée du côté d'une des fausses attaques, y avoient porté toutes leurs forces, de sorte qu'il n'y a eu presque aucune perte de notre côté. Il y a eu trois officiers tués ou blessés parmi les Saxons (1). La ville de Prague est remplie de toutes sortes de munitions, ce qui s'est trouvé fort à propos pour l'armée. M. de Belle-Isle a dû y arriver le 1er ou le 2 de ce mois, en litière.

Le Roi revint hier de Choisy, et soupa dans le petit appartement de Mme de Mailly; avec elle, MM. de Meuse, d'Ayen et de Noailles. Les dames qui ont été à Choisy étoient Mademoiselle, Mme de Mailly, Mme la duchesse de Ruffec, Mmes de Chalais et de Talleyrand et Mme la duchesse de Gramont. Le Roi paroît plus occupé que jamais de Mme de Mailly; aussi se conduit-elle de façon à marquer l'amitié la plus véritable et en même temps la discrétion la plus grande.

---

(1) Voyez les relations, p. 48.

Mme la princesse de Croy, fille de M. le duc d'Harcourt, accoucha il y a quelques jours d'une fille. Mme de Guerchy, autre fille de M. d'Harcourt, est accouchée aussi d'une fille il y a quelques jours. Mme de Fitz-James accoucha aussi d'une fille il y a cinq ou six jours.

Le Roi, M. le Dauphin et Mesdames envoient chez les dames titrées en couches, quoique ce ne soit qu'une fille, le premier enfant. Ils ont envoyé chez Mme de Picquigny, à l'occasion de la naissance de son fils, et la Reine n'y a point envoyé.

Aujourd'hui il y a eu sermon, ensuite duquel le Roi et la Reine ont entendu en bas les vêpres chantées par les chantres de la chapelle en haut; il y a eu ensuite salut que le Roi a entendu en haut. Un moment avant le salut, Mme de Soubise a été présentée au Roi par Mme de Ventadour. A cette présentation étoit Mme la princesse de Rohan, Mme de Tallard, Mme la princesse de Montauban et Mme de Marsan. Mme de Ventadour a fait aussi la présentation chez la Reine, chez M. le Dauphin et chez Mesdames. Mme la princesse de Rohan a fait les autres présentations. Mme de Soubise n'est pas grande; elle a une belle peau, est blanche; elle n'est pas jolie, mais elle plaît et a l'air vif.

Mme de la Mothe (1) mourut le 6 de ce mois; elle étoit Tressan, tante de feu M. l'archevêque de Rouen; elle avoit quatre-vingt-dix-neuf ans.

M. de Lignerac mourut le 5 de ce mois; il avoit trente et un ans.

Du mardi 12, *Versailles.* — M. de Montbrun mourut samedi dernier 9 du mois; il n'avoit été que huit jours malade. Il étoit frère de la belle Mlle de Villefranche et fort ami de MM. de Bouillon. Il avoit outre cela beaucoup d'amis (2);

---

(1) Élisabeth de la Vergne de Tressan, veuve de Charles, comte de la Mothe-Houdancourt, grand d'Espagne, lieutenant général des armées du Roi.

(2) Il étoit chambellan de M. le duc d'Orléans; il avoit été abbé et n'avoit jamais été dans le service. (*Note du duc de Luynes.*)

c'étoit un fort honnête homme, un peu singulier. Il ne se mettoit presque jamais à table pour souper, mais il faisoit son souper debout, dans trois maisons différentes lorsqu'il étoit à Versailles; il y venoit assez souvent et ne voyoit jamais le Roi ni la Reine, ou du moins fort peu.

M. de Wassenaer (1) a eu aujourd'hui audience de congé; c'étoit une audience particulière; il s'en va en Angleterre.

Il y a actuellement une dispute entre MM. les premiers gentilshommes de la chambre et M. le contrôleur général au sujet du trône et des gradins dans la galerie de Versailles, au sujet de l'audience de l'ambassadeur turc. Ils ont présenté de part et d'autre chacun un mémoire au Roi. M. le Cardinal dit qu'il ne veut point se mêler de cette affaire, parce que son neveu est premier gentilhomme de la chambre. Ceux-ci prétendent qu'étant aux droit du chambellan pour tout le commandement, il y a trois ou quatre cents ans qu'ils sont dans l'usage d'ordonner pour tout ce qui est pour les fêtes et audiences dans l'appartement du Roi; que d'ailleurs ce furent eux qui en 1722 firent faire le trône et les gradins et ordonnèrent de tout pour l'audience de l'ambassadeur turc aux Tuileries à Paris. Ils ajoutent qu'au mariage de Madame ils ordonnèrent de tout, tant dans le salon d'Hercule que dans la galerie, et même du feu d'artifice et de la décoration qu'il y eut sur la terrasse. MM. des bâtiments représentent que ce furent eux en 1715 qui firent faire le trône et les gradins dans la galerie pour l'audience de l'ambassadeur de Perse, et que si depuis ils n'en ont pas été chargés dans des occasions semblables, c'est à cause du règlement ou plutôt de la convention faite en 1722, à laquelle M. d'Antin voulut bien souscrire; mais que la complaisance qu'il eut alors ne doit nuire en aucune façon à leur droit. Si je peux avoir les mémoires des deux

---

(1) Ministre de la reine de Hongrie. (*Note du duc de Luynes.*)

côtés je les ferai transcrire ici; ce que je viens de marquer est sur ce que M. de Gesvres m'en a dit.

Depuis la prise de Prague on a nouvelle que M. le comte de Saxe a été détaché avec un corps assez considérable pour écarter des hussards ennemis, qui venoient à deux lieues de Prague lever des contributions. Le général Neuperg, qui s'étoit avancé à quatre ou cinq lieues de Prague, a cru que ce détachement étoit la tête de l'armée, et il a pris le parti de se retirer vers la Moravie. Il paroît que l'on songe à mettre l'armée en quartier.

Le Roi ne sort point de cette semaine; c'est la semaine de Mme de Mailly; il va la semaine prochaine à Choisy, du lundi au mercredi.

Du vendredi 15, *Versailles.* — Mardi dernier 12 de ce mois, nous fûmes assez étonnés d'apprendre que M. le marquis de Vassé venoit d'arriver de Prague, n'apportant d'autres nouvelles que des détails sur la prise de cette ville. Comme j'ai déjà parlé ci-dessus de ce qui s'est passé à cette action et que l'on trouvera ci-après trois relations que mon fils m'a envoyées, je crois inutile de m'étendre davantage sur cette affaire.

M. le maréchal de Broglie doit être présentement à Prague. Le public a été un peu surpris ici d'apprendre cette nouvelle. M. de Broglie est l'ancien de M. de Belle-Isle, et d'ailleurs il a paru dans les discours qu'il a tenus à Strasbourg qu'il désapprouvoit hautement presque tous les projets de cette guerre; cependant il paroît que le ministère croit que MM. de Broglie et de Belle-Isle sont fort bien ensemble; et l'arrangement d'envoyer M. le maréchal de Broglie a vraisemblablement été fait dans le temps que M. de Belle-Isle étoit resté malade à Saint-Hubertsbourg et à Dresde, et dans un état où l'on ne croyoit pas qu'il pût jamais aller à Prague. D'ailleurs les circonstances obligeant M. de Belle-Isle à retourner à Francfort au plus tôt, on a jugé avec très-grande raison qu'il falloit un chef à cette armée. L'assemblage de différentes nations la rend plus difficile à commander, et même il s'étoit glissé beaucoup d'abus dans nos troupes, à la réformation desquels M. de Belle-Isle n'a cessé de travailler depuis qu'il est arrivé à Prague. Reste à savoir si la confiance que M. de Belle-Isle personnellement s'est attirée de la part des rois de Pologne et de Prusse passera de même à M. de Broglie. Nous avons vu que M. de Belle-Isle devoit marcher de Dresde à Prague à la tête des troupes saxonnes, ayant une patente du roi de Pologne pour les commander. Le roi de Prusse, sachant que dans notre armée nous n'avions pas assez de hussards, a envoyé un régiment des siens à notre armée, disant que c'étoit à M. de Belle-Isle personnellement qu'il l'envoyoit et qu'il vouloit qu'il ne fût que sous ses ordres.

Notre armée est actuellement en quartiers d'hiver. On a envoyé des détachements s'emparer de nouveau de Tabor et de Budweiss pour rétablir la communication avec la haute Autriche. Le grand-duc et M. de Neuperg se sont retirés dans la basse Autriche et dans la Moravie. Celui qui commandoit dans Prague est un officier général qui a environ soixante ans; il s'apelle Ogilwi; il est de Bohême. M. le comte de Saxe avoit trois de ses frères dans les troupes saxonnes à la prise de Prague.

Mme de Loss vint hier ici voir M. le Cardinal; elle ne sera point présentée parce que les femmes d'envoyés ne sont point assises et qu'elle voudroit l'être. Elle fut à la comédie; Mme de Luynes avoit demandé permission à la Reine; il est de règle de demander cette permission, et il est d'usage de ne la point refuser. Elle dîna chez moi avec M. de Loss et M. de Poniatowski ; M. et Mme de Loss soupèrent aussi chez moi et ont couché à Versailles.

Le Roi soupoit au grand couvert; lorsque S. M. fut à table, Mme de Loss, en robe abattue avec une mantille, passa par la galerie, le cabinet et la chambre de la Reine, vint au souper, où elle resta en bayeuse pendant un bon quart d'heure. M. de Loss y étoit aussi, et le Roi lui parla beaucoup. Le Roi paroît le traiter tout au mieux; il lui dit même avec bonté : « M. votre frère est-il aussi grand et aussi bien fait que vous? » Mme de Loss est extrèmement grande, au moins aussi grande que Mme la princesse de Rohan; elle est maigre, bien faite, elle a l'air noble. On dit toujours avec quelque raison qu'il est ridicule de dire : « Elle a l'air étranger; » cependant Mme de Tessin et Mme de la Mina, Mme d'Ardore même, Mme de Castro-Pignano, n'avoient pas l'air étranger; on ne peut pas dire la même chose de Mme de Lichtenstein ni de Mme de Loss. Mme de Loss paroît avoir quarante-cinq ans; elle parle assez bien françois, et son mari encore mieux.

Mémoire au sujet de la dispute entre MM. les premiers gentilshommes de la chambre et MM. des bâtiments à l'occasion de l'audience de l'ambassadeur turc.

Il s'élève une contestation entre MM. les premiers gentilshommes de la chambre et le directeur général des bâtiments à l'occasion de l'audience de l'ambassadeur du Grand Seigneur. Il est question de savoir qui doit être chargé de la construction du trône du Roi dans la grande galerie de Versailles, en ce qui peut concerner la charpente et les décorations en peinture, indépendamment de tout ce qui est ameublement.

Le directeur général des bâtiments représente à S. M. que c'est à lui à recevoir et faire exécuter ses ordres pour ce qui concerne la construction du trône, et non à MM. les premiers gentilshommes de la chambre. Il se fonde sur tout ce qui s'est pratiqué pendant tout le cours du règne du feu Roi, et notamment pour l'audience de l'ambassadeur de Perse. Il fut alors construit un trône dans la grande galerie pareil à celui qu'il s'agit de construire aujourd'hui, et il est constant que ce fut sous les ordres du directeur général et par les soins des officiers des bâtiments de Sa Majesté.

Le directeur général des bâtiments convient en même temps que pendant la Régence, en 1721, lors de l'audience que V. M. donna dans le palais des Tuileries à l'ambassadeur du Grand Seigneur, M. de Mortemart, premier gentilhomme de la chambre, ordonna seul toutes les constructions et décorations pour cette cérémonie et même des feux d'artifice et illuminations extérieures qui furent faites ensuite; et c'est sur cet exemple de M. le duc de Mortemart que MM. les premiers gentilshommes de la chambre se croient en droit de faire, dans l'occasion qui se présente aujourd'hui, toutes les mêmes fonctions qui ont été faites en 1721 par M. le duc de Mortemart.

On ignore si pour lors il y eut quelques représentations de la part de M. le duc d'Antin et des officiers des bâtiments; ce qu'il y a de certain, c'est qu'il ne paroît point de décision; au moyen de quoi, on peut regarder la question entière entre MM. les premiers gentilshommes de la chambre et le directeur général des bâtiments. Ce dernier se fonde sur un droit attaché à sa place et sur un usage observé de tout temps et dans toutes les occasions sous le règne du feu Roi, pendant lequel il met en fait que les officiers des bâtiments ont toujours été chargés de tout ce qui concerne contruction et décoration de peintures autres que ce qui est ameublement, à l'occasion des cérémonies et fêtes publiques, soit dans le dedans, soit dans le dehors des châteaux et maisons royales, ainsi que des feux d'artifice et illuminations. Il rapporte pour preuve de ce qu'il avance, des monuments qui ne peuvent être suspects; ce sont les recueils gravés des fêtes données en 1664, 1668 et 1674 par le feu Roi. Ils sont dans la bibliothèque du Roi et dans les mains du public. Il est à observer que ces recueils sont faits sous les ordres de M. Colbert et dressés par le Sr Félibien, historiographe des bâtiments, circonstances qui du premier coup d'œil font bien reconnoître que ces fêtes étoient principalement dirigées par ces mêmes officiers. Mais on le reconnoît encore bien plus précisément par ce qui est rapporté dans le détail de ces fêtes.

On y voit précisément que M. Colbert et les officiers des bâtiments y ont toujours été chargés de tout ce qui regarde construction, décoration, feux d'artifice et illuminations extérieures. Il semble même, par ce qui est rapporté dans le détail de la fête de 1668, qu'on ait voulu prendre soin de distinguer quelles sont et quelles doivent être dans ces fêtes les fonctions des officiers de S. M., et voici comment l'historien s'explique.

Pour l'exécution de cette fête, le duc de Créquy, comme premier gentilhomme de la chambre, fut chargé de ce qui regardoit la comédie. Le maréchal de Bellefonds, comme premier maître d'hôtel du Roi, prit le soin de la collation, du souper, et de tout ce qui regardoit le service des tables; et M. Colbert, comme surintendant des bâtiments, fit construire et embellir les divers lieux destinés à ce divertissement royal, et donna les ordres pour l'exécution des feux d'artifice.

Peut-il y avoir rien de plus clair et de plus décisif pour constater les différentes fonctions de ceux qui sont chargés d'exécuter les ordres du Roi?

Aussi, depuis ces différentes fêtes, on trouve qu'en 1697 M. de Villacerf, alors surintendant, fit exécuter par ordre du Roi un feu d'artifice et illumination sur la pièce des Suisses, pour le mariage de

M. le duc de Bourgogne. Les plans et détails de cette fête subsistent dans le bureau du premier architecte.

Le Sr Gabriel, aujourd'hui premier architecte, fut commandé, conjointement avec le Sr de Cotte et le Sr Desjardins, contrôleur, par M. Mansart, surintendant, pour construire et faire exécuter à Marly l'illumination et le feu d'artifice que le Roi avoit ordonné, pour la naissance de M. le duc de Bretagne, en l'année 1707.

Cette même année M. Mansart reçut les ordres de Monseigneur pour le feu qui fut exécuté à Meudon pour le même sujet. Ces faits prouvent une possession constante et suivie en faveur du directeur général des bâtiments pendant tout le cours du règne du feu Roi. Mais indépendamment de cette possession on croit pouvoir dire que les fonctions que le directeur général des bâtiments réclame sont naturellement et même nécessairement de son ressort. Il est par la place dont le Roi l'a honoré le directeur naturel des arts. Il est à la tête de l'architecture, peinture et sculpture. Toutes les constructions et décorations lui sont naturellement et comme de droit confiées, parce qu'il commande à tous ceux dont le ministère est nécessaire pour l'exécution ; le soin et l'entretien des lieux où se font les fêtes sont de son ressort. Les ouvriers, artistes, non-seulement lui sont subordonnés, mais les jardiniers ; les eaux jaillissantes, dont on faisoit et dont on peut encore faire un grand usage dans les fêtes, les jardins et tout ce qui y a rapport sont sous sa direction.

Enfin il réunit sous ses ordres tous les secours, soit pour les desseins soit pour l'exécution, ce que personne que lui n'est en état de faire aussi aisément et à aussi peu de frais.

Réponse au précédent mémoire.

M. le directeur général des bâtiments croit pouvoir ordonner, à l'exclusion des premiers gentilshommes de la chambre, tout ce qui sera nécessaire pour les constructions et décorations du trône qui doit être élevé dans la grande galerie de Versailles à l'occasion de l'audience de l'ambassadeur du Grand Seigneur.

Il se fonde sur deux considérations : l'une, que par sa place il est directeur naturel des arts et que toutes les constructions et décorations lui sont naturellement et comme de droit confiées, parce qu'il commande à tous ceux dont le ministère est nécessaire pour l'exécution.

L'autre, que pendant le règne du feu Roi il a acquis la possession de donner les ordres dans toutes les occasions semblables à celle qui se présente et dans beaucoup d'autres, telles que les fêtes et les cérémonies publiques.

Les premiers gentilshommes de la chambre n'ont garde de contester à M. le directeur général des bâtiments le titre de directeur général des arts ; ils reconnoissent aussi que tous les ouvriers lui sont naturellement subordonnés ; enfin ils conviennent qu'il a sous sa direction tous ceux qui peuvent prêter les mains pour l'exécution des desseins d'architecture, peinture et sculpture ; mais il s'en faut beaucoup que tous ces avantages attachés à sa place lui donnent la prérogative d'ordonner indistinctement dans toutes les occasions où il s'agit, pour le service du Roi, de construction et de décoration.

Le service de M. le directeur général des bâtiments et les fonctions des premiers gentilshommes de la chambre sont, à cet égard, distingués par des caractères si sensibles qu'il n'est pas possible de les confondre.

Lorsqu'il s'agit d'élever ou de décorer des édifices solides et permanents, de construire des châteaux, de former, d'embellir des jardins, il n'est pas douteux que toutes ces constructions, toutes ces décorations durables ne soient du ressort de M. le directeur général des bâtiments.

A l'égard de ces constructions, de ces décorations momentanées de théâtres, de trônes, de cérémonies, de fêtes, d'artifices, qui se font moins pour l'utilité que pour le plaisir de S. M., et qui ne sont en quelque sorte que des jeux passagers de sa magnificence, elles ont toujours été regardées depuis plusieurs siècles *comme menues affaires de Sa Majesté*, et comme telles *essentiellement dépendantes* des fonctions du premier gentilhomme de la chambre.

Ainsi, les premiers gentilshommes de la chambre, de temps immémorial, c'est-à-dire depuis la création de leurs charges, sont en possession d'ordonner toutes les constructions et décorations qui se font dans les fêtes, pompes et autres cérémonies publiques, pour le service de Sa Majesté.

C'est ce qu'il seroit aisé de justifier par une foule de monuments non suspects, si la circonstance présente laissoit le temps de faire les recherches nécessaires et de rassembler toutes les pièces qui établissent cette ancienne possession.

Les premiers gentilshommes de la chambre se contentent donc de soutenir, et ils sont en état de prouver, soit par les registres de la chambre des comptes, soit par des titres également authentiques, que sous le règne de Charles VIII (1), de Louis XII, de François Ier, de Henri II, de François II, de Charles IX, de Henri III, de Henri IV, de Louis XIII, ils ont ordonné toutes les constructions, décorations, artifices, illumi-

---

(1) Sous Charles VIII et Louis XII les ordres se donnoient par deux chambellans, aux fonctions de qui les premiers gentilshommes ont succédé lors de leur création sous François Ier. (*Note du duc de Luynes.*)

nations, qui ont été faites pour les sacres des rois, pour les cérémonies de leurs mariages, pour la naissance des enfants de France, pour les pompes funèbres, pour la réception des ambassadeurs, pour les bals, joutes, lices, tournois, carrousels, combats, jeux, triomphes, et généralement pour toutes les fêtes publiques.

On voit dans les registres de la chambre des comptes que depuis trois cents ans le trésorier des Menus y a toujours compté des dépenses faites pour ces cérémonies et pour ces fêtes, tant en menuiseries, artifices, peinture, sculpture, que charpente et maçonnerie. L'ancienne possession des premiers gentilshommes de la chambre est donc justifiée par une longue suite de preuves qui ne sont point équivoques.

Leur possession a continué de même pendant le règne du feu Roi. Ce sont les premiers gentilshommes de la chambre qui ont ordonné toutes les décorations et constructions nécessaires pour le sacre de ce prince et pour les cérémonies de son mariage.

Ce sont eux aussi qui ont reçu immédiatement les ordres du Roi dans les fêtes dont parle M. le directeur général des bâtiments dans son mémoire, et ce n'a été que sous leurs ordres que les officiers des bâtiments ont prêté leur ministère pour l'exécution des desseins. C'est ce qui se justifie par le témoignage même du Sr Félibien, historiographe des bâtiments. Cet historien, en parlant des fêtes données à Versailles en 1664, s'explique ainsi : « M de Vigarani (1), gentilhomme modénois fort savant en toutes choses, inventa et proposa celle-ci, et le Roi commanda à M. le duc de Saint-Aignan, qui se trouva lors en fonction de premier gentilhomme de sa chambre et qui avoit déjà donné plusieurs sujets de bals fort agréables de faire un dessein où elles (ces fêtes) fussent toutes comprises avec liaison et avec ordre, de sorte qu'elles ne pouvoient manquer de bien réussir. Il (M. le duc de Saint-Aignan) prit pour sujet le palais d'Alcine, etc. »

C'est ce qui se justifie encore par l'exécution d'un feu d'artifice tiré dans la même année 1664 et qui fut exécuté sous les ordres des premiers gentilshommes de la chambre par les intendants des menus plaisirs.

Ainsi les faits allégués dans le mémoire de M. le directeur général des bâtiments ne donnent aucune atteinte au droit ni à la possession des premiers gentilshommes de la chambre. Ces faits au contraire ne font que concourir à confirmer leur longue possession. Tout ce qu'on en peut inférer, c'est que par des raisons qu'on ne sauroit deviner, les premiers gentilshommes de la chambre, pour l'exécution, se sont quelquefois servi de la main des officiers des bâtiments.

Ce furent aussi les premiers gentilshommes de la chambre qui sous

---

(1) Il jouissoit d'une pension de 6,000 livres payée par le trésorier des menus plaisirs. (*Note du duc de Luynes.*)

le règne du feu Roi eurent la direction de tout ce qui fut fait pour la décoration du trône élevé dans la grande galerie de Versailles pour l'audience de l'ambassadeur de Perse, et c'est sans doute par erreur que le fait contraire est échappé dans le mémoire de M. le directeur général des bâtiments.

Ce fut encore sous leurs ordres que se firent toutes les constructions et décorations qui furent jugées nécessaires pour la cérémonie du sacre de Sa Majesté.

Enfin lorsque S. M., en 1721, donna audience dans le palais des Tuileries à l'ambassadeur du Grand Seigneur, ce fut M. de Mortemart, premier gentilhomme de la chambre, qui ordonna seul, comme M. le directeur général en convient, toutes les constructions et décorations nécessaires à cette cérémonie, et tous les feux d'artifice et illuminations qui furent donnés dans la suite.

On ne peut imaginer que si M. le directeur général des bâtiments eût été en possession d'ordonner les fêtes et illuminations, et nommément la construction du trône, M. le duc d'Antin, qui avoit eu cette place sous le règne du feu Roi et qui n'en ignoroit aucune prérogative, eût abandonné ses fonctions au premier gentilhomme de la chambre.

Depuis ce temps jusqu'à présent, soit avant, soit depuis la majorité du Roi, ils ont toujours reçu les ordres de S. M. pour toutes ces mêmes dépenses sans en excepter une seule.

Les intendants des menus plaisirs et affaires de la chambre du Roi, créés en titre d'office pour servir sous eux dans l'exécution de ces fêtes et de ces cérémonies, s'en sont acquittés jusqu'ici avec tant de zèle et de capacité, qu'en plusieurs rencontres S. M. a bien voulu leur marquer sa satisfaction.

Ces fonctions sont même et ont toujours été les principales des charges qu'ils ont acquises.

En établissant donc une possession de trois siècles et qui depuis le règne de S. M. n'a jamais souffert la plus légère interruption, les premiers gentilshommes de la chambre espèrent que S. M. sera trop équitable pour les dépouiller d'une prérogative dont ils jouissent depuis si longtemps, dans laquelle elle les a elle-même toujours maintenus, et dont la privation leur seroit d'autant plus sensible qu'elle sembleroit leur annoncer de la part de S. M. quelque mécontentement de leurs services, ce qui les toucheroit beaucoup plus que la perte même de leur droit.

Réponse de M. Orry, contrôleur général et directeur général des bâtiments, au mémoire de MM. les premiers gentilshommes de la chambre.

Quoique le directeur général des bâtiments ait eu dessein, dans le mémoire qu'il a pris la liberté de présenter au Roi, de fixer l'objet de ses représentations sur les choses présentes d'art, et qu'il croit être uniquement de son ressort, il lui est revenu que MM. les premiers gentilshommes de la chambre pensoient qu'il vouloit leur contester des fonctions qu'ils ont lieu de croire être en droit de prétendre comme étant des attributs naturels de leurs charges.

Pour lever tous les doutes qui pourroient naître à ce sujet, le directeur général des bâtiments croit devoir de nouveau fixer précisément quelles sont les fonctions qu'il croit pouvoir réclamer.

Quand le Roi juge à propos de donner quelques fêtes, ou qu'il s'agit de quelques cérémonies qui donnent lieu à des préparatifs dans l'intérieur des châteaux et jardins de S. M., elle donne ses ordres au premier gentilhomme de la chambre. Il n'est question que d'ornements, ameublements, que danses, jeux, comédies, etc. Le directeur général des bâtiments convient qu'il n'y a rien en cela de son ressort. Il pense cependant qu'il est du bien du service du Roi qu'il plaise à S. M. de donner ordre à son directeur général des Bâtiments de concourir, pour l'exécution, à ce qui peut intéresser ses fonctions, soit pour préserver les peintures des plafonds ou des dessus de portes, soit pour faire veiller à la conservation des vases, statues, bustes et autres décorations de cette nature, soit en faisant enlever ce qui est susceptible de l'être, soit enfin en prenant les précautions nécessaires pour que ce qui ne peut être enlevé soit garanti de façon qu'on ne puisse y causer aucun dommage. Mais s'il est question de construction d'estrades, d'échafauds, de gradins, de décorations, de peintures, sculptures, dorures, etc., dans les dedans, s'il est question dans les dehors et jardins de constructions et décorations, de salles, de feux d'artifice, de théâtres, d'échafauds, alors comme ces constructions sont du ressort des Bâtiments, il pense qu'il doit recevoir l'ordre du Roi pour le faire exécuter ; bien entendu qu'il se concertera avec le premier gentilhomme de la chambre à qui il ne dispute point l'ordonnance générale de ces fêtes. Mais quand cette ordonnance générale est approuvée par le Roi, S. M. donne ses ordres à ceux qui doivent concourir à l'exécution, chacun dans sa partie, et chacun aussi fait ses plans et ses desseins pour ce qui le concerne et les fait approuver par le Roi. Si dans ces fêtes il étoit question de carrousels et de courses de chevaux, il est à présumer que MM. les premiers gentilshommes de la chambre ne contesteroient pas à M. le grand écuyer l'honneur de recevoir les ordres du Roi pour ce qui le concerneroit. S'il est question de chasse, MM. les premiers gentilshommes de la chambre ne disputent pas le même honneur à M. le grand veneur. S'il est question de festins et de collations, ce sera sans doute le premier maître d'hôtel qui sera chargé de cette partie, et non MM. les premiers gentilshommes de la chambre. Pourquoi donc le directeur général des bâtiments se trouvera-t-il seul privé de ses fonctions dans les cérémonies et dans les fêtes qui se font dans les châteaux et maisons royales? Pourquoi MM. les premiers gentilshommes de la chambre voudront-ils introduire dans les appartements du Roi et dans ses jardins des ouvriers étrangers, quand S. M. en a à son service, qu'il a des architectes de tous les ordres, des peintres, des sculpteurs, des charpentiers, des menuisiers, doreurs, etc.? MM. les premiers gentilshommes de la chambre ont-ils des artistes dans tous ces genres payés et gagés par le Roi? on ne le présume pas. Il seroit étrange que le Roi payât des gens d'art dont on ne seroit pas sûr de faire usage une fois en dix ans. Quelle confiance d'ailleurs pourroit-on avoir en de pareils ouvriers? Connoissent-ils les lieux? s'ils travaillent dans les jardins, quels désordres ne peuvent-ils pas y causer? D'ailleurs, si faute de solidité dans les constructions il arrivoit quelque accident, quels reproches n'auroit-on pas à se faire. Devroient-ils au fond se charger de pareils événements et s'y exposer? Ils conviendront aisément qu'ils ne s'entendent pas à ces sortes d'ouvrages. Il faut donc qu'ils s'en rapportent à des architectes. Il sera singulier de voir faire un ouvrage dans l'appartement du Roi, dans ses palais et dans ses jardins, sous la direction d'un architecte étranger et par des ouvriers étrangers, pendant que S. M. a son premier architecte et des architectes de tous les ordres à son service.

Mais pourquoi, dira-t-on, sera-ce le directeur général des bâtiments qui sera chargé des illuminations dans les dehors et des feux d'artifice? quelle relation cela peut-il avoir avec ses fonctions? Il est aisé de faire cette relation.

Si l'illumination est faite dans l'intérieur du château, il faut en suivre la décoration et l'architecture. Qui est plus en état que les officiers des bâtiments d'en former les desseins? ils les ont tous dans leurs mains, il leur est facile de les suivre. A l'égard de l'exécution, par qui peut-elle être faite? par des couvreurs, des charpentiers et autres de cette espèce. Ira-t-on en chercher d'étrangers quand le Roi en a qui sont payés toute l'année? D'ailleurs, si on introduit des étrangers qu'en résultera-t-il? qu'on brisera les couvertures et les plombs; qu'on gâtera les corniches et les ouvrages de sculpture, les statues et les décorations; au lieu que les ouvriers du Roi qui sont chargés eux-mêmes des entretiens, sont engagés, et par intérêt, à apporter tous leurs soins pour que rien ne soit endommagé.

Les illuminations dans les dehors, qui se font dans les jardins, sont dans le même cas; il faut prendre des précautions et des mesures pour gâter le moins qu'il est possible le sol des jardins, les plantes, les arbres, les charmilles, les bassins, les statues, les vases et autres choses précieuses; par conséquent il faut n'employer que les ouvriers du Roi, auxquels se joignent les jardiniers, les fontainiers. Quand ce sont les officiers des bâtiments du Roi qui sont chargés de l'exécution, ils concourent tous à éviter de causer quelque dommage. Quand on se servira d'étrangers, ils agiront sans attention, sans ménagement. Qu'en résultera-t-il ? une bien plus grande dépense pour le Roi et beaucoup de dommages et de dégâts.

Il en est de même pour les feux d'artifice qui se font dans les jardins ; il faut y construire une charpente énorme ; on en a vu un exemple il y a quelques années.

Comment MM. les premiers gentilshommes de la chambre peuvent-ils prétendre se charger de pareilles constructions, et par qui peuvent-ils les faire exécuter ?

Pourquoi se faire peine d'en user dans toutes ces occasions comme on a fait au feu que la ville de Paris a donné à l'occasion du mariage de Madame ? M. le duc de Gesvres reçut l'ordre du Roi pour faire disposer tout ce qui étoit nécessaire pour S. M. et toute sa cour. S. M. lui dit qu'elle se placeroit dans le cabinet de la Reine. M. le duc de Gesvres fit ses dispositions, et en même temps le directeur général des bâtiments reçut l'ordre du Roi pour y faire construire un baldaquin au lieu du balcon de ce cabinet. Il eut ordre en même temps de faire construire des espèces de loges sur la terrasse du jardin de la Reine, pour placer la suite du Roi ; en conséquence, il se concerta avec M. le duc de Gesvres et convint avec lui des dispositions générales. Ils se portèrent ensemble plusieurs fois sur les lieux. La construction du baldaquin et des loges fut exécutée et décorée pour l'extérieur en peinture et dorure : voilà à quoi se borna la fonction du directeur général des bâtiments. M. le duc de Gesvres, chargé de tout le reste, le fit exécuter. Ce qui s'est fait en cette occasion se peut faire facilement dans celle qui se présente aujourd'hui. M. le duc d'Aumont reçoit l'ordre du Roi pour l'audience de l'ambassadeur du Grand Seigneur. Il est question de faire dans le fond de la galerie, ou ailleurs, une estrade pour y placer le trône du Roi ; il faut aussi placer le dais et peut-être faire faire des échafauds dans quelque partie de la galerie. Que fera alors le directeur général des bâtiments ? il recevra du Roi les ordres pour faire exécuter les choses qui sont de son ressort, et se concertera avec M. le duc d'Aumont pour l'exécution des ordres de S. M. Y a-t-il en cela quelque chose qui doive blesser MM. les premiers gentilshommes de la chambre ? on ne peut le présumer ; ils sont conservés dans leurs véritables prérogatives, ils reçoivent les ordres du Roi et les font exécuter en ce qui les concerne. Le directeur général des bâtiments reçoit aussi les ordres du Roi pour ce qui concerne ses fonctions et les fait exécuter de concert avec M. le premier gentilhomme de la chambre ; et l'on a tout lieu de penser qu'il ne se trouvera pas plus de difficultés dans l'exécution de ce qui concerne cette cérémonie qu'il n'y en a eu à l'occasion du feu donné par la ville de Paris, que le Roi a honoré de sa présence.

Au surplus, tout ce que réclame aujourd'hui le directeur général des bâtiments, il ne le réclame que pour les châteaux et maisons royales et leurs dépendances; comme il n'a que la direction générale des bâtiments du Roi, il ne porte point ses vues sur tout ce qui se peut faire ailleurs, et c'est par cette raison qu'il ne conteste à personne le droit d'ordonner et de faire faire tout ce qui a rapport aux sacres et aux pompes funèbres, qui se faisant ordinairement dans des églises qui n'appartiennent point au Roi, ne sont point de la dépendance de sa place, d'autant qu'on y peut sans inconvénient employer toutes sortes d'ouvriers, et que les mêmes raisons qui peuvent empêcher de s'en servir dans les maisons royales ne subsistent point pour les autres bâtiments.

Réponse de MM. les premiers gentilshommes de la chambre.

Il s'en faut beaucoup que les premiers gentilshommes de la chambre aient passé à M. le directeur général des bâtiments son premier moyen fondé sur sa qualité de directeur des arts. Ils lui ont au contraire démontré que ce moyen porte à faux, en établissant la différence essentielle qu'il y a entre leurs fonctions et celles du directeur général des bâtiments. C'est un article sur lequel il ne sauroit rien répondre. Au reste s'il veut jeter les yeux sur les édits de 1708 et de 1716, qui contiennent un long détail de toutes les fonctions attachées à la charge de surintendant des bâtiments, s'il veut même consulter son propre titre, c'est-à-dire sa commission, il se convaincra de plus en plus qu'il n'a aucune sorte de droit sur les fonctions qu'il dispute aux premiers gentilshommes de la chambre.

On ne conteste pas moins à M. le directeur général des bâtiments la possession qu'il réclame. Il n'en a point; il convient au contraire qu'elle est en faveur des premiers gentilshommes de la chambre, puisqu'il avoue expressément que leur possession est prouvée *de règne en règne jusqu'au sacre de Louis XIV*. Ce sont ses termes. Peut-on sérieusement faire envisager une possession si ancienne et si suivie comme une chimère ?

M. le directeur général des bâtiments convient encore que depuis le règne de S. M. leur possession est universelle, constante et non interrompue.

Il met donc toute sa ressource dans le règne de Louis XIV, comme si ce règne devoit plutôt servir de règle que les règnes des rois qui ont précédé et que celui-même de S. M. aujourd'hui régnante. Mais que trouve-t-on dans le règne de Louis XIV ? rien de fixe, rien d'uniforme sur l'objet présent; on y remarque quatorze fêtes ou grandes cérémonies, dont huit, du nombre desquelles sont deux entrées d'ambassadeurs, ont constamment été ordonnées par les premiers gentilshommes de la chambre, et six dont le directeur général des bâtiments prétend avoir eu la conduite ; car enfin en ne contestant même aucun des exemples cités par M. le directeur général des bâtiments, quoique les preuves en soient fort équivoques, la question se réduiroit à savoir qui doit l'emporter ou de six exemples pour le directeur général des bâtiments, ou de huit exemples pour les premiers gentilshommes de la chambre, qui outre ces huit exemples sous le règne de Louis XIV, ont encore en leur faveur tout ce qui s'est fait soit sous les règnes précédents, soit sous le règne de Sa Majesté.

Or, de quel droit et par quel privilége singulier voudroit-on que six exemples assez mal justifiés l'emportassent sur huit qui sont constants et bien prouvés par les registres de la chambre des comptes ?

Qu'il soit encore permis de demander sur quels motifs d'équité et par quelles raisons déterminantes on propose au Roi de changer, de renverser, de détruire tout ce que S. M. a approuvé, tout ce qu'elle a fait depuis le commencement de son règne jusqu'à présent. Plus les premiers gentilshommes de la chambre se sont fait jusqu'ici un devoir inviolable de respecter les volontés et les ordres du Roi, moins ils conçoivent ce qui peut autoriser M. le directeur général des bâtiments à écarter comme indifférent et sans conséquence tout ce qui s'est fait sous le règne et par les ordres de Sa Majesté.

Pour finir par une réflexion qui devroit faire impression, on croit pouvoir rappeler à M. le directeur général des bâtiments qu'il succéda à feu M. le duc d'Antin. Il n'ignore pas combien il étoit jaloux de conserver jusqu'aux moindres prérogatives d'une charge qu'il espéroit transmettre à ses descendants. Peut-on se persuader que, dans cette position, M. le duc d'Antin eût volontairement abandonné des fonctions qu'il auroit regardées comme essentiellement attachées à sa charge, et qu'il eût laissé tranquillement passer aux premiers gentilshommes de la chambre un droit qui leur auroit été étranger et dont il se seroit lui-même cru en possession? Peut-on se persuader qu'il eût ignoré ou négligé les raisons que M. le directeur général des bâtiments emploie aujourd'hui ?

Il résulte naturellement de cette observation frappante que M. le duc d'Antin, bien instruit des droits de sa charge et à qui rien ne manquoit de tout ce qui pouvoit tendre à les conserver en leur entier, n'a jamais regardé quelques exemples singuliers du règne de Louis XIV comme capables de lui attribuer un droit qu'il reconnoissoit ne point avoir par les édits de création de sa charge, et qu'il savoit par les exemples de tous les règnes précédents avoir toujours été attachés de temps immémorial aux fonctions des premiers gentilshommes de la chambre.

Ainsi les droits des premiers gentilshommes de la chambre sont fondés sur l'universalité des exemples puisés dans les règnes précédents, sur la pluralité des exemples du règne de Louis XIV, et généralement sur tout ce qui s'est fait depuis le règne de S. M., comme en convient M. le directeur général des bâtiments.

Relation de M. le duc de Chevreuse sur l'escalade de Prague.

La nuit du 24 au 25 décembre 1741, M. le comte de Saxe passa la Moldau sur un pont de bateaux avec un détachement composé de huit cents hommes des piquets et de l'infanterie aux ordres de MM. de Broglie et de Chevert, lieutenant-colonel du régiment de Beauce, de quatre compagnies de grenadiers, six cents dragons, huit cents carabiniers et six cents chevaux de la brigade du Roi. Il alla avec la cavalerie et les dragons jusqu'au village de Couratitz, où il trouva son infanterie qu'il avoit envoyée devant lui, aux ordres de M. le marquis de Mirepoix, maréchal de camp; M. de la Tour, aussi maréchal de camp, étant à la cavalerie: M. le comte de Saxe s'avança avec sa cavalerie seulement, précédée des dragons, qu'il découvrit seuls, jusqu'à une hauteur qui est à une demi-portée de canon de la ville de Prague, et surtout de la citadelle. On nous reçut avec huit ou dix coups de canon qui passèrent au milieu de nous sans toucher personne. Quand M. le comte de Saxe eut reconnu ce qu'il vouloit voir, il fit retirer son détachement jusqu'à Couratitz; il venoit de recevoir une lettre de l'électeur qui lui défendoit de rien entreprendre sans ses ordres. Il mit sa cavalerie en bataille, envoya M. de la Tour porter deux troupes de dragons en avant et voulut bien me charger de couvrir ses flancs avec les six autres troupes de dragons (1); il resta au village de Couratitz, avec tous les principaux officiers, qu'il fit garder par les quatre compagnies de grenadiers, attendant le jour pour pouvoir se déterminer

---

(1) « *Lettre de M. le comte de Saxe à M. le maréchal de Chaulnes, du 16 décembre 1741, de Prague.*

« Je ne saurois vous dire assez de bien ni vous faire assez d'éloges de M. le duc de Chevreuse; il a acquis l'affection, l'amitié et l'estime de toutes les troupes. Permettez que je vous fasse ce compliment, n'osant le faire à lui-même; si vous lui écrivez, je vous prie de lui exprimer les sentiments d'attachement que j'ai pour lui; personne ne peut mieux s'en acquitter plus heureusement que vous.

« Je crains de vous dire une platitude que de vous confier que j'ai été obligé de me servir de toute mon autorité pour empêcher M. le duc de Chevreuse de monter à l'échelle avec les premiers grenadiers. » (*Archives du château de Dampierre.*)

au parti qu'il prendroit sur sa besogne du lendemain, qu'il croyoit ne devoir plus être que de savoir des nouvelles des ennemis. Pour mettre mieux au fait de la situation de M. le comte de Saxe, je crois qu'il est nécessaire de dire quelle étoit en général la position de l'armée. L'électeur avoit ses quartiers à une lieue de Prague, à peu près autant de l'armée saxonne et de la partie des troupes de France qui est aux ordres de M. de Gassion; l'artillerie françoise ni celle des Saxons n'étoient point encore arrivées, ce qui empêchoit de pouvoir entreprendre le siége de Prague. Cependant le grand-duc s'avançoit avec son armée dans le dessein de secourir la ville; l'électeur ne pouvoit lui opposer une armée aussi forte que la sienne, n'étant point joint par les Prussiens, par M. de Leuville, ni par M. de Terring, qui commande les Bavarois. S'il avoit passé la Moldau avec son armée, la bataille étoit inévitable; s'il ne la passoit pas, les ennemis secouroient Prague; leur armée empêchant absolument toutes nos entreprises sur cette ville, nous ôtoit toute espérance de quartiers d'hiver et obligeoit vraisemblablement l'électeur à aller prendre des quartiers en Bavière, à tout abandonner et tout manquer. Toutes ces circonstances firent sur l'esprit de l'électeur l'impression qu'on en devoit attendre; et, aidé des instances réitérées de M. le comte de Saxe et de l'armée saxonne, il envoya à Couratitz un aide de camp de M. de Boufflers, qui avoit reconnu la porte neuve, qui vint dire qu'une partie de l'artillerie étoit arrivée et que M. de Saxe pouvoit suivre son projet. Nous partîmes de Couratitz à dix heures du soir, et nous avançâmes par un fort grand détour jusqu'à une demi-lieue de Prague, où nous arrivâmes à une heure et demie du matin. M. le comte de Saxe alla reconnoître seul avec M. de Chevert; il vit que le front que nous allions attaquer étoit couvert d'un ravelin détruit; il revint à nous, et fit avancer les grenadiers et les dragons pied à terre avec des échelles que nous avions ramassées, qu'ils mirent contre la courtine du front que nous attaquions. Les grenadiers et deux troupes de dragons y montèrent, et dans le moment le tambour des dragons battit la marche et on cria : Vive le Roi ! Pendant ce temps, les ennemis firent un assez grand feu sur nous; nous n'eûmes cependant qu'un brigadier de mon régiment de blessé, et nous tuâmes et mîmes en fuite tout ce qui étoit sur le rempart, et nous nous emparâmes de la porte neuve. D'abord tous les grenadiers et dragons, qui n'avoient pas encore monté, entrèrent par la porte; ils furent suivis de l'infanterie et de la cavalerie; ces deux dernières troupes occupèrent les places de la ville, et nos dragons restèrent à garder la porte qu'ils avoient prise. Avant notre attaque, M. de Gassion en avoit tenté une qui ne réussit pas; c'étoit le projet d'attirer tout le feu de ce côté et du nôtre pour favoriser l'attaque des Saxons qui devoit être la seule véritable. Le feu fut considérable à celle de M. de

Gassion, tant de sa part que de celle des ennemis; il le fut autant à celle des Saxons qui entrèrent aussi dans la ville, après que nous leur eûmes fait ouvrir la porte; ils perdirent un général-major et un officier subalterne dangereusement blessé, et aussi quelques soldats. On estime la perte des ennemis à environ cent hommes et quelques blessés. Toute la garnison s'est rendue prisonnière de guerre; elle étoit composée de troupes réglées, des hussards de Seckendorf et de Wallis, des invalides et d'environ quinze cents bourgeois armés; le gouverneur s'est aussi rendu prisonnier. Ainsi, le 26, à six heures du matin, nous étions maîtres de toute la ville et même de la citadelle; c'est de cette façon qu'a réussi le grand projet, qui est l'ouvrage de M. le comte de Saxe (1).

Autre relation de M. le duc de Chevreuse.

Le 29 novembre, M. le comte de Saxe, lieutenant général, MM. de Biron, de Mirepoix et de la Tour, maréchaux de camp, M. d'Armentières, brigadier d'infanterie, M. de Mortemart, colonel d'infanterie, M. de Fougères, brigadier de cavalerie, qui avoient montré de la bravoure et de la sagacité, et moi commandant les dragons, partîmes de Prague avec douze compagnies de grenadiers, 24 piquets des brigades de Piémont et du Roi, 16 piquets de Saxons, 12 troupes de la brigade du Roi, 16 troupes de carabiniers, 2 troupes de hussards de Berchiny, 16 troupes de dragons, 16 troupes de Tartares (2) et six pièces de canon de l'artillerie des Saxons. Le projet de ce détachement étoit de savoir des nouvelles des ennemis, qui avoient eu envie de nous attaquer avant que nous puissions le prendre et nous réunir avec les corps de MM. de Leuville et de Terring. La prise de Prague avoit dérangé une partie de leurs vues; mais on ignoroit s'il ne leur restoit point celle de nous attaquer ou de nous couper les vivres. Enfin il étoit important d'être informé de leurs manœuvres. En conséquence de tout cela, notre détachement partit; nous nous avançâmes jusqu'à Kundratilze, village à une lieue de Prague. M. de Saxe y fut joint par son infanterie, qui venoit d'auprès de Konigsal de l'autre côté de l'eau. M. le comte de Saxe mit en cet endroit son détachement en bataille, la cavalerie et les dragons à la première ligne et l'infanterie à la seconde ligne; il envoya sur les flancs deux petites troupes de hussards et environ 600 en avant, soutenus de 4 troupes de dragons. Les hullans virent quelques troupes de hussards, fondirent dessus; une de ces troupes avec

---

(1) J'ai montré ce mémoire à M. de Loss, envoyé de Saxe, qui le trouve fort exact. (*Note du duc de Luynes.*)

(2) Voy. p. 52 la relation sur les Tartares.

la plus grande légèreté et beaucoup de valeur essuyèrent le feu des hussards, les poussèrent ensuite vivement, les mirent en fuite, en tuèrent plusieurs à coups de fusil et davantage avec leurs lances, en ramenèrent cinq ou six prisonniers dont quelques-uns étoient blessés. Il vint aussi ce jour-là quelques déserteurs des ennemis ; mais les prisonniers et déserteurs dirent seulement que l'armée des ennemis devoit marcher, sans expliquer où. Ce peu d'éclaircissement fit juger à M. le comte de Saxe qu'il n'étoit pas prudent de se commettre et de rester en bataille à Kundratilze, sans se couvrir de quelques défilés ; il fit retirer ses troupes à Kertsen, à environ une demi-lieue vers Prague, leur fit passer le défilé, y mit deux compagnies de grenadiers, couvrit les flancs de sa cavalerie par les dragons, mit quelques piquets d'infanterie dans des broussailles, fit coucher ses troupes au bivac, et le lendemain s'avança à Urzeniowes, où il mit toute sa cavalerie sur une ligne, ses flancs couverts de dragons ; il jeta son infanterie et le canon dans le village. Nous ne vîmes rien ce jour-là que quelques cavaliers du régiment de Cordoni des ennemis qui se dirent déserteurs, mais que les hullans attrapèrent cependant à la course, et beaucoup de déserteurs, tant d'infanterie que de cavalerie et dragons des ennemis, qui nous dirent que l'armée du grand-duc s'étoit arrêtée sur le bord de la Sahura, quand on y avoit appris la prise de Prague, et que plusieurs prétendoient même qu'elle alloit rétrograder.

Le 1er décembre, nous allâmes à Jessenitz ; M. le comte de Saxe nous fit faire la marche de ce jour-là sur trois colonnes ; la plus près des ennemis étoit celle des hullans, qui couvroit et éclairoit là nôtre, la seconde celle de la cavalerie et dragons, et la troisième de l'infanterie. Cet ordre de marche étoit pour persuader au pays et aux ennemis que notre armée alloit à eux et pour les déterminer par là à nous laisser le terrain libre. Cependant les hussards, qui vraisemblablement vouloient avoir leur revanche de la reconduite des hullans, parurent au nombre de 400. Les hullans envoyèrent demander à M. le comte de Saxe des troupes pour les soutenir ; il envoya quatre troupes de dragons avec ordre de ne se point éloigner du gros du détachement. Les hullans fondirent sur les hussards, en tuèrent environ quarante, en firent autant de prisonniers et les chassèrent. Il nous vint aussi ce jour beaucoup de déserteurs qui nous assurèrent de la retraite des ennemis. Nous ne doutions pas d'être attaqués cette nuit, ayant appris qu'il y avoit six régiments, de 800 hussards chacun, à une lieue de nous, et le 2 décembre nous rentrâmes à Prague. La tête de notre détachement y étoit déjà, lorsque M. de Beauvau, le ministre, apporta à M. le comte de Saxe une lettre de M. le maréchal qui le prioit d'aller avec son détachement tâcher de charger l'arrière-garde des ennemis ; mais il étoit trop tard. On avoit trompé M. de Beauvau sur le nom du village où nous étions, et avec cela le détachement étoit si harassé d'avoir couché quatre nuits au bivac, par une saison aussi rude, manquant même de pain, qu'il eût été difficile d'exécuter ce projet. MM. les princes des Deux-Ponts et de Beauvau et MM. les comtes de Poniatowski et Boroski, qui étoient volontaires au détachement, allèrent avec toute la valeur possible combattre à la tête des hullans.

Les déserteurs des ennemis prétendent que dans peu ils seront suivis de toute l'armée.

On envoie demain un gros détachement d'infanterie et de cavalerie dans le même pays où nous avons été. Les Bavarois vont reprendre le poste de Tabor, et on envoie un gros détachement occuper ou reprendre celui de Budweiss ; et les autres troupes s'établiront, dit-on, dans leurs quartiers. Je ne suis point de ces deux détachements ; j'aurai l'honneur de vous mander ce qu'ils auront fait.

Autre relation sur les hullans ou Tartares.

Les hullans viennent d'une famille tartare qui s'établit en Pologne et qui successivement s'agrandit au point de composer presque un peuple entier de noblesse qui porte les armes. Ils sont presque tous mahométans. Voici de quelle façon ils sont armés et vêtus. Ils portent des bonnets ronds en forme de toque, doublés de fourrures ; des vestes assez courtes, à peu près comme celle des hussards ; un manteau qui ne couvre que l'épaule, aussi comme ceux des hussards ; des calottes beaucoup plus étendues que celles des Cent-Suisses. A l'égard de la couleur de leur habillement, la plupart sont blancs ; mais ils en ont aussi de plusieurs couleurs.

Ces hullans rappellent assez l'idée des anciens hommes d'armes ; car dans ces troupes il en est de deux espèces ; les premiers sont nobles ou de bonnes familles, ils s'appellent Tavaritches, et ont chacun un second ou écuyer nommé pakelet. Le Tavaritche est armé de pistolets, d'un sabre et d'une lance d'un bois ferme et léger, d'une grosseur égale partout, longue d'environ huit pieds, au bout de laquelle est une pointe de fer longue et extrêmement aiguë avec une flamme de taffetas bleu et blanc ; et le pakelet a deux paires de pistolets, dont l'une à la ceinture et une carabine. Ils remuent en approchant les troupes auxquelles ils ont affaire, et le bruit qu'ils font, joint à l'effet de leurs lances, effraye les chevaux et rompt sûrement un escadron. Ils sont montés sur de petits chevaux tartares, de vilaine figure, harnachés à la hussarde et qui n'ont qu'un bridon avec deux gros anneaux qui tournent à l'embouchure. Ils gagnent les hussards à la course et sont très-braves. Ces troupes légères sont d'une grande utilité contre les hussards et pour éclairer la marche d'une armée ou d'un détachement ;

ils battent le pays avec intelligence et précaution, et évitent par là les surprises qui souvent font échouer les meilleurs projets.

Quand les hullans rangent leurs troupes en bataille, ils forment deux rangs : le premier de Tavaritches et le second de pakelets. Ces derniers ne quittent jamais les premiers. Voici quelle est leur façon de combattre. Selon ce qu'ils voient devant eux, ils envoyent une troupe au moins égale, qui se sépare du reste de leur corps qui se tient ensemble, et la troupe qui va aux ennemis est précédée de Tavaritches qui escarmouchent ; leurs flancs sont aussi couverts d'autres qui sont prêts à porter le désordre dans ceux de l'ennemi ; ils se soutiennent par échelons et veulent toujours avoir derrière eux des troupes fermes sur lesquelles ils puissent se rallier. Ils ont des étendards à la turque, des timballes et des trompettes ; ils sont commandés par des officiers auxquels ils obéissent avec respect.

Je me serois moins étendu sur les hullans (1) s'il étoit plus commun de voir des Tartares faire partie d'une armée françoise. Je serois encore bien plus long si je faisois la description des troupes saxonnes. Je me restreindrai seulement à dire qu'on ne peut en voir de plus élevées et de mieux disciplinées.

Extrait de la relation du général comte Rutouski, en date de Prague du 27 novembre 1741.

Que sur les avis réitérés que l'armée autrichienne sous les ordres du grand-duc s'approchoit de Prague, on résolut d'escalader la ville sans aucun délai. On choisit pour cette expédition la nuit du 25 au 26 décembre ; et l'attaque, qui au commencement devoit se faire proche de la rivière du côté du collège des Jésuites, fut changée sur l'avis d'un déserteur, et on résolut de l'entreprendre proche de la porte de Charles.

On fut d'accord avec l'électeur de Bavière qu'une partie des troupes françoises feroit une fausse attaque du côté de leur tranchée, vers le petit côté, à une heure après minuit, pendant que le comte de Saxe attaqueroit la ville même et que les Saxons formeroient deux véritables attaques, l'une sur deux îles de la rivière sur la ville neuve, et l'autre sur le petit côté proche de la porte de Charles.

On commença celle-ci à quatre heures du matin par toutes les compagnies de grenadiers, qui formèrent quatre bataillons, conduits par les

---

(1) J'ai parlé des hullans à M. de Poniatowski qui fait une observation : c'est que ce n'est point une famille, mais ce sont des Tartares qui ont pris ce nom d'un d'entre eux nommé Hullan, homme de condition, et qui s'étoit acquis grande réputation par sa valeur. En Saxe même on les appelle Tartares. (*Note du duc de Luynes.*)

lieutenants-colonels Schedens, Schlegel, Gersdorf et Carlowitz, sous le commandement du colonel comte Cosel et le major général Weisbach.

Ces quatre bataillons furent suivis par huit cents travailleurs, et ceux-ci par dix-huit cents hommes d'infanterie, rangés aussi en quatre bataillons sous les ordres des colonels Ratzmer et Fraukenberg et des lieutenants-colonels Crousaf et Watzdorf.

Le comte de Cosel, à la tête du premier bataillon grenadier, se jeta dans le fossé avec ses gens, le passa et fit attacher les échelles de l'autre côté ; il y fut repoussé par un feu très-vif de la part des assiégés ; mais à la seconde attaque, ayant ramené courageusement son monde à la charge, il parvint enfin au haut du rempart. Les trois autres bataillons suivirent cet exemple, et ce fut à cette occasion que le général Weisbach fut tué dans le fossé.

Le lieutenant général Renard ayant pénétré dans la ville fit d'abord débarrasser et ouvrir la porte, où la garnison mit bas les armes, de sorte que les troupes y entrèrent sans résistance, occupèrent le marché, les autres portes et toute la ville.

Le nombre des prisonniers de guerre monte à 3,000 et celui des drapeaux qu'on a pris à treize, qui seront envoyés à Dresde.

A la seconde attaque du côté de la rivière, qui se fit par neuf bataillons commandés par les généraux Jasmond et Rocho, on trouva au commencement beaucoup d'embarras en passant deux fossés à moulin, ce qui occasionna que ces troupes pénétrèrent dans la ville plus tard que les François sous les ordres du comte de Saxe ; cependant ils n'y trouvèrent aucune résistance. Enfin le 16 décembre, à la petite pointe du jour, les troupes de S. M. entrèrent, et les clefs de la ville qu'on appelle le petit côté furent remises au comte Rutouski. Parmi les morts on compte le général Weisbach, le capitaine Hourt, l'enseigne Jordan et une vingtaine de soldats ; le nombre des blessés pourroit bien monter à quarante. La garnison ennemie étoit distribuée sur les remparts, et la plus grande partie des troupes régulières se trouva du côté de l'attaque saxonne. A présent le petit côté est gardé par cinq bataillons. Dans la vieille ville, on a mis les régiments Weissenfels et Frankenberg, et le reste a été renvoyé au camp. On va dresser un nouveau camp proche de la ville et faire cantonner les troupes. Ceux qui se sont le plus distingués à cette occasion sont : le général chevalier de Saxe ; le lieutenant général Renard, qui a ordonné toute l'attaque ; le général Weisbach ; le colonel Neubourg ; les lieutenants-colonels Chmielinski, comtes Nostis et Poniatowski ; les lieutenants-colonels Gersdorf, Carlowitz, Dyherr ; le capitaine Trutschler et le lieutenant Brieggen.

Voici la copie d'une mauvaise plaisanterie faite au sujet de la situation présente de la reine de Hongrie :

La belle Hongroise est aujourd'hui fort mal pour avoir mangé trop de fromage de Hollande et bu trop de bière d'Angleterre. Elle a eu trop de confiance dans l'empirique Sinzendorf, moyennant quoi la gangrène a gagné ses membres; le chirurgien prussien lui a fait une ample saignée; elle eût mieux fait de se mettre entre les mains du médecin charitable de France, qui, au moyen de quelques évacuations légères, l'eût beaucoup soulagée. Elle prend actuellement des bavaroises à la françoise.

Le solitaire piémontois lui fait espérer d'empêcher que le mal gagne les jambes, mais il lui défend le fromage de Milan, dont la privation lui coûte infiniment.

Du jeudi 21, Versailles. — J'ai fait copier ci-dessus tous les mémoires qui ont été donnés de part et d'autre concernant la question entre les premiers gentilshommes de la chambre et le directeur général des bâtiments. Mme de Mailly étoit persuadée que les Bâtiments gagneroient leur procès, et cela, je crois, fondé sur le crédit qu'a le contrôleur général d'une part et M. Gabriel le fils. Celui-ci travaille presque continuellement avec le Roi pour tout ce qui s'appelle bâtiments et jardins, et entre autres pour tout ce qui regarde Choisy dont il est contrôleur, comme je l'ai marqué plus haut. Il n'y a point eu de véritable décision. Les deux partis sont convenus de conserver respectivement toutes leurs prétentions, et que cependant les premiers gentilshommes de la chambre, étant en possession, ordonneroient de tout ce qui regarde l'audience de l'ambassadeur turc, sans que cet arrangement pût porter aucun préjudice ni tirer à conséquence contre le directeur général des bâtiments. C'est donc M. le duc d'Aumont qui prend l'ordre du Roi pour la cérémonie. La Reine y sera incognito dans une tribune ou niche. Les dames présentées, quoi qu'elles puissent être en robe de chambre avec une mantille, seront cependant vraisemblablement en grand habit; il paroît que l'avis de M. d'Aumont est de les y déterminer.

Le Roi revint hier de Choisy après y avoir fait un diner-souper à cinq heures. Il y étoit allé lundi dernier. Il partit d'ici ce jour-là menant dans son carrosse Mlle de la Roche-sur-Yon, Mme de Mailly et Mme d'Antin; Mademoiselle y arriva de Paris peu de temps après le Roi; elle y avoit amené Mme de Sassenage. Mlle de la Roche-sur-Yon et Mademoiselle n'avoient point encore été à Choisy. Il paroît que l'intention du Roi est que les hommes ne se croient point en droit d'aller à Choisy quand leurs femmes y sont. Ce voyage-ci, Mme de Sassenage y étoit et M. de Sassenage a été refusé; le dernier voyage, Mme de Ruffec y étoit et son mari fut refusé. Le Roi a été fort occupé à faire planter un nouveau bosquet, qui est auprès du jeu d'oie en deçà, et à faire couper plusieurs arbres anciens; il a toujours resté dehors depuis une heure après midi jusqu'à la nuit, malgré le vent et la pluie. Les bâtiments avancent beaucoup; celui qui sert de communication de la cuisine à la salle à manger est entièrement élevé et couvert; on travaille au dedans. Le Roi a été d'assez bonne humeur pendant tout le voyage; il n'y eut qu'hier qu'il fut fort sérieux pendant tout le souper; il jouoit à l'hombre et au trictrac pendant que les dames jouoient à cavagnole.

M. de Coigny, qui commandoit les dragons à l'armée de M. de Maillebois, arriva hier et fit sa révérence au Roi à Choisy.

On eut nouvelles, il y a deux ou trois jours, par un courrier de M. de Grimberghen, que l'électeur de Bavière avoit été proclamé roi de Bohême à Prague le 7, et qu'il assista le lendemain au *Te Deum* chanté par le doyen et non par l'archevêque.

Du vendredi 22, Versailles. — Mme de Mirepoix a été présentée aujourd'hui par Mme la duchesse de Tallard. J'ai déjà marqué ci-dessus qu'elle est fille de M. de Craon; elle avoit épousé en premières noces M. le prince de Lixin. On croyoit qu'elle ne seroit pas présentée, pour n'avoir pas le désagrément de demeurer debout après avoir été assise; je crois même qu'il y a peu d'exemples de femmes titrées devenues veuves qui, s'étant remariées à des gens non titrés, aient voulu reparoître à la cour. Le frère aîné de M. le duc de Chaulnes, l'ambassadeur à Rome, avoit épousé la veuve de M. de Tournon, qui étoit Neufville-Villeroy; après la mort de M. de Chaulnes, elle épousa le marquis d'Hauterive, mais elle ne revint point à la cour et ne fut jamais présentée comme Mme d'Hauterive.

Il y a quelques années que nous n'avions vu ici Mme de Mirepoix; elle n'est point changée et a toujours l'air plus jeune qu'elle n'est.

M. le comte d'Evreux vend son gouvernement de l'Ile de France à M. le duc de Gesvres; cela n'est pas encore absolument public; M. de Gesvres n'en reçoit pas les complimens et dit même que cela n'est pas encore absolument fini; mais c'est depuis deux jours la nouvelle de Paris. On disoit même que c'étoit pour réunir ce gouvernement à celui de Paris; mais M. de Gesvres l'achète personnellement pour lui.

Il paroît certain qu'il n'y aura point de promotion de chevaliers de l'ordre du Saint-Esprit au jour de l'an, mais bien à la Chandeleur, le Roi voulant faire la grande cérémonie à la Pentecôte pour la réception de M. le Dauphin. On dit que M. le duc de Rohan portera la queue de son manteau et qu'il sera fait chevalier pour cette raison, et que M. de Tillières, capitaine des gendarmes-Dauphin et beau-frère de M. de Châtillon, prétend avoir droit de l'être à cette occasion. On nomme aussi M. de Flamarens comme favori de M. le Cardinal.

Du samedi 23. — Avant-hier fête de Saint-Thomas, il y eut vêpres des Missionnaires et salut à cause du jeudi; le Roi ne fut ni à l'un ni à l'autre, quoique ce fût une fête d'apôtre.

Depuis l'année passée, on a ajouté au salut à la chapelle une prière que l'on a coutume de dire au salut à la paroisse Notre-Dame; cette prière est le *Rorate*, pendant l'avent, et l'*Attende Domine*, pendant le carême. C'est la

Reine qui a demandé ce changement. Pour ne point allonger le salut on avoit supprimé l'*Exaudiat*, dont on ne disoit plus que le dernier verset, *Domine salvum fac Regem*. C'est Mme de Mailly qui a remarqué ce changement, et qui en a été choquée; il lui a paru peu convenable que l'on supprimât la prière pour le Roi ici dans la chapelle. Elle en a parlé au Roi et à M. le comte de Noailles; enfin il a été dit que l'on chanteroit l'*Exaudiat* comme à l'ordinaire après le *Rorate cœli* ou *l'Attende*, suivant le temps; et cela s'exécute.

On a eu des nouvelles, du 15, de M. de Belle-Isle; il se porte assez bien (1), marche dans sa chambre, mais il ne sort point encore. Il ne paroît pas qu'il sût encore que le maréchal de Broglie dût arriver; il doit cependant être arrivé le 21.

M. de Guerchy, qui étoit resté dans la Haute-Autriche, y a fait une action qui lui fait honneur : il a emporté, l'épée à la main, un petit château auprès d'Enns. Un frère de M. de Faudoas qui étoit dans les vaisseaux y a eu la cuisse cassée et en est mort; il étoit bossu, mais on dit qu'il avoit de l'esprit et qu'il étoit aimable.

J'ai cru devoir mettre ici des observations que mon fils a envoyées à sa femme et qu'on sera peut-être bien aise de trouver dans la suite.

Portrait du caractère des généraux.

« L'électeur (2) par la brièveté de ses lumières a pensé faire échouer notre entreprise; son irrésolution n'a rien d'égal, et sa facilité à suivre tous les conseils prouve assez qu'il est peu capable d'un bon avis.

« Le maréchal de Terring veut tout faire, et cette besogne est ab-

---

(1) Le maréchal de Belle-Isle était d'une très-faible santé; il n'avait pas assisté au siége de Prague; envoyé en Pologne, auprès de l'électeur de Saxe, il y était tombé malade, d'une sciatique ou de la goutte, et était revenu à Francfort, où il se rétablit un peu. Le maréchal de Broglie fut envoyé en Bohême pour commander l'armée française; il était très-âgé et peu actif.

(2) L'électeur de Bavière Charles-Albert. Il était alors presque mourant de la goutte et de la gravelle.

solument au-dessus de ses forces, surtout celle de général ; il est peu estimé dans l'armée françoise.

« Les officiers généraux bavarois sont d'une prudence si parfaite qu'ils voient toujours des ennemis partout.

« Le comte de Saxe mène les François sans précaution ni détail, et à la tartare ; c'est cependant celui de tous qui vise le plus au grand.

« Vous me dispenserez de parler sur les Leuville, d'Aubigné, Gassion et la Fare ; ce qui est certain c'est que tous se réunissent pour avoir ensemble les tracasseries les plus misérables. Les Boufflers, Luxembourg et Mirepoix sont ceux dont on fait le plus de cas. »

Du mardi 26, *Versailles.* — Dimanche, veille de Noël, premières vêpres comme à l'ordinaire, en bas; M. l'évêque de Séez qui est l'abbé Néel, y officia ce jour et le lendemain. Le Roi et la Reine entendirent la messe de minuit dans la tribune, suivant l'usage.

Hier lundi, jour de Noël, le Roi entendit la grande messe et les vêpres en bas. Ce fut Mme de Chevreuse qui quêta ; le total de la quête monta à 45 louis. Ce fut hier le dernier sermon du P. Fleury ; il fut assez médiocre ; le compliment fut assez bon, un peu trop diffus.

On reçut il y a deux jours la nouvelle de la mort de la reine de Suède, arrivée le 5 de ce mois; elle est morte de la petite vérole ; elle étoit fille de Charles XI, roi de Suède, et d'Ulrique-Éléonore, princesse de Danemark, et sœur de Charles XII, roi de Suède, tué au siége de Frédérickshall, en Norwége, en 1719, auquel elle succéda. Elle avoit épousé le 4 avril 1713 le prince héréditaire de Cassel, lequel fut proclamé roi de Suède le 2 avril 1720 ; c'est le roi de Suède d'aujourd'hui. La reine de Suède s'appeloit Ulrique-Éléonore et avoit cinquante-trois ans deux mois.

Samedi dernier, M. de Verneuil, fils de l'introducteur des ambassadeurs, arriva de Francfort avec la nouvelle que l'élection d'un empereur avoit été fixée au 24 janvier.

Le Roi va demain à la Meutte et reviendra vendredi ; les dames de ce voyage sont Mademoiselle, Mmes les duchesses de Ruffec et de Gramont, Mme de Mailly, Mme de Luynes et

Mme de Chevreuse. Hier au soir, Mme de Mailly vint à minuit ou une heure dire à Mme de Luynes que le Roi lui proposoit d'aller à la Meutte et à Mme de Chevreuse ; elle me dit en même temps qu'elle me conseilloit de me faire écrire.

Du mercredi 27, *Versailles.* — La liste de la Meutte parut hier après le coucher du Roi.

Hier, fête de Saint-Étienne, le Roi alla à la chasse et soupa dans le petit appartement dont j'ai parlé ci-dessus. M. de Bouillon a été une fois admis à un de ces soupers.

Avant-hier matin, le prince de Cantimir vint ici apporter la nouvelle, qu'il venoit de recevoir par un courrier, de la grande révolution arrivée en Russie. Le petit czar, fils du duc Ulrich de Brunswick et de la princesse Anne, qui fut proclamé czar de toutes les Russies il y a environ un an en vertu du testament de sa grande tante, vient d'être détrôné, et la princesse Élisabeth Petrowna, la seule qui reste de Pierre le Grand, a été reconnue impératrice. Cet événement est regardé comme des plus importants dans la circonstance présente ; les troubles qui en doivent être la suite, joints à la guerre contre la Suède, doivent empêcher la Russie de donner aucun secours à la reine de Hongrie.

Avant-hier au soir, M. le duc de Gesvres remercia le Roi pour le gouvernement de l'Île de France. M. de Gesvres dit qu'il vaut 25 à 26,000 livres de rente. M. le comte d'Évreux vouloit le vendre 140 ou 150,000 livres à M. de Gesvres avec la charge des 200,000 livres qu'il a assurées à Mme de la Trémoille sur le dit gouvernement, et qui ne sont remboursables qu'après la mort de Mme de la Trémoille ; elle en touche l'intérêt au denier vingt. Depuis, M. le comte d'Évreux a proposé un autre marché qui a été accepté ; M. de Gesvres donne 20,000 écus, et M. le comte d'Évreux garde sur le gouvernement 12,000 livres de pension sa vie durant ; le Roi a la bonté d'entrer dans cet arrangement et a bien voulu promettre que, si

M. de Gesvres mouroit avant M. le comte d'Évreux, il ne donneroit le gouvernement qu'avec la même condition de payer les 12,000 livres de pension. M. de Gesvres a un brevet de retenue de 200,000 livres pareil à celui qu'avoit M. le comte d'Évreux. Le gouvernement n'est point réuni à celui de Paris; il est nommément à lui.

A la Meutte, le 28. — Le Roi vient de dire à son lever qu'il avoit reçu des nouvelles de M. de la Chétardie (1); qu'il n'y avoit point eu de sang répandu dans cette révolution; que la nouvelle en avoit été portée par des estafettes ou relais de courriers à plus de cent lieues de Pétersbourg, d'où l'on avoit dépêché le courrier qui est arrivé à M. de Cantimir, et que par conséquent ce courrier n'a pu voir les rues pleines de sang comme on prétend qu'il l'a dit; que cette révolution est arrivée à l'occasion de la Finlande. Le régiment des gardes étoit destiné pour y marcher; cette destination leur ayant déplu, quatorze grenadiers de ce régiment ont résolu d'y mettre obstacle par une révolution. Pour cet effet, ils ont été trouver la princesse Élisabeth, ils l'ont priée de se mettre à leur tête, et comme dans sa petite chaise elle n'alloit pas assez vite à leur gré, ils ont voulu la porter eux-mêmes. Ils ont été au corps de garde avertir tous leurs camarades; leurs officiers, ayant voulu s'opposer au désordre, ont été si maltraités qu'il a fallu céder à la force et suivre le torrent. Ils ont été au palais du petit czar, ils l'ont enlevé et mis en lieu de sûreté sans lui faire aucun mal. La duchesse sa mère a aussi été traitée avec considération et emmenée dans le palais de la princesse Élisabeth. Ils ont promené leur nouvelle souveraine dans toute la ville, ont soulevé le peuple en sa faveur, l'ont reconnue et fait reconnoître impératrice, et ne lui ont demandé d'autres récompenses que de vouloir bien être elle-même leur commandant.

---

(1) Le marquis de la Chétardie, notre ambassadeur en Russie. Il eut une part importante dans cette révolution. Il fut l'amant de la czarine Élisabeth.

Tout le parti allemand a été chassé (1); le duc Ulrich de Brunswick et le général Osterman maltraités; on ne dit point qu'ils aient été blessés; le général Munich arrêté et le général Lascy rappelé de Finlande. Je n'ai point lu la relation; le Roi ne l'a montrée à personne.

Du dimanche 31. — Le Roi revint avant-hier de la Meutte. Mme de Mailly y a donné une fort jolie boîte à Mademoiselle, suivant son usage de lui donner des étrennes. A l'extérieur tout va bien entre elles, et Mademoiselle a beaucoup d'attention pour Mme de Mailly; mais il y a cependant lieu de croire que l'amitié est assez médiocre.

Jeudi, le Roi fut courre le daim dans le bois de Boulogne; Mme de Mailly y étoit tête à tête avec M. de Meuse dans une calèche, et Mademoiselle avec Mmes de Gramont, de Luynes et de Chevreuse dans une autre. La douleur de Mme de Mailly sur la mort de sa sœur continue toujours et se renouvelle à chaque occasion qui se présente. Le jeudi au soir le Roi parla d'enterrement; c'est un propos qu'il répète assez souvent; les larmes vinrent aux yeux à Mme de Mailly, et le Roi, voyant l'état où elle étoit, sortit de table sur-le-champ; c'étoit au fruit à la vérité, mais sans cela le souper auroit duré un quart d'heure de plus.

Aujourd'hui Mme de Saint-Florentin a présenté Mme de Bulow sa sœur; elles étoient toutes deux seules à cette présentation.

Extrait d'une lettre de Prague du 8 décembre 1741 écrite à M. Randel.

« Vous avez appris tout ce qui s'est passé à la prise de Prague et l'état fâcheux où nous étions réduits si cet événement n'eût pas réussi; et dans le vrai il n'étoit pas vraisemblable qu'il dût réussir, le gouverneur s'étant préparé depuis plus de deux mois à faire la plus vigoureuse résistance, ayant toutes les munitions de guerre et de bouche dont il avoit besoin et environ cent vingt pièces de canon; et nous au contraire ni pain, ni fourrages, environ trente pièces de canon dans les deux

---

(1) L'entourage du petit czar était tout entier du parti allemand et favorable à Marie-Thérèse.

armées de M. de Gassion et des Saxons, [une armée de] trente-cinq à trente-six mille hommes à trois lieues de nous et prête à jeter un puissant secours dans la ville, et qui avoit tout le pays pour elle. Jugez si dans cette position nous étions à notre aise. Le seul parti qu'il y avoit à prendre est celui qu'on a pris, c'est-à-dire de surprendre la ville, et ce parti même ne pouvoit être fondé que sur ce qu'on étoit bien informé que la garnison n'étoit que d'environ 2,500 hommes, 1,200 bourgeois armés et autant d'écoliers dont cependant les prédécesseurs avoient déjà fait lever deux fois le siége de la ville à pareil jour, 25 décembre, ce qui, quoique superstition, ne laissoit pas de faire quelqu'impression sur l'esprit des troupes. Enfin tout a réussi au delà de nos espérances; nous sommes maîtres de la ville. Le grand-duc avec son armée s'en retourne et est déjà bien loin de nous; on a envoyé de gros détachements pour reprendre, s'il est possible, Tabor, que les Bavarois avoient abandonné sur un faux bruit, et Budweiss, que M. de Leuville avoit aussi été obligé d'abandonner pour venir au secours de l'électeur. Si on reprend ces deux postes, comme on n'en doute point, nous serons tranquilles en Bohême jusqu'au printemps.

« L'électeur fut proclamé avant-hier; et hier on chanta le *Te Deum* en action de grâces; on dit qu'il pourra être couronné la semaine prochaine. S'il y a quelque chose de particulier à cette cérémonie, je vous en manderai le détail. A l'égard de la proclamation, ça été fort peu de chose. Un seul héraut avec deux timbales et deux trompettes ont fait toute la besogne. »

ANNÉE 1742.

JANVIER.

Nomination de chevaliers du Saint-Esprit. — Préparatifs de l'audience de l'ambassadeur turc. — Bal chez Mesdames. — Nouvelles de l'armée. — Mémoires de Dangeau consultés par le Roi. — Accouchement de Mme Infante. — Mort du duc de Beauvilliers et de Mme de Dromesnil. — Entrée et audience de l'ambassadeur turc. — Présentation de Mme de Crillon. — Remerciement de M. de Mailly d'Haucourt. — Le duc de Fleury arrive de l'armée. — Présentation de Mme de Bauffremont et de Mme de Castellane. — Arrivée du chevalier de Belle-Isle. — Nouvelles étrangères. — Bals de Mesdames et du Dauphin. — Mme de Mailly. — M. de Meuse.

Du lundi, 1er janvier. — Il y a eu aujourd'hui chapitre de l'Ordre. Le Roi a nommé M. le duc de Penthièvre, M. le cardinal de Tencin, qui est archevêque de Lyon, M. l'archevêque de Bourges (Roye), M. l'archevêque de Narbonne (Crillon), M. l'évêque de Langres (Montmorin). M. de Penthièvre et ces quatre prélats seront reçus à la Chandeleur. Il paroît que le Roi a voulu dans cette occasion-ci traiter avec plus de distinction M. de Penthièvre que M. le prince de Dombes et M. le comte d'Eu, qui furent reçus chevaliers en 1728, mais avec MM. de Saint-Simon et de Gramont, et en même temps avec moins de distinction que M. le duc de Chartres, qui fut nommé seul en 1740, de même que M. le prince de Conty l'avoit été seul en 1733.

Du mardi 2, Versailles. — Il y a eu aujourd'hui messe de *Requiem* pour les chevaliers, comme à l'ordinaire.

Du vendredi 5, Versailles. — Il paroît que Mme la comtesse de Toulouse est fort contente de la nomination de

M. de Penthièvre; il est certain qu'il y avoit eu un premier arrangement de fait suivant lequel M. le duc de Penthièvre devoit n'être nommé qu'à la Chandeleur et être reçu avec M. le Dauphin à la Pentecôte. Le Roi en avoit parlé plusieurs fois; mais sur les représentations qui ont été faites à M. le Cardinal (1), le premier arrangement a été changé, et pour laisser à M. de Penthièvre une certaine distinction que les légitimés n'avoient point encore eue, il a été nommé seul de laïque; ce qui fait qu'il sera reçu seul, parce que les ecclésiastiques sont reçus avant la messe. L'on n'a pu citer d'exemple par rapport à M. le Dauphin que celui de feu Monseigneur, qui fut reçu en [1682]; car depuis l'institution de l'Ordre par Henri III, le 1er janvier 1579, il n'y avoit point eu encore de Dauphin reçu chevalier. Après l'assassinat de Henri III, en 1589, Henri IV fut reconnu roi sans avoir l'Ordre; il avoit alors vingt-cinq ans et n'avoit jamais pu être dauphin. A la mort de Henri IV, assassiné en 1610, Louis XIII n'avoit que huit ans lorsqu'il fut reconnu roi; il fut même déclaré majeur l'année suivante, 1611, et à la mort de Louis XIII, en 1643, Louis XIV n'avoit que cinq ans lorsqu'il monta sur le trône.

On ne doutoit point ici que M. l'archevêque de Rouen, premier aumônier de la Reine, ne fût compris dans cette promotion, et je crois qu'il s'y attendoit. Le jour même qu'elle fut faite, à onze heures du matin, il alla chez M. le Cardinal en habit violet, parce qu'il alloit de là à la grande messe avec la Reine; il y avoit vingt personnes chez M. le Cardinal; on fut assez surpris d'entendre S. Em. lui dire : « Vous avez là un violet qui tire bien sur le rouge ». C'est de M. l'archevêque de Rouen même que je le sais. Il m'a avoué que ce discours le piqua; mais que croyant que le meilleur parti étant de répondre sage-

---

(1) On dit que c'est par M. de Châtillon. (*Note du duc de Luynes.*)

ment, il s'étoit contenté de dire à M. le Cardinal : « C'est une belle couleur. » M. d'Argenson, présent à cette conversation, prit la parole et dit à M. le Cardinal : « Ce rouge a été jusqu'aux joues. »

On travaille dans la galerie à placer le trône et les gradins ; il est décidé qu'il y aura deux loges dans les deux coins de la galerie du côté de l'appartement de la Reine, des deux côtés du trône. Les princesses se sont déterminées à suivre la Reine. Mme la Duchesse dit qu'à l'audience de l'ambassadeur de Perse (1), il est vrai qu'elle avoit un gradin pour elle, mais qu'elle n'étoit pas dessus ce gradin, qu'elle étoit dans une des loges. Il y en avoit deux ; dans l'une étoit Mme la duchesse de Berry, et dans l'autre Madame. La Reine désiroit que Mesdames fussent toutes deux avec elle ; mais on lui a représenté que cela ne seroit pas convenable, et il a été décidé qu'il n'y auroit que Madame dans la loge de la Reine, et que Madame Adélaïde seroit dans l'autre, et que les princesses du sang seroient partagées dans les deux loges. L'audience est fixée à jeudi prochain, 11 de ce mois. L'entrée de l'ambassadeur à Paris se fera le dimanche 7 de ce mois. On croyoit qu'à l'audience ici le Roi ne mettroit point son chapeau, parce que l'ambassadeur ayant toujours son turban sur la tête ne peut pas être censé couvert puisqu'il ne se découvre jamais. On rapportoit même l'exemple de l'audience donnée aux ambassadeurs de Maroc, où certainement l'on ne se découvrit point ; celle de l'ambassadeur de Perse, en 1715, où le Roi d'aujourd'hui, alors dauphin et âgé de cinq ans, et ayant son bonnet sur la tête, avoit outre cela un petit chapeau qu'il tint toujours à sa main, ce qui seroit une preuve que Louis XIV ne se couvrit point. On prétend

---

(1) L'électeur de Bavière étoit alors ici et fut placé sur le gradin de Mme la Duchesse ; il y avoit aussi un gradin pour la grande princesse de Conty, sur lequel étoit le roi de Pologne d'aujourd'hui, qui étoit alors incognito ici, et qu'on appeloit le comte de Lusace. (*Note du duc de Luynes.*)

enfin qu'en 1721, à l'audience de l'ambassadeur turc, l'on ne se couvrit point non plus. En conséquence, avant-hier, à six heures du soir, il fut décidé que le Roi ne se couvriroit point, et M. de Châtillon ayant demandé une décision par écrit pour ce que M. le Dauphin doit faire, le Roi lui en donna une portant que M. le Dauphin ne se couvriroit point. A neuf heures du soir, M. de Gesvres dit à M. de Châtillon, dans le cabinet du Roi, qu'il étoit décidé que l'on se couvriroit (1); M. de Châtillon lui dit que cela ne se pouvoit pas, parce qu'il savoit précisément le contraire, et étant descendu chez lui, il lui montra l'ordre du Roi. M. de Gesvres lui soutint malgré cela que l'ordre étoit changé; et hier matin, M. de Châtillon étant allé chez M. le Cardinal, S. Ém. lui confirma ce changement. C'est de M. de Gesvres même que je sais ce détail. En conséquence, MM. de Lorraine, de Rohan et de Bouillon se couvriront, et par conséquent les trois premiers gentilshommes de la chambre qui sont ici, et qui seront sur le trône, y seront découverts, pendant que M. de Bouillon aura son chapeau. Il n'est point encore décidé si tous les secrétaires d'État seront sur le trône. Le Roi n'a pas voulu voir encore le plan et n'a point donné d'ordre pour ceux qui doivent avoir des places sur le trône.

Il y eut hier un grand bal chez Mesdames; elles dînèrent à quatre heures chez Mme de Tallard. Le bal ne commença que vers les neuf heures, après le souper de M. le Dauphin; c'étoit un bal en masques, mais en beaux masques. Les gens non titrés qui dansoient avec Mesdames, même dans les contredanses, mettoient leurs masques. Je vis mylord Staffort qui dansoit une contredanse donnant la main à Madame; Mme de Tallard lui dit

---

(1) Le Roi dit qu'il se souvient des deux audiences où il a été, en 1715 et 1721, et dit qu'il étoit couvert; il convient que l'on ne s'est point couvert à celle des ambassadeurs de Maroc. (*Note du duc de Luynes.*)

de mettre son masque. Mme de Bukler (1) y dansa aussi mais avec un masque sur le nez. Le Roi vint au bal à minuit, mais sans masque; il y resta près d'une heure sans danser. Toutes les princesses y étoient, hors Mlle de Sens. Le Roi proposa à Mme la princesse de Conty de danser; elle dansa deux ou trois contredanses. Il y avoit deux pièces où l'on dansoit, et une troisième où y il avoit un cavagnole, qui ne commença qu'à deux heures, mais qui dura jusqu'à cinq.

Du lundi 8, Versailles. — On eut nouvelle hier par un courrier que l'armée de la reine de Hongrie, commandée par le général Neuperg, avoit fait une entreprise sur Pisek qui ne leur avoit pas réussi. M. d'Aubigné, qui s'étoit avancé jusqu'auprès de Budweiss, se trouvant inférieur et sachant qu'il devoit être attaqué, s'étoit replié sur Pisek et avoit envoyé avertir M. le maréchal de Broglie, qui avoit marché sur-le-champ et avoit joint le 27 du mois passé. M. de Mirepoix commandoit dans Pisek. Le grand-duc, qui est à l'armée avec le prince Charles, son frère, envoya sommer M. de Mirepoix de lui remettre cette place, voulant, disoit-il, épargner le sang de ses sujets et de ses ennemis. On prétend que M. de Mirepoix répondit: « Je ne suis ni l'un ni l'autre; » mais le fait est que le trompette fut envoyé les yeux bandés à M. le maréchal de Broglie, et reçut la réponse à laquelle on pouvoit s'attendre. Malgré cela, les Autrichiens envoyèrent un détachement d'environ deux mille hommes, qui, ayant trouvé ouverte une des portes de la ville, que M. de Luxembourg gardoit, y avoient voulu entrer la nuit et avoient été repoussés avec perte.

M. le maréchal de Broglie, quoique fort estimé, n'a pas été reçu avec plaisir de la plupart de l'armée, qui regrette infiniment M. de Belle-Isle. Il y a quelques jours

---

(1) Elle n'a jamais été présentée; son mari est écuyer de la petite écurie elle est toujours chez Mme de Tallard. (*Note du duc de Luynes.*)

que le Roi dînant dans le petit appartement dont j'ai parlé ci-dessus, et où il dîne présentement tous les jours, M. de Meuse lui dit que dans Paris les ennemis de M. de Belle-Isle publioient que c'étoit pour lui donner un désagrément qu'on avoit envoyé M. le maréchal de Broglie. Le Roi répondit avec vivacité : « Oh! pour cela c'est bien loin de ma pensée. »

L'on continue à travailler à l'arrangement de la galerie; ce sont les ouvriers employés ordinairement par les Menus et non ceux des Bâtiments qui travaillent. Il y a eu ce matin une dispute pour les barrières. MM. des Bâtiments prétendoient que c'étoit à eux à les faire mettre. Comme cela n'a jamais été, MM. les premiers gentilshommes de la chambre ont donné ordre de continuer, et cela s'exécute.

Il n'est pas encore absolument décidé si M. le Dauphin se couvrira. Outre ce que j'ai marqué ci-dessus, j'ai appris depuis que M. de Verneuil porta, il y a quelques jours, deux mémoires au Roi pour avoir son bon, l'un pour se couvrir, l'autre pour ne se point couvrir, et que le Roi avoit signé celui pour se couvrir; qu'en conséquence M. de Verneuil comptoit faire avertir les ambassadeurs pour qu'ils ne se trouvassent point à l'audience; que cependant le lendemain M. le Cardinal lui avoit dit de ne les point faire avertir. J'ai appris aussi que le Roi avoit déclaré qu'il s'en tiendroit à ce qui s'étoit passé en 1721, et qu'il n'y avoit qu'à consulter les registres de M. de Dreux. En conséquence, M. de Rochechouart a été demander à M. de Dreux les dits registres, sur lesquels il est marqué qu'on ne s'est point couvert en 1721. La même chose est confirmée par le *Mercure* de mars 1721. Il est prouvé aussi qu'en 1715 on n'a point été couvert au Persan. Les Mémoires de M. de Dangeau ont été rapportés, et cela y est dit précisément (1); cependant

---

(1) Voir le *Journal de Dangeau* à la date du 19 février 1715, t. XV, p. 365.

cela ne sera décidé que mercredi, au retour de Choisy.

Du mercredi 10, *Versailles.* — Le Roi revient aujourd'hui de Choisy; les dames de ce voyage sont Mademoiselle, Mlle de la Roche-sur-Yon, Mme de Mailly, Mmes les duchesses d'Antin et de Gramont, et Mme la maréchale d'Estrées.

Dimanche dernier, l'ambassadeur d'Espagne reçut un courrier avec une lettre de M. le marquis de Villadarias qui lui écrivit de la part du roi d'Espagne l'heureux accouchement de Madame Infante, accouchée le 31 décembre d'une fille.

La lettre porte que cette princesse a été baptisée sur-le-champ et nommée Élisabeth-Marie-Louise-Antoinette (1). M. de Rennes doit dépêcher un courrier; mais on n'a pas voulu tarder un moment à apprendre cette nouvelle; elle est accouchée à cinq heures et demie après midi. Aussitôt que M. de Campoflorido eut reçu cette lettre, il alla à Issy, et demanda à M. le Cardinal ce qu'il devoit faire, s'il devoit aller à Choisy ou non. M. le Cardinal lui dit qu'il étoit le maître de faire ce qu'il jugeroit à propos. M. de Campoflorido, qui se conduit ici avec toute la sagesse possible et qui ne veut rien faire que ce qui plaît au Cardinal, répondit qu'il prioit S. Ém. de lui dicter la conduite qu'il devoit tenir. M. le Cardinal lui dit qu'il pouvoit aller à Choisy; en conséquence il partit; il trouva le Roi qui jouoit au tric-trac, et après s'être acquitté de sa commission, il retourna à Paris et vint avant-hier ici donner part à la Reine de cette nouvelle.

Dimanche dernier, M. le duc de Beauvilliers mourut à Paris de la poitrine; il étoit fils aîné de M. le duc de Saint-Aignan, à qui il reste encore quatre garçons. M. de Beauvilliers avoit épousé Mlle de Creil, dont il n'a point d'enfants.

On apprit hier la mort de Mme de Dromenil; son mari

---

(1) J'ai vu la lettre; il y a Ant{nia} [*sic*]. (*Note du duc de Luynes.*)

est neveu de M. l'évêque de Verdun; elle est morte à Paris de la petite vérole, le troisième jour; elle étoit aimable, d'une jolie figure, et de l'esprit.

Dimanche dernier, Zaïd-Effendi, ambassadeur du Grand Seigneur, fit son entrée à Paris. On trouvera ci-après la marche de cette entrée. Je mettrai aussi ci-après l'audience du Roi de demain, dans la galerie, avec la copie des billets qui ont été donnés. Les femmes de chambre de la Reine demandoient à être dans la galerie; on a fait une distinction sur cela. Celles qui ne seront pas en grand habit seront placées au bas de la galerie après les femmes de condition. Celles qui seront en grand habit, comme par exemple celles de service qui sont obligées d'y être, seront placées sur un gradin dans le salon de la Guerre, en face du trône. Comme il y a des barrières partout, jusque dans la cour, on a donné des billets, nom par nom, pour passer dans les appartements, aux valets de chambre, huissiers et autres officiers de la maison de la Reine nécessaires à son service.

Du vendredi 12, *Versailles.* — Avant-hier, au retour de Choisy, il fut décidé qu'on ne se couvriroit point à l'audience.

La maison du Roi qui devoit relever le quartier, le premier de l'an, eut ordre de rester jusqu'à cette audience.

Hier jeudi, 11 de ce mois, l'ambassadeur turc arriva dans les carrosses du roi, sur les onze heures, à la maison de Bontemps, où il y avoit quelques rafraîchissements pour ses gens; il n'y prit point de café, et monta à cheval presqu'aussitôt. Il arriva ici dans la cour du Roi avec M. le comte de Brionne, à sa droite, et M. de Verneuil, à sa gauche; il descendit à la salle des ambassadeurs. Tout le monde étoit déjà placé, il y avoit longtemps, dans la galerie et dans les appartements. Tout se passa sans aucune confusion. Tous les hommes de la Cour n'avoient point de billets et étoient entrés par l'œil-de-bœuf, de là, par la chambre du Roi, le cabinet du conseil, le cabinet des perruques et la porte de glace. Le Roi s'étoit habillé dans sa nouvelle chambre, d'où il sortit pour aller à la messe passant par la galerie, comme à l'ordinaire; il ne mit son habit pour l'audience qu'un peu auparavant. La porte de glace qui donne de l'œil-de-bœuf dans la galerie étoit fermée, et il y avoit un gradin contre cette porte. Toutes les dames habillées passoient par la chambre du Roi et par le cabinet des perruques pour entrer dans la galerie. Les dames habillées et les hommes de ce pays-ci n'avoient point de billets; mais tous les autres hommes et les dames non habillées qui avoient demandé des places avoient des billets; les uns et les autres entroient par le côté de la chapelle. Je mettrai ci-après la copie de ces billets (1). Les uns étoient pour la galerie, les autres pour le salon de la Guerre, les autres pour les appartements. Il n'y avoit point de gradins dans les appartements, hors dans les deux tribunes de la musique. Il y en avoit des deux côtés dans le salon de la Guerre; celui du fond de ce salon occupoit les trois croisées qui donnent sur la terrasse, et fermoit par conséquent la première croisée de ce salon, du côté du parterre du nord. La seconde, qui est vis-à-vis du trône, et la troisième, qui est à côté de la porte des appartements, devoient être libres; mais comme il y avoit eu un embarras pour placer les femmes de chambre de la Reine et de Mesdames, qui étant de service doivent être en grand habit, on avoit mis dans cette croisée du milieu du salon de la Guerre, vis-à-vis le trône, un gradin bas pour placer les femmes de chambre de la Reine habillées. Par l'événement elles n'y ont point été placées; la gelée, la neige et quelques incommodités ayant empêché plusieurs dames et femmes de Paris, qui avoient

---

(1) Ils portoient que les portes seroient ouvertes à huit heures, et fermées à dix heures et demie. (*Note du duc de Luynes.*)

des billets, de venir, il s'est trouvé plusieurs places dans la galerie à remplir, où les femmes de chambre de la Reine et de Mesdames ont été placées. L'ambassadeur turc ne monta que sur les deux heures; le Roi vint un moment auparavant s'asseoir sur son trône. L'habit du Roi étoit d'une étoffe d'or brodée, avec un Saint-Esprit de diamants; et l'habit de M. le Dauphin à peu près de même, excepté qu'il avoit des boutons de diamants, et le diamant d'Angleterre (1) à son col.

Voici qu'elle étoit la séance: Il n'y avoit d'assis que le Roi, les dames qui étoient sur les gradins et celles qui étoient à côté du trône. A la droite du trône étoit M. le Dauphin (2), à la gauche M. le duc de Chartres (3). A la droite de M. le Dauphin, M. le comte de Charolois, M. le prince de Conty et M. le comte d'Eu. A la gauche de M. de Chartres, M. le comte de Clermont, M. le prince de Dombes et M. le duc de Penthièvre.

Derrière le trône, un peu à droite, M. le duc de Bouillon, grand chambellan (4), et à la gauche MM. de Gesvres, de Rochechouart et d'Aumont, premiers gentilshommes de la chambre (5).

Il y avoit deux tribunes aux deux côtés du trône, fermées par des planches d'environ quatre pieds de haut, posées en figure de demi-ceintre et prenant à peu près depuis la porte du salon de la Paix, d'un côté, jusqu'à la

---

(1) Ce doit être le diamant appelé *le Régent*, qui avait été acheté, en 1717, en Angleterre.

(2) Derrière M. le Dauphin étoient M. le duc de Châtillon, M. l'évêque de Mirepoix, M. de Muy, sous-gouverneur, et les deux gentilshommes de la manche. (*Note du duc de Luynes.*)

(3) M. le duc d'Orléans n'étoit point ici. (*Note du duc de Luynes.*)

(4) Il n'y avoit point de capitaine des gardes. M. le maréchal de Noailles étoit occupé à recevoir l'ambassadeur à la salle des gardes et ne pouvoit dans cette occasion être remplacé par M. le duc d'Ayen. (*Note du duc de Luynes.*)

(5) M. de Fleury, qui est le quatrième, n'étoit point ici. (*Note du duc de Luynes.*)

croisée qui y étoit entièrement enfermée, et de l'autre jusqu'à la glace. Du salon de la Paix, l'on montoit trois marches et ensuite autant à droite et à gauche; le dehors de ces deux tribunes couvert d'un tapis de velours cramoisi bordé d'une frange d'or. On comptoit qu'il pourroit tenir quatorze personnes dans celle qui étoit à gauche, et huit dans l'autre. Dans celle de la gauche, dans l'embrasure de la fenêtre, il y avoit un gradin seulement de deux bancs. La Reine avoit choisi cette tribune; elle y étoit dans son fauteuil censée incognito, mais tout aussi à découvert que le Roi; Madame sur un pliant à sa droite, Mme la Duchesse à sa gauche, Mlle de Sens à la droite de Madame, le chef de brigade derrière le fauteuil de la Reine (c'étoit M. de la Billarderie, frère du major); M. de Nangis à sa droite et Mme de Luynes à sa gauche. A la droite de M. de Nangis, Mme de Tallard; derrière, Mmes de Talleyrand, de Boufflers, de Mérode et Mme la princesse de Talmond; et M. de Balagny, secrétaire des commandements de la Reine, quoiqu'il n'y eût point de place, s'étoit mis aussi derrière. Dans l'autre tribune, Mme Adélaïde, sur un pliant, au milieu; Mademoiselle à sa droite, Mlle de la Roche-sur-Yon à sa gauche. Derrière Mme Adélaïde, un exempt des gardes qui est de quartier (c'étoit Laferrière), Mmes de Villefort et de la Lande, sous-gouvernantes, et Mmes d'Andlau et de l'Hôpital.

Par ce que je viens de marquer, l'on voit que la première glace de la galerie, à droite, de même que la première croisée, à gauche, à compter depuis le salon de la Paix, étoient enfermées dans les deux tribunes; ensuite il y avoit trois marches. A la seconde glace à droite, il y avoit une petite banquette où étoient les quatre secrétaires d'État. M. de Saint-Florentin n'arriva qu'en même temps que le Roi, les trois autres étoient arrivés avant le Roi. M. de Maurepas étoit le premier, M. Amelot le second, M. de Breteuil le troisième. Dans la seconde croisée à gauche, il n'y avoit personne. Quelques pas après l'encoignure de la seconde croisée et de la seconde glace, commençoient quatre marches au bas desquelles étoient posés, à droite, les gradins, pour les dames, qui alloient d'un bout à l'autre de la galerie. Il n'y avoit que la porte de glace (1) pour entrer dans le cabinet du Roi où il n'y avoit point de gradins. A gauche, le long des croisées, vis-à-vis les gradins des dames, et dans toute la longueur de la galerie, étoient des espèces de marches sur lesquelles étoient les hommes; il y en avoit quatre de hauteur. Depuis un bout de la galerie jusqu'à l'autre, on avoit mis des tapis à terre et sur les marches des hommes, de même que sur les marches et les estrades qui conduisoient au trône. Les gradins des dames étoient couverts de pluche cramoisie. Au premier gradin, le plus élevé et le plus près du trône, il y avoit deux places de gardées pour Mmes d'Antin et de Mailly, qui ne vinrent qu'un moment avant le Roi. Au bas des gradins des hommes, à gauche, tout auprès des premières marches, étoit une banquette pour les ambassadeurs. Le nonce étoit le premier. Derrière les ambassadeurs étoient tous les étrangers qui avoient eu des billets, mais sans aucune distinction; nous étions même plusieurs mêlés avec eux. Les dames en grand habit tenoient depuis le commencement des gradins jusqu'à la Diane (2), ce qui en faisoit à peu près quatre-vingts. Dans le reste de la galerie il y en avoit environ cent soixante. Pour les hommes on ne pouvoit pas en juger aussi aisément. Ce qui est certain, c'est que tous les gradins étoient remplis et que l'on étoit fort serré; ainsi

---

(1) La Reine en allant à la messe passa par la chambre du Roi et le cabinet des perruques, et se promena un moment dans la galerie, s'avançant du côté du trône à la porte de glace qui entre dans la galerie. M. de Bouillon prit la robe de la Reine et la porta jusqu'à ce qu'elle fût hors de la galerie. (*Note du duc de Luynes.*)

(2) La Diane à la biche, qui fait aujourd'hui partie du musée des antiques au Louvre, se trouvait alors dans la galerie de Versailles.

l'on peut estimer sept ou huit cents, tout au plus. L'on entroit dans les appartements avec beaucoup de facilité, par le prodigieux nombre de barrières qu'on avoit mises; il y en avoit, je crois, dix-sept ou dix-huit. On avoit fait une salle des gardes dans la pièce qui est au haut de l'escalier de marbre; ce fut là que M. le maréchal de Noailles alla recevoir l'ambassadeur, à la porte de cette pièce, au haut de l'escalier, et le conduisit jusqu'au pied du trône marchant à sa droite, ou plutôt à la droite de M. de Brionne, lequel étoit le plus près de l'ambassadeur; à la gauche étoit M. de Verneuil. L'ambassadeur fit sa première révérence, à l'arcade qui sépare le salon de la Guerre d'avec la galerie, la seconde révérence, au milieu de la galerie, et la troisième, au pied du trône. Le Roi étoit seul couvert; il ôta son chapeau à la première révérence de l'ambassadeur; il l'ôta encore deux ou trois fois, mais je ne l'ai pas assez remarqué pour l'écrire précisément. L'ambassadeur monta jusqu'auprès du trône, où il fit son compliment en langue mahométane, lequel fut expliqué aussitôt après par l'interprète. Le compliment et l'explication me parurent durer assez longtemps; il n'y eut presque que les princes du sang qui purent l'entendre; il exprimoit, à ce que j'ai ouï dire, le désir d'entretenir l'union, l'intelligence et la bonne amitié, faisant souvenir en même temps le Roi que ce n'étoit que par égard et par considération particulière pour S. M. que l'empereur son maître avoit arrêté le cours de ses victoires pour faire la paix avec l'empereur. Pendant cette harangue, le secrétaire d'ambassade étoit derrière, assez loin et seulement sur les premières marches, tenant une espèce de corbeille ou bassin plat, couvert d'un satin cramoisi, sur laquelle étoit la lettre du Grand Seigneur. Aussitôt après l'explication de la harangue, le secrétaire d'ambassade s'avança, la remit à l'ambassadeur, qui la présenta au Roi, lequel la remit aussitôt à M. Amelot.

J'ai oublié de mettre dans ma description de la séance,

qu'à la droite du trône, à fort peu de distance, il y avoit une petite table, faite à peu près comme une crédence, et couverte, qui étoit destinée à mettre la lettre de l'ambassadeur. Il y avoit soixante-sept ou soixante-huit Turcs qui précédoient l'ambassadeur, qui se rangèrent en haie des deux côtés de la galerie; il y en avoit outre cela un grand nombre d'autres qui n'entrèrent que dans la pièce qui est avant celle où sont les tribunes de la musique.

Je n'ai point encore marqué ce qui s'est passé pour l'arrangement des troupes. Les deux régiments des gardes françoises et suisses étoient en bataille dans l'avenue, depuis la maison de Bontemps jusqu'à la place qui est devant les écuries. Dans la place étoient : à droite, les quatre compagnies des gardes du corps, c'est-à-dire un détachement de quatre-vingts maîtres de chaque compagnie; ils formoient quatre corps séparés. Vis-à-vis d'eux, sur la gauche, étoient les quatre compagnies rouges. La compagnie écossoise, qui est Noailles, étoit la plus près de la grille d'un côté, comme les gendarmes étoient de l'autre. C'étoit le quartier d'octobre et le quartier de janvier qui formoient ce détachement (1). J'ai mar-

---

(1) Les gardes du corps étoient rangés en bataille sur deux rangs sur la place d'armes, leur gauche à la grille de la grande cour du château, et leur droite à la petite écurie faisant face au pavé. La compagnie de Noailles fermoit la gauche et formoit un escadron de quatre-vingts maîtres avec deux étendards; ensuite Villeroy, Charost et Harcourt, qui formoient chacune un escadron de quatre-vingts maîtres avec deux étendards.

Les quatre compagnies rouges étoient postées vis-à-vis, les gendarmes ayant leur droite à la grille de la grande cour et formoient un escadron de cent maîtres sur deux rangs et deux étendards; ensuite les chevau-légers de même; ensuite les mousquetaires gris et les noirs, qui avoient leur gauche à la grande écurie et formoient de même, chaque compagnie, un escadron de cent maîtres.

L'on avoit doublé les gardes françoises et suisses qui occupoient leurs postes dans la grande cour des ministres; le surplus des gardes françoises et suisses étoient postées, savoir, les gardes françoises le long de l'avenue de Paris, du

qué ci-dessus qu'au 1ᵉʳ janvier le capitaine des gardes avoit relevé, et les chefs de brigade, qui prétendent relever comme les capitaines; mais les exempts, ni le guet n'avoient point relevé; ils ne relevèrent qu'hier. Les deux guets des gendarmes et des chevau-légers y étoient aussi. Pour les mousquetaires (1), on sait qu'ils ne servent point par quartier et qu'ils demeurent toujours à Paris quand le Roi est à Versailles. Dans la cour des ministres, on avoit doublé la garde. La garde prit les armes et rappela suivant l'usage. Ils ne battent au champ, comme l'on sait, que pour le Saint-Sacrement, pour le Roi et pour la Reine. Il y eut une contestation pour le commandement de la maison du Roi. M. de Soubise représentoit qu'il est sans difficulté que lorsqu'il n'y a point de capitaine des gardes du corps, le capitaine-lieutenant des gendarmes, en son absence celui des chevau-légers, et en l'absence de tous deux ceux des mousquetaires, suivant leur rang, commande la Maison. Il rapportoit l'exemple de ce qui s'étoit passé en 1721 à l'audience de Méhémet-Effendi, père de celui-ci; M. le prince de Rohan monta à cheval et salua l'ambassadeur à la tête des gardes du corps. M. de Soubise disoit enfin que les quatre compagnies des gardes du corps n'étant que par détachement, il n'y avoit qu'un seul capitaine de quartier seul en droit de les commander, ce qui est d'un usage constant, hors le seul cas du sacre où deux capitaines des gardes du

---

côté de la petite écurie, et les gardes suisses vis-à-vis, du côté de la grande écurie.

M. le duc d'Harcourt, lieutenant général, commandoit tout le détachement de la maison du Roi. Il ne fut point salué par les troupes. Lorsque l'audience fut finie, les troupes eurent ordre de se retirer. Il fut question de savoir si les chevau-légers formeroient la gauche des compagnies rouges, comme ils font à l'armée et aux revues du Roi, ou s'ils se porteroient par rang de compagnie, ainsi qu'il se pratique dans les marches du Roi lorsque toutes les troupes de sa maison sont assemblées pour sa garde, attendu que le poste d'honneur est celui qui approche le plus près de la personne de S. M. (*Note du duc de Luynes.*)

(1) Il n'y en avoit que cent par troupes. (*Note du duc de Luynes.*)

corps ont le bâton (1) en même temps; que par conséquent, M. le maréchal de Noailles, capitaine des gardes en quartier, étant occupé à recevoir l'ambassadeur dans les appartements, c'étoit à lui M. de Soubise à commander la Maison. Sur tout cela il fut décidé : que les circonstances n'étoient point pareilles à ce qui s'étoit passé en 1721; qu'alors, il n'y avoit point le quartier montant et le quartier descendant; mais que le quartier de janvier ou guet n'ayant pas encore relevé, c'étoit à M. le duc d'Harcourt à monter à cheval et à commander la Maison; c'est ce qui fut exécuté hier.

Au sortir de l'audience du Roi, l'ambassadeur se retira en faisant les mêmes révérences, excepté qu'il fit sa troisième révérence à quelque distance des premières marches du trône, marchant jusque-là à reculons ou de côté. Il étoit habillé d'une grande robe de drap vert; c'est la couleur qui est la plus estimée chez les Mahométans. Son secrétaire d'ambassade étoit aussi habillé de vert, le turban bordé de blanc, comme les autres, mais le dessus étoit vert, ce qui désigne chez eux les gens de lois. Il n'y a que ceux qui sont de la race de Mahomet qui portent le bord du turban vert. Parmi les Turcs qui accompagnoient l'ambassadeur, il y en avoit qui avoient des capuchons rouges sans turban. On m'expliqua que c'étoit les Bostangis ou jardiniers. M. de Verneuil, en reconduisant l'ambassadeur, lui fit remarquer M. de la Billarderie, major des gardes, qui étoit venu le recevoir dans la salle, et lui dit qu'il feroit bien de le prier à dîner. L'ambassa-

---

(1) Le capitaine de la compagnie écossaise a ce jour-là le bâton et la droite sur le capitaine en quartier.

Il y a encore une autre occasion où les quatre capitaines des gardes peuvent être ensemble avec le bâton, c'est au lit de justice; s'il s'en trouvoit qui ne fussent point pairs, ou que ceux qui le sont eussent leurs enfants reçus en survivance de leurs charges, ils pourroient être tous quatre avec leurs bâtons sur le banc qui leur est destiné. Ceux qui sont pairs et reçus prennent séance comme pairs. (*Note du duc de Luynes.*)

deur se retourna aussitôt, et avec beaucoup de politesse lui dit en françois : « Je vous prie, monsieur, de me faire l'honneur de venir dîner avec moi à la table du Roi. »

Au sortir de l'audience, l'ambassadeur retourna à la salle des ambassadeurs, où quelque temps après M. de Verneuil vint l'avertir pour l'audience de M. le Dauphin. L'on avoit dressé dans le cabinet de M. le Dauphin, contre la muraille qui fait face à la terrasse de l'orangerie, un trône. Aucun des princes ne descendit à cette audience (1), après laquelle l'ambassadeur retourna encore à la salle. J'ai oublié de marquer une circonstance ; c'est que l'ambassadeur, après avoir présenté au Roi la lettre du Grand Seigneur, et avant de se retirer, présenta à S. M. son gendre et son fils. Les présents du Grand Seigneur, que l'ambassadeur a apportés, étoient ici dès le mercredi au soir ou dès le jeudi matin, dans la petite galerie du Roi. Le Roi envoya querir l'ambassadeur dans cette petite galerie, et lui parla assez longtemps en présence de douze ou quinze personnes, lui faisant des questions sur ses services, ses blessures. L'ambassadeur parut fort satisfait des bontés du Roi. Les présents consistent en une tente (2) garnie de belles étoffes en dedans, dont les bâtons sont tournés et travaillés avec soin ; un équipage de cheval complet, parfaitement bien émaillé et rempli d'une grande quantité de diamants, rubis et émeraudes (3) ; dix paires de pistolets, dont une plus belle et

---

(1) Les princes lorrains, MM. de Bouillon et de Soubise, y descendirent comptant que l'on se couvriroit. M. de Châtillon monta sur-le-champ chez le Roi pour lui demander ses ordres, et le Roi lui dit que son intention étoit que tout se passât comme dans la galerie. (*Note du duc de Luynes.*)

(2) Cette tente a été tendue le jeudi et le vendredi sur la terrasse, vis-à-vis le milieu de la cour de marbre. Il y avoit dans la tente un sopha avec des carreaux, et les mâts de la tente étoient garnis de nacre de perles. (*Note du duc de Luynes.*)

(3) Il n'y a pas une de ces pierres qui ne soit fort vilaine, mais la grande

plus enrichie encore que les autres ; onze ou douze fusils bien travaillés, mais de peu d'usage, et une douzaine de pièces d'étoffe. Dans l'équipage du cheval il y a jusqu'à un gros clou d'argent et une chaîne d'argent pour attacher le cheval, et un très-grand bassin d'argent, creux, pour lui donner à boire.

L'ambassadeur fut chez M. Amelot et chez M. le Cardinal.

Mme de Crillon fut présentée par Mme la duchesse de Tallard, mercredi, veille de l'audience ; elle est petite, a l'air ignoble, n'est point jolie et surtout a de fort gros yeux, et a même le droit plus gros que l'autre. Cependant c'est par amour, et l'amour le plus violent, que Crillon l'a épousée. Le mariage a été fait en vingt-quatre heures ; on n'a pas même eu le temps de dresser un contrat, et le père, qui est un banquier nommé Couvet, a mis hors de chez lui sa fille le lendemain de son mariage. Il avoit annoncé que cela se feroit ainsi en donnant son consentement au dit mariage. Au reste, on dit qu'elle a eu 40,000 francs une fois payés, encore même ne sait-on pas si cela est bien sûr. MM. de Crillon sont gentilshommes du comtat d'Avignon. Crillon a son père et sa mère qui ne jouissent que d'environ 8 ou 10,000 livres de rente, à Avignon, et qui cependant vivent assez honorablement ; il est duc du Pape, mais le fils n'a rien que ce que son oncle, M. l'archevêque de Narbonne (1), veut bien lui donner.

M. de Mailly-d'Haucourt a remercié aujourd'hui le Roi pour la compagnie des gendarmes écossois. Cette compagnie étoit vacante depuis cinq ou six mois que M. de Rubempré avoit donné sa démission au sujet de la dispute entre lui et M. du Châtelet pour le commandement de la gendarmerie, comme je l'ai marqué ci-dessus ; et cette

---

quantité et le travail rendent le présent magnifique. (*Note du duc de Luynes.*)

(1) Jean-Louis de Bertons de Crillon.

compagnie n'avoit pas été remplie. C'est Mme de Mailly, dame du palais, qui l'a obtenue pour M. de Mailly-d'Haucourt.

M. l'ancien évêque de Mirepoix, précepteur de M. le Dauphin, a obtenu la place d'honoraire à l'Académie des inscriptions et belles-lettres, vacante par la mort de M. le cardinal de Polignac; et M. l'abbé de Saint-Cyr, sous-précepteur, a obtenu celle de l'Académie françoise, vacante par la même mort.

Du lundi 29, Versailles. — Il y a longtemps que je n'ai écrit, étant malade depuis quinze jours d'une grande fluxion avec la fièvre. Depuis ce temps-là voici à peu près ce qui s'est passé.

M. le duc de Fleury arriva ici il y a environ quinze jours; c'étoit le surlendemain de l'audience du Turc; il est venu de l'armée de Bohême sur un congé de M. de Belle-Isle. Son régiment est en garnison dans Prague, et M. le Cardinal ayant été malade, il a cru qu'il pouvoit venir ici faire un tour de trois semaines pour savoir de ses nouvelles.

Les premiers jours de la semaine dernière, Mme de Bauffremont présenta sa belle-fille; elle est fille de feu M. de Mommeins, lieutenant général qui a servi dans les gardes du corps; elle a dix-huit ans; elle n'est pas grande, mais assez jolie. Il y a six ans qu'elle est mariée; elle a toujours demeuré en Bourgogne avec Mme de Mommeins sa mère. Mme de Mommeins est venue ici avec elle; elle n'a jamais été présentée. Il n'y avoit à la présentation que la belle-mère. M. de Bauffremont ne vouloit pas que sa belle-fille fût présentée; il a dit ici hautement qu'il ne regardoit pas comme un désagrément que sa femme ne soit point assise, quoique faite pour l'être; que puisqu'elle étoit du sang royal (1), c'étoit autant l'affaire du Roi que la sienne;

---

(1) Elle est Courtenay. (*Note du duc de Luynes.*)

mais que pour sa belle-fille, qu'il regardoit comme son sang, il n'étoit pas nécessaire qu'elle fût présentée pour demeurer debout. Il a écrit à peu près dans ce même esprit à M. le Cardinal et ensuite s'en est allé à Paris. On a pris le temps de son absence pour faire la présentation ; il est aisé de juger que tout cela est un jeu joué. M. de Bauffremont s'est voulu donner la satisfaction de parler et n'a point été sûrement fâché que sa belle-fille, qui vient ici pour demeurer au moins six mois dans ce pays-ci, fût à portée de pouvoir faire sa cour.

Le même jour, Mme de Castellane présenta sa fille. Mme de Castellane est Roulier ; elle a marié sa fille à un homme de la maison de son mari, qui s'appelle Castellane comme lui.

Dimanche dernier, on prit pour trois semaines le deuil de la reine de Suède (1). Quelques jours auparavant, M. le baron de Fleming, qui n'a point de caractère, mais qui est chargé des affaires de Suède, avoit remis une lettre de notification du roi son maître. M. le comte de Tessin qui est encore ici n'a point de caractère.

La mort de M. du Guesclin et celle de M. de Montbrun avoient fait deux places vacantes dans la maison de M. le duc d'Orléans. Montbrun étoit chambellan ; mais comme il y avoit un surnuméraire (2), il n'y avoit qu'une de ces places à remplir, et elle a été donnée à M. de Clermont-Gallerande, frère de M. de Clermont-Gallerande, premier écuyer de M. le duc d'Orléans ; c'est la place de premier gentilhomme de la chambre.

M. de Bercy mourut il y a dix ou douze jours de la petite vérole ; il avoit été intendant des finances et étoit gendre de feu M. Desmaretz ; c'étoit un homme de beau-

---

(1) Ulrique-Éléonore, fille de Charles XI, roi de Suède, morte le 5 décembre précédent.

(2) C'est un des fils de M. de Montboissier. (*Note du duc de Luynes.*)

coup d'esprit et de mérite et que l'on a regardé longtemps comme à portée d'être fait contrôleur général.

M. le duc d'Estissac n'avoit qu'une fille, âgée de deux ou trois ans, de Mlle de la Rochefoucauld; elle mourut il y a douze ou quinze jours.

Mme la maréchale de Villars est depuis cinq ou six jours hors d'affaire; elle a eu une petite vérole qui a commencé d'une manière que les médecins ont cru que c'étoit apoplexie; ils l'ont même traitée pour cette maladie; elle a été extrêmement mal et l'on ne croyoit pas même qu'elle en pût revenir.

Avant-hier 27, M. le chevalier de Belle-Isle arriva de Francfort ici sur les deux heures après midi; il étoit parti le 23, veille de l'élection, pour venir à Manheim. Il se rendit le 24 à Turkheim, où il avoit donné rendez-vous au courrier que lui devoit envoyer M. le maréchal de Belle-Isle; il reçut ce courrier le 24 à sept heures du soir à Turkheim, et partit aussitôt. On ne peut guère faire une plus grande diligence. Il a apporté la nouvelle que l'électeur de Bavière, roi de Bohême, avoit été unanimement élu empereur; il prend le nom de Charles VII; il ne sera sacré et couronné que les premiers jours du mois prochain. M. le Cardinal, en présentant le chevalier de Belle-Isle au Roi, lui dit : « Sire, voilà un grand événement pour le règne de V. M.; elle a fait un empereur et n'a pas voulu l'être. » Le Roi dit en arrivant au chevalier de Belle-Isle qu'il le faisoit lieutenant général de ses armées.

Le Roi dit le même jour que le roi de Prusse marchoit à la tête de cinquante mille hommes du côté de Vienne. Voici comme cela s'est passé. M. de Belle-Isle, voyant que le général Neuperg persistoit à ne vouloir pas abandonner Budweiss et que M. de Kevenhuller d'un autre côté continuoit à tenir Lintz bloqué, avoit écrit au roi de Prusse pour lui représenter qu'il seroit bien essentiel, dans pareilles circonstances, qu'il voulût bien ordonner au général Schwérin, qui est en Moravie, de s'avancer du côté de Vienne pour faire une diversion. Sur cela le roi de Prusse a mandé à M. de Belle-Isle que puisque cela lui faisoit plaisir il feroit encore mieux, qu'il alloit lui-même se mettre à la tête de l'armée. En conséquence, il a envoyé dire à M. de Valory, notre ministre à sa cour, qu'il partoit pour Dresde ; et au lieu des fêtes qui étoient préparées pour le mariage du prince Guillaume, son frère, et qui se devoient continuer pendant ce carnaval, il est parti sans aucun équipage pour Dresde. Il a demandé au roi de Pologne de lui donner les vingt mille Saxons qui sont avec M. de Polastron entre Teutchbrodt et Iglau ; il lui a dit qu'il espéroit qu'on ne lui refuseroit pas le corps de troupes de M. de Polastron (1), et qu'il comptoit avec ces corps réunis et environ trente mille hommes qu'il a en Moravie, s'avancer du côté de Vienne.

On a eu nouvelles ces jours-ci que M. le maréchal de Terring, qui étoit parti de Pisek pour aller à Passau, et de là du côté de la haute Autriche, avec huit ou neuf bataillons bavarois assez foibles, avoit trouvé par delà Passau, dans une plaine, un corps de hussards autrichiens assez considérable qui l'avoient attaqué, qu'il s'étoit défendu longtemps, mais qu'il avoit été obligé de se retirer avec perte.

Il y eut jeudi dernier bal en masque chez Mesdames ; tout se passa comme au bal précédent, dont j'ai parlé ci-dessus. La Reine y alla après son souper, et y resta une heure ou une heure et demie ; le Roi n'y fut point.

Hier, il y eut bal en masque chez M. le Dauphin. On dansoit dans le grand cabinet de M. le Dauphin et dans son cabinet d'étude. Il y avoit deux tables dans le cabinet

---

(1) M. de Polastron n'a avec lui que le régiment du Roi, le régiment d'Andlau-cavalerie et quelques détachements de grenadiers ; il paroît que l'on est très-content de la conduite qu'il tient, de la discipline qu'il fait observer, et que d'ailleurs les Saxons se louent beaucoup de lui. (*Note du duc de Luynes.*)

de glaces où l'on jouoit à cavagnole, et la collation étoit dans la salle de M. de Châtillon.

Mme de Mailly a presque toujours été enrhumée depuis quinze jours et n'a point sorti de sa chambre ou de son lit. Sa semaine étoit la semaine dernière; elle n'a point du tout été chez la Reine; elle a toujours demeuré pendant ce temps et couché dans le petit appartement dont j'ai parlé ci-dessus, qui a été fait sous le nom de M. de Meuse. Le Roi continue à y dîner tous les jours et y soupe toutes les fois qu'il ne soupe pas au grand couvert.

Comme la gelée a duré très-longtemps, le Roi n'alla à la chasse que samedi dernier pour la première fois depuis plus de quinze jours; il n'a pas paru s'ennuyer d'être si longtemps sans chasser, et quelqu'un même lui en ayant parlé, il lui dit : « Mais ne sommes-nous pas bien ici? » Il dit même, dans une autre occasion, à un officier des gardes qui étoit derrière sa chaise : « Je ne me soucie plus autant de la chasse que vous croyez. » On parle de réformes dans les deux meutes et dans la grande et la petite écurie.

Le chevalier de Soudeil, chevalier de Malte et exempt des gardes du corps de la compagnie de Noailles, quitte. Ce bâton a été donné à M. de la Faye, capitaine de dragons. On conserve à M. de Soudeil son rang de colonel réformé et on le met à la suite du régiment de Noailles; il aura 1,080 livres d'appointements, comme colonel réformé, et compte aller tenir galère. M. de la Faye lui donne 40,000 francs.

Il y a déjà quelques jours que le Roi a accordé à M. de Saint-Aignan pour son second fils, qui est devenu présentement son aîné, le régiment de cavalerie vacant par la mort de M. le duc de Beauvilliers, son fils aîné, et au chevalier de Saint-Aignan, le quatrième de ceux qui restent, la compagnie que son frère avoit dans le régiment de Beauvilliers. Cette affaire a souffert beaucoup de difficultés; on vouloit donner le régiment au lieutenant-colonel, qui est dans le cas d'en mériter un, et enfin il a été décidé que M. de Saint-Aignan payeroit à ce lieutenant-colonel le prix du régiment.

M. de Meuse continue à dîner tous les jours dans le petit appartement avec le Roi et Mme de Mailly, ou avec Mme de Mailly, quand par hasard le Roi est à la chasse; il soupe de même toutes les fois que le Roi soupe dans ce petit appartement ou chez Mme la comtesse de Toulouse; et il faut avouer que cet honneur demande une assiduité et une exactitude qui peut dans certaines occasions donner un peu de contrainte et de gêne. M. de Meuse, qui a bien servi et qui est lieutenant général, demandoit à servir dès l'année passée, et cela avec beaucoup d'empressement; il en parla dans ce temps-là au Roi, qui lui dit : « Ce sera pour l'année 1742. » Dans cette occasion-ci, il a jugé à propos de faire souvenir le Roi de ce qu'il lui avoit fait l'honneur de lui dire. Le Roi lui répondit : « Je m'en souviens fort bien, mais j'ai changé d'avis; je ne veux pas que vous me quittiez. » M. de Meuse, plus occupé de la douleur de ne point servir que des marques de bonté que le Roi lui donnoit dans cette occasion, parut triste et rêveur à ce discours; le Roi lui dit : « Il ne faut point prendre un air aussi triste, je suis persuadé de toute votre volonté; mais que voulez-vous faire en continuant le service, vous n'êtes plus jeune, vous avez une assez mauvaise santé; que voulez-vous devenir, maréchal de France? ne puis-je pas vous faire duc et pair et chevalier de l'Ordre? Tenez-vous donc tranquille et ne soyez point aussi affligé que vous le paroissez. »

Il mourut il y a quelques jours un huissier de la chambre de la Reine, nommé Desfossez; cette place a été donnée au nommé Mozac, concierge de Trianon et valet de chambre tapissier de la Reine. Je mets ce fait, quoique peu intéressant, parce que les huissiers se mettent d'un ordre au-dessus des valets de chambre.

FÉVRIER.

L'Université présente un cierge au Roi, à la Reine et au Dauphin. — Réception de chevaliers du Saint-Esprit. — Le P. Tainturier. — Mort de la comtesse de Brionne. — Prise de Lintz. — Mort du chevalier de Bezons. — Audience des États de Bretagne. — Appartement de Mme de Mailly. — Présentation de la marquise de Vérac. — Bal chez le Dauphin. — Gale de Madame. — Mlle d'Aumont. — Portrait du roi de Prusse. — Contestation entre le maréchal de Broglie et M. de Séchelles. — Audience de l'envoyé de Modène. — Le Roi et Mme de Mailly. — Mariage du prince d'Havré. — Retraite du ministre anglais Robert Walpole. — Conversation du Roi. — L'évêque de Soissons achète la charge de premier aumônier. — Le comte d'Œttingen. — Visites de l'ambassadeur turc. — Régiments donnés.

Du samedi 3 février, Versailles. — Avant-hier, veille de la Chandeleur, l'Université vint ici en corps, suivant l'usage, apporter un cierge au Roi, à la Reine, à M. le Dauphin et à Mesdames. Le recteur avoit une robe longue bordée de fourrures. La Reine le reçut dans sa chambre, debout contre la table de marbre ; c'est ce qu'on appelle audience particulière. La harangue du recteur ne fut pas extrêmement longue et me parut bien. On présenta ce même jour deux autres cierges au Roi et à la Reine dans la matinée, l'un par le supérieur des Pères de la Trinité, qui fit un compliment fort court et assez médiocre, l'autre par la confrérie du Saint-Sépulcre ; celui-là sans compliment. L'après-dînée, le Sr Mercier, contrôleur de la maison de la Reine, lui apporta un cierge ; c'est l'usage. La différence qu'il y a entre ces différentes présentations de cierges, c'est que la Reine reçoit de sa main les trois premiers, et qu'à l'égard de celui qui est présenté par le Sr Mercier, c'est la dame d'honneur qui le reçoit dans la chambre de la Reine pour le présenter à S. M.

Hier, jour de la Chandeleur, il n'y eut que trois réceptions (1), M. le cardinal de Tencin et M. l'archevêque de Narbonne étant absents. M. l'évêque de Langres (2) et

---

(1) De chevaliers de l'ordre du Saint-Esprit.
(2) Gilbert de Montmorin de Saint-Hérem.

M. l'archevêque de Bourges (1) furent reçus immédiatement avant la messe; aussitôt après, M. de Langres alla s'habiller pour dire la grande messe. On croyoit qu'il n'y auroit peut-être pas un assez long intervalle pour qu'il eût le temps de s'aller habiller; mais le Roi dit qu'il attendroit s'il étoit nécessaire. M. le duc de Penthièvre fut reçu immédiatement après la messe; ses parrains furent M. le duc d'Orléans et M. de Chartres. Les revers du manteau de M. le duc de Penthièvre étoient couverts de diamants, et le manteau tout neuf. Mme la comtesse de Toulouse avoit mandé quelques jours auparavant à Mme de Mazarin que le Roi trouvoit bon qu'elle lui prêtât les pierreries de la Couronne. Mme de Mazarin, qui est toujours à Paris depuis environ quatre mois, à cause de sa maladie, écrivit à la Reine pour lui demander ses ordres au sujet des dites pierreries, et la Reine lui manda de les donner.

Ce fut Mme d'Andlau qui quêta.

Hier fut le premier sermon du prédicateur du carême; c'est le P. Tainturier, jésuite; il prêche bien, à ce qu'il paroît, et avec un air d'autorité et en même temps de familiarité que quelques personnes trouvent trop grande. Il faut convenir qu'il a le défaut de parler trop vite et pas assez haut. Son compliment fut assez bien; ce fut, à parler vrai, une instruction plutôt qu'un compliment.

Hier au soir, l'on apprit la mort de Mme la comtesse de Brionne. C'étoit la seconde fille de feu M. le duc de Gramont; elle est morte d'une fièvre maligne en cinq ou six jours de temps; elle étoit ici au dernier bal en masque chez Mesdames.

On apprit avant-hier au soir que le général Kevenhuller s'étoit rendu maître de la ville de Lintz, capitale de la haute Autriche. M. de Ségur, lieutenant général, n'avoit que huit ou dix mille hommes pour défendre tout ce pays; il a tenu tout le plus longtemps qu'il a été possible et

---

(1) Frédéric-Jérôme de la Rochefoucauld de Roye.

avoit été obligé de se renfermer dans Lintz. La reine de Hongrie y a fait marcher une artillerie nombreuse et a même donné presque tous ses attelages pour la conduire. M. de Ségur, et toute la garnison, a été obligé de promettre d'être un an, à compter du jour de la capitulation, sans servir contre la reine de Hongrie. Le grand-duc étoit venu en personne à ce siége et avoit fait mettre le feu aux faubourgs. Lintz est une très-mauvaise place et n'a pu résister contre une très-nombreuse artillerie qui a tiré sans cesse pendant quatre jours. Les ennemis se sont avancés jusqu'à Passau, qui est une ville ouverte et dont ils se sont rendus maîtres sans peine. Le sentiment de M. le maréchal de Belle-Isle n'étoit point de risquer les troupes du Roi dans un endroit aussi désavantageux; il vouloit qu'elles se retirassent sous Passau, d'autant plus que la haute Autriche, n'ayant point de places fortes, est toujours fort aisée à reprendre. L'électeur de Bavière, aujourd'hui empereur, a toujours persisté à vouloir que l'on restât dans Lintz. M. le maréchal de Terring, qui avoit été détaché de l'armée de M. de Broglie pour tâcher de secourir cette place, a été battu en chemin. Ce sera un détail curieux dans la suite des temps que la quantité de fautes que l'on a faites dans cette campagne. On ne peut les imputer qu'au peu d'expérience de l'électeur et de son général M. de Terring, et en même temps au peu de fermeté qu'ont eue nos lieutenants généraux, qui n'ont jamais pu faire exécuter les projets formés par M. de Belle-Isle. Le temps qui a été employé inutilement à faire des courses jusqu'auprès de Vienne est la première cause de tout ce qui est arrivé depuis. Il paroît que l'on est ici résolu à renvoyer un corps considérable de nouvelles troupes au plus tôt. Tout dépend présentement de ce que fera le roi de Prusse; il doit avoir joint ses troupes, les Saxons et le petit corps de M. de Polastron et même avoir marché droit à Tabor et Budweiss. Le général Neuperg, qui commandoit le corps d'armée qui occupe ces deux postes, en a remis le commandement au prince Charles de Lorraine et s'est retiré à Vienne; il retourne commander à Luxembourg, où il étoit avant cette guerre.

Du lundi 5, Versailles. — M. le chevalier de Bezons mourut avant-hier, à Paris, de la petite vérole; il est mort le troisième ou quatrième jour de cette maladie; il l'avoit gagnée de Mme de la Feuillade, sa sœur, avec laquelle il s'étoit enfermé et qui en est guérie. Il ne reste plus des enfants de M. le maréchal de Bezons que M. l'évêque de Carcassonne et Mme de la Feuillade. Le marquis de Bezons, qui étoit l'aîné, a laissé plusieurs enfants, dont l'aîné peut avoir quatorze ou quinze ans. Le chevalier de Bezons étoit colonel du régiment de Beaujolois-Infanterie.

J'appris hier que M. de Conflans, qui avoit le régiment d'infanterie d'Auxerrois en avoit donné sa démission.

Hier les États de Bretagne eurent audience; ce fut audience publique. La Reine les reçut dans le grand cabinet avant sa chambre; M. de Nangis seul derrière le fauteuil, comme à l'ordinaire. Ils étoient conduits par M. de Dreux qui marchoit devant. C'est M. l'évêque de Quimper (1) qui portoit la parole. Il avoit à sa droite M. le duc de Penthièvre, comme gouverneur, et à sa gauche M. le comte de Saint-Florentin, comme secrétaire d'État de la province. Il n'y avoit avec lui que le député du tiers état, lequel se mit à genoux, suivant la coutume. Le député de la noblesse est M. le duc de Rohan, qui sert à l'armée de Bavière. Il étoit en dernier lieu à Lintz avec son régiment.

M. de Vassé, qui étoit ici depuis la prise de Prague, prit congé hier; il s'en retourne à l'armée. Il avoit espéré, pendant son séjour ici, finir son mariage avec Mlle de Pesé, sa cousine germaine; mais comme cette affaire ne pouvoit pas se terminer de quelque temps et que son régiment marche, il a pris le parti de s'en aller.

---

(1) Il s'appelle de Cuiller. (*Note du duc de Luynes.*)

Hier dimanche, le Roi ne fut point au salut, s'étant trouvé un peu enrhumé le matin; cependant il est allé aujourd'hui à la chasse, d'où il va coucher à la Meutte pour revenir demain après souper.

Mme de Mailly a toujours resté jusqu'aujourd'hui dans le petit appartement dont j'ai parlé; elle y joue tous les soirs lorsque le Roi travaille avec M. le Cardinal. Cet appartement est au-dessus de la petite galerie; on y monte par un petit escalier qui monte de la cour de Mme la comtesse de Toulouse chez Mme d'Antin. Il y a d'abord un passage, à la droite duquel est la salle à manger, laquelle joint les petits cabinets du Roi; ensuite un petit corridor, assez étroit, sur le double duquel est un office et une cuisine à droite; à gauche, une garde-robe de femme de chambre et une garde-robe de commodité; ensuite la chambre, qui est jolie mais fort petite, éclairée par une seule fenêtre et où il y a un lit en niche; ensuite le cabinet où il y a deux fenêtres et qui est joli et à peu près comme la chambre. C'est là où le Roi travaille à ses plans, les après-dînées, et quelquefois écrit.

Du mardi gras 6, Versailles. — J'ai oublié de marquer que l'ambassadeur d'Espagne donna il y eut hier huit jours un grand bal en masque, à l'occasion de l'heureux accouchement de Madame Infante.

J'ai marqué ci-dessus que l'ambassadeur turc avoit donné au Roi onze ou douze paires de pistolets; S. M. en a fait présent de trois paires que Mme de Mailly a demandées pour M. de Luxembourg et qu'elle lui a envoyées par M. de Vassé, une que le Roi a donnée à M. le duc de Villeroy et une à M. d'Ayen.

Il y a cinq ou six jours que Mme la duchesse de la Rochefoucauld présenta Mme la marquise de Vérac; c'est la belle-fille de feu M. le marquis de Vérac, lieutenant général et chevalier de l'Ordre.

Du mercredi des cendres 7, Versailles. — Il y eut hier bal en masque chez M. le Dauphin; il commença à dix heures. La Reine, qui soupoit avec des dames, suivant la coutume (car c'est la semaine de Mmes d'Antin et de Montauban), descendit au bal sur les onze heures, et n'y resta qu'environ une heure. Le Roi arriva à une heure de la Meutte (1), où il avoit soupé, et vint au bal fort peu de temps après; il y a resté jusqu'à trois heures. Mme de Mailly y vint aussi. Mme la princesse de Conty y étoit avec un domino noir; tout le monde la croyoit à Paris; elle arriva tout d'un coup avec un masque, affectant de ne se point tenir droite, de sorte qu'elle parut beaucoup plus petite qu'elle ne l'est; cependant M. le Dauphin la reconnut d'abord. M. le Dauphin, Mme Adélaïde, le petit d'Estaing et Mlle de Chalais étoient tous quatre masqués en Espagnols. M. le Dauphin et M. d'Estaing avoient un habit court, de velours noir. Mme Adélaïde et Mlle de Chalais avoient une robe de velours noir; à la robe de Mme Adélaïde il y avoit des bandes couleur de feu, pour égayer un peu cet habillement; ces quatre habillements formèrent ce qu'on appelle un quadrille. M. le Dauphin avoit beaucoup de diamants sur son habit. Il y avoit un autre quadrille bleu et blanc (2), composé de M. le duc et Mme la duchesse de Rochechouart, de M. de Marsan et de Mme d'Andlau. Mme de la Tournelle étoit masquée en Chinoise, Mme de Flavacourt en pèlerine, M. de Flavacourt en Arabe; il y avoit encore plusieurs autres jolis habits de masques. On dansoit dans le grand cabinet de M. le Dauphin, et l'on y dansoit continuellement; il y avoit aussi des violons dans le cabinet d'étude où l'on dansoit aussi de temps en temps (3). Dans le cabinet de glaces, il y avoit

---

(1) Les dames étoient Mlle de la Roche-sur-Yon, Mmes de Mailly, de Chalais, de Talleyrand et de Sassenage. (*Note du duc de Luynes.*)

(2) Il y en avoit encore un troisième blanc avec des fleurs. C'étoient M. et Mme de Fitz-James, M. de Monaco et Mlle de Matignon. Il y a environ deux mois que M. de Monaco commença à reparoître ici. (*Note du duc de Luynes.*)

(3) Sur les trois heures du matin on fit revenir ces violons dans le grand cabinet. (*Note du duc de Luynes.*)

deux tables pour le cavagnole, mais sur lesquelles on commença d'abord par manger; il y avoit des pâtés, des jambons, des daubes, mais toute la viande fut desservie à minuit. La collation étoit dans la salle à manger de M. de Châtillon. En tout, le bal étoit très-vif et fut trouvé charmant (1). Mlle de la Roche-sur-Yon y vint aussi en arrivant de la Meutte; elle étoit masquée en domino noir. Madame n'y étoit point; elle est malade depuis dix ou douze jours; elle a toujours eu depuis qu'elle est au monde beaucoup de boutons et d'élevures qui ressemblent fort à la gale. Madame Infante avoit cette même maladie et en a été guérie par les médecins d'Espagne. La gale de Madame a fort augmenté, et on a été obligé de lui faire garder son lit (2). Mlle d'Aumont, fille aînée de M. le duc d'Aumont, étoit au bal; elle a onze ans passés; elle n'est point jolie, mais elle est faite à merveille et a l'air d'une petite miniature; elle ressemble beaucoup à M. d'Aumont; elle a de la grâce, elle paroît avoir de l'esprit, elle n'est point embarrassée et elle danse à merveille. Mme la maréchale de Duras et Mme d'Aumont la menèrent hier chez la Reine pendant le jeu; elle baisa le bas de la robe; elles l'avoient menée aussi chez Mme Adélaïde; elle n'a point été présentée au Roi; elle n'est venue ici qu'à l'occasion du bal.

Je mets ici le portrait du roi de Prusse que mon fils m'a envoyé de Prague il y a quelques jours :

« Le roi de Prusse est petit, assez gras sans être trop gros, une physionomie spirituelle, de jolis yeux, un visage rond, gai et vif, d'assez belles dents, des cheveux bruns bien plantés, l'air noble.

---

(1). Il a duré jusqu'à six ou sept heures. (*Note du duc de Luynes.*)

(2) Mme de Ventadour, qui aime beaucoup Madame, imagina hier, pour la dédommager un peu du bal, de lui donner une petite mascarade; pour cet effet elle se masqua elle-même et fit masquer Mme de la Lande, qui est une des sous-gouvernantes, M. de Saint-Pau et Mlle de Casteja. Il faut observer que Mme de Ventadour a environ quatre-vingt-dix ans, que M. de Saint-Pau n'est guère plus jeune, et que Mme de la Lande et Mlle de Casteja sont aussi fort âgées. (*Note du duc de Luynes.*)

« Il a de l'esprit et des connoissances sur tout, assez superficielles; il a un peu abandonné les sciences, dont il paroissoit être occupé quand il étoit prince royal. Il décide vivement, promptement et absolument toutes les affaires, et n'aime pas les représentations, les longues discussions ni les donneurs d'avis. Il n'assemble jamais son conseil; on lui rend compte des affaires sommairement, et on dit que souvent il les décide de même. Il questionne vivement, spirituellement ; ses questions engagent et même obligent à des réponses concises; il est curieux des usages de tous les pays et s'en informe soigneusement, mais principalement des usages militaires, dont il est extrêmement occupé, voulant examiner les habillements, armements, manœuvres et usages de toutes les troupes.

« Il a du talent pour le métier de la guerre, mais il le sait et ne veut point profiter de celui des autres et leur demander leur avis.

« Il est poli et cherche à dire des choses obligeantes, quoique dans le fond il soit haut. Il compte pour rien la peine des autres, donne l'exemple pour la fatigue et la vie la plus dure. Il est sobre.

« Il ne peut se refuser une plaisanterie fine et méchante sur ceux qu'il trouve ridicules ; mais il ne trouve pas mauvais qu'on lui réponde, pourvu que la réponse soit bonne, quand même elle seroit un peu forte.

« Il aime les François et sent combien cette nation est au-dessus de la pesanteur et du rampant de ses peuples. Il a de très-grandes qualités ; ses défauts appartiennent plutôt à son âge qu'à son caractère, et on peut espérer qu'il sera un jour un grand prince. »

Du samedi 10, *Versailles*. — M. le chevalier de Belle-Isle prit congé hier; il retourne à Francfort. Il paroît constant que M. le maréchal de Belle-Isle viendra ici fort peu de temps après le couronnement de l'empereur.

Il y a eu une contestation entre M. le maréchal de Broglie et M. de Séchelles (1). M. de Broglie s'est plaint que M. de Séchelles, sans son ordre, s'étoit engagé à fournir au roi de Prusse les subsistances dont il auroit besoin et qu'il avoit demandées lorsqu'il est parti pour se mettre à la tête de ses troupes et de celles de Saxe. M. de Séchelles a représenté que n'ayant point eu le temps de prendre les ordres de M. le maréchal de Broglie, parce que le roi de Prusse vouloit une réponse sur-le-

---

(1) Intendant de l'armée de Bohême.

champ, sans quoi il ne seroit pas parti, il avoit cru devoir s'engager pour ne pas retarder une entreprise aussi nécessaire ; que d'ailleurs il étoit en état de prendre cet engagement sans faire aucun tort aux fournitures nécessaires pour l'armée de M. de Broglie. L'affaire a été portée ici et jugée en faveur de M. de Séchelles. Il faudroit savoir plus en détail que je ne sais les raisons de part et d'autre pour bien juger. Il paroît que M. de Broglie a raison en général, mais que dans le cas particulier et la circonstance pressante où s'est trouvé M. de Séchelles, il ne pouvoit faire autrement que ce qu'il a fait.

On attend toujours des nouvelles de ce que fera le roi de Prusse ; ce que l'on sait jusqu'à présent, c'est qu'il ne veut agir en rien de concert avec M. le maréchal de Broglie ; il ne veut ni le voir ni lui écrire ; il paroît qu'il n'a point oublié la réception que M. de Broglie lui fit à Strasbourg, il y a environ dix-huit mois.

M. de Bezons, fils aîné du marquis de Bezons et petit-fils du maréchal, vint ici hier ; c'est M. de Maubourg (1), son oncle, qui l'amena. Il a demandé le régiment de Beaujolois qu'avoit M. le chevalier de Bezons, son oncle ; il remercia hier. Cette grâce est d'autant plus considérable que M. de Bezons est encore au collége. Il est vrai que les malheurs de cette famille rendoient la demande favorable.

M. le comte de Brionne est venu ici aujourd'hui faire sa révérence et en même temps son remercîment pour le régiment d'Auxerrois qui vient de lui être donné ; il étoit vacant par la démission de M. de Conflans, comme j'ai marqué ci-dessus. M. le chevalier de Lorraine, frère de M. de Brionne, et M. de Lesparre sont venus en même temps faire leur révérence.

Depuis le retour de la Meutte, Mme de Mailly est retournée

---

(1) M. de Maubourg avoit épousé une fille de feu M. le maréchal de Bezons, qui est morte. (*Note du duc de Luynes.*)

dans le petit appartement; elle joue tous les jours que le Roi travaille avec M. le Cardinal, depuis six heures jusqu'à neuf. Elle ne joue point les autres jours parce que c'est jours de chasse et que le Roi soupe vers les sept heures. Elle ne compte retourner dans son appartement que pendant sa semaine. Les jours que le Roi ne va point à la chasse, il est souvent à travailler dans le cabinet à des plans avec M. Gabriel le fils.

J'ai oublié de marquer ci-dessus que M. le marquis de Clermont-Gallerande, premier écuyer de M. le duc d'Orléans, s'étant retiré avec une pension, M. le duc d'Orléans a donné cette place à M. de Balleroy, gouverneur de M. le duc de Chartres.

Du 1er dimanche de carême, 11, Versailles. — Le Roi a recommencé mercredi à dîner au grand couvert; il y dînera tout le carême les jours qu'il n'ira point à la chasse, hors les dimanches qu'il compte souper au grand couvert, à cause que le sermon commence de meilleure heure et que le conseil finit tard.

On a quitté aujourd'hui le deuil de la reine de Suède; j'ai marqué ci-dessus le jour qu'on l'avoit pris.

Du mardi 13, Versailles. — L'envoyé de Modène (1), évêque d'Apollonie, qui est un évêché *in partibus*, a eu aujourd'hui audience du Roi et de la Reine. J'étois à celle de la Reine. Il étoit conduit par M. de Verneuil seulement; c'étoit audience publique. M. le Cardinal y étoit et s'y est assis un moment. La Reine étoit dans son fauteuil; elle ne s'est point levée à l'arrivée de l'envoyé, ni en sortant. M. de Nangis étoit seul derrière S. M. Le compliment a été en italien.

Du mercredi 14, Versailles. — Quoique cette semaine soit celle de Mme de Mailly, elle n'est point retournée à son appartement, selon son projet; elle reste toujours dans

---

(1) Il s'appelle Sabatini, et n'est évêque que depuis peu de temps. (*Note du duc de Luynes.*)

le petit appartement dont j'ai parlé; le Roi y soupe tous les jours de chasse; et, les jours de grand couvert, Mme de Mailly dîne en gras avec M. de Meuse, et le Roi y remonte aussitôt qu'il a dîné. Ces jours-là, le Roi y prend son lait le soir, et depuis plusieurs jours il est descendu à onze heures et demie chez Mme la comtesse de Toulouse, où il n'est pas longtemps; mais jusqu'à ce moment toute la compagnie qui est admise dans ce petit appartement y reste. Au sortir de chez Mme la comtesse de Toulouse, le Roi va se coucher.

M. l'abbé de Broglie a quitté sa retraite; il est ici depuis quelques jours; il ne veut voir ni le Roi ni la Reine, mais seulement M. de Châtillon et M. le Cardinal pour veiller à ce qui regarde M. son frère; il a vu Mme de Mailly, qui paroît s'intéresser pour lui; il a vu aussi Mme la comtesse de Toulouse; mais il n'en a pas été bien reçu.

Du samedi 17, Versailles. — Le mariage de M. le prince d'Havré avec Mlle de Santo-Gemini (1), que j'ai marqué plus haut, s'est fait à Paris le lundi 12 de ce mois. Il devient grand d'Espagne par ce mariage, et s'appelle le comte de Priego.

M. le chevalier d'Harcourt, envoyé de Francfort par M. le maréchal de Belle-Isle pour apporter la nouvelle du couronnement de l'empereur, arriva hier après le coucher du Roi; il n'a vu S. M. que ce matin à son lever; il a été ensuite présenté à la Reine; le Roi lui a fait beaucoup de questions sur le détail du couronnement. Cette cérémonie a été faite le 12.

Le Roi est parti aujourd'hui pour Choisy, d'où il ne reviendra que jeudi. Les dames de ce voyage sont Mme la maréchale d'Estrées, Mmes de Gramont, de Mailly, d'Antin et de Ruffec.

Du Vendredi 23, à Versailles. — Mercredi dernier, il y

---

(1) Elle ne parle point du tout françois; on dit qu'elle est bien faite, mais qu'elle ressemble en laid à M. le comte de Bavière. (*Note du duc de Luynes.*)

eut sermon comme à l'ordinaire. La Reine y étoit seule pour la première fois du carême, et en pareil cas l'usage est, comme je l'ai déjà dit, que le prédicateur fasse un compliment à la Reine. Le prédicateur fit ce compliment à la fin de son exorde; il me parut qu'il fut approuvé avec raison. En tout on est fort content du P. Tainturier; il parle familièrement, mais avec autorité et en fort bons termes; il ne paroît pas que son style soit touchant, mais il est fort et persuasif.

Le Roi a su pendant Choisy que Walpole s'étoit démis de tous ses emplois. C'étoit lui qui avoit la principale autorité en Angleterre et qui avoit la confiance du roi Georges. Walpole a senti la nécessité que le roi d'Angleterre se raccommodât avec le prince de Galles, et que ce raccommodement ne se feroit jamais tant qu'il seroit en place. Voyant d'ailleurs que le parti qui l'avoit soutenu jusqu'à présent diminuoit, il a demandé seulement permission au Roi d'Angleterre de se démettre de tous ses emplois. Jusqu'à présent il n'avoit point voulu accepter la dignité de pair, pour ne pas sortir de la chambre des communes; mais à cette occasion-ci le roi d'Angleterre a déclaré qu'il l'avoit fait pair.

J'ai marqué ci-dessus la conversation que le Roi avoit eue avec M. de Meuse. Quelques jours avant le voyage de Choisy, le Roi, Mme de Mailly, M. de Meuse étant tous trois seuls ensemble, le Roi parla de cette conversation et dit à M. de Meuse qu'il savoit qu'elle avoit transpiré, qu'elle avoit été rapportée à M. le Cardinal, qu'on l'avoit fort augmentée et que l'on lui avoit fait tenir des discours qu'il n'avoit point tenus. M. de Meuse lui dit qu'il ne comprenoit pas par où cela pouvoit être revenu à M. le Cardinal; qu'il savoit bien que M. le Cardinal ne l'aimoit point, et sûrement qu'il n'auroit point parlé en sa faveur à S. M. Le Roi ne répondit rien; mais Mme de Mailly prit la parole et dit qu'elle voyoit bien que c'étoit elle qui en étoit l'occasion, parce qu'étant chez Mme la comtesse de

Toulouse, où il n'y avoit que le bailli de Froulay et M. de Meuse, elle avoit entendu Mme la comtesse de Toulouse parler à M. de Meuse d'aller en campagne et de servir; et lui faire sur cela des plaisanteries; qu'elle avoit remarqué la peine et l'embarras de M. de Meuse, qui étoit sorti sans rien répondre; qu'elle avoit cru devoir en cette occasion dire à Mme la comtesse de Toulouse ce qui s'étoit passé entre le Roi et M. de Meuse; que cette conversation avoit été en présence du bailli de Froulay, lequel est ami de M. de Maurepas et la lui avoit sûrement contée; mais qu'elle étoit bien sûre de la vérité et de la probité du bailli, et que sûrement il n'avoit rien augmenté à la conversation. Sur cela elle parla assez vivement contre M. de Maurepas. Le Roi prit la parole et dit que l'on pouvoit reprocher de la légèreté à M. de Maurepas sur certaines choses, et entra sur cela en quelque détail; mais qu'il avoit des preuves que cette légèreté ne s'étendoit pas sur des choses essentielles; puisqu'il y en avoit qui n'avoient été sues que de lui et de M. de Maurepas et dont personne n'avoit jamais été instruit. « Cela est bien extraordinaire, répondit Mme de Mailly vivement; s'il n'étoit pas secret en pareil cas, il faudroit donc que la tête lui eût tourné. »

On attend M. le maréchal de Belle-Isle dimanche ou lundi. La détermination du roi de Prusse de marcher avec ses troupes seules et d'aller du côté de Presbourg et de Vienne, au lieu de marcher du côté de Budweiss, donne lieu ici à beaucoup de raisonnements. On dit d'ailleurs que M. de Broglie a envoyé ordre à M. de Polastron de le venir joindre; et que M. de Polastron n'a point exécuté cet ordre. Les amis de M. de Broglie prennent occasion de là, de crier contre M. de Polastron; mais comme son caractère essentiel et universellement reconnu est de la plus grande exactitude et de l'attention la plus parfaite à ne manquer à aucun devoir, il est sûr que ces cris n'ont besoin que d'éclaircissements pour être détruits.

Il est décidé que l'ambassadeur turc viendra ici mardi

avec les autres ambassadeurs, sans autre cérémonie, et qu'il verra la Reine dans la galerie en passant.

Du dimanche 25, *Versailles.* — Aujourd'hui grand couvert le soir, à cause du conseil d'État et du sermon. Le Roi a été aujourd'hui au sermon; il n'y avoit point été ni mercredi ni vendredi dernier.

M. l'évêque de Soissons (Fitz-James) remercia hier le Roi pour la charge de premier aumônier; il l'achète 350,000 livres de M. le cardinal d'Auvergne (1), qui l'avoit achetée 100,000 écus de M. le cardinal de Fleury, comme je l'ai marqué dans le temps. Il y a longtemps qu'il étoit question de cet arrangement, et M. l'évêque de Metz (Saint-Simon) a eu grand désir d'avoir cette charge; elle ne vaut que 12 à 15,000 livres de rente. M. le cardinal d'Auvergne ne l'auroit pas vendue vraisemblablement, s'il avoit pu obtenir une abbaye de plus; mais comme son voyage de Rome a dérangé ses affaires et qu'il a des dettes, il s'est déterminé à vendre pour les payer.

M. le comte d'OEttingen arriva hier ici de la part de l'empereur pour faire part au Roi de l'élection et du couronnement. Il ne prend aucun caractère, ni d'ambassadeur extraordinaire, ni d'envoyé. M. le Cardinal lui a dit que le Roi étoit extrêmement content de cet arrangement et le regardoit comme une marque d'amitié. M. d'OEttingen est jeune, il a environ vingt-sept à vingt-huit ans; il est grand, bien fait et d'une assez jolie figure; c'est un homme de grande condition qui venoit peu à la cour de l'électeur de Bavière. Un grand procès qui décidoit de l'état de sa fortune et qu'il avoit contre un de ses parents l'ayant obligé de venir à Munich, il y trouva Mlle de Defowkre, nièce du comte de Terring, aujourd'hui feld-maréchal; il lui plut, et il l'a épousée il y a environ quatre

---

(1) M. le cardinal d'Auvergne avoit un brevet de retenue de 200,000 livres. Le même brevet a été donné à M. l'évêque de Soissons. (*Note du duc de Luynes.*)

ou cinq ans. Cette nièce de M. de Terring est grande, bien faite, sans être jolie; elle a quatre ou cinq ans moins que son mari. On prétend que l'électeur s'intéressant fort alors à ce qui la regardoit, désiroit de la marier. Quoi qu'il en soit, il prit alors en grande amitié M. le comte d'OEttingen; il l'a envoyé à Rome et à Vienne pour différentes affaires et n'a point voulu absolument que le procès qu'il avoit fût jugé; il a engagé les deux parties à s'accommoder, et par cet accommodement, M. le comte d'OEttingen a eu 40 ou 50,000 livres de rente. Il a d'abord été à Paris voir M. de Grimberghen qui, n'étant pas en état de l'amener lui-même ici, lui a donné pour le conduire un homme qui est à la tête de toutes ses affaires et en qui il a beaucoup de confiance, qu'on appelle M. de la Salle. Après avoir vu hier M. le Cardinal, ils vinrent chez moi; ils comptoient que ce seroit Mme de Luynes qui présenteroit aujourd'hui M. d'OEttingen à la Reine; mais il a trouvé ce matin chez M. le Cardinal M. de Verneuil, qui s'est chargé de toutes les présentations. C'est M. le Cardinal qui l'a présenté ce matin au Roi, au lever, dans la chambre, à la porte du cabinet; M. d'OEttingen a remis à S. M. une lettre de l'empereur. Il n'avoit point de lettre pour la Reine; il lui a été présenté au retour de la messe, mais sans cérémonie. Il ne compte rester ici qu'environ trois semaines.

Mme de Mailly, au retour de Choisy, est retournée dans son petit appartement; cependant elle étoit ce matin dans son appartement ordinaire, où il y avoit un monde prodigieux.

Du lundi 26, *Versailles*. — Hier, Mme de Lutzbourg fut présentée au Roi et à la Reine. Elle n'est point jolie, mais elle est grande et bien faite; elle est fille de M. Borio, chargé des affaires du duc de Guastalla. C'est Mme de Lutzbourg, sa belle-mère, qui a fait la présentation.

Du mercredi 28. — L'ambassadeur turc vint hier ici suivant ce qui avoit été arrangé; il fut au lever du Roi comme les autres ambassadeurs et le Roi lui parla beaucoup. On lui proposa d'entendre le motet de la messe du Roi, et on le mena pour cela dans une chambre qui est auprès de la chapelle, où se font les répétitions de la musique et où les musiciens s'assemblent tous les jours avant la messe. Après que la Reine fut sortie de la messe, l'ambassadeur vint dans la galerie avec son fils et son gendre et accompagné de M. de Verneuil; il s'établit dans le bas de la galerie, près le salon de la Paix, qui forme le cabinet de la Reine. Il salua la Reine en passant; et lorsqu'elle fut entrée dans le salon, elle s'arrêta à l'entrée et resta debout appuyée contre la table du jeu. Toutes les dames étant entrées et s'étant mises en cercle autour de la Reine, l'ambassadeur entra avec M. de Verneuil et fit une profonde révérence à la Reine, sans aucun compliment. Ce fut la Reine qui lui parla la première et lui dit qu'elle avoit été fort touchée du désir qu'il avoit eu de la voir. L'ambassadeur lui présenta son fils et son gendre; le fils est fort petit et paroît avoir environ quatorze ou quinze ans; son gendre s'appelle le Maréchal, est assez petit et n'est pas d'une jolie figure; il a déjà épousé les deux filles de l'ambassadeur. La première étant morte, on lui a donné la seconde. Le fils ni le gendre ne savent pas parler françois, mais pour l'ambassadeur il parle fort bien notre langue et sans aucun accent. Il resta fort peu chez la Reine, et se retira par la galerie, en faisant une profonde révérence. Il devoit faire un petit compliment à la Reine, mais il l'avoit oublié, à ce que me dit M. de Verneuil. Il vint ensuite rendre visite à Mme de Luynes chez elle; il s'y assit et fut quelque temps en conversation. Il a l'air sérieux, on pourroit même dire triste, cependant on dit qu'il ne l'est pas toujours. Il étoit vêtu d'une grande robe de drap doublée et bordée d'une fourrure blanche. M. de Verneuil le mena ensuite chez M. le comte de Noailles, où il étoit prié à dîner. A ce dîner étoient six dames : Mme la maréchale d'Estrées, Mme d'Antin, Mme de

Gramont, Mmes de Mailly et d'Orgeville, Mme la marquise de Ruffec; M. le maréchal de Noailles, M. le duc d'Ayen et M. de Meuse. L'ambassadeur ne boit point de vin; c'est une des pratiques de leur religion; mais son gendre en boit volontiers; il a seulement grande attention que son beau-père ne l'aperçoive, pour éviter une sévère réprimande, et il a toujours les yeux sur l'ambassadeur, même pendant qu'il boit. Au sortir de chez M. le comte de Noailles, il vint rendre visite à Mme Amelot, et retourna ensuite à Paris. Il doit revenir tous les mardis et ne prendra congé qu'à Fontainebleau.

Le Roi disposa hier du régiment des Cravates, en faveur de M. le marquis de Cernay, sous-lieutenant des chevau-légers d'Anjou (1), et du régiment de Berry en faveur du marquis de Pont-Saint-Pierre. Le régiment de Berry étoit vacant par la démission de M. le prince d'Havré, qui depuis son mariage a pris le nom de comte de Priego, et qui quitte le service de France pour passer à celui d'Espagne. M. de Pont-Saint-Pierre avoit le régiment des Cravates depuis dix-sept ans; il est brigadier. Ce qui l'a déterminé à demander un autre régiment, c'est que M. de Flavacourt, qui a une compagnie dans les Cravates et qui est aussi brigadier, se trouvant plus ancien que M. de Pont-Saint-Pierre, le commande aux termes de l'ordonnance rendue l'année dernière; d'ailleurs le prix des deux régiments est égal; il sont bleus l'un et l'autre, mais celui des Cravates est beaucoup plus ancien que Berry. M. de Cernay a épousé une nièce de Mme de Fulvy, belle-sœur de M. le contrôleur général.

MARS.

Mariage de M. de Forcalquier avec Mlle d'Antin. — Arrivée du maréchal de Belle-Isle. — Nouvelles de l'armée. — Régiment et guidon donnés. —

---

(1) C'est un exemple à remarquer, qu'un officier de gendarmerie ait obtenu un régiment. (*Note du duc de Luynes.*)

Mme de Grancey. — Assemblée des ministres à Issy. — Femmes de chambre de la Reine. — Mort de M. d'Heudicourt. — La comtesse de Priego. — Le maréchal de Belle-Isle est nommé duc héréditaire. — Mort de M. de Courson. — La comtesse de Toulouse à la paroisse. — Abbaye de Poissy. — Pâques de la Reine. — Audience de congé de M. de Montijo. — Cène de la Reine. — Régime du Roi pendant le carême. — Compliment du P. Tainturier au Roi. — Régiment et guidon donnés. — Mme de Saint-Aubans.

Du dimanche 4 mars, Versailles. — Le contrat de mariage de M. de Forcalquier avec Mme la marquise d'Antin a été signé ce matin, et le mariage doit se faire mardi. Il y a longtemps qu'il est question de ce mariage, et on y a songé presque aussitôt après la mort de M. le marquis d'Antin ; mais M. le maréchal de Brancas désiroit beaucoup d'avoir la permission de céder sa grandesse à son fils. Cette manière de céder la dignité en conservant les honneurs n'est pas d'usage en Espagne comme en France ; mais en pareil cas le roi d'Espagne accorde quelquefois une grandesse à vie, ce qui répond au brevet de duc en France. Dans cette occasion-ci, cette grâce a été refusée jusqu'à présent, quoique l'ambassadeur d'Espagne paroisse avoir fait de bonne foi des démarches pour l'obtenir ; on fait espérer présentement qu'elle sera accordée entre ci et deux ou trois mois ; mais on n'a pas voulu attendre ce terme pour faire ce mariage. L'oncle et tuteur de Mme d'Antin, qui est venu de Normandie exprès pour cette affaire, veut s'en retourner, et MM. de Brancas sont bien aise de finir. On a seulement jusques à présent résolu d'attendre que la grâce soit accordée pour la présenter.

Le nouveau corps de troupes qui doit passer le Rhin et qui est, dit-on, destiné pour la Bavière, est d'environ trente-deux mille hommes ; on sait d'hier les officiers généraux ; j'en mettrai la liste ci-après.

M. le maréchal de Belle-Isle arriva hier au soir ; il a été parfaitement bien reçu par le Roi et par M. le Cardinal ; ce n'est pas que les ennemis qu'il a ici en grand nombre n'aient fait courir le bruit qu'il a été reçu fort froidement. On a fait courre aussi des bruits sur M. de Polastron, qui a, dit-on, refusé d'obéir à M. le maréchal de Broglie, qui lui avoit ordonné de venir le joindre. On prétend aussi qu'il n'avait pas rendu compte à M. le maréchal de Broglie de la conférence qu'il avoit eue avec le roi de Prusse. Ces faits ne sont pas conformes à la vérité, et il est constant par les lettres que M. de Polastron a écrites et celles qu'il a reçues de M. le maréchal de Broglie, dont on représente des copies, que M. de Broglie, en l'avertissant de l'arrivée du roi de Prusse, lui mandoit en même temps de suivre en tout les ordres de ce prince; que M. de Polastron montra avec plaisir cette lettre au roi de Prusse et se disposa en conséquence à le suivre dans l'entreprise qu'il avoit formée d'attaquer Iglau; mais que trois jours après, ayant reçu une lettre de M. de Broglie qui lui ordonnoit précisément de le revenir joindre, il avoit cru devoir cacher cet ordre au roi de Prusse, et demander un nouvel éclaircissement à M. le maréchal de Broglie, en lui représentant les circonstances dans lesquelles il se trouvoit et lui envoyant copie de la lettre antérieure qu'il avoit reçue de lui, d'autant plus qu'Iglau n'étoit pas encore évacué et que les Saxons ayant ordre aussi de s'en retourner, c'étoit mettre le roi de Prusse hors d'état de rien entreprendre. D'ailleurs il est prouvé que M. de Polastron a rendu compte à M. de Broglie de tout ce qui s'est passé entre lui et le roi de Prusse.

Du mardi 6, *Versailles.* — L'on sait depuis quelques jours que M. le chevalier de Causan, capitaine-lieutenant commandant le régiment de Conty-Infanterie, a donné sa démission dudit régiment et a obtenu une pension de 1,500 livres. M. le prince de Conty a nommé à sa place M. le marquis de la Carte, sous-lieutenant de gendarmerie dans la compagnie des gendarmes d'Orléans, où il avoit rang de mestre de camp. Le changement de M. de la Carte a fait un mouvement dans la compagnie qu'il quitte, et le guidon vacant à cette occasion a été donné à M. d'Ossun (1).

Du dimanche 11, *Versailles.* — Le Roi revint jeudi dernier de Choisy, après souper; il y étoit depuis lundi. Les dames de ce voyage étoient Mmes de Mailly, d'Antin, de Chalais, de Talleyrand, et Mme la maréchale d'Estrées. A ce voyage-ci, le Roi s'est beaucoup promené; il y a eu jeu comme à l'ordinaire; au voyage précédent, où je n'étois pas non plus, il y avoit eu un petit spectacle. Le Roi y avoit fait venir les petits enfants qui dansent à la Comédie italienne, leur père et la demoiselle Rolland; on y avoit dressé un théâtre, où ils dansoient.

Mme de Grancey est venue ici ces jours derniers; il y avoit quelques années qu'elle n'avoit paru à la cour; elle pria Mme de Luynes par cette raison de la nommer à la Reine. C'est une femme d'environ quarante ans; il n'y a rien à dire sur sa figure; elle a une fort belle taille. Elle est veuve de M. de Grancey qui avoit servi dans la marine, lequel étoit frère de M. le maréchal de Médavy et de M. de Grancey qu'on appeloit Babille, premier mari de Mme de Belle-Isle. Mme de Grancey est Aubert de Tourny, sœur de l'intendant de Limoges. Elle a acquis la terre de Grencey, qui est en Bourgogne, par des arrangements faits dans la succession de cette maison.

M. de Belle-Isle se trouva mercredi, à Issy, à une assemblée de tous les ministres, chez M. le Cardinal; cette

---

(1) Ce n'est point le guidon vacant par le changement de M. de la Carte, c'est celui vacant par la démission volontaire de M. le marquis de Laval, qui étoit guidon de la compagnie des gendarmes de Flandre. Ce M. de Laval est chevalier d'honneur de S. A. R. [la duchesse douairière d'Orléans] et gendre de M. d'Épinay. L'on sait que feu Mme d'Épinay, belle-mère de ce M. de Laval, étoit attachée à S. A. R.; elle étoit fille de feu M. le marquis d'O, gouverneur de M. le comte de Toulouse et sœur de la grande madame de Clermont, dame d'atours de S. A. R. M. de Clermont, son mari a été premier écuyer de M. le duc d'Orléans; leur fille est Mme de Clermont que l'on appelle aujourd'hui Mme la duchesse de Brancas, qui cependant n'a point été présentée sous ce nom. (*Note du duc de Luynes.*)

assemblée dura quatre heures. M. de Belle-Isle voulut rendre compte du commencement de ses négociations et de tout ce qui s'étoit passé, tant à la politique qu'au militaire, et rapportant les preuves par écrit des faits qu'il avançoit; il ajouta plusieurs représentations sur l'indécence des discours qui avoient été tenus contre lui. Ces discours effectivement ont été poussées jusqu'au point que son arrivée ayant été retardée par un accident arrivé à sa voiture, on envoya savoir chez lui à Paris si on ne l'avoit pas mis à la Bastille; et outre cela trois ambassadeurs ont écrit d'ici à leurs cours respectives qu'il ne falloit plus compter sur le crédit de M. de Belle-Isle, qu'il étoit extrèmement diminué. Les représentations de M. de Belle-Isle, à Issy, faites avec force et précision, parurent opérer alors l'effet qu'il désiroit. M. le Cardinal lui fit beaucoup d'amitié et les ministres parurent convaincus. On attend avec impatience quelles seront les décisions en conséquence.

M. le chevalier d'Harcourt demanda hier l'agrément du Roi pour son mariage avec Mme Briçonnet. Mme Briçonnet est parente de Mme de Fleury par les Lagrange; son mari, qui avoit été nommé intendant de Montauban, mourut l'année passée avant d'avoir pu profiter de cette grâce.

Du lundi 12, *Versailles*. — Mme de Grave fut présentée hier par Mlle de Sens; elle est fille de M. de Laval-Montmorency et sœur de M. de Laval qui épousa l'année passée Mlle de Fervaques.

Mme Foubert, femme de chambre de la Reine, mourut il y a trois ou quatre jours de la petite vérole. Ces places sont fort recherchées quoiqu'elles soient de peu de revenus, puisqu'elles ne rapportent que 1,200 livres pour gages et nourritures, et qu'il y ait de l'assujettissement et de la fatigue, et une dépense assez considérable en habits, sans aucun profit. La fille de Mme Foubert, qui a vingt-cinq ans, demandoit à remplacer sa mère; M. le Cardinal a fait beaucoup de difficultés, disant que le nombre ne devoit être que de douze et qu'il y en avoit quatorze ; enfin, sur les représentations que l'une étoit la coiffeuse de la Reine, dont le service est de tous les jours, une autre la nourrice de M. le Dauphin, qui de droit devient première femme de chambre de Mme la Dauphine, il fut enfin décidé que Mlle Foubert auroit la place.

M. d'Heudicourt mourut hier ; il avoit été grand louvetier et avoit cédé cette place par le mariage de sa fille à feu M. de Belzunce ; il demeuroit presque toujours ici ; on lui avoit conservé son appartement dans un corridor, au-dessus de Mlle de la Roche-sur-Yon, dans un pavillon qu'on appelle la surintendance. Il n'étoit pas vieux, mais il avoit beaucoup vécu. Il menoit ici une vie assez singulière ; il alloit chez le Roi, chez la Reine tous les jours ; d'ailleurs dans assez peu d'autres endroits ; se couchoit dans son lit toutes les après-dînées, mangeoit souvent et buvoit encore, à ce que l'on dit ; d'ailleurs faisoit peine à voir de la façon dont il marchoit, paroissant ne pouvoir pas se soutenir. On dit qu'il avoit été aimable, ayant de l'esprit, et qu'il avoit beaucoup lu. J'ai ouï dire que son caractère d'esprit étoit caustique. Comme il étoit dans l'usage d'aller toujours seul et apparamment de n'avoir pas d'autre garde-robe que les commodités publiques, c'est en descendant de ce lieu qu'il tomba sur l'escalier et se cassa la tête en plusieurs endroits. Un passant le releva ; on le ramena chez lui ; il fut saigné ; il avoit encore alors sa connaissance, mais il la perdit le moment d'après et mourut en fort peu de temps. Son appartement fut donné dès le soir à M. de Flamarens. C'est l'appartement de la charge. M. d'Heudicourt avoit conservé 4,000 livres de pension sur la charge de grand louvetier, dont 2,000 passent à Mme d'Heudicourt. Mme d'Heudicourt est sœur de M. d'Hautefort.

Du vendredi 16, *Versailles.* — Mme la comtesse de Priego fut présentée avant-hier par Mme la duchesse d'Havré, sa belle-mère ; il y avoit à la présentation Mme la duchesse d'Havré, la belle-fille, et Mme la princesse de Chalais. Mme de Priego prit le tabouret à sa présentation chez le Roi, suivant l'usage, et elle le prit hier chez la Reine. Elle est bien faite, mais point jolie ; elle ressemble un peu au comte de Bavière, d'autres disent à son mari. J'ai déjà parlé ci-dessus de Mme de Priego ; mais voici quelques circonstances plus détaillées que Mme d'Havré m'a dites. M. de Priego, père de la mère de Mme de Priego, n'étoit point grand d'Espagne. Mme des Ursins voulant faire le mariage de M. le prince de Lanti, frère de Mme la duchesse d'Havré, avec Mlle de Cordoue, fille de M. de Priego, obtint du roi d'Espagne une grandesse héréditaire pour M. de Priego le père, laquelle devoit passer à sa fille après sa mort. Il fut dit que M. de Lanti prendrait le nom et les armes de Priego. La fille de M. de Priego, belle-sœur de Mme la duchesse d'Havré, mourut avant son père, laissant une fille qui prit le nom de Mlle de Cordoue. M. de Lanti, tuteur et gardien noble de sa fille, son beau-père étant mort, prit le nom et les armes de Priego ; mais comme la mort de sa femme l'avoit mis hors d'état de recueillir une grandesse qui cependant avait été créée en sa faveur, mais qui passoit sur la tête de sa fille, Mme des Ursins obtint du roi d'Espagne une grandesse pour M. de Lanti-Priego, laquelle fut attachée à une petite terre appelée Santo-Gemini, et ne doit durer que pendant la vie de M. de Lanti. Par le mariage de M. le prince d'Havré avec Mlle de Cordoue, la grandesse vient de passer à M. le prince d'Havré, et de ce moment M. de Lanti-Priego a pris le nom de Santo-Gemini.

Le Roi déclara hier M. le maréchal de Belle-Isle duc héréditaire (1). Ce duché sera vérifié au Parlement comme

---

(1) Le mercredi (avant-hier) Mme de Mailly vint ici de très-bonne heure; nous parlâmes beaucoup de M. de Belle-Isle et de la nécessité qu'il y avoit pour l'intérêt du Roi et de l'État qu'il reçût une marque des bontés de S. M.

celui de Chevreuse, Duras, Lorges, etc. C'est sur la terre de Gisors que ce duché est attaché. M. le Cardinal dit à M. de Belle-Isle que le Roi vouloit lui en apprendre lui-même la nouvelle, et le mena chez le Roi ; en arrivant, le Roi lui dit qu'il étoit si content de ses services qu'il vouloit lui donner une marque de sa satisfaction et qu'il le faisoit duc. M. de Belle-Isle, après avoir assuré S. M. de sa respectueuse reconnoissance et de son attachement, ajouta qu'il croyait pouvoir dire que la grâce qu'il recevoit dans le moment ne seroit point inutile au service de S. M., que les discours que l'on avoit tenus contre lui s'étoient répandus à un tel point qu'ils pouvoient donner lieu de croire que le Roi n'avoit plus la même confiance en lui, et qu'il étoit indispensablement nécessaire qu'on pût le croire toujours honoré de cette même confiance pour qu'il fût à portée de travailler utilement pour les intérêts du Roi dans le ministère dont il étoit chargé.

J'ai oublié de marquer que mercredi ou jeudi dernier le contrat de mariage de M. le chevalier d'Harcourt fut signé ici. M. le maréchal de Belle-Isle, comme parent des Harcourt, les suivit à cette signature. Étant allé avec eux chez M. le Cardinal, S. Ém. parut étonnée de le voir, et lui demanda de quand il étoit revenu de Paris ; M. de

---

Mme de Mailly parla avec beaucoup de vivacité sur la nécessité de cette grâce, n'y prévoyant de difficulté que dans la volonté de M. le Cardinal, pour laquelle le Roi veut toujours avoir beaucoup d'égards et de considération. L'on insista fortement dans cette conversation sur l'importance dont il étoit pour le bien public, dans les circonstances présentes, qu'il fût accordé à M. de Belle-Isle une grâce incessamment. Ce sentiment parut être celui de Mme de Mailly, et elle en étoit si remplie qu'elle ne cessoit d'en parler. Comme le Roi a toujours marqué satisfaction et bonté particulière à M. de Belle-Isle, la grâce qui fut déclarée le lendemain pouvoit bien être déjà arrangée, et Mme de Mailly pouvoit même le savoir sans en rien dire, car elle est secrète ; et il est vraisemblable qu'avec l'amitié qu'elle a toujours marquée pour M. de Belle-Isle et tout ce qui le regarde, elle avoit parlé de lui plusieurs fois au Roi. Quoi qu'il en soit, le lendemain, comme on parloit, au coucher de M. le Cardinal, de la grâce qui avoit été déclarée dans la soirée, il échappa à S. Ém. de dire : « Mme de Mailly aura été bien aise. »

Belle-Isle lui répondit qu'il n'étoit point sorti de Versailles. « Pourquoi ne vous ai-je donc pas vu? » dit M. le Cardinal. « Si j'avois eu quelque chose à dire à V. Ém., répondit M. de Belle-Isle, j'aurois eu l'honneur de lui rendre mes devoirs; elle sait bien que dès qu'elle aura des ordres à me donner, je suis toujours prêt à les recevoir. »

Il y a aujourd'hui huit jours que M. l'abbé de Saint-Cyr fut reçu à l'Académie françoise; ce fut M. Destouches qui lui répondit.

L'ambassadeur turc vint encore ici mardi avec les autres ambassadeurs; il eut l'honneur de voir Mesdames ce jour-là, sans cérémonie, comme il avoit vu la Reine.

Ce même jour mardi, mourut M. de Courson, conseiller d'État et du conseil royal; il étoit beau-frère de feu M. des Forts; il avoit environ soixante-six ans. La place de conseiller du conseil royal des finances a été donnée à M. d'Ormesson, beau-frère de M. le chancelier, et celle de conseiller d'État à M. de Creil, intendant de Metz.

J'ai marqué ci-dessus qu'il y avoit un guidon de gendarmerie vacant (1); il fut donné il y a quelques jours à M. de Crèvecœur; c'est le petit-fils de M. de Saint-Pierre, premier écuyer de S. A. R.

Du lundi 19, *Versailles.* — J'ai oublié de marquer que le dimanche 11 de ce mois, qui étoit le dimanche de la Passion, Mme la comtesse de Toulouse étoit à la paroisse; le prêtre qui faisoit le prône lui adressa la parole (2) en commençant. Cela me parut nouveau, d'autant plus que j'y ai vu plusieurs fois M. le duc d'Orléans, et que jamais on ne lui adresse la parole. L'on m'a dit qu'on avoit averti plusieurs fois le prêtre qui devoit faire le prône que Mme la comtesse de Toulouse y seroit, et que

---

(1) Voy. le 6 mars; c'est par le changement de M. de la Carte. (*Note du duc de Luynes.*)

(2) M. le comte de Noailles dit que cela est sans difficulté, qu'on l'a adressée une fois à M. le duc d'Orléans; mais qu'il a défendu expressément de ne plus la lui adresser. (*Note du duc de Luynes.*)

cet avertissement n'avoit eu aucun effet que de déterminer le prêtre, à la troisième fois, à demander à M. le curé ce qu'il devoit faire; que M. le curé avoit répondu que ce n'étoit point l'usage dans la paroisse du Roi; il en avoit été ensuite rendre compte à M. le Cardinal; que S. Ém. ayant pris l'ordre du Roi, avoit dit à M. le curé que l'on pouvoit adresser la parole à Mme la comtesse de Toulouse; et le prédicateur du carême à Notre-Dame lui a aussi adressé la parole au commencement et après l'*Ave Maria*. Dans les prônes on ne lui adresse [la parole] qu'une fois. Au sermon elle est vis-à-vis la chaire, mais dans un banc. Au prône elle est sur une chaise au milieu de la croisée de la nef, le dos tourné au chœur.

J'appris à cette occasion, il y a quelques jours, une prétention des princes du sang qui n'avoit pas si bien réussi; c'est au sujet des ports de lettres qu'ils prétendoient ne devoir point payer. M. le comte de Clermont étant venu ici, le Roi lui dit qu'il avoit entendu dire qu'il ne vouloit point payer de ports de lettres, mais qu'il avoit tort parce qu'il devoit les payer comme les autres.

Je ne sais si j'ai marqué ci-dessus que le prieuré de Bon-Secours étoit vacant par la mort de Mme de Rohan; on a réuni à ce prieuré l'abbaye de Malnoue.

L'abbaye de Poissy (1), vacante par la mort de

---

(1) Ce n'est qu'un prieuré perpétuel, cependant on l'appelle ordinairement abbaye.

Il n'étoit même autrefois que triennal et étoit à la nomination du Pape. Cette maison est de l'ordre de Saint-Dominique. Le feu roi Louis XIV, ayant fait rebâtir l'église et fait construire plusieurs nouveaux bâtiments, en considération des bienfaits de ce prince à cette maison, S. S. lui accorda le droit de nommer la prieure, à condition cependant qu'elle seroit prise dans la maison même, sinon dans une autre maison du même ordre. Ce qu'il y a de singulier, c'est qu'immédiatement après cette grâce, le Roi nomma Mme de Chaulnes prieure de Poissy, et elle n'étoit ni de la maison, ni de l'ordre. Depuis Mme de Chaulnes il n'y en a point eu d'autres que Mme de Mailly, qui vient de mourir, laquelle étoit religieuse professe dans la maison depuis 1682. Mmes de Chaulnes et de Mailly avoient pris des bulles du Pape; il n'est pas encore décidé si Mme de Sainte-Hermine en prendra. Les dominicains prétendent qu'il

Mme de Mailly, vient d'être donnée à Mme de Sainte-Hermine, sœur de Mmes d'Orgeville et d'Alègre.

La Reine a fait aujourd'hui ses pâques. Il n'y avoit point ici de princesse du sang ; c'est Mme de Luynes qui a tenu le côté de la nappe, à droite, et Mme d'Ancenis le côté gauche ; c'est l'ancienneté des duchés qui décide en pareil cas ; Mme de Luynes et Mme d'Ancenis étoient les deux plus anciennes. Mme de Montauban, qui est ici, qui est de semaine et qui a été ce matin à la messe de la Reine, à la chapelle (1), n'a pas suivi S. M. ce matin à la paroisse. Il paroît constant qu'il n'y a point d'exemple qu'en pareilles cérémonies les rois et les reines ayent jamais été servis que par les fils de France, par les princes du sang et par les ducs.

Du jeudi saint 22, Versailles. — M. de Montijo, ambassadeur d'Espagne à la diète de Francfort, qui étoit venu ici passer quelques jours, prit hier son audience de congé ; c'étoit audience particulière, sans cérémonie ; il fut cependant conduit par M. de Verneuil. Il s'en retourne à Francfort (2).

Le Roi alla hier à ténèbres, comme à l'ordinaire. L'on a retranché le psaume qu'on avoit accoutumé de chanter en musique ; ce qui rend les ténèbres beaucoup plus courtes.

Du vendredi saint 23. — La cène de la Reine fut hier comme à l'ordinaire. Madame y étoit et Mme Adélaïde ; elles portoient le pain et le vin, suivant l'usage. Madame

---

n'est pas nécessaire et que l'approbation du général de leur ordre suffit. (*Note du duc de Luynes.*)

(1) Les jours que la Reine fait ses dévotions elle retourne toujours à la messe, à la chapelle, à son heure ordinaire. (*Note du duc de Luynes.*)

(2) Il étoit parti de Francfort pour venir rendre ses respects à don Philippe à son passage en France ; sur la permission qui lui en avoit été donnée, il s'étoit avancé jusqu'en Provence, où il reçut ordre de sa cour de retourner au plus tôt à Francfort, et c'est en s'en retournant qu'il a passé par ici. (*Note du duc de Luynes.*)

fut toujours suivie ou par Mme de Tallard ou par Mme de la Lande, et outre cela, pour porter les plats, huit dames titrées et cinq non titrées. Les titrées étoient Mmes les duchesses de Brissac, de Rochechouart, d'Ancenis, de Boufflers, de Villars, de Fitz-James, d'Antin et de Fleury ; elles marchoient suivant l'ancienneté des duchés ; et les dames non titrées étoient Mmes de Merode, de Bouzols, de Rupelmonde jeune, de Talleyrand et de Mailly, qui marchoient comme je les marque. Il y avoit outre cela Mme d'Andlau, qui étoit venue avec Madame, mais qui ne portoit point de plats, parce que le nombre étoit rempli. L'intention de la Reine avoit été de faire avertir plus de dames que le nombre nécessaire, afin que celles qui seroient lasses pussent se reposer ; cependant par l'événement il n'y eut que Mme d'Andlau de surplus, et elle n'eut point d'occupation.

La cérémonie commença comme à l'ordinaire par le sermon. Ce fut le gardien des capucins de Montfort qui prêcha ; il étoit venu le matin à pied de Montfort, et s'y en retourna le soir coucher. Son sermon fut très-mauvais ; il le commença par un éloge de la Reine, à qui il fit encore trois autres compliments pendant le sermon ; il en fit aussi un pour le Roi et pour M. le Cardinal, qui n'y étoient ni l'un ni l'autre ; il y parla même de Mesdames. Les dames titrées avoient des carreaux au sermon pour se mettre à genoux au *Miserere*. Immédiatement après le sermon, M. l'évêque de Cahors (du Guesclin), qui avoit assisté au sermon dans la place que j'ai déjà marquée en pareille occasion, monta sans mitre dans la chaire. On commença le *Miserere* en faux-bourdon ; ensuite M. de Cahors dit les oraisons accoutumées, fit l'absoute et donna la bénédiction ; après quoi le diacre chanta l'Évangile du jour, porta ensuite le livre à baiser à l'évêque, et ne le donna point à baiser à la Reine. La Reine ensuite lava les pieds, Madame lui présentant la serviette ; après quoi se fit la cène, et la Reine alla de là à ténèbres.

A la cène du Roi, ce fut un récollet qui prêcha ; son sermon ne fut pas mauvais, à ce que l'on dit ; l'ordinaire est que l'on ne donne rien aux prédicateurs de ce jour.

Les deux derniers jours de ténèbres (1) ont été comme le premier ; on n'a point chanté de psaume en musique, mais seulement le *Miserere* en faux-bourdon.

Du samedi saint 24, Versailles. — Hier le Roi fut au sermon et à tout l'office. L'adoration de la croix, à l'ordinaire ; M. le Dauphin et Madame, M. le duc de Chartres, M. le prince de Dombes, M. le comte d'Eu, M. le duc de Penthièvre. M. le Cardinal étoit au sermon, après lequel il alla se mettre dans une des petites tribunes d'en bas.

Aujourd'hui le Roi a été à neuf heures à la chapelle et a assisté à tout l'office (2) qui a duré jusqu'à midi. Après quoi il est parti pour la chasse, ayant même le projet de revenir pour l'*O filii et filiæ* ; mais il n'est pas arrivé d'assez bonne heure. Comme le Roi se leva hier à huit heures, quoique le sermon ne commençât qu'à dix, et qu'il paroissoit occupé de quelque affaire, on crut qu'il vouloit se confesser ou au moins voir le P. de Linières ; mais si cela a été on ne l'a pas su. Le Roi a fait très-régulièrement maigre tout le carême, non-seulement en public, mais même dans ses petits appartements ; il n'a pas voulu que l'on y servît du gras que pour Mme de Mailly et pour M. de Meuse uniquement, et ce que l'on a servi en gras a été fort uni, fort simple et fort court. Il y a quelques jours que M. le duc d'Ayen, qui n'a presque point mangé dans les petits appartements de tout le carême, parce qu'il fait gras, devoit y souper en revenant de la chasse ; Mme de Mailly dit au Roi que M. d'Ayen s'étoit trouvé mal et qu'il espéroit que S. M. voudroit bien lui permettre de manger un morceau gras ; le Roi ne répondit rien ;

---

(1) Chantées en haut par la chapelle du Roi. (*Note du duc de Luynes.*)

(2) L'office a été chanté par la chapelle, les complies et l'*O filii et filiæ* par la musique. (*Note du duc de Luynes.*)

Mme de Mailly en parla encore une ou deux fois, et enfin le Roi lui dit : « S'il est malade, il n'a qu'à le manger là dedans. » Dans un premier moment de vivacité, Mme de Mailly ajouta : « Cela étant, je m'en vas donc manger un morceau avec lui, » et se leva. Tout cela ne fit point changer le Roi ; Mme de Mailly se remit à table, et M. d'Ayen alla dans une autre chambre, où on lui envoya à souper en gras.

Comme le Roi est sujet à des rhumes qui ont ci-devant donné beaucoup d'inquiétudes, on lui a conseillé de prendre du lait, d'autant plus qu'il lui fait du bien. Il a donc pris du lait à sa collation pendant tout le carême. Hier, il avoit dîné au grand couvert avec des légumes et des racines, sans aucun poisson, suivant l'usage. Le soir il toussoit assez souvent et se sentoit même la poitrine échauffée ; cependant il ne voulut point prendre son lait, quelque instance que l'on fît ; il parut même que ces instances lui déplaisoient, et il mangea pour toutes choses un morceau de pain et but un verre d'eau. M. de Meuse, qui est toujours dans ce particulier, et qui y mange tous les soirs et tous les matins, est dans l'usage de prendre du lait le soir, à cause de la goutte ; hier au soir, il avoit fait apporter son lait, mais voyant que le Roi n'en prenoit point, il ne voulut point en prendre non plus, et dit même au Roi qu'il ne croyoit point que cette action fût trop méritoire, que c'étoit l'exemple de S. M. qui l'y déterminoit. Le Roi ne le pressa point et lui dit seulement : « Vous êtes touché de mon exemple, et je voudrois bien suivre le vôtre en d'autres choses. »

Il y a quelques jours que le Roi a donné à M. le vicomte de Courtomer un guidon de gendarmerie dans les chevau-légers de Bretagne ; il étoit vacant par la retraite de M. le marquis de Faudoas de Normandie.

Du mercredi 28, *Versailles.* — Dimanche, le Roi entendit la messe en bas ; ce fut M. de Cahors qui officia et Mme de Soubise qui quêta. L'après-dînée il y eut sermon ;

c'est le dernier du carême ; le prédicateur fait toujours un compliment à la fin. Celui du P. Tainturier fut extrêmement approuvé ; je mets ici la copie de ce compliment :

COMPLIMENT AU ROI PAR LE PRÉDICATEUR, LE JOUR DES PAQUES, EN 1742.

« Donnez-la-nous, ô mon Dieu, cette grâce de la persévérance, et de même que Votre Fils est ressuscité pour votre gloire, faites-nous ressusciter pour la vie éternelle.

« C'est là, Sire, l'objet de tous nos vœux, et V. M. est trop chrétienne, trop remplie de l'esprit de sa religion, trop pénétrée des grandes vérités de la foi pour ne pas porter au Ciel tous ses désirs. Sur la terre, dans le sublime rang qu'elle occupe, elle ne voit rien qui ne soit au-dessous d'elle, tout lui est soumis ; mais au Ciel, elle y trouve un Dieu, maître des rois, qui mérite tout son attachement et tout son amour.

« Ainsi, quand le Seigneur répand sur V. M. ces bénédictions abondantes dont nous lui rendons de continuelles actions de grâces, qu'il met en elle toutes ces qualités vraiment royales qui font les bons princes et les grands princes, qu'il accroît et affermit sa puissance, qu'il l'établit à sa place dans le monde comme le Dieu des armées et le Dieu de la paix, qu'il en fait le dispensateur, le père, le soutien des royaumes et des empires, le sujet de l'admiration universelle, l'amour de ses peuples, les délices de sa Cour, la terreur de ses ennemis ; quand il lui donne la satisfaction et la gloire de se voir à la fleur de son âge au plus haut point de grandeur où jamais monarque français ait été, environné d'une auguste famille, suivi d'un prince déjà l'ornement de son trône, si bien servi, si bien secondé, si bien obéi, aimé enfin autant que respecté ; tout cela, Sire, dans les desseins de Dieu ne doit servir qu'à élever de plus en plus votre grande âme au-dessus de tout ce qui est périssable, lui faire embrasser constamment la vertu et aspirer sans cesse à quelque chose de plus noble encore et plus digne d'un roi chrétien, qui est le salut éternel.

« Nous vous le demandons, Seigneur, pour l'homme de votre droite ; il est notre Roi, notre père, notre appui ; faites-en notre modèle dans la sainteté. Vous le comblez de gloire devant les hommes ; vous le sanctifierez par votre grâce ; vous le conserverez pour la gloire de votre nom ; vous le soutiendrez dans la pratique de ses devoirs par la fidélité la plus persévérante ; et après de longues années d'un règne heureux, vous le couronnerez vous-même, mon Dieu, oui vous le couronnerez de votre main, mais d'une couronne immortelle, préférable à toutes les couronnes de la terre. C'est ce que je souhaite à mon roi, etc. »

Hier et avant-hier le Roi entendit la messe comme les jours ouvriers; mais il fut à vêpres et complies à la tribune.

Mme la duchesse d'Havré, la mère, présenta hier Mme la princesse de Croy; Mme de Croy est fille de M. le duc d'Harcourt. Elle fut présentée debout, n'ayant point de rang. Mme de Guerchy, sa sœur, et Mme de Rupelmonde, la mère, étoient à la présentation.

Du jeudi 29, Versailles. — Le Roi est parti aujourd'hui pour la Meutte, d'où il reviendra demain au soir. Les dames de ce voyage sont Mademoiselle, Mme la maréchale d'Estrées, Mmes de Mailly, de Ruffec (duchesse) et de Sassenage.

Il a été déclaré aujourd'hui que la maison du Roi avoit ordre de se tenir prête à marcher après la revue.

Du vendredi 30, Versailles. — J'ai appris que M. de Pons, qui avoit un régiment de cavalerie de son nom, en donna sa démission il y a quelques jours; c'est le régiment qui a été autrefois Courcillon et depuis Béthune (1). Ce régiment a été donné à un autre M. de Pons, qui a épousé la fille de M. Lallemand de Bay, fermier général. Celui-ci étoit sous-lieutenant des gendarmes d'Anjou. En pareil cas, les enseignes et guidons montent toujours, c'est l'usage. Il est resté un guidon vacant qui a été donné à M. de Saint-Aubans. Mme de Saint-Aubans, sa mère, est sœur de feu M. de Montbrun et de feu Mlle de Villefranche; elle est veuve et a plusieurs enfants, entre autres une fille qui a épousé, il y a déjà longtemps, M. de la Faye, présentement exempt des gardes du corps. Mme de Saint-Aubans n'étoit jamais venue à Versailles; elle eut la curiosité, il y a quelques jours, d'y venir avec ses enfants. Comme

---

(1) Père de Mme de Belle-Isle. (*Note du duc de Luynes.*)

elle étoit anciennement connue de M. le Cardinal, on lui conseilla de ne point négliger une occasion de le voir, puisqu'elle se trouvoit à Versailles. Elle alla donc chez lui, lui présenta ses enfants, lui demanda sa protection pour eux et en particulier pour son fils, quand il y auroit quelque compagnie de vacante. Le lendemain, comme elle étoit prête de se mettre à table, M. de Chabannes, major des gardes françoises, lui dit qu'il venoit d'apprendre qu'il y avoit un emploi de vacant dans la gendarmerie, qu'elle devroit aller sur-le-champ chez M. le Cardinal pour le lui demander. Mme de Saint-Aubans étoit un peu embarrassée pour faire cette démarche; M. de Chabannes l'y détermina et y alla avec elle. M. le Cardinal sortoit du conseil; M. de Chabannes entra seul dans son cabinet pour lui dire que Mme de Saint-Aubans étoit là et qu'elle ne vouloit point entrer crainte de l'importuner, qu'elle venoit lui demander telle grâce. M. le Cardinal lui dit : « Cela est fait d'hier au soir, cela a été fini au travail avec M. de Breteuil. » Il fit entrer sur-le-champ Mme de Saint-Aubans, qui n'eut autre chose à faire qu'à remercier et qui ne pouvoit presque croire qu'elle eût obtenu aussi promptement une grâce à laquelle elle ne s'attendoit pas.

AVRIL.

Remplacement du maréchal de Broglie par le maréchal de Belle-Isle à l'armée de Bohême. — Mort du chevalier de Charost. — Audience du marquis de Peralada. — Bénéfices donnés. — La Cour à Fontainebleau. — Caractère du Dauphin. — Mort de Mme de Béthizy. — Mort de M. de Leuville en Bohême. — Service de la Reine. — Talent du prince d'Ardore sur le clavecin. — Chute du Roi à la chasse. — Mme de Bourbon est transférée de l'abbaye de Saint-Antoine à celle de la Saussaie. — Ouverture de l'assemblée du Clergé. — Mort de l'abbé Perot et de Gabriel, premier architecte du Roi. — Arrivée du comte de Broglie ; prise d'Egra. — Guidon donné.

Du lundi 2 avril, Versailles. — Mme la comtesse d'Harcourt fut présentée hier par Mme de Maillot sa belle-sœur.

Mmes de Croy et de Guerchy étoient à la présentation.

On sut hier qu'il étoit décidé que M. le maréchal de Broglie ne resteroit point en Bohême et viendroit commander l'armée qui est destinée pour la Bavière. L'armée de Bohême sera commandée par M. le maréchal de Belle-Isle qui prend congé aujourd'hui; il va passer quelques jours à Francfort, de là à Dresde, ensuite à Prague où il donnera rendez-vous à M. le maréchal de Broglie; de là, M. de Belle-Isle doit aller joindre le roi de Prusse à son armée et y passer quelques jours pour conférer avec lui.

Il y a déjà quelques jours que l'on sait que M. le Cardinal a écrit de la part du Roi aux princes du sang et légitimés, pour leur marquer que l'intention du Roi n'étoit pas qu'ils allassent cette année à l'armée; que S. M. n'étoit pas moins persuadée de leur zèle et de leur bonne volonté.

Il a été décidé aussi qu'il ne seroit point donné de lettres de service comme brigadiers à MM. de Soubise et de Picquigny; on les a refusées de même, il y a déjà longtemps, à tous les officiers de gendarmerie. Le feu Roi avoit réglé que le plus ancien lieutenant des gardes du corps commanderoit la Maison, et par conséquent il auroit droit de commander les deux capitaines des gendarmes et chevau-légers; mais pour éviter ce désagrément, il a toujours été d'usage de leur donner des lettres de service; moyennant cela ils ne servoient point à la tête de leurs troupes.

Cela s'est ainsi passé à la campagne de Philipsbourg. L'année passée M. de Soubise et M. de Picquigny devoient servir comme adjudants généraux de M. de Belle-Isle, et avoir des lettres de service comme brigadiers. Cette année, tous ces arrangements ont été changés, comme je viens de le marquer.

M. le chevalier de Charost mourut avant-hier; il étoit capitaine de vaisseau et frère de M. le duc de Charost, mais beaucoup plus jeune que lui; il avoit douze ans de moins; il n'étoit âgé que de soixante-huit ans; il n'étoit connu de personne et menoit une vie fort particulière.

Le Roi part demain pour Choisy, d'où il ira vendredi à Fontainebleau. Les dames du voyage de Choisy sont Mademoiselle, Mme de Mailly, Mmes de Chalais, de Rochechouart (duchesse), Mme d'Antin et Mme la maréchale d'Estrées.

Du dimanche 8, Fontainebleau. — Jeudi, le Roi donna audience, à Choisy, à M. le marquis de Peralada, grand chambellan de l'Infant don Philippe, qui vient de la part de ce prince faire des compliments au Roi. M. de Peralada est grand d'Espagne et fils de M. le comte de Savailla; il paroît avoir quarante ans au plus; il n'est pas grand, il est asez gros; d'ailleurs il n'y a rien à dire sur sa figure. Il étoit déjà venu en France il y a quatorze ans. M. de Richelieu, qui est arrivé depuis peu et qui fit sa révérence au Roi, mardi à Choisy, où même le Roi a bien voulu lui donner un logement, quoiqu'il ne se fût point présenté, a dit au Roi beaucoup de bien de l'Infant don Philippe; il dit qu'il est fort aimable et même d'une figure assez agréable, quoiqu'il ne soit pas parfaitement bien fait, ayant une épaule un peu plus grosse que l'autre. M. de Richelieu l'a été recevoir à l'entrée du Languedoc et l'a conduit jusqu'à Tarascon. Il y a eu quelques difficultés pour savoir les personnes qui auraient l'honneur de manger avec ce prince. M. Desgranges, maître de cérémonies, qui y avoit été envoyé d'ici, a mangé avec l'Infant, suivant ce qui avoit été réglé. Les intendants ont aussi eu l'honneur de manger avec ce prince.

M. de Peralada vint à Choisy avec M. de Verneuil, M. Amelot et M. de Campoflorido; il vit le Roi en particulier dans sa chambre; après l'audience, le Roi lui permit de le suivre partout, et fut se promener dans ses bâtiments neufs et dans le jardin. Au retour de la promenade, on leur donna à dîner dans une salle à manger particulière et on servit le dîner du Roi à l'ordinaire dans la salle à manger. M. de Coigny, M. de Chalais et quelques autres leur firent les honneurs. Après dîner, ils vinrent faire leur cour au Roi, à son jeu; après quoi ils s'en retournèrent.

Ce même jour, M. le comte de Charolois étoit venu le matin à Choisy; il y resta au commencement du dîner du Roi. Je dois avoir déjà marqué ci-dessus que c'est M. de Coigny qui sert le Roi, ce qui arrive pourtant rarement, parce que le Roi veut qu'il se mette à table; mais en son absence, c'est le concierge, nommé Filleul, qui sert le Roi. Filleul, voyant M. de Charolois, lui demanda s'il ne vouloit pas servir le Roi; M. de Charolois n'ayant pas voulu accepter cette offre, Filleul servit comme à l'ordinaire.

Ce même jour jeudi, M. le duc de Gesvres vint le soir à Choisy prendre congé du Roi. Il va de la part de S. M. à Francfort faire compliment à l'empereur. Il y a lieu de croire qu'on ne lui donne rien pour ce voyage. M. le Cardinal lui a dit qu'il n'étoit pas nécessaire qu'il fît pour cela aucune dépense, qu'il ne lui falloit pas même un habit neuf, qu'il en auroit bien pour cela quelqu'un dans sa garde-robe, et que pourvu qu'il eût deux pages, cela suffisoit.

M. de Peralada vint le lendemain faire sa révérence à la Reine, à Versailles, à M. le Dauphin et à Mesdames. M. de Gesvres vint aussi prendre congé.

Il y a eu le 1er ou le 2 de ce mois une nomination aux bénéfices; j'en joins ici la liste:

Auch, archevêque, M. de Montillet, évêque d'Oléron.
Oléron, évêque, M. l'abbé Révol.
Vannes, évêque, l'abbé de Jumilhac, grand vicaire de Chartres.
Digne, évêque, l'abbé Ribeyre, grand vicaire de Clermont.
Troyes, évêque, L. Poncet de la Rivière, grand vicaire de Séez.

Abbayes d'hommes.

Boheries, le prince de Salms.
Coulombs, l'abbé de Salabery.
Du Jard, l'abbé de Voisenon, doyen et vicaire général de Boulogne.
La Chapelle-aux-Planches, l'abbé le Rouge, chapelain ordinaire de la Reine.
Ressons, l'abbé de Vanolles.

Abbayes de filles.

Fontevrault, Mme de Montmorin, abbesse de Port-Royal.
Saint-Claude, Mme de Langheac.

Le Roi partit vendredi de Choisy, à dix heures, avec toutes les troupes de sa Maison, gendarmes, mousquetaires et chevau-légers, et vint à la Croix-du-Grand-Veneur, où étoit l'assemblée pour la chasse du sanglier, et où les troupes le quittèrent. Il a soupé ces deux jours-ci dans ses cabinets avec Mme de Mailly, M. de Meuse et M. le duc de Villeroy seulement. M. d'Ayen et M. le comte de Noailles sont partis pour la Bavière; il ne reste ici pour tout capitaine des gardes, pendant la campagne, que M. le duc de Béthune, qui est par sa santé hors d'état de monter à cheval, et M. le duc de Villeroy, pour suivre le Roi à la chasse.

La Reine arriva hier ici. Elle avoit quatre carrosses en comptant celui des écuyers dans lequel vint M. Helvétius. Il y avoit quatre dames dans le carrosse de la Reine, Mme de Luynes et Mme de Châtillon sur le devant, Mme de Villars et Mme de Bouzols aux portières; Mmes de Montauban et de Fitz-James seules dans un autre; Mmes de Fleury, d'Ancenis et de Rupelmonde jeune dans le troisième. La Reine dîna à Frémont, près de Ris; son dîner est dans des cantines pour les voyages; en pareil cas c'est toujours M. de Tessé qui la sert; en l'absence de

M. de Tessé c'est l'écuyer de quartier qui prend l'ordre de la Reine et le donne aux pages et valets de pied. C'est cependant l'écuyer cavalcadour qui a le détail de tout ce qui regarde les chevaux et les carrosses. Hier, il y eut une difficulté entre les deux écuyers; la Reine ne voulut point décider et fut servie par l'un et par l'autre; c'est le Roi qui doit décider cette contestation; il y a lieu de croire que ce sera en faveur de l'écuyer de quartier.

Du lundi 9, *Fontainebleau.* — Le Roi, en arrivant ici, a trouvé un changement à la chapelle; ce changement est fait de l'année passée; l'on a allongé de beaucoup la tribune du Roi, l'on y a fait deux niches nouvelles, plus grandes, plus hautes et plus décorées que celles qui y étoient; on a fait outre cela deux balcons à droite et deux balcons à gauche, en deçà de la musique.

Du mercredi 11, *Fontainebleau.* — M. le Dauphin arriva avant-hier ici. Il paroît qu'il profite toujours de plus en plus de l'éducation qu'il reçoit. Il fut voir avant que de partir de Versailles M. le duc de Charost qui y est resté malade, et fut dire adieu aussi à Mme de Ventadour. M. de Châtillon, lui dit que Mme de Ventadour n'étoit point chez elle, qu'elle étoit chez Mme de Tallard; qu'il savoit bien qu'elle aimoit beaucoup à jouer à cavagnole, et quoiqu'il n'aimât pas ce jeu il lui feroit sûrement plaisir de lui proposer d'y jouer. M. le Dauphin entra chez Mme de Tallard, proposa à Mme de Ventadour de jouer à cavagnole, et y joua assez longtemps, sans paroître s'y ennuyer. En sortant, il dit à M. de Châtillon : « Avez-vous remarqué que je me sois ennuyé à cavagnole? » M. de Châtillon lui dit que cela ne lui avoit point paru. « Cependant, lui répondit-il, je m'y suis beaucoup ennuyé. »

Il y a quelque temps, qu'étant dans le cabinet du Roi, à Versailles, où il y avoit peu de monde, le Roi parloit de la situation des affaires d'Angleterre, où la brouillerie du prince de Galles avec le Roi son père, qui paroissoit avoir fini depuis la disgrâce de Walpole, recommençoit plus fort que jamais. M. le Dauphin écoutait attentivement, et se tournant du côté de M. de Châtillon, il lui dit tout bas : « Cela est bien mal au prince de Galles de se brouiller avec le Roi son père. » M. de Châtillon le redit au Roi quelque moment après, et le Roi dit tout haut : « Je suis bien persuadé qu'il ne pensera jamais de même. » M. le Dauphin étoit transporté de joie (1).

Mme la princesse de Montaubau apprit avant-hier la mort d'une sœur qu'elle avoit chanoinesse de Poussay; elle s'appeloit Mme de Béthizy; elle avoit vingt-cinq ans; elle étoit fort jolie. Il n'y avoit que peu de temps qu'elle étoit à Poussay, et Mme de Mézières, sa mère, étoit avec elle. Mme de Béthizy avoit toujours aimé à se servir d'un fusil et à aller à la chasse. A Poussay, elle tiroit au blanc et vouloit toujours porter un fusil, quelques représentations que l'on pût lui faire; enfin il y a sept ou huit jours, étant sortie avec son fusil, elle tomba, et son fusil s'étant lâché elle se tua toute roide.

Mesdames arrivent ici aujourd'hui. M. d'Argenson, comme intendant de Paris, a été au-devant de la Reine à sa dînée à Frémont; de même au-devant de M. le Dauphin; et il n'a point été au-devant de Mesdames qui dînent au même lieu de Frémont.

M. d'Argenson a présenté aujourd'hui son fils qui

---

(1) M. de Mirepoix me disoit que M. le Dauphin en chemin avoit voulu lire dans le carrosse, et comme il étudie actuellement la logique, on lui avoit donné à lire un recueil d'oraisons funèbres. Il avoit lu tout bas celle de M. de Turenne. Comme il lut longtemps, et qu'il lit fort vite, on crut qu'il en avoit lu d'autres; on lui demanda, et il dit qu'il n'avoit lu que celle-là. M. de Mirepoix lui demanda par quel hasard il avoit été si longtemps à la lire. M. le Dauphin lui dit : « Je n'ai pas menti, je n'ai lu que celle-là effectivement, mais je l'ai lue deux fois ». M. de Mirepoix lui demanda encore ce qu'il en avoit remarqué, et il se trouva que M. le Dauphin en avoit observé les plus beaux endroits. (*Note du duc de Luynes.*)

s'appelle M. de Voyer; il a dix-neuf ans; il est grand, bien fait et d'une jolie figure; il vient de voyager en Italie et va joindre la gendarmerie, où il a un guidon.

Du samedi 14, *Fontainebleau.* — On eut nouvelle avant-hier que M. le marquis de Leuville étoit mort en Bohême d'une fluxion de poitrine. Il avoit été envoyé par M. le maréchal de Broglie pour investir Egra. On n'apprend point cependant que la tranchée soit encore ouverte, parce que jusqu'à présent l'empereur n'a pas voulu que l'on fît ce siége. M. de Leuville avoit soixante-quatorze ans; il étoit le plus ancien lieutenant général de cette armée; c'étoit un fort honnête homme et un bon officier, qui aimoit son métier et en parloit volontiers. On lui reprochoit de parler trop souvent des Commentaires de César, qu'il avoit beaucoup étudiés. Il étoit gendre de feu M. le chancelier Voisin, et par là beau-frère de M. le duc de Châtillon, dont la première femme étoit Voisin.

Il y eut avant-hier ici un petit sujet de contestation chez la Reine, entre les huissiers de la chambre et ceux du cabinet. A Versailles, la porte qui entre dans les petits cabinets de la Reine est à côté de son lit, en dedans du balustre; par cette raison, il n'y a point d'huissiers à cette porte; elle est censée gardée par les huissiers de la chambre. Ici, le balustre de la Reine n'enferme que son lit, par conséquent les huissiers du cabinet ont prétendu être en droit de garder cette porte. Ceux de la chambre disoient premièrement : que la Reine avoit déjà décidé pour eux; d'ailleurs que la Reine ayant fait mettre un lit dans ce cabinet, où même elle couche, cette pièce devoit être regardée comme la chambre de la Reine; enfin ils citoient l'exemple de Versailles. Mme de Luynes prit l'ordre de la Reine, qui a décidé en faveur des huissiers du cabinet, par la raison que la porte du cabinet n'est point en dedans du balustre; quant au lit en niche que la Reine a fait mettre dans son cabinet, cela est censé ne pas éxister; la Reine y couche pour sa commodité, mais cela ne peut pas être regardé comme sa chambre. Ainsi les huissiers du cabinet gardent la porte du cabinet et celle qui entre de la salle des gardes dans la pièce où elle joue et mange, et les huissiers de la chambre gardent les deux portes de la chambre.

Du mardi 17, *Fontainebleau.* — Hier, le Roi soupa dans ses cabinets avec des dames, Mademoiselle, Mlle de la Roche-sur-Yon, Mme de Saint-Germain et Mme de Mailly. Les autres jours, tout s'est passé jusqu'à présent, pour les dîners et soupers, ici comme à Versailles. Il y a trois jours dans la semaine que le Roi ne va point à la chasse; des quatre autres jours, il court le cerf trois fois et une fois le sanglier. Les jours qu'il ne chasse point, il dîne dans ses petits cabinets en bas avec Mme de Mailly et M. de Meuse toujours, et il n'y a presque jamais qu'eux trois; et ces jours-là il soupe au grand couvert. Les jours de chasse, il soupe dans ses cabinets avec Mme de Mailly, M. de Meuse et quelques autres hommes (1). Hier est la première fois du voyage qu'il y ait eu d'autres dames que Mme de Mailly (2). Après souper, il joue à quadrille ou au reversis, quelquefois même à cavagnole, quoiqu'il n'aime pas ce jeu. Mme de Mailly couche à son appartement ordinaire au-dessous de Mesdames.

Du mercredi 18, *Fontainebleau.* — Hier le Roi alla à la Rivière souper chez Mme la comtesse de Toulouse, pour la première fois de ce voyage-ci ; il mena dans son carrosse Mme la duchesse de Gramont et Mme de Mailly ; il n'y avoit point d'autres dames. Pendant le souper, on fit chanter

---

(1) L'usage de se présenter pour les cabinets, qui étoit totalement supprimé, se rétablit un peu. (*Note du duc de Luynes,* datée du 22 avril 1742.)

(2) Cela s'est continué depuis ; les deux princesses y ont encore soupé ; il paroit que le projet du Roi est d'aller aussi un jour par semaine souper à la Rivière chez Mme la comtesse de Toulouse. (*Note du duc de Luynes.*)

Poirier, qui est une haute-contre de la chapelle et qui a la voix fort belle.

La Reine, qui a des vapeurs depuis quelque temps et qui ne soupoit avec des dames que dans la semaine de Mmes d'Antin et de Montauban, a pris le parti, depuis qu'elle est ici, d'avoir des dames tous les jours à souper, les jours qu'il n'y a pas grand couvert, et de jouer à cavagnole après souper; elle fait même avertir des hommes pour le jeu; elle joue dans son grand cabinet, comme avant le souper; cependant il n'y entre ni dames, ni hommes, que ceux que la Reine a envoyé avertir pour son jeu.

Du dimanche 22, *Fontainebleau.* — Tous les ministres étrangers sont arrivés ici, hors l'ambassadeur turc, qui y vient cette semaine. J'avois beaucoup entendu parler de la grande science sur le clavecin de M. le prince d'Ardore, ambassadeur des Deux-Siciles; il joua chez moi ici avant-hier avec Guignon, fameux violon de la musique du Roi. M. d'Ardore a une très-grande exécution, pas aussi grande cependant que l'avoit un Prémontré qui vint, il y a trois ou quatre ans, avec M. l'évêque de Tournay; il n'a pas non plus une certaine perfection de cadences que certaines femmes ont ici sur le clavecin; mais ce qu'il a, je crois, au-dessus de tous les maîtres même, c'est une science, une facilité et une habitude pour la composition. Après avoir entendu une sonate, une pièce de clavecin, ou un air de quelque espèce qu'il soit, il reprend le même sujet, sans avoir besoin d'aucun livre, et le joue de différentes façons en conservant toujours le même chant. Sa composition même est agréable; rien n'est plus singulier et plus digne d'admiration que de l'entendre accompagner.

Le Roi fut hier à la chasse, et en passant dans le bois de la Rivière qui est du côté de Valvins, dans un chemin fort rempli de pierres, et allant assez vite, son cheval tomba; heureusement le Roi ne se fit de mal que deux légères contusions, l'une à la main droite, sur laquelle

AVRIL 1742.

tout le corps porta, et l'autre à la cuisse du même côté, étant tombé sur un flacon de cristal qu'il avoit dans sa poche, qui se cassa par la chute sans aucun autre accident. Le Roi se trouva un peu mal, quand il fut relevé, mais sans perdre connoissance; il but un peu d'esquibach, remonta à cheval et ne revint qu'après la mort du cerf. On lui proposa une saignée; mais il ne voulut pas y consentir.

On envoya d'ici, il y a trois jours, un détachement de vingt gardes du corps, aux ordres de M. le maréchal de Noailles, pour faire sortir Mme de Bourbon (1) de l'abbaye Saint-Antoine et la conduire à l'abbaye de la Saussaye, qui est auprès de Villejuif sur le chemin de Paris. Les religieuses de l'abbaye Saint-Antoine, ne pouvant plus soutenir le gouvernement de Mme de Bourbon, leurs plaintes se sont trouvées si bien fondées, que le Roi avoit résolu de la faire sortir de cette abbaye; mais il vouloit éviter d'y employer la violence. Mme la Duchesse, sa mère, Mme la princesse de Conty, sa sœur, avoient essayé inutilement de lui persuader qu'il seroit plus convenable d'obéir volontairement au Roi; Mme de Bourbon a toujours dit qu'il falloit un capitaine des gardes pour l'arrêter et qu'elle ne sortiroit pas sans cela; elle ajoutoit même qu'elle se mettroit toute nue, après quoi on l'enlèveroit si on vouloit. M. de Noailles y arriva hier, à huit heures du matin, et ne put la déterminer à sortir qu'à deux heures après midi; on l'a menée dans un carrosse à la Saussaye (2); M. de Gramont, exempt des gardes du corps, est monté dans le carrosse avec elle.

M. le chancelier apprit, il y a quelques jours, que M. de

---

(1) Marie-Anne-Gabrielle-Éléonore, fille de Louis III, duc de Bourbon, née en 1690, religieuse professe à Fontevrault en 1707, abbesse de Saint-Antoine des Champs-lez-Paris en 1723, morte en 1760.

(2) C'est Mme de Navailles, sœur de Mme d'Elbeuf et tante de Mme de Mantoue, qui est encore abbesse de cette abbaye et qui a quatre-vingts ans. (*Note du duc de Luynes.*)

Chastellux, son gendre, qui commandoit en Roussillon, étoit mort à Perpignan (1).

Dimanche dernier, le Clergé vint ici haranguer le Roi, à l'occasion de l'ouverture de l'assemblée. Ce n'est pas la grande assemblée. C'étoit M. l'archevêque de Bourges (frère de feu M. le comte de Roye) qui portoit la parole, ayant à sa droite M. l'archevêque de Paris, toujours président des assemblées, et à sa gauche M. l'archevêque de Sens, non comme diocésain, mais comme le plus ancien de l'assemblée. Il y avoit seize évêques et seize abbés; c'est l'usage. Le Clergé a accordé douze millions de don gratuit au Roi.

M. d'Armenonville, mestre de camp d'un régiment de dragons et gendre de M. Amelot, qui est malade à Prague depuis longtemps, étant à l'extrémité, s'est enfin déterminé à donner la démission de son régiment. Le Roi a nommé à ce régiment M. de Surgères, son beau-frère, qui étoit dans la gendarmerie capitaine des chevau-légers de la Reine. Cette compagnie de chevau-légers fut donnée hier à M. d'Estrehan, qui étoit dans la gendarmerie.

M. l'abbé Perot mourut il y a deux jours à Versailles; il avoit été lecteur du Roi et avoit les entrées familières; il avoit quatre-vingts ans et passoit sa vie chez Mme de Ventadour.

M. Gabriel, le père, mourut ici lundi dernier; il avoit soixante et seize ans; il étoit tombé en apoplexie quelques jours auparavant, et il est mort de la gangrène. Il étoit premier architecte du Roi.

Du jeudi 26, Fontainebleau. — M. le comte de Broglie arriva hier au soir; c'est le fils aîné de M. le maréchal de Broglie; il est colonel du régiment de Luxembourg-Infanterie; il a apporté la nouvelle de la prise d'Egra. La

---

(1) Le vicomte de Chastellux, son fils, a obtenu le gouvernement de la ville de Seyne, en Provence, qui vaut 4,000 livres de rente. (*Note du duc de Luynes.*)

tranchée avoit été ouverte devant cette place, la nuit du 7 au 8. C'étoit M. le comte de Saxe qui commandoit à ce siége. Ils battirent la chamade le 19; la garnison n'étoit que de treize cents hommes; il y avoit huit cents bourgeois armés. La capitulation porte qu'ils ne pourront servir que lorsqu'ils seront échangés ou qu'ils auront payé une rançon. On leur a accordé les honneurs militaires. La brèche n'étoit pas encore entièrement faite quand ils ont battu la chamade. Le gouverneur s'appelle M. d'Offing. Le Roi a reçu M. le comte de Broglie avec beaucoup de bonté et a paru très-content du compte qu'il lui a rendu; il lui a dit: « Je vous fais brigadier. » M. de Revel, second fils de M. le maréchal de Broglie, doit dans quelques jours apporter le détail du siége et de la capitulation. M. le maréchal de Broglie est toujours dans son camp de Pisek, et il paroît que l'on n'est pas bien instruit jusqu'à présent des mouvements des ennemis. Il n'étoit pas minuit quand M. de Broglie arriva hier; le Roi n'étoit point couché, mais M. le Cardinal l'étoit; M. de Broglie fut éveiller M. de Breteuil, à qui il rendit compte et ne parut point de la soirée. M. le comte de Saxe n'avoit guère que trois ou quatre mille hommes sous ses ordres à ce siége, en comptant même sept ou huit cents hommes qui étoient arrivés la veille de la capitulation. Nous n'avons eu de tués qu'environ trente hommes et cinq officiers.

Du samedi 28, *Fontainebleau.* — J'ai oublié de marquer que M. de Messy, capitaine de cavalerie au régiment de Clermont (prince du sang), obtint il y a quelque temps le guidon vacant dans les gendarmes de la garde par la mort de M. de Lignerac. On trouvera ci-dessus que ce guidon avoit été donné à M. de Goas, neveu de M. de Fimarcon. Mme de Goas, sa mère, sœur de M. de Fimarcon, laquelle n'est pas riche, avoit fait un effort pour envoyer l'argent nécessaire pour payer cette charge; elle avoit cru ne pouvoir le mieux adresser qu'à M. son frère. M. de Fimarcon toucha effectivement la somme, et ne se trouvant pas en état de la rendre dans le moment qu'on en avoit besoin pour le payement, l'affaire de M. de Goas a totalement manqué. M. de Fimarcon a été mis en prison pour dettes et est encore actuellement au For-l'Évêque. M. de Goas a donc été obligé de venir remercier ici, et tout le monde a paru touché de sa malheureuse situation. Le Roi l'a reçu avec bonté, lui a donné une sous-lieutenance dans le régiment du Roi-Infanterie et lui a promis le premier régiment gris vacant.

Le Roi soupa avant-hier dans ses cabinets; les dames étoient les deux princesses, Mademoiselle et Mlle de la Roche-sur-Yon, Mmes de Mailly, d'Antin, Mme de Saint-Germain, et plusieurs hommes. Ce même jour, la Reine soupa avec des dames, comme elle fait depuis qu'elle est ici, tous les jours qu'il n'y a pas grand couvert. Avant-hier, Mmes les princesses de Rohan et de Soubise et Mme de Marsan y étoient; et comme la Reine sait qu'elles aiment à danser, elle avoit dit à M. d'Aumont d'avertir quelques violons de la musique de la chambre. Après le souper, la Reine joua à cavagnole, comme à l'ordinaire, mais elle fit ranger la table dans un coin de sa chambre, et on dansa pendant son jeu. Il n'y avoit de dames pour danser que les trois que je viens de nommer et Mme la duchesse de Duras; il y avoit quatre hommes, M. le duc de Chartres, M. le duc de Rohan, M. de Bissy, le commissaire de cavalerie, et M. le comte de Saulx, fils de M. de Tavannes.

MAI.

Gabriel est nommé premier architecte du Roi en remplacement de son père. — Compagnie des chevau-légers donnée à M. de Colbert. — L'ambassadeur turc à Fontainebleau. — Nominations diverses. — M. de Poniatowski. — Mariage du marquis de la Force. — Mort de l'impératrice Amélie. — Le prince de Grimberghen. — Le duc de Bizache. — Profession de foi du Dauphin. — Mme la Duchesse soupe dans les cabinets. — Nouvelles de l'armée. — Mylord Stairs. — Le Dauphin reçu chevalier de l'Ordre. — Note sur le duc d'Orléans. — Mort de M. de Polastron; son caractère. — Le comédien

Romaniensi. — Lettre de M. de Polastron. — Retour de Fontainebleau. — Mort de Mme de Croissy. — Architectes et contrôleurs des bâtiments. — Bâtiments de Choisy. — Bataille de Czaslau. — Mort de M. de Ravignan. — L'abbé de Ventadour élu coadjuteur de Strasbourg. — Mort du comte de Saint-Pol. — Audience du Clergé. — Le colonel Borck. — Petit appartement de Mme de Mailly. — Maladies du prince de Rohan, de Mme de Ventadour, du maréchal de Nangis et du cardinal de Fleury. — Départ de MM. de Soubise et de Picquigny. — Audiences de congé de MM. de Flaming et de Lomellini. — L'évêque de Laon reçu pair au Parlement.

Du mardi 1er *mai, Fontainebleau.* — Avant-hier, au travail du Roi avec M. le contrôleur général, la place de premier architecte du Roi fut donnée à M. Gabriel, dont le père qui avoit cette charge vient de mourir, comme je l'ai marqué. Il n'est pas le plus ancien contrôleur des bâtiments du Roi, mais S. M. a beaucoup de bontés pour lui, et il travaille très-souvent seul avec le Roi pour des plans et des projets. Cela se pratiquoit ainsi sous feu M. d'Antin, et cela a continué sous M. le contrôleur général.

Du mardi 2, *Fontainebleau.* — J'ai appris aujourd'hui que M. de Faudoas-Rochechouart ayant donné sa démission des chevau-légers de Bretagne, cette compagnie a été donnée à M. de Colbert, sous-lieutenant des gendarmes-dauphins. Cette sous-lieutenance vaut 100,000 francs, et la compagnie vaut 125,000 livres; ainsi M. Colbert n'a que 25,000 livres à payer. M. de Colbert est fils de M. de Lignières, fils de M. Colbert, surintendant des finances; sa mère est Sourches, sœur de M. le grand prévôt. M. de Lignières a soixante-quinze ans, et Mme de Lignières soixante-dix-sept.

Avant-hier, lundi des Rogations, le Roi soupa dans ses cabinets; il n'y avoit point de princesses à cause du maigre; les dames étoient Mme la maréchale d'Estrées, Mme de Mailly et Mme de Saint-Germain.

L'ambassadeur turc arriva hier ici; il fait sa cour comme les autres ambassadeurs; le Roi lui a donné aujourd'hui une calèche pour aller à la chasse.

Du mardi 8, Fontainebleau. — L'ambassadeur turc alla vendredi dernier rendre visite à Mme la comtesse de Toulouse, à la Rivière; elle avoit fait avertir presque tous ses amis, hommes et femmes. L'ambassadeur parut fort content de l'habitation de la Rivière, quoiqu'il n'y ait que la manière dont les dedans sont accommodés qui puisse la rendre supportable; il dit même qu'il avoit fait bâtir à Constantinople une maison à peu près dans ce goût-là. Il dîna le samedi chez M. le prince de Rohan, et partit tout de suite pour aller coucher dans une terre de M. de Jonville (1), à quelques lieues d'ici, en s'en retournant à Paris. Il y a eu pendant le séjour de l'ambassadeur ici une espèce de révolte dans sa maison, et il paraît que le maréchal, son gendre, lui donne beaucoup de chagrin. L'ambassadeur est d'un caractère sérieux, même un peu triste, mais d'un esprit sage et sensé.

J'avois marqué ci-dessus que M. de Ribeyre avoit été nommé à l'évêché de Digne. Cet évêché étoit vacant par la mort du P. Feydeau, Jacobin; mais l'évêché de Saint-Flour étant venu à vaquer, par la mort de M. d'Estaing-Saillant, qui le possédoit depuis bien des années, M. l'abbé de Ribeyre a été nommé à celui de Saint-Flour.

M. de Nestier, enseigne et chef de brigade des gardes du corps, dont le frère est écuyer de la grande écurie, s'est retiré; sa place a été donnée à M. de Montmort, capitaine dans Épinay. M. de Montmort avoit acheté une charge de maréchal des logis de la cavalerie, et faisoit en Bohême les fonctions d'aide maréchal des logis de l'armée; il doit revenir incessamment pour servir auprès du Roi.

J'ai marqué ci-dessus que M. l'abbé de Jumilhac avoit été nommé à l'évêché de Vannes, vacant par la mort de M. Fagon; mais j'ai oublié d'observer que M. Fagon avoit

---

(1) M. de Jonville est un gentilhomme ordinaire du Roi, qui ne quitte point l'ambassadeur. (*Note du duc de Luynes.*)

MAI 1742.

laissé à son successeur deux maisons meublées, l'une à la ville, l'autre à la campagne. On estime que la valeur de ce legs est au moins de 100,000 livres.

Samedi 5 de ce mois, M. de Chalmazel, premier maître d'hôtel de la Reine, apprit ici la mort de M. de Talaru, son père.

Le dimanche 6, au matin, M. de Poniatowski, qui a déjà fait ici trois ou quatre voyages pour les affaires du roi de Pologne, prit congé du Roi et de la Reine; il retourne à Dresde, d'où il va en Pologne. L'usage ici est de ne plus paroître à la Cour quand on a pris congé; cependant M. de Poniatowski fut le soir au souper, à côté de la Reine.

Ce même jour, M. le duc de la Force et M. Amelot demandèrent l'agrément du Roi pour le mariage de Mlle Amelot, fille aînée du second lit de M. Amelot, laquelle a treize ans et demi, avec M. le marquis de la Force, second fils de M. le duc de la Force, qui est actuellement en Bohème à la tête de son régiment. On lui a envoyé un congé pour revenir ici à l'occasion de ce mariage. On donne actuellement à Mlle Amelot 200,000 livres valant 10,000 livres de rente, et le Roi lui donne 10,000 livres de pension.

Ce même jour, dimanche 6, M. de Picquigny travailla avec le Roi au sujet d'une cornette vacante dans les chevau-légers. M. de Brizé-Dénonville, qui avoit cette charge, a demandé à se retirer; il avoit un brevet de retenue de 67,000 livres que le Roi a accordé à M. de Sourches, aussi cornette dans cette compagnie; et le Roi a nommé à la place de cornette M. le Coigneux, dont le père étoit maréchal de camp des armées du Roi.

Ce même jour dimanche, M. le comte de Priego, ci-devant prince d'Havré, prit congé; il va joindre l'Infant don Philippe et servir auprès de lui. L'Infant est encore en Provence, suivant les dernières nouvelles.

Hier lundi 7, le Roi soupa dans ses cabinets; il y avoit

sept dames, Mme la Duchesse, pour la première fois du voyage (elle n'y avoit pas même soupé le dernier voyage de Fontainebleau), Mademoiselle, Mlle de la Roche-sur-Yon, Mme la maréchale d'Estrées, Mmes de Mailly, de Boufflers et d'Antin, et dix ou douze hommes.

Du même jour 8. — On apprit il y a huit ou dix jours la mort de l'impératrice Amélie (1). M. le prince de Grimberghen en a donné part au Roi au nom de l'empereur, comme gendre de cette princesse. L'impératrice d'aujourd'hui (2) n'est point l'aînée de ses deux filles, c'est la reine de Pologne; mais il a été convenu entre l'empereur et le roi de Pologne qu'ils donneroient part au Roi de cette mort chacun en particulier. Le ministre de Saxe étant malade, M. le prince de Grimberghen a pris le parti de faire part.

M. le prince de Grimberghen a reçu la nouvelle que l'empereur l'avoit fait son conseiller actuel; il étoit déjà conseiller intime de l'électeur de Bavière. La charge de conseiller actuel de l'empereur est assez considérable; elle donne le titre d'excellence; il le reçoit même des électeurs; il donne aussi le droit aux femmes d'être assises devant l'impératrice.

Le temps du départ est fixé. La Reine part la première, ce sera le 17; le Roi et M. le Dauphin le 19; Mesdames le 21. Le Roi a permis à Mesdames de passer à Choisy en s'en retournant; le Roi y va d'ici, et il leur y donnera à dîner.

M. le Dauphin sera reçu dimanche chevalier de l'Ordre et fera demain sa profession de foi entre les mains de M. l'archevêque de Sens, comme évêque diocésain. On a expédié pour cet effet à ce prélat un brevet signé et cacheté du sceau de l'Ordre.

---

(1) Guillelmine-Amélie de Brunswick-Hanovre, veuve de l'empereur Joseph.

(2) Marie-Amélie, fille de l'empereur Joseph, femme de Charles-Albert, électeur de Bavière, empereur sous le nom de Charles VII.

M. l'archevêque de Sens a présenté aujourd'hui M. l'abbé de Breteuil, fils du baron de Breteuil ; il est grand vicaire de Sens depuis quatre ans.

M. d'Egmont a présenté aussi aujourd'hui son second fils, le duc de Bizache, qu'il mène à Naples pour épouser la princesse de Caraccioli-la-Villa (1), et qui est héritière par femme d'une branche de la maison de Cellamare ou del Giudice. Sa mère, qui est contrefaite, bossue et boiteuse, s'appelle la princesse de Cellamare ; elle a environ cinquante-huit ans. Il y a dans la maison de Cellamare un majorat ou substitution, en vertu duquel tous les biens de cette maison, montant à 250,000 livres de rentes, après la mort du cardinal del Giudice et de la princesse de Cellamare, viennent nécessairement à l'aîné des enfants de M. le comte d'Egmont qui sera établi en Italie. C'est ce qui a déterminé ce mariage, d'autant plus que si la princesse Caraccioli-la-Villa en avoit épousé un autre, cela auroit pu donner occasion à des contestations, qui par là sont prévenues.

M. l'archevêque de Sens a été aujourd'hui chez M. le Dauphin pendant son dîner. Aux grâces, le chapelain qui étoit là pour les dire s'est retiré, et c'est ce prélat qui les a dites.

Du samedi 12, *Fontainebleau.* — Jeudi 10, M. le Dauphin fit sa profession de foi entre les mains de M. l'archevêque de Sens. Elle se doit faire ordinairement entre les mains du grand aumônier, qui est toujours prélat de l'Ordre ; en son absence, elle se feroit entre les mains du premier aumônier, s'il étoit prélat de l'Ordre, comme cela s'est pratiqué du temps de M. Coislin ; mais lorsque le

---

(1) C'est le nom que m'a dit M. d'Egmont ; il faut cependant qu'elle ait plusieurs noms, car on l'appelle la princesse del Jesso. (*Note du duc de Luynes.*)

(2) Il paroît, par les nouvelles que l'on a eues depuis le départ de M. d'Egmont, que ce mariage rencontre des difficultés. (*Seconde note du duc de Luynes*, datée du 12 juin 1742.)

grand aumônier n'y est point et que le premier aumônier n'a point l'Ordre, la profession de foi doit être faite devant l'évêque diocésain. L'évêque doit naturellement recevoir cette profession de foi chez lui, mais comme M. l'archevêque de Sens n'a point de logement au château, mais seulement une maison à la ville, on a jugé à propos que ce fût chez M. le Cardinal. C'est donc dans la chambre de M. le Cardinal, qui est après son cabinet, dans le bâtiment neuf de la cour de la conciergerie. Cette chambre a été faite pour être sa chambre à coucher, mais il n'y couche point, et il la prêta il y a quelques jours à M. l'archevêque de Paris. Il n'y a eu aucune cérémonie ; un fauteuil pour M. l'archevêque de Sens, un carreau pour M. le Dauphin, qui lut lui-même sa profession de foi ; après quoi M. le Dauphin se leva, et M. l'archevêque de Sens debout lui fit une petite exhortation qui ne dura qu'un moment.

Mercredi au soir, M{ }^{me} la Duchesse étoit à souper chez moi ; M. le duc de Villeroy y arriva vers minuit et parla assez longtemps tout bas à Mme la Duchesse. C'étoit pour lui proposer d'aller le lendemain jeudi souper dans les cabinets ; Mme la Duchesse lui répondit qu'elle étoit extrêmement touchée des bontés de S. M., mais qu'elle étoit bien vieille pour en profiter aussi souvent. Cependant le Roi lui ayant fait dire le lendemain qu'il ne la trouvoit point vieille et qu'il seroit bien aise qu'elle y soupât, elle y fut souper le dit jour jeudi. Il est inutile de répéter les dames, parce que ce sont toujours à peu près les mêmes. M. de Maurepas y soupa le même jour.

Mme de Montéclaire fut présentée il y a quelques jours par Mme la princesse de Conty ; elle est fille de M. de Monthulé, chef du conseil de M. le prince de Conty ; et son mari est second cornette des chevau-légers de la Reine ; elle est grande, bien faite et à une figure assez agréable.

La Reine a fait ses dévotions aujourd'hui veille de la Pentecôte. Le Roi est allé à la chasse ; Mesdames y sont allées aussi et Mme la Duchesse. Il y a souper ce soir dans les cabinets. Il n'y aura point de premières vêpres que celles des Mathurins; la Reine les entendra en haut.

Il n'y a rien de nouveau des deux armées de Bohême et de Bavière. M. le maréchal de Broglie, qui doit commander celle de Bavière, est toujours à Pisek, en Bohême, jusqu'à l'arrivée de M. de Belle-Isle.

La diète de l'empire, à Francfort, est ouverte du 27 du mois passé. M. de Belle-Isle y attend toujours le moment qu'il puisse partir pour aller prendre le commandement de l'armée de Bohême, où il compte se rendre incessamment.

M. de Polastron, extrêmement ami de M. le maréchal de Belle-Isle et qui a eu plusieurs sujets de contestation avec M. le maréchal de Broglie, est tombé dangereusement malade à son quartier de Wolin, près de Pisek, et les nouvelles que l'on a reçues de lui jusqu'à présent sont toutes au plus mal.

Les troupes autrichiennes paroissent se retirer à mesure que nos troupes avancent dans la Bavière.

Les gardes françoises et suisses reçurent ordre, avant-hier, de partir à la fin du mois pour se rendre à Douay et à Valenciennes. Il n'y a point encore d'autres troupes nommées pour former un corps d'armée en Flandre, et jusqu'à présent M. le bailli de Givry, frère de feu M. de Leuville, est le seul lieutenant-général qui commande dans ce pays-là. Le débarquement des troupes angloises à Ostende et à Nieuport paroît certain. Mylord Stairs est arrivé il y a déjà quelques jours en Hollande avec la qualité d'ambassadeur extraordinaire d'Angleterre, et y a débuté par une harangue remplie d'un zèle indiscret pour sa nation et de la haine qu'elle conserve pour les François. Ce mylord Stairs est le même qui étoit ici ambassadeur à la mort de Louis XIV. On se souvient encore avec indignation de la satisfaction et de la hauteur qu'il montra à la mort de ce grand prince.

Avant-hier le Roi a donné à M. de Gramont-Falon, de Franche-Comté, l'aide-majorité de la gendarmerie. Cette place étoit vacante parce que M. le marquis de Castelmor-Artagnan qui l'avoit est monté à une sous-lieutenance dans ce corps.

Du mardi de la Pentecôte 15, Fontainebleau. — Avant-hier, M. le Dauphin fut reçu chevalier de l'Ordre; il y eut le matin chapitre. M. le duc d'Orléans y étoit, M. le duc de Chartres, M. le comte de Charolois, M. le comte de Clermont, M. le prince de Conty, M. le prince de Dombes, M. le comte d'Eu, M. le duc de Penthièvre, deux prélats de l'Ordre (1), M. le cardinal d'Auvergne et M. l'évêque de Langres, et vingt et un chevaliers. M. l'abbé de Pomponne y fit le rapport des preuves de M. de Narbonne et un assez long discours sur M. le Dauphin. Le Roi reçut M. le Dauphin chevalier de Saint-Michel dans son cabinet, suivant l'usage; ensuite il fut à la chapelle accompagné de tous les chevaliers, ce qui fait une espèce de procession, comme cela se pratique ordinairement. Les novices ont accoutumé de marcher les premiers à cette procession; M. le Dauphin, quoiqu'en habit de novice, marcha à son rang immédiatement devant le Roi. M. l'archevêque de Bourges officia. Immédiatement avant la messe, le Roi reçut M. de Narbonne; ensuite de quoi la grande messe commença; elle fut chantée par la musique; ce ne fut point un motet. A l'offrande il y eut apparamment quelque incertitude pour savoir si M. le Dauphin en habit de novice devoit suivre le Roi, suivant l'usage ordinaire; M. de Breteuil vint en parler à M. le Cardinal, qui décida que M. le Dauphin devoit suivre le Roi, ce qui fut exécuté. M. le Dauphin fut ensuite reçu comme tous les autres chevaliers. Ses parrains

---

(1) Ils étoient quatre en revenant, parce que M. l'archevêque de Bourges officia, et que M. l'archevêque de Narbonne fut reçu. (*Note du duc de Luynes.*)

étoient M. le duc d'Orléans (1) à sa droite, et M. le duc de Chartres à sa gauche; ensuite la procession revint comme à l'ordinaire. La Reine étoit en haut, dans sa niche, à droite de la grande tribune, et Mesdames dans celle à gauche. La Reine et Mesdames vinrent à l'entrée de la galerie des réformés pour voir passer la procession. J'oubliois de marquer que M. de Breteuil, avec un huissier et un héraut de l'Ordre, fut prendre M. le Dauphin chez lui et le reconduisit de même après la cérémonie. Mme la Duchesse étoit en bas dans la chapelle, vis-à-vis le chœur des Mathurins, et en sortit un moment dans le temps que M. le Dauphin fut reçu. Voici ce qui remplissoit les quatre nouvelles tribunes d'en haut. La première, à droite du côté du jardin de Diane : Mademoiselle, Mmes d'Aumont (Duras) et de Puysieux (Souvré); derrière elles M. le duc de Villars, M. de Vence. La seconde, à droite : Mme la princesse de Conty, Mmes de Sassenage (Sassenage), de Chevreuse (Egmont-Pignatelli) et de Montéclaire (Monthulé); derrière elles, MM. de Tingry, de Montéclaire et un écuyer de Mme la princesse de Conty. La première à gauche : Mlle de Sens, Mmes les princesses de Rohan (Courcillon), de Guémené, fille de M. le prince de Rohan, et de Soubise (Carignan). Dans la seconde à gauche, il y avoit M. de Campoflorido, M. d'Ardore, M. le bailli de Froulay et M. de Verneuil, introducteur des ambassadeurs. La musique étoit dans la tribune ordinaire

---

(1) Ce prince ne vient presque plus à la Cour et passe sa vie à Sainte-Geneviève. Outre cela, il n'a nulle curiosité de s'informer de ce qui se passe dans ce pays-ci, de sorte que les événements connus de tout le monde sont quelquefois nouveaux pour lui. Il en donna une preuve le jour de la Pentecôte. M. l'évêque de Soissons (Fitz-James), en qualité de premier aumônier, étoit en habit long violet, rochet et camail, à la droite du prie-Dieu du côté du Roi, suivant l'usage. M. le duc d'Orléans lui dit : « Vous allez apparemment être reçu, » soit que M. le duc d'Orléans eût oublié que M. de Soissons fût premier aumônier, soit qu'il ignorât que ce fût le droit de sa charge, peut-être même l'un et l'autre. Mais ce qui est certain, c'est qu'il devoit savoir les prélats qui avoient été nommés pour l'Ordre, ce qui devoit l'empêcher de faire une pareille question. (*Note du duc de Luynes.*)

du côté gauche. Le grand balcon vis-à-vis, qui est ordinairement rempli par la musique, étoit occupé par des dames; il y avoit Mme de Campoflorido, ambassadrice d'Espagne, Mme de Castel-dos-Rios, Mmes d'Ardore, de Mailly (Nesle), de Ruffec-duchesse (Gramont), de Gramont (Biron), de Maillebois (Alègre), de Sourches (Maillebois-Desmaretz), de Châtillon (de Tillières), de Montauban (de Mézières), de Brissac-douairière (Pécoil), Mme la duchesse d'Antin (Montmorency-Luxembourg) et son fils le petit marquis de Gondrin, M. le chevalier de Créquy et M. de Meuse. Il n'y avoit que trois officiers de l'Ordre, M. de Maurepas étant malade. Aussitôt après la cérémonie, on apporta à M. le Dauphin le premier payement des 1,000 écus, comme à tous les chevaliers de l'Ordre; il dit à Binet, son premier valet de chambre, de lui garder cet argent, et qu'il en auroit besoin le soir même. Le soir, en effet, M. de Châtillon alla de sa part prier M. le Cardinal de demander au Roi la permission que sur ce fond il pût disposer de 2,000 francs, en forme de pension sur sa cassette, en faveur de M. de Montigny, exempt des gardes du corps. M. le Cardinal en rendit compte au Roi le soir, à son travail, et aussitôt que M. le Dauphin sut qu'il avoit la permission de S. M., il envoya quérir Montigny, qui n'avoit aucun soupçon de cette marque de bonté. Aussitôt qu'il l'aperçut, il courut à lui avec empressement et lui mit dans la main deux rouleaux de louis, faisant 2,000 livres, et lui dit : « Voilà le premier revenu que j'aie eu à moi, je vous donne 2,000 livres de pension sur ma cassette. » M. de Montigny est ami depuis longtemps de M. de Châtillon et a toujours fait sa cour fort assidûment à M. le Dauphin.

On apprit avant-hier au soir la mort de M. de Polastron. Il mourut à Wolin en Bohême, le 4; il avoit eu un peu de fièvre, il s'étoit fait saigner et avoit pris médecine. Cette médecine lui donna une superpurgation dont il mourut au bout de peu de jours. Il étoit lieutenant-général et avoit eu depuis peu le gouvernement du Neuf-Brisach ; il étoit inspecteur d'infanterie lorsqu'il fut mis auprès de M. le Dauphin, et ne pouvant par cette raison exercer cette charge, le Roi lui en avoit conservé les appointements, qui sont de 8,000 livres ; et ayant demandé à servir en Bohême sous les ordres de M. le maréchal de Belle-Isle, il avoit quitté M. le Dauphin, et le Roi lui avoit conservé les appointements de sous-gouverneur, qui sont de 8 ou 9,000 livres de rente (1), sur quoi il avoit assuré 100,000 livres à Mme d'Andlau, sa fille, en la mariant. C'étoit un des meilleurs officiers des troupes du Roi ; valeur, sagesse, exactitude, grande application et goût pour son métier ; s'il avoit même un défaut c'étoit peut-être d'être trop exact. Le roi de Prusse, qu'il avoit suivi pendant quelque temps avec un corps de troupes françoises de 5 ou 6,000 hommes, l'avoit extrêmement goûté. Ce prince n'a pas paru penser de même pour M. le maréchal de Broglie, dont les pressantes sollicitations n'ont jamais pû le déterminer de le venir joindre à Pisek. Un conseil tenu par le roi de Prusse au sujet de ses opérations militaires donna occasion à M. de Broglie de se plaindre beaucoup de M. de Polastron, qui avoit assisté au dit conseil, disant qu'il ne l'avoit pas instruit entièrement de ce qui s'y étoit passé. Les lettres de M. de Polastron rapportées ici par M. de Belle-Isle ont fait sa justification, et la conduite même que M. de Polastron avoit tenue dans toute cette affaire a mérité l'approbation et les louanges du Roi et de M. le Cardinal. L'empereur, qui aimoit beaucoup M. de Polastron, désiroit que ce fût lui qui fût chargé du siége d'Egra ; mais M. le maréchal de Broglie, disant avoir sujet de se plaindre personnellement de lui, ne voulut jamais y consentir, et refusa même de l'y faire servir en second, comme il le demandoit. Cette dernière circonstance

---

(1) 7,500 livres. (*Note du duc de Luynes.*)

est prouvée par la lettre que je joins ici qu'il m'écrivit quelques jours avant que de tomber malade. On peut dire avec justice que le Roi fait une grande perte. M. de Polastron joignoit au talent de la guerre une probité et une vertu qui l'avoient fait choisir par distinction pour être mis auprès de M. le Dauphin. Il avoit été extrêmement ami de M. le duc de Châtillon; depuis un ou deux ans, M. de Polastron croyoit avoir eu sujet de se plaindre de M. de Châtillon; M. de Châtillon avoit pensé de même de son côté. Les brouilleries entre M. de Polastron et M. le maréchal de Broglie, auquel M. de Châtillon prend beaucoup d'intérêt, toutes ces circonstances avoient extrêmement refroidi l'ancienne amitié; malgré cela, il faut dire, à la louange de M. de Châtillon, qu'il a été le premier dans cette occasion-ci à solliciter vivement les bontés du Roi en faveur de la veuve et du fils.

Il y a quelques jours qu'un comédien italien, nommé Romaniensi, mourut ici subitement; il avoit été dangereusement malade; on lui avoit proposé de se confesser, il ne l'avoit pas voulu disant qu'il n'étoit pas assez mal. Le curé de Fontainebleau a refusé de l'enterrer en terre sainte, et l'on a transporté son corps à Paris, où les comédiens italiens ont un prêtre qui les confesse et un lieu où on les enterre.

Le lundi 14 de ce mois, le Roi fit son dernier voyage à la Rivière, où il soupa; il n'y avoit de dames dans le carrosse du Roi que Mmes de Mailly, d'Estrées et d'Antin.

Le jour de la Pentecôte, le sermon, les vêpres et le salut en bas. Les sermons de la Pentecôte sont toujours assez mauvais. Celui-ci le fut encore plus qu'ils n'ont coutume de l'être. Les vêpres furent chantées en haut par les chantres de la chapelle. M. de Bourges y officia. Les deux fêtes, le Roi a entendu les vêpres, chantées par les Mathurins, et le salut en haut.

Copie de la lettre de M. de Polastron, du 20 avril 1742, dont il vient d'être parlé.

J'ai reçu, monsieur, la lettre que vous m'avez fait l'honneur de m'écrire le 4, et vous suis très-obligé de votre compliment sur l'arrangement des deux armées que je savois il y a longtemps, et dont je suis en effet, par plusieurs raisons, très-content pour ce qui me regarde personnellement; mais je crains qu'il n'en résulte des inconvéniens, surtout lorsqu'elles se joindront, ce qui ne peut s'éviter au deuxième mois de la campagne, à moins de succès malheureux d'un des deux côtés, ce qu'il faut espérer qui n'arrivera pas.

M. de Belle-Isle trouvera une armée bien affoiblie, et peu de précautions prises pour l'assembler et la faire sortir de Bohême. Je ne m'étendrai pas sur cela, parce que je pourrois être suspect par tout ce que j'ai eu et ai plus que jamais à essuyer depuis son départ. Comme je n'ai rien à me reprocher et que cela ne peut pas durer, il n'y a qu'à prendre patience. Je suis aussi sensible que je le dois à la part que vous avez eu la bonté d'y prendre et Mme la duchesse de Luynes; permettez-moi de lui en renouveler encore ici mes très-humbles remercîmemts et de l'assurer de mes profonds respects.

Je ne suis pas à portée de vous donner des nouvelles de M. le duc de Chevreuse, que je crois devant Egra, l'ayant laissé à Prague dans la disposition d'y voler d'abord qu'il seroit question du siége que M. le comte de Saxe fait à la place de M. de Leuville, que nous avons perdu. Je voudrois bien que cette suite de l'excès de son zèle lui procurât ce qu'il désire, sans attendre une promotion.

Je suis ici tout seul, avec M. de Tessé et trois bataillons, dans un quartier si éloigné de tout, que je ne peux rien mander d'intéressant. On assure que le roi de Prusse a quitté la Moravie avec les Saxons et les a ramenés avec ses troupes assez avant en Bohême; ce qui seroit d'autant plus fâcheux que cela marqueroit de l'humeur de sa part et mettroit les ennemis en état de réunir toutes leurs forces contre nous et contre les troupes qui arrivent de France en Bavière.

Je crains bien que ma fille n'abuse des bontés qu'on a chez vous pour elle pendant le Fontainebleau, où elle est bien seule; j'ai cependant lieu d'espérer qu'elle n'y fera pas de sottise. Son mari est avec mon fils au siége d'Egra; il n'a pas tenu à moi d'y être aussi. J'avois prié M. le maréchal de Broglié de m'y envoyer en second, quoique je susse que l'empereur lui avoit écrit qu'il désiroit que j'en fusse chargé; il m'a même refusé cette satisfaction.

Je vous demande, monsieur, la conservation de l'honneur de votre amitié et vous supplie de ne jamais douter de mon sincère et respectueux attachement. Signé: POLASTRON.

Du dimanche 20, *Versailles.* — La Reine arriva ici de Fontainebleau le jeudi 17. Il n'y a rien de nouveau à remarquer sur l'arrangement de ses carrosses; elle avoit neuf dames avec elle, dont quatre dans le même carrosse et cinq dans deux autres carrosses du corps; il y avoit outre cela, comme à l'ordinaire, le carrosse des écuyers dans lequel étoit l'écuyer de quartier, l'écuyer cavalcadour, l'écuyer ordinaire et M. Delavigne, médecin du commun de la Reine. M. Helvétius, premier médecin, a eu plusieurs fois une place dans ce carrosse, mais comme il est aux eaux, M. Delavigne a eu la même place pendant ce voyage.

Avant-hier vendredi, la Reine sortit pour aller se promener à Sèvres. Elle demanda le matin à l'écuyer ordinaire si elle avoit des chevaux en état d'aller et lui dit d'aller s'en informer. Ce fut cet écuyer ordinaire, qui est M. Coulon, qui vint en rendre compte à S. M., en présence même de M. de Farges, écuyer cavalcadour.

Mercredi 16 de ce mois, Mme de Croissy mourut à Madrid, chez M. le premier président, d'une colique. Elle étoit Brunet de Rancy; elle avoit au plus cinquante ans. Son mari, qui a porté pendant longtemps le nom de chevalier de Croissy et à qui on avoit donné le nom de *poupin d'amour*, est le frère de M. le marquis de Torcy et le propre neveu de feu M. Colbert.

M. le Dauphin arriva hier ici de Fontainebleau; il alla dîner à Choisy. Il dîna avec le Roi; il n'y avoit point de dames à ce dîner. Le Roi fit dîner avec lui M. de Châtillon et M. l'évêque de Mirepoix, les deux petits de Montauban et d'Estaing qui étoient aussi venus avec M. le Dauphin. M. de Mirepoix étoit venu dans le carrosse même de M. le Dauphin, suivant l'usage ordinaire, mais il n'avoit jamais mangé avec lui. Les deux sous-gouverneurs, M. du Muy et M. le chevalier de Créquy, et les deux gentilshommes de la manche, MM. de Puiguyon et de Montaigu, mangèrent à une seconde table.

J'ai marqué ici dessus que la place de premier architecte a été donnée à M. Gabriel; cette place vaut 12,000 livres de rente. M. Gabriel le père avoit outre cela encore celle de premier ingénieur des ponts et chaussées, qui lui valoit encore 6,000 livres; elle a été donnée à M. de Boffrand, fameux ingénieur, qui étoit déjà ingénieur des ponts et chaussées.

L'académie d'architecture est composée du directeur général, qui est aujourd'hui M. Orry, du premier architecte, d'un architecte ordinaire, de douze architectes de premier rang, qui sont payés à raison d'un louis par assemblée lorsqu'ils sont présents. Il y a outre cela douze architectes du second rang qui n'ont nulle rétribution pour leur droit de présence.

M. Gabriel le fils avoit la place d'architecte ordinaire; elle a été donnée à M. de Cotte, contrôleur de Fontainebleau; elle vaut 2,000 livres d'appointements. M. Gabriel le fils avoit aussi le contrôle de Versailles; cette place étant devenue vacante par sa nouvelle dignité, le Roi fit écrire à M. de l'Assurance, contrôleur de Marly, qu'il lui donnoit ce contrôle; que cependant il étoit le maître de rester à Marly si cela lui convenoit davantage. M. de l'Assurance a préféré Marly, et le contrôle de Versailles a été donné à M. l'Écuyer qui avoit celui des étangs. M. Billaudel, qui étoit ci-devant chargé des pépinières et avoit eu depuis le contrôle de Saint-Germain, a été fait contrôleur des étangs, et le frère de M. de l'Assurance de Marly, qui étoit inspecteur de Saint-Germain, en a eu le contrôle. Le contrôleur de Paris est M. de Cotte, fils du frère aîné de celui de Fontainebleau; ce M. de Cotte jouit d'au moins 250,000 livres de rente qu'il a eues de sa femme. Les grands contrôles, comme Paris, Versailles, Fontainebleau, Marly, sont tous égaux pour les appointements; ils valent 2,000 écus. Dans presque tous, il y a quelques bénéfices. Dans celui de Versailles il n'y a rien que le logement. Il y a des contrôles inférieurs, comme Saint-Germain, qui ne vaut que 1,000 écus, les étangs, Mousseau, Chambord, etc. M. Gabriel a toujours été chargé de Choisy; ce n'est point un contrôle en forme; il n'y a même point d'appointements attachés. Il a demandé à continuer de remplir les mêmes fonctions à Choisy.

Je n'ai point marqué les dames du voyage de Choisy; c'étoit Mademoiselle, Mlle de la Roche-sur-Yon, Mme la maréchale d'Estrées, Mme de Mailly, Mme de Saint-Germain et Mme la duchesse de Ruffec.

Du jeudi 24, Versailles. — Mesdames ne partirent que lundi de Fontainebleau; elles vinrent dîner à Choisy; elles étoient accompagnées de Mme de Tallard, de deux sous-gouvernantes, Mmes de la Lande et de Villefort, et de Mme de l'Hôpital. Le Roi, qui ne se met quelquefois point à table à Choisy, à dîner, ou qui n'y reste souvent qu'un moment, se mit à table entre Madame et Mme Adélaïde, et y resta tout le dîner. Ce fut M. de Coigny qui, après avoir présenté la serviette au Roi, la présenta à Mesdames, avant et après dîner, et qui servit le Roi. Les six dames qui étoient à Choisy et les quatre venues avec Mesdames mangèrent toutes avec le Roi. Après le dîner, Mesdames virent la maison et le jardin. Il y eut une calèche pour Mme de Tallard.

Les bâtiments de Choisy continuent toujours. La communication de l'office à la salle à manger est presque entièrement achevée. Le Roi soupa hier à Choisy, et en partit à sept heures un quart; il alla chez la Reine en arrivant. Dimanche dernier, qui étoit le jour de la Trinité, le Roi alla à vêpres et au salut à la paroisse de Choisy.

Hier à huit heures du matin, l'ambassadeur d'Espagne apprit par un courrier de M. de Montijo, dépêché de Francfort, que le roi de Prusse fut attaqué, le 17, à quelques lieues de Chrudim près du village de Czaslau, par le prince Charles de Lorraine; que la cavalerie autrichienne avoit d'abord eu de l'avantage, mais que leur infanterie n'avoit jamais pu enfoncer celle de Prusse, et qu'enfin les Prussiens avoient remporté une victoire complète. On dit que les Autrichiens ont perdu 6,000 hommes, et que M. de Rottembourg a été blessé dangereusement; le prince Charles de Lorraine a aussi été blessé. Le courrier qui a apporté cette nouvelle est un valet de chambre de M. de Valory. M. de Valory est à Prague, et a laissé auprès du roi de Prusse un secrétaire et un valet de chambre. Ce valet de chambre, qui étoit à l'action, en est venu rendre compte à M. de Valory et a été dépêché par lui à Francfort; de là il est venu tout de suite ici et est arrivé quelques heures après celui de M. de Montijo. M. Amelot, à qui il remit ses paquets, l'envoya sur-le-champ porter ses paquets à M. le Cardinal à Issy. M. le Cardinal manda à M. Amelot d'envoyer le même homme à Choisy. En conséquence, M. Amelot le fit partir avec un paquet à l'adresse de Champçenetz, premier valet de chambre du Roi, comme c'est l'ordinaire. Champcenetz étoit parti de Choisy dès le matin pour revenir à Versailles. Le courrier repartit aussitôt sans voir personne, de sorte qu'étant parti de Paris à quatre heures, le Roi n'en savoit encore rien à sept heures à Choisy, quoique la nouvelle fût publique à Paris et ici; et même quand il alla chez la Reine en arrivant, la Reine voulut lui en parler comme d'une nouvelle publique; il parut embarrassé. Effectivement il ne la sut qu'en rentrant chez lui.

Il y a trois ou quatre jours que le Roi apprit la mort de M. de Ravignan, lieutenant général; il est mort de maladie en Bavière. Il avoit environ soixante-dix ans; c'est à lui qu'appartenoit la maison de la chaussée, près de Marly; il avoit été page du Roi de la petite écurie; il aimoit beaucoup à tirer et tiroit fort bien. Ce fut lui qui, étant page, imagina avec deux de ses camarades d'acheter deux des habits de livrée de M. Fagon qu'il leur fit mettre; pour lui il se fit une bosse comme celle de M. Fagon et alla tirer dans le petit parc, les deux prétendus laquais priant les gardes de ne point approcher, parce que M. Fagon ne vouloit point être reconnu. Le Roi leur pardonna en faveur de la singularité de l'imagination.

M. le prince de Rohan reçut hier nouvelle que M. l'abbé de Ventadour (1) avoit été élu coadjuteur de Strasbourg par le chapitre. M. le cardinal de Rohan avoit obtenu l'agrément avant son départ.

Aujourd'hui jour de la fête-Dieu, le Roi a été à la procession et à la messe à la paroisse, comme l'année passée. Cette après-dînée, il a entendu en haut les vêpres, chantées par les chantres de la chapelle; il est revenu ensuite au salut, où il y a eu un motet comme cela se pratique pendant toute l'Octave.

Du mercredi 30, *Versailles*. — On apprit ici, le samedi 26, la nouvelle de la mort du petit comte de Saint-Pol; il avoit deux ans et demi; il étoit fils de M. de Soubise et de Mlle de Bouillon (Rhodes); il n'y a plus de ce mariage qu'une petite fille de quatre ans. M. de Soubise a encore deux frères, dont l'un est le nouveau coadjuteur de Strasbourg, et l'autre est le prince René, qui a pris aussi l'état ecclésiastique.

Dimanche 27, le Clergé eut audience pour la clôture

---

(1) Il paroît jusqu'à présent qu'il réussit tout au mieux ; il s'est distingué dans ses études, et se fait infiniment aimer par ses politesses et la douceur de son caractère; sa figure est agréable et prévient en sa faveur.

L'élection se fait à Strasbourg par scrutin et avec presque les mêmes cérémonies que celle d'un pape dans le conclave. Le coadjuteur élu quitte sa place de chanoine et est installé dans celle de l'évêque de Strasbourg; la cérémonie finit par le *Te Deum*, pendant lequel M. le cardinal de Rohan se tint dans les bas côtés de l'église; et lorsque les chanoines rentrèrent dans la sacristie, il se trouva sur leur passage pour leur faire son remerciment. L'entrevue, dans ce moment, de M. le cardinal de Rohan et de M. l'abbé de Ventadour fut un spectacle le plus tendre et le plus touchant. M. de Ventadour, rempli du respect et de l'attachement d'un neveu, ou plutôt d'un fils qui a toujours tâché de plaire à son père, et en même temps de la reconnaissance la plus vive, se jeta aux pieds de M. le cardinal de Rohan, lequel ne fut occupé qu'à le relever, l'embrasser et lui marquer toute sa tendresse. M. l'abbé de Ventadour jouit déjà d'environ 50,000 écus de rentes. Il sera sacré au mois d'octobre évêque *in partibus*. (*Note du duc de Luynes*.)

de l'assemblée. Ce fut M. l'archevêque d'Arles qui porta la parole. Il n'y a point d'autre harangue que celle pour le Roi. Celle de M. d'Arles (1) a été extrêmement approuvée; il la prononça avec le seul embarras qui pouvoit y donner une nouvelle grâce; elle étoit éloquente et remplie des expressions les plus convenables sur la situation présente des affaires de l'Europe.

Lundi 28, arriva ici au lever du Roi le colonel Borck, adjudant général du roi de Prusse; il est extrêmement grand, âgé d'environ quarante-cinq ans et l'air fort militaire. Il dit au Roi qu'il venoit de la part du roi son maître apporter à S. M. la nouvelle de la bataille qu'il avoit gagnée; que le roi son maître espéroit que cette victoire contribueroit au bien de la cause commune. Il fut présenté par M. le Cardinal, dans la chambre, au lever. Il avoit remis à S. Ém. une lettre du roi de Prusse d'environ une page; il en remit une au Roi, aussi du roi de Prusse, qui n'est que de six lignes (2). Il avoit descendu à Paris chez M. Chambrier, qui lui donna un de ses gens pour l'amener ici; il mit pied à terre dans la cour des Princes. Lorsqu'il descendit de cheval, on l'avertit que l'usage étoit d'aller d'abord chez le secrétaire d'État des affaires étrangères; mais il répondit qu'il savoit bien ce qu'il faisoit et monta tout de suite chez M. le Cardinal. Il a parlé fort simplement sur le détail de cette victoire; il ne faisoit même monter le nombre des morts qu'à 3,000 hommes, et l'on a appris tous les jours des circonstances plus favorables; il paroît même assez constant aujourd'hui, par la relation qu'a faite le général-major Schmettau, qui a passé par Prague allant à Francfort, et par la relation de M. le maréchal de Belle-Isle que M. de Breteuil a apportée au Roi, que la perte des Autrichiens, y compris les morts, blessés

---

(1) Bellefond, ci-devant évêque de Bayonne. (*Note du duc de Luynes.*)
(2) Voici la lettre de Frédéric. « Sire, le prince Charles m'a attaqué et je l'ai battu ».

et déserteurs, va bien à dix mille hommes; on croit même qu'elle se trouvera plus considérable. On leur a pris dix-huit pièces de canon.

Du jeudi 31, *Versailles*. — Pendant l'octave du Saint-Sacrement, le Roi a été deux ou trois fois à la chasse, et ces jours là il n'a point été au salut; les autres jours il y a été fort régulièrement. Il mène ici la même vie qu'à Fontainebleau; tous les jours qu'il ne va point à la chasse, il dîne dans ses petits cabinets, qui est chez Mme de Mailly. Je dis Mme de Mailly, car elle dit elle-même : « Mon petit appartement. » Il n'y a presque jamais en tiers que M. de Meuse, quelquefois M. de Bouillon. Ces jours-là, le Roi soupe au grand couvert. Les jours de chasse, il soupe dans les petits appartements. Il y a peu de personnes ici admises à ces soupers : M. de Bouillon, M. de Richelieu, le duc de Villeroy, et toujours M. de Meuse. Pour lui, il ne quitte jamais le Roi, ni Mme de Mailly. C'est le nommé Moutiers, cuisinier fameux, que le Roi a pris pour ces soupers. C'est lui qui fait la dépense de ces cabinets, et on prétend que ces arrangements épargnent au Roi des sommes considérables. Mme de Mailly me disoit il y a quelques jours que le Roi avoit fait trente cinq repas dans ses cabinets à Fontainebleau, sur lesquels il y en avoit eu plusieurs de douze et quinze personnes; elle me montra la feuille de la dépense donnée par Moutiers montant à 2,819 livres pour le total. Une pareille dépense dans d'autres temps avoit monté à 10 ou 12,000 livres.

On a fait quelque augmentation au petit appartement de Mme de Mailly; on a pris une partie de la petite cour qui mène chez Mme la comtesse de Toulouse, et on y a bâti un escalier qui vient d'être achevé; cela donne une antichambre de plus par où l'on arrive, et un passage qui conduit à un petit cabinet; à droite est la salle à manger, qui y étoit déjà; vis-à-vis laquelle est le passage qui mène au petit appartement; au fond de ce cabinet est une porte qui conduit dans un petit passage, et de là dans une des pièces des petits cabinets, qui est peinte en vert et où il y avoit des lanternes dans le toit, que l'on a bouchées; cette pièce fait un salon d'assemblée pour le petit appartement de Mme de Mailly. Du reste il n'y a rien de changé à l'appartement. Mme de Mailly y a fait faire une niche de toile, découpée par un tapissier de Paris, et le Roi a voulu se charger d'en payer la façon. Mme de Mailly couche tous les jours dans ce petit appartement, et va de temps en temps le matin, même tous les jours quand elle est de semaine, dans son ancien appartement dans l'aile neuve. L'appartement d'au-dessus, qui étoit celui de M. le comte de Matignon, et qu'on lui a donné, comme je l'ai marqué, est présentement fort bien accommodé, avec un escalier commode pour communiquer de l'appartement d'en haut à celui d'en bas. C'est dans cet appartement d'en haut qu'elle compte mettre un lit, et celui d'en bas sera pour mettre la compagnie.

Le samedi 26 de ce mois, M. le prince de Rohan se trouva fort incommodé d'un embarras dans la langue, même un peu dans la tête. Une saignée du pied a prévenu les suites de cet accident qui faisoit appréhender une maladie semblable à celle de l'année passée. La Reine alla le voir il y a quelques jours.

Mme de Ventadour (1) tomba malade assez dangereusement, il y a trois ou quatre jours, d'une fluxion de poitrine pour laquelle elle a été saignée plusieurs fois; elle est présentement hors de danger. La Reine a été la voir tous les jours et le Roi y fut hier. Madame a marqué une sensibilité extrême sur l'état de Mme de Ventadour; on ne peut refuser des louanges aux preuves qu'elle a données de son bon cœur et de sa tendre amitié pour elle.

---

(1) Suivant le calcul de Mme de Ventadour, elle doit avoir quatre-vingt-onze ans; car au mariage du Roi, en 1725, elle dit à Mme de Luynes qu'elle avoit soixante-quatorze ans. Mais sa sœur, Mme la duchesse de la Ferté, prétendoit qu'elle avoit vu son baptistaire, et qu'elle se donnoit deux ans de plus qu'elle n'avoit. (*Note du duc de Luynes.*)

M. le maréchal de Nangis est extrêmement mal de la poitrine, et l'on peut dire même presque sans espérance; il reçut hier ses sacrements et fit son testament; il parla ensuite à Mme de Nangis et à tous ses domestiques. La Reine est dans une grande inquiétude, et on lui cache autant que l'on peut l'extrême danger dans lequel il est.

Il y a beaucoup de fluxions de poitrine et grand nombre de maladies dont on meurt dans plusieurs provinces du royaume.

M. le Cardinal part demain pour aller à Issy; il a demandé permission au Roi d'y rester quinze jours; il reviendra cependant pour les conseils, mais il retournera coucher à Issy. Il dit qu'il a grand besoin de repos; il a été enrhumé et paroît abattu les soirs et les matins.

Mardi dernier, le Roi fit au Champ de Mars la revue des quatre compagnies rouges. C'était M. de Soubise qui commandoit; c'est toujours en pareil cas le commandant des gendarmes. M. le Dauphin ne fut point à la revue, à cause que M. le duc de Châtillon étoit enrhumé; pour le consoler, on le mena au manége.

MM. de Soubise et de Picquigny partent ces jours-ci pour aller servir en Bohême, en qualité d'aides de camp, sous les ordres de M. de Belle-Isle, qui doit avoir pris le commandement de cette armée à Pisek, le 23 de ce mois; il doit avoir marché aussitôt pour secourir le château de Frauenberg, que les ennemis avoient attaqué.

Les gendarmes et chevau-légers partent demain pour aller à Péronne et Cambray. Les mousquetaires noirs et gris partent aussi pour la Flandre. Comme l'on n'a point voulu donner de lettres de service comme brigadiers à MM. de Soubise et de Picquigny, ils ont demandé à aller servir ailleurs, et on l'a trouvé bon. Les gardes du corps sont partis pour la Flandre, ainsi que les gardes françoises et suisses.

Le jour même de la revue, M. de Picquigny travailla avec le Roi au sujet de plusieurs grâces pour la compagnie, comme pensions, gratifications et croix de Saint-Louis, etc. Il avoit travaillé auparavant avec M. le Cardinal, suivant l'usage, et M. le Cardinal avoit paru trouver beaucoup de difficultés aux grâces qu'il demandoit, entre autres au sujet d'une pension de 1,000 écus pour M. de Marignane, premier sous-lieutenant, et quelques autres moins considérables. M. le Cardinal avoit dit que le Roi avoit déjà assez de charges à payer et de dépenses à faire sans celles-là. A l'égard de deux commissions de mestre de camp, pour deux maréchaux des logis de la compagnie, S. Ém. avoit répondu que dans les gardes du corps, dont les exempts répondent aux maréchaux des logis des compagnies rouges, il falloit six ans d'ancienneté d'exempt pour avoir la commission, et que ceux dont parloit M. de Picquigny n'étoient maréchaux des logis que depuis quatre ans. Dans le travail avec le Roi, en présence de M. le Cardinal, le Roi accorda à M. de Picquigny toutes les grâces qu'il lui demanda, et fit même l'observation, par rapport aux maréchaux des logis, que la règle faite pour les exempts ne devoit pas être la même pour eux, puisque ceux-ci étant tirés alternativement du corps et de la cavalerie, il s'en trouvoit souvent de fort jeunes, au lieu que les maréchaux des logis ne parvenoient à ce grade que fort âgés et après avoir percé le corps par leur ancienneté. Dans ce travail, outre les quatre croix que le Roi accorde tous les ans dans la compagnie des chevau-légers, M. de Picquigny lui en demanda une cinquième, et elle fut accordée à la revue. Le Roi avoit paru très-content de l'état où il avoit trouvé la troupe.

Mardi dernier, 29 de ce mois, M. le baron de Flaming (1) prit congé du Roi et de la Reine; il n'eût point d'audience parce qu'il n'a point de caractère. Il est ici depuis vingt et un ans (2), chargé des affaires de Suède. C'est un

---

(1) Ministre de Suède.
(2) Il m'a dit avoir toujours eu ici la qualité de ministre seulement. Il s'en va à Madrid avec le titre de ministre plénipotentiaire. (*Note du duc de Luynes.*)

homme sage et dont on est fort content ; il paroît avoir beaucoup de regret de quitter ce pays-ci ; on l'envoie à la cour d'Espagne. Il est venu ici à sa place M. d'Ekeblad qui a le caractère d'envoyé ; il aura audience dimanche prochain.

Mardi dernier, M. de Lomellini, envoyé de Gênes, eut audience de congé ; c'étoit audience publique ; la Reine étoit dans son grand cabinet avant sa chambre.

Mme Adélaïde a depuis deux jours la fièvre assez fort avec une grande fluxion.

On est en deuil depuis huit jours, et on le portera trois semaines.

Le Roi a été aujourd'hui à la procession à l'ordinaire, et a été à vêpres et à complies (chantées par les missionnaires) et retourne au salut.

Mardi dernier, M. l'évêque duc de Laon fut reçu pair au Parlement. Il y avoit quatre pairs ecclésiastiques, en le comptant, et huit laïques. M. de Laon est Faudoas-Rochechouart, frère du colonel du régiment de.............., qui est en Bohême.

JUIN.

Audience de MM. d'Ekeblad, de Borck et du prince de Masseran. — Bataille de Sahay. — Lettres du maréchal de Belle-Isle et extraits de lettres de l'armée. — Relation de l'affaire de Sahay. — Mort de Mme de Soyecourt, de Mlle de Boufflers, de Mme de Montboissier et du primat de Pologne. — Audience de congé de l'ambassadeur turc. — Voyages du Roi à Saint-Léger. — Échec du duc d'Harcourt en Bavière. — Le maréchal de Broglie est créé duc. — Mort de la reine douairière d'Espagne ; son caveau à Saint-Sulpice. — Mort de M. Alexandre. — Procès du duc de Chevreuse contre Mme de Caylus. — Retraite de Frauenberg. — Préliminaires du traité de Berlin. — M. et Mme de Forcalquier.

Du mercredi 6, Versailles. — Dimanche dernier 3 de ce mois, le nouvel envoyé de Suède eut audience publique. Il s'appelle le comte d'Ekeblad ; il paroît avoir quarante-cinq ans environ; il est grand, assez maigre, et une figure agréable. L'audience chez la Reine fut dans le grand cabinet avant sa chambre, suivant l'usage; et ce fut après la messe de la Reine. M. D'Ekeblad étoit conduit par M. de Verneuil, introducteur des ambassadeurs, et précédé par M. Destournelles, sous-introducteur. Il parla assez bas et en françois.

Immédiatement avant cette audience, il y en eut deux particulières que la Reine reçut dans sa chambre, appuyée contre la table de marbre. L'une fut celle de M. Borck, adjudant du roi de Prusse, dont j'ai parlé ci-dessus, qui venoit prendre congé, conduit par M. de Verneuil; l'autre, de M. le prince de Masseran (1). Il arrive de Turin, où il étoit ambassadeur du roi d'Espagne. Les circonstances présentes ayant obligé les ambassadeurs de part et d'autre de se retirer, il s'en retourne à Madrid, et c'est en s'en retournant qu'il est venu ici rendre ses respects au Roi et à la Reine. M. de Masseran a l'ordre de la Toison et celui de Saint-Janvier. Il est assez grand; il paroît avoir plus de soixante ans. C'est le père de M. de Crèvecœur, gendre de Mme de Guémené. Il étoit conduit par M. de Verneuil et par M. de Campoflorido.

J'ai oublié de marquer ci-dessus qu'il y a environ quinze jours que le commandement de Roussillon a été donné à M. d'Auger, chef de brigade des gardes du corps; ce choix paraît avoir été universellement approuvé.

Vendredi dernier 1er de ce mois, il arriva, sur les quatre heures après midi, un courrier à M. de Campoflorido, qui avoit été dépêché de Francfort par M. de Montijo. Il apporta la nouvelle que l'armée françoise, commandée par M. le maréchal de Broglie, avoit battu les Autrichiens près d'un village nommé Sahay, qui est à une lieue de Frauenberg. On trouvera ci-après copie de la lettre écrite par

---

(1) Il est frère de M. de Besne, dont j'ai parlé ci-dessus. (*Note du duc de Luynes.*)

M. le maréchal de Belle-Isle à M. Blondel, chargé des affaires de France à Francfort. Le même jour, M. de Revel, second fils de M. le maréchal de Broglie, arriva ici sur les onze heures du soir ; la nouvelle s'étoit déjà répandue par le courrier de M. de Montijo. L'ambassadeur d'Espagne fut même le premier qui l'apprit à M. le Cardinal. M. de Revel alla descendre chez M. de Breteuil, qui étoit malade et qui se leva cependant pour le mener chez le Roi. Le Roi soupoit dans ses cabinets ; il descendit aussitôt pour parler à M. de Revel, et fut près de trois quarts d'heure avec lui. Presque toutes les dames qui étoient ici furent dans l'antichambre du Roi, pour apprendre le détail des circonstances de cette affaire. Le fils aîné de M. de Broglie a eu le bras percé d'un coup de feu, mais sans fracture. Mon fils y a eu trois coup de feu et un coup de sabre, en chargeant à la tête des dragons. Il paroît que ce sont les carabiniers et les dragons qui se sont le plus distingués dans cette affaire. Les carabiniers étoient commandés par M. de Créquy (1), cousin du chevalier de Créquy, sous-gouverneur de M. le Dauphin. M. de Créquy s'est trouvé le plus ancien, quoiqu'il eût devant lui M. de Valcourt et M. de Vichy ; mais M. de Valcourt (2) étoit resté malade à Paris, où il est mort même depuis quelques jours. M. de Vichy avoit fait une chute quelques jours auparavant, et s'est trouvé, à son grand regret, hors d'état d'être à ce combat. Il n'y avoit que deux régiments de dragons, le mestre de camp-général et Surgères. Il y avoit environ deux heures que M. de Surgères étoit arrivé et s'étoit fait recevoir à la tête

---

(1) Sa femme a été dame d'honneur de Mme la princesse de Conty. (*Note du duc de Luynes*.)

(2) J'ai appris depuis que la brigade de M. de Valcourt a été donnée, sur la nomination de M. le prince de Dombes, à M. le chevalier de Beauvais, lieutenant-colonel de carabiniers, qui s'est fort distingué à l'affaire de Sahay et qui y a été blessé dangereusement. (*Addition du duc de Luynes*, datée du 12 juin 1742.)

de son régiment; il a eu un cheval tué sous lui. Les carabiniers et les dragons ne faisoient qu'environ neuf cents hommes, et les trois régiments de cuirassiers qu'ils ont attaqués et culbultés faisoient plus de deux mille hommes.

L'on attendoit à tout moment un plus grand détail de cette action. M. le maréchal de Broglie, qui avoit un courrier de M. de Breteuil, l'a gardé deux ou trois jours pour apporter ce détail; ce courrier arriva lundi matin. Le Roi étoit parti pour la chasse et de là coucher à Saint-Léger. Mme de Mailly, qui ne partoit que l'après-dînée, ayant su qu'il étoit arrivé un courrier, envoya chez M. de Breteuil. M. de Breteuil alloit dépêcher ce courrier d'abord à Issy et de là à Saint-Léger; cependant il envoya la relation à Mme de Mailly, qui rentra dans sa chambre, où j'étois, sans vouloir rien dire (1); et je fus obligé d'envoyer à Saint-Léger pour savoir quelque détail. On trouvera ci-joint copie de la lettre que M. de Belle-Isle écrivit de dessus le champ de bataille à M. Blondel, à Francfort, avec une apostille tirée d'une lettre de M. de Bezenval, capitaine suisse, écrite à Mme sa mère. M. de Bezenval est aide de camp de M. le maréchal de Broglie et a eu permission de rester en cette qualité, quoique les gardes suisses marchent.

Je joins aussi l'extrait d'une lettre de mon fils écrite à sa femme, le lendemain de l'action. Par les nouvelles qu'a apportées ce courrier, l'on a appris que les ennemis avoient repassé la Moldau et s'étoient retirés à leur ancien poste de Budweiss. M. le maréchal de Broglie a envoyé M. le comte d'Aubigné, lieutenant général, s'emparer de la petite ville de Thein, et le quartier général

---

(1) Elle me dit seulement que mon fils se portoit très-bien et que M. le maréchal de Broglie mandoit des choses admirables de M. de Belle-Isle. Effectivement M. le maréchal de Belle-Isle attaqua le village à la tête de l'infanterie; il y eut trois attaques, à la dernière desquelles même il mit pied à terre et marcha l'épée à la main pour donner encore plus de courage aux troupes. (*Note du duc de Luynes.*)

est actuellement à Frauenberg. On ne sait point encore exactement le nombre des morts, ni des blessés. M. de Valon, capitaine aux gardes et volontaire, a été blessé et est mort de ses blessures; il étoit extrèmement grand, bien fait et fort estimé; il avoit eu la permission d'aller servir comme aide de camp de M. de Belle-Isle; et même en dernier lieu on lui avoit mandé de rester, quoique sa compagnie ait marché en Flandre.

Copie de la lettre de M. le maréchal de Belle-Isle, du champ de bataille de Sahay, le 26 mai 1742, à M. Blondel.

Je ne vous écris qu'un mot, monsieur, pour vous faire part de la victoire qu'ont remportée les armées du Roi, commandées par M. le maréchal de Broglie et moi, sur l'armée autrichienne, commandée par le prince de Lobkowitz. Ce prince avoit passé la Moldau le 16 pour investir le château de Frauenberg, devant lequel il avoit ouvert la tranchée le 17; et comme ce poste est de la plus grande conséquence, on a commencé, comme vous le savez, à rassembler ce qu'on a pu des troupes qui sont en Bohême pour marcher au secours. Nous arrivâmes hier à deux heures après midi en présence de l'ennemi, qui, ayant décampé trop tard fut forcé à combattre. L'action a commencé à cinq heures, et l'on a tiré de part et d'autre jusqu'à la nuit close. L'action la plus vive s'est passée entre la cavalerie autrichienne que nos carabiniers et dragons ont attaquée et battue à plate couture, et ils auroient été totalement détruits s'ils n'avoient eu un bois fort prochain pour s'y sauver sous le feu de leur infanterie. Nous avons passé la nuit sur le champ de bataille, d'où je vous écris actuellement. Nous avons détaché après leur arrière-garde, et je compte que l'on campera aujourd'hui à Frauenberg, d'où je vous écrirai avec plus de loisir pour vous faire un détail plus exact, que je vous enverrai par M. le marquis de Mirepoix, que l'on dépêchera à l'empereur pour lui porter cette bonne nouvelle.

Nous n'avons perdu personne que je sache de distinction, ni aucun officier de marque. M. le duc de Chevreuse, qui s'est extrêmement distingué, a été blessé à la joue et au talon, mais cela ne sera rien.

Lettre de M. de Bezenval à Mme sa mère.

M. le duc de Chevreuse, mestre de camp général des dragons de France, s'est distingué au delà de tout ce qu'on en peut dire; il a reçu trois coups, l'un au visage, l'autre au talon, et le troisième d'une balle qui est restée entre sa veste et sa chemise, dont aucun n'est dangereux. C'est aux dragons et aux carabiniers que l'on doit tout l'avantage de l'affaire, ayant enfoncé et mis en déroute la cavalerie autrichienne qui étoit du double plus forte que celle de France. M. le comte de Broglie est blessé au bras, mais point dangereusement. M. de Valon, capitaine aux gardes, a reçu un coup de fusil dans la bouche, qui lui perce la langue. Tout ce que l'on sait jusqu'à présent de la retraite des ennemis, c'est qu'ils se sont retirés vers Budweiss.

Lettre de M. de Chevreuse à Mme de Chevreuse, du 26 mai 1742.

J'ai eu le bonheur de bien battre trois escadrons de cuirassiers avec mes deux escadrons de dragons; je les ai chargés deux fois et pliés autant. On est enchanté de mes dragons, et rien ne ressemble à cette troupe. J'ai eu un coup de sabre et un coup de feu à la joue qui ne font qu'effleurer, un qui me perce le talon sans rien offenser, et une contusion à la poitrine. Mon Conquérant a aussi été blessé au col; mais nous nous en portons bien l'un et l'autre.

Apostille de M. de la Porterie, écuyer de M. de Chevreuse et capitaine dans son régiment.

M. le duc a combattu ces fameux cuirassiers qui sont, dit-on, invincibles; nous les avons culbutés et battus; nous étions très-inférieurs. Il y a eu plusieurs officiers du régiment blessés, et de celui de Surgères. Nous avons perdu le pauvre M. de Ponze (1).   LA PORTERIE.

Copie de la relation envoyée à M. le comte d'Eu, de l'affaire de Sahay, datée du camp de Frauenberg, le 28 mai 1742.

M. le maréchal de Broglie étant informé que le prince de Lobkowitz, avec un corps de douze à quatorze mille hommes étoit venu camper à Sahay, d'où il faisoit le siége du château de Frauenberg, qu'il faisoit faire par un détachement de cette armée, résolut de marcher pour faire lever le siége et repasser la Moldau aux ennemis.

Notre général donna ses ordres en conséquence dès le 19 et le 20 de ce mois pour rassembler l'armée dont le rendez-vous étoit à Protiwin. Il partit le 23 de Pisek avec les troupes qui s'y étoient rassemblées, tandis que M. le comte d'Aubigné, qui commandoit à la droite, marchant à même hauteur, se rendoit à Protiwin par le chemin de Strakonitz et Wolin. Nous arrivâmes à Mischenetz, village à une demi-lieue de Protiwin, sur les deux heures après midi, où nous trouvâmes

---

(1) Il a été blessé et fait prisonnier; il est venu à Versailles depuis, et a obtenu une pension. (*Note du duc de Luynes.*)

un pont coupé par les ennemis, qui est sur un gros ruisseau qui passe au bas de ce village. Pendant qu'on le faisoit rétablir pour y passer l'infanterie, l'artillerie et les bagages, nos troupes légères qui l'avoient passé à gué avoient repoussé quelques pelotons de houssards ennemis qui se présentoient sur la hauteur de Protiwin. L'armée ayant passé le ruisseau, on fit halte entre ce pont et Protiwin pour attendre que le camp fût marqué, et ce fut dans ce temps-là que M. le maréchal de Belle-Isle arriva.

Le lendemain 24, on fit un détachement de vingt-quatre compagnies de grenadiers, deux mille hommes de cavalerie, tous les houssards et compagnies franches, avec six pièces de canon, pour aller s'emparer de Wodnian dans lequel on assuroit que les ennemis avoient laissé douze cents hommes. On apprit, en y arrivant, qu'ils l'avoient abandonné comme Protiwin, après avoir coupé un pont qui est à une portée de fusil de cette ville sur la rivière qui y passe. On le fit rétablir diligemment, après quoi MM. les maréchaux et MM. les officiers généraux de l'armée, qui avoient marché à ce détachement, entrèrent dans Wodnian, dont les compagnies franches, les houssards et les grenadiers s'étoient emparés, et on fit faire demi-tour à droite au reste des troupes du détachement et à l'artillerie pour rentrer dans leur camp.

M. le Maréchal laissa les grenadiers dans Wodnian et donna ordre aux compagnies franches et aux houssards de se porter en avant pour observer l'ennemi. On apprit le soir à Protiwin qu'un détachement de leurs houssards, soutenu par une troupe de cuirassiers qu'ils avoient postés dans un bois, à une demi-lieue de Wodnian, étoient venus escarmoucher avec les nôtres et qu'on leur avoit fait quatre ou cinq prisonniers. Toute l'armée partit du camp de Protiwin le 25, et après avoir passé le défilé du pont de Wodnian, elle marcha sur Frauenberg en deux colonnes, dans un ordre et une disposition dignes de M. le maréchal de Broglie. La tête arriva sur le midi sur des hauteurs vers le village de Hay, qui est environ à une lieue et demie de celui de Sahay, qui en est séparé par un grand marais et des étangs. On aperçut en cet endroit les ennemis en bataille sur une seule ligne, derrière le village, ayant leur droite appuyée à une petite montagne couverte de bois, et leur gauche cachée derrière le village de Sahay et un grand bois qui nous la couvroit; ils avoient avancé de grosses troupes de houssards dans les marais qui nous séparoient, lesquels occupoient le village de Hay et un autre un peu plus éloigné, sur la chaussée par laquelle ils croyoient que l'armée seroit obligée de défiler pour marcher à eux. Les nôtres eurent ordre de s'avancer à la droite, sur le chemin de Budweiss qui passe dans ce marais, pour s'emparer d'un village qui s'y trouve, tandis que la compagnie franche de Mendre marcha droit à la chaussée de Hay, et tourna des étangs qui l'environnoient, pour couper les houssards ennemis dans ce village. On y réussit en partie, en ayant pris ou tué dix ou douze et une quinzaine de chevaux.

M. le Maréchal examina la situation du terrain et prit sur-le-champ le parti de faire traverser le marais à la cavalerie qui formoit la colonne de la droite, tandis que celle de la gauche, composée des grenadiers, de l'artillerie, de deux régiments de dragons et des carabiniers et du reste de l'infanterie, passoit par la chaussée qui alloit droit à Sahay. Cela fut exécuté, et les houssards ennemis abandonnèrent le second village comme le premier, après avoir un peu escarmouché avec nos dragons. On s'aperçut alors que l'armée des ennemis faisoit un mouvement par sa gauche, et l'on ne doutoit plus qu'ils ne se retirassent sur Frauenberg et Budweiss, par le chemin qui va de Sahay à ces deux endroits. Avant que nos premières troupes eussent passé le défilé des étangs, nous n'en vîmes plus aucune des leurs, excepté quelques houssards qui couroient devant nous.

A la fourche que forme au delà du marais le grand chemin de Protiwin à Budweiss et celui que nous suivions pour aller à Sahay, des paysans assuroient nos généraux que les ennemis se retiroient sur Budweiss et que ce que nous en avions vu derrière Sahay n'étoit que la queue de leur armée. On détacha les compagnies franches, les houssards et six compagnies de grenadiers pour aller par le chemin de Budweiss traverser un bois qui nous les cachoit et tâcher de tomber sur quelque partie de leur arrière-garde, tandis que la tête de notre armée continua de marcher droit à Sahay.

En y arrivant, nous traversâmes le camp de la première ligne des ennemis, et le village nous parut totalement abandonné; il étoit environ quatre heures après midi. MM. les maréchaux tournèrent le village par la gauche et entrèrent dans la plaine où nous avions aperçu les ennemis. On y trouva le camp de leur seconde ligne, ce qui avec tous les rapports des paysans de Sahay confirma M. le Maréchal dans l'opinion qu'ils se retiroient devant nous. Cette petite plaine est entourée de bois qu'il faut traverser pour suivre le chemin qui va du village à Frauenberg. A peine y avoit-on fait deux cents pas, qu'on vint avertir M. le Maréchal qu'on voyoit une tête de cavalerie ennemie, en bataille au bord du bois traversant le chemin; on alla les reconnoître et l'on crut voir que cette cavalerie, qui étoit des cuirassiers autrichiens, étoit soutenue par quelque infanterie. M. le Maréchal donna ordre aux trente-deux compagnies de grenadiers, aux dragons et aux carabiniers d'avancer et les mit en bataille en face de la partie du bois où l'ennemi étoit adossé; on fit avancer six pièces de canon, qui composoient toute notre artillerie, sur le bord d'un chemin creux qui venoit de la tête du village et traversoit une partie de la plaine parallèlement aux ennemis. Les grenadiers se jetèrent dans le chemin creux, à mesure qu'ils arrivèrent, et le reste fit face au village qui n'avoit point encore été fouillé. Les carabiniers, dont la droite s'appuyoit à la gauche des grenadiers, dans l'endroit où le chemin finissoit d'être creux, avoient à leur gauche les deux régiments de dragons du mestre de camp et de Surgères qui achevoient d'occuper à peu près tout l'espace qui restoit de la petite plaine. On donna ordre de faire avancer en hâte le reste de l'infanterie et la cavalerie, dont M. le Maréchal vouloit fortifier sa première ligne et en former une seconde; mais cela ne put se faire aussi diligemment qu'il l'auroit désiré, à cause des défilés du marais que ces troupes n'avoient pas encore passé. Le canon fut placé à l'instant de l'arrivée des grenadiers, à la queue desquels il marchoit, et commença à tirer sur la cavalerie ennemie, qui se montroit au bord du bois, avec assez de succès pour l'obliger en moins d'un quart d'heure à changer de position; elle se porta par sa droite vis-à-vis les dragons où elle resta un peu de temps cachée par une petite pente que fait le terrain dans cet endroit; elle remonta ce rideau au bout d'un demi-quart d'heure pour se mettre en bataille devant la nôtre; mais quoique sa première ligne fût fortifiée et s'étendît par sa gauche, il parut qu'elle aimoit mieux en former une seconde que de risquer, en débordant les carabiniers, de s'approcher du canon et des grenadiers; elle forma donc une seconde ligne qui étoit absolument acculée au bois.

Cette artillerie, qui étoit restée oisive pendant le mouvement des ennemis, changea de position presque en même temps qu'eux, et s'avança à l'aile droite des carabiniers, où elle recommença à canonner la cavalerie ennemie à mesure qu'elle se formoit, les prenant en écharpe par leur flanc gauche. Le désordre qu'elle causa dans la première ligne des ennemis, où elle portoit, engagea M. le Maréchal d'envoyer ordre à M. le marquis de Mirepoix, qui étoit à la tête des carabiniers, de les charger. Il y a apparence qu'ils prirent en cet instant la même résolution et par la même raison, puisqu'ils s'ébranlèrent pour marcher à nous un peu avant les nôtres. Ils avoient trois régiments de cuirassiers en cet endroit, composant plus de deux mille chevaux. Mais quoique nous n'en eussions pas plus de neuf cents entre les carabiniers et les dragons, la charge des nôtres fut si vive et si bien soutenue que, malgré une décharge de mousqueterie qu'ils essuyèrent à bout portant, jamais les carabiniers ni les dragons ne perdirent un pouce de terrain; de sorte que joignant les ennemis le sabre à la main et sans tirer un seul coup, en un moment leur cavalerie fut battue, repliée et reconduite jusqu'au bois, où elle se rejeta et se reforma, apparemment sous la protection de son infanterie, qui y étoit, mais qui pourtant ne fut aperçue que plus d'une heure après.

Il faut observer que les bois dont on parle sont, comme presque tous ceux de la Bohême, des futaies, des chênes et des sapins, si clairs que l'on pourroit presque y manœuvrer des troupes.

Quelque temps avant la charge de la cavalerie, au moment où nos grenadiers achevoient d'arriver, nous vîmes sortir du bois, par la gauche des ennemis, un régiment de Rasciens qui vinrent avec autant de fureur que de désordre par le chemin de Frauenberg se jeter dans le village de Sahay, dans lequel entroit alors en défilant le régiment de Navarre, qui étoit à la tête de notre infanterie. Les Croates se jetèrent dans toutes les maisons dont ils purent s'emparer et y firent, des fenêtres, un feu très-vif sur les nôtres; ils y tinrent quelque temps, et le gros de leur troupe ne regagna le bois, où elle se sauva, qu'après avoir mis le feu à plusieurs maisons. On assure que plusieurs de ces barbares se sont laissés brûler dans les maisons qu'ils occupoient. Après ces deux charges, qui durèrent environ une heure et demie, les ennemis ne firent plus aucun mouvement en avant, et comme la nuit approchoit et que notre armée n'étoit pas encore toute arrivée, on ne put tenter de les aller attaquer dans le bois, sur le bord duquel on apercevoit leurs premiers rangs. Notre canon continuoit de tirer sur tout ce qui pouvoit se découvrir, et peu de temps après celui des ennemis commença à nous répondre de trois batteries, qu'ils avoient acculées et cachées dans le bois, que l'on jugea pouvoir composer environ huit ou neuf pièces. La canonnade dura de part et d'autre jusqu'à près de neuf heures, et nos troupes qui se formoient en seconde ligne ne laissèrent pas que d'en souffrir, parce que les boulets, qui passoient sur la première, faisoient des ricochets sur le terrain, où étoit notre armée, qui s'élevoit en pente devant le bois.

Notre artillerie qui étoit pointée dans un angle que formoit le bois à gauche des dragons, fit beaucoup de ravages dans les troupes ennemies qui occupoient cette partie, la seule que nous pussions découvrir. L'on trouva le lendemain au matin quarante à cinquante chevaux tués ou blessés dans cet endroit, et à peu près autant d'hommes. La canonnade ayant cessé de part et d'autre avec le jour, les ennemis allumèrent de grands feux dans le bois pour nous faire croire apparemment qu'ils se préparoient à recommencer le lendemain; mais dès onze heures du soir ces feux s'éteignirent, et nous jugeâmes qu'ils faisoient la même manœuvre qu'ils firent devant Pisek au mois de décembre; c'est-à-dire qu'ils vouloient par là nous cacher leur retraite, et d'autant mieux que notre armée, qui coucha en bataille, avoit devant elle des gardes avancées qui n'étoient qu'à deux cents pas ou environ du bois, et à la pointe du jour nos premières sentinelles s'aperçurent qu'il ne restoit pas un ennemi devant nous.

On ne peut savoir encore quelle a été au juste la perte des deux partis; on fait monter le nombre à mille ou douze cents hommes, tant tués que blessés, entre lesquels il y a près de soixante officiers. M. le duc de Chevreuse, qui chargea à la tête des dragons, a reçu trois coups de feu, mais sans danger; M. le comte de Broglie a eu le bras percé d'une balle; M. de Valon, capitaine aux gardes et volontaire à l'armée, a reçu un coup de mousqueton dans la bouche dont il est mort hier. Les carabiniers, dont on ne peut trop louer la valeur, ont aussi beaucoup souffert, surtout la brigade de Vichy. On ne nous sait de prisonniers chez les ennemis que M. de Ponze, capitaine de dragons, ceux qui manquent ayant été, à ce qu'on assure, vus morts sur le champ de bataille. On leur en a pris sept à huit, entre lesquels est un général lieutenant, qui chargea à la tête des cuirassiers de la Reine, et son fils; le major d'un régiment de cuirassiers; trois ou quatre capitaines et deux ou trois subalternes; plusieurs cavaliers et quelques Croates ou Rasciens qui sont des espèces d'hommes.

M. le prince de Lobkowitz, qui dès le matin de la même journée avoit commencé à faire marcher son armée sur Budweiss, la fit rétrograder sur les trois heures après midi, lorsqu'il vit que le Maréchal n'avoit point été arrêté par les marais dont on a parlé; il jugea aisément qu'il n'avoit pas le temps de faire sa retraite sans être entamé, et c'est ce qui l'obligea à engager l'affaire, où ils ont sûrement beaucoup plus perdu que nous. Le poste qu'ils avoient pris étoit admirable, et s'ils l'eussent aussi bien soutenu que choisi, nous aurions eu bien de la besogne à faire pour les en chasser.

Dès les onze heures du soir, ils levèrent le siége du château de Frauenberg et retirèrent leur artillerie; et nos généraux virent le lendemain en y arrivant, des fenêtres de l'appartement, la queue de l'armée ennemie qui achevoit d'arriver à Budweiss et de repasser la Moldau, au delà de laquelle ils ont établi leur camp en l'appuyant à la ville par la gauche.

Il se fit hier un gros détachement de notre armée sous les ordres de M. le comte d'Aubigné qui s'est emparé de la petite ville et du pont de Thein; et ce matin elle a décampé de la hauteur de Frauenberg, où elle a couché, pour s'avancer plus près de Budweiss, au delà des étangs qui sont entre cette ville et nous. Le quartier général, qui est admirablement bien dans une superbe maison de chasse au prince de Schwartzenberg, n'a pas remué; ainsi nous ne savons encore quel parti vont prendre nos généraux.

M. le maréchal de Belle-Isle, qui a un peu de fièvre, part cependant demain pour aller, à ce qu'on assure, conférer avec le roi de Prusse sur nos opérations futures.

Il n'y a de dames au voyage de Saint-Léger que Mmes d'Antin et de Mailly. Le Roi reviendra vendredi ou samedi.

JUIN 1742. 167

Mardi prochain, l'ambassadeur turc aura son audience de congé dans la chambre du trône.

M. le Cardinal est à Issy depuis vendredi ; il a dit à tout le monde qu'il y alloit pour tâcher de végéter. Ce sont ses termes. Il vint ici dimanche matin pour le conseil et s'en retourna l'après-dînée à Issy. Mme Adélaïde est guérie. Mme de Ventadour est hors d'affaire (1). M. le maréchal de Nangis est mieux, mais cependant ayant toujours la fièvre.

Mme de Soyecourt mourut, il y a quelques jours. Elle étoit Feuquières ; sa mère, qui est vivante, est fille de M. d'Auroy. Mme d'Auroy, mère de Mme de Feuquières, étoit Mlle Follin. M. Follin, son père, étoit protégé par M. le Prince, à qui il prétendoit appartenir, et portoit la livrée de Condé. Ce M. Follin avoit épousé Mlle de Bizeuil. MM. de Bizeuil sont Amelot. M. de Bizeuil, son père, avoit épousé une sœur de M. Brulart, père de Mme de Luynes. M. de Bizeuil eut deux filles dont l'une épousa M. de la Lande et l'autre M. Follin. M. Follin eut deux filles, dont l'une étoit Mme d'Auroy et l'autre Mme Duprat (2), qui est veuve sans enfants. Mme de la Lande eut cinq enfants, dont deux garçons qui sont MM. de la Lande du Deffand. L'aîné a épousé Mlle de Chamron, fille d'une sœur de Mme de Luynes ; c'est Mme la marquise du Deffand. Les trois sœurs de MM. de la Lande sont Mmes d'Ampuces, de Gravezon et de la Tournelle. Mme de la Tournelle est mère de M. de la Tournelle qui mourut il y a environ dix-huit mois et qui avoit épousé Mlle de Mailly. Mme de Soyecourt, qui vient de mourir, avoit un fils qui épousa il y a deux

---

(1) La fièvre lui reprit hier, ayant appris la mort de son intendant, nommé Lambert, en qui elle avoit beaucoup de confiance, et celle de son arrière-petit-fils, le petit de Soubise. (*Addition du duc de Luynes*, datée du 12 juin 1742.)

(2) Le nom de MM. Duprat est Vittan ; ils sont Bourguignons. (*Note du duc de Luynes.*)

ou trois ans Mlle de Saint-Aignan, fille de M. le duc de Saint-Aignan.

Du mardi 12, Versailles. — J'arrivai hier de Chaulnes, où j'étois allé jeudi sur la nouvelle de la maladie de M. le maréchal de Chaulnes. Il y étoit arrivé la veille dans de grandes souffrances d'une rétention d'urine, causée par l'humeur de la goutte qui s'étoit jetée dans la vessie, et son état étoit devenu si pressant que je craignois même de le trouver mort en arrivant; il est mieux, quoique la fièvre subsiste toujours. Voici ce qui s'est passé pendant mon absence.

Mlle de Boufflers, fille de Mme la duchesse de Boufflers, dame du palais, mourut il y a deux ou trois jours d'une fluxion de poitrine; elle avoit quatorze ans et l'on comptoit qu'elle épouseroit le fils aîné du prince de Craon.

Mme de Montboissier, femme du commandant des mousquetaires noirs, mourut aussi il y a deux ou trois jours.

Le primat de Pologne mourut, avant-hier au soir, du pourpre, chez Girard, baigneur à Paris. Les médecins, qui donnent toujours des noms extraordinaires aux maladies, disent que c'est du pourpre blanc. Le primat étoit Craon; il étoit prêtre; il y avoit environ un an qu'il étoit à Paris où il se divertissoit fort bien; il étoit jeune et extrêmement gros.

M. le marquis de Mirepoix, qui avoit été envoyé par M. le maréchal de Broglie à l'empereur pour lui rendre compte de l'affaire de Sahay, dans laquelle il s'est extrêmement distingué à la tête des carabiniers, est arrivé ici depuis trois ou quatre jours. On ne dit pas encore quel est le sujet de la commission dont il est chargé. Il paroît par le compte qu'il a rendu à M. le Cardinal et par toutes les lettres que nous avons reçues de MM. de Boufflers, d'Aubigné, celle de M. de Belle-Isle à Mme de Luynes, une seconde de M. de Bezenval à Mme sa mère, et par plusieurs autres lettres particulières, que les dragons y ont fait des prodiges de valeur et que l'on a été content de la manière dont mon fils s'y est comporté. Je joins ici copie de la lettre que M. le maréchal de Broglie lui a écrite à Prague (1).

Ce matin l'ambassadeur turc a pris son audience de congé; c'étoit dans la chambre du trône (2), et l'on n'a point quitté le deuil pour cette cérémonie. Le Roi, après la messe, est rentré à l'ordinaire dans son cabinet, d'où il est sorti peu de temps après par la petite porte qui donne dans la chambre du trône. Le trône avoit été un peu avancé, de manière que M. de Bouillon, MM. d'Aumont et de Gesvres (3) étoient derrière. M. le Cardinal étoit au coin de l'estrade du côté de la cheminée; tous les secrétaires d'État étoient rangés le long de ladite estrade. M. le duc de Chartres, M. le prince de Dombes, M. le comte d'Eu et M. le duc de Penthièvre étoient aussi le long de l'estrade, les courtisans rangés sans ordre, en haie, dans la dite chambre, des deux côtés, depuis le trône jusqu'à la porte; les portes gardées par les huissiers. L'ambassadeur a eu l'honneur des armes. La garde françoise et suisse étoit en haie dans la cour et a rappelé. Il avoit monté dans le carrosse du Roi entre les deux écuries, à l'ordinaire, ayant à côté de lui dans le fond M. le prince de Lambesc, à sa gauche, et M. de Verneuil, sur le devant. Le fils et le gendre de l'ambassadeur et un autre Turc, qui est l'interprète, étoient aussi dans le carrosse du Roi. Le carrosse de la Reine suivoit celui du Roi; il étoit rempli des principaux Turcs de la suite de l'ambassadeur, avec M. Destournelles sous-introducteur. Devant le carrosse du Roi marchoit le carrosse de M. de Lambesc et celui de M. de Verneuil. Deux valets de pied du Roi et deux de la Reine

---

(1) Cette lettre manque dans le manuscrit.
(2) Le salon d'Apollon, dans les grands appartements de Versailles.
(3) Il est arrivé de Francfort il y a trois ou quatre jours. (*Note du duc de Luynes.*)

attendoient les carrosses à la grille de la grande cour, d'où il les accompagnèrent marchant un à chaque portière. L'ambassadeur vint descendre dans la salle des ambassadeurs, où il attendit que M. de Verneuil vint l'avertir. Aussitôt qu'il fut averti, il monta par l'escalier de marbre, qui étoit garni par les Cent-Suisses, lesquels rappelèrent. A la porte de la première pièce, au haut de l'escalier, il trouva M. le duc de Béthune et tous les officiers des gardes du corps; les gardes du corps sous les armes étoient en haie dans cette pièce. Les officiers marchèrent devant l'ambassadeur; ensuite l'ambassadeur venoit marchant entre M. de Lambesc et M. de Béthune, M. de Verneuil un peu derrière, et on ouvrit les deux battants. Les principaux officiers de la suite de l'ambassadeur marchoient immédiatement avant les officiers des gardes. Tous les Turcs se rangèrent en haie dans la chambre du trône, sans faire aucune révérence; ensuite les officiers des gardes se mirent aussi en haie, M. de Béthune près du trône. A la première révérence de l'ambassadeur, le Roi ôta son chapeau; il le remit ensuite, et écouta le compliment de l'ambassadeur qui fut fait en langue turque, suivant l'usage; l'interprète expliqua ensuite le discours. Le Roi y fit une réponse assez longue, ensuite il se leva de son trône, et l'ambassadeur reçut des mains de M. Amelot la lettre pour le Grand Seigneur. L'ambassadeur la remit aussitôt à un de ses principaux officiers; c'est le même qui portoit la lettre du Grand Seigneur au Roi; à la grande audience; il couvrit la lettre du Roi de la même manière qu'étoit celle du Grand Seigneur, et la porta ainsi couverte devant l'ambassadeur, au retour de l'audience. Le Roi fut debout quelque temps à faire la conversation avec l'ambassadeur; l'ambassadeur lui présenta son fils et son gendre, comme cela s'étoit passé à la première audience. Il se retira et fut reconduit avec le même cérémonial; il dîna dans la salle en bas, suivant l'usage. Il n'y avoit à dîner que les six personnes qui étoient dans

le carrosse du Roi. Le reste des Turcs de la suite eurent à
dîner au grand commun. L'usage même est de donner
à dîner aux valets de pied du Roi et de la Reine, ce qui
fut exécuté. L'ambassadeur alla après dîner voir les eaux
et les jardins et repartit à sept heures et demie, et fut reconduit dans les carrosses du Roi et de la Reine jusqu'entre les deux écuries. J'oubliois de marquer qu'après
l'audience du Roi, l'ambassadeur fut chez la Reine, mais
sans aucune cérémonie; la Reine étoit debout dans sa
chambre. M. de Verneuil accompagna l'ambassadeur;
M. de Lambesc y étoit aussi, mais comme courtisan.
L'ambassadeur eut aussi une audience de M. le Dauphin;
c'étoit dans le cabinet d'étude, parce que M. le Dauphin
couche actuellement dans son grand cabinet, sa chambre
ayant été raccommodée depuis peu. M. le Dauphin étoit dans
un fauteuil sans trône; il avoit son chapeau sur la tête et
l'ôta à chacune des trois révérences de l'ambassadeur,
après quoi il le remit sur sa tête. Il y avoit beaucoup de
monde chez M. le Dauphin; M. de Lambesc, ni personne
ne se couvrit; cela s'étoit passé de même chez le Roi.
M. le Dauphin n'avoit point été à l'audience du Roi, et
les princes du sang ne furent point à celle de M. le
Dauphin.

Le Roi est parti aujourd'hui pour retourner à Saint-
Léger; il n'y a de dames à ce voyage que Mme de Mailly,
Mme la maréchale d'Estrées et Mme la duchesse de Ruffec.
Le Roi retournera encore la semaine prochaine faire un
ou deux voyages courts; c'est la semaine de Mme de Mailly.
On parle d'un voyage de Navarre pour la semaine d'après.

Hier, la Reine fut sans aucune dame du palais; pas
même des quatre de semaine. Il y en a deux malades à
Paris; Mme de Montauban y alla pour une affaire, et
Mme d'Antin n'arriva qu'après souper.

J'ai oublié de marquer ci-dessus que le Roi accorda,
il y a huit ou dix jours, une pension de 2,000 livres à
Mme de Polastron. On avoit lieu d'espérer un traitement

plus favorable, d'autant plus que le Roi avoit accordé peu de jours auparavant 500 écus de pension à chacun des deux enfants de M. de Leuville, et que la famille de M. de Polastron perd par sa mort plus de 25,000 livres de rente des bienfaits du Roi.

On apprit il y a deux ou trois jours, par un courrier, une petite affaire arrivée en Bavière, qui n'a pas été avantageuse pour nous. On en trouvera le détail copié ci-après, envoyé par M. de Puysieux dans une lettre écrite à Mme de Luynes, par laquelle il rend un très-bon compte de cette action.

A Nieder-Altach, 30 *mai* 1742.

« Voici la relation d'une très-petite aventure qui nous arriva avant-hier, l'infanterie et la cavalerie s'y étant pitoyablement comportées, ce qui arrivera toujours lorsqu'elles seront menées sans précautions.

« M. le duc d'Harcourt ayant reçu une lettre de l'empereur, il y a quelques jours, qui le pressoit d'aller en avant et de ne pas souffrir qu'une troupe de canaille (1) dévastât toute la Bavière, et voyant que les ennemis pensoient à prendre des établissements fort près de son camp, écrivit au maréchal de Terring qu'il seroit bon qu'il conférât avec lui sur la position où il se trouvoit. Le maréchal y vint accompagné de six cents dragons et deux cents cavaliers bavarois. Dans la conférence qu'ils eurent ensemble, on convint que l'on feroit une promenade pour aller reconnoître les ennemis de très-près, et que l'on prendroit pour cela quatre petites pièces de campagne, 800 chevaux bavarois, 600 françois et 2,300 hommes de notre infanterie, dont tous les grenadiers feroient partie.

« Les choses arrangées ainsi, on partit le 28 au matin à trois heures. Nous rencontrâmes, chemin faisant, trois camps de houssards et pandours, qu'ils levèrent en grande hâte à notre approche, et qu'ils brûlèrent pour nous dérober leur retraite ; chose d'ailleurs assez facile dans un pays tout montueux et couvert de bois.

Arrivé à portée des ennemis, le maréchal de Terring, aussi brave de sa personne que méchant homme de guerre, qui vouloit engager dans une affaire, à quelque prix que ce fût, ne doutant pas du succès,

---

(1) Il est question de ces hordes de Croates, de Hongrois, de Rasciens, qui sous les noms de Pandours, Talpaches et hussards, commirent les plus horribles violences dans toute la Bavière.

se porta avec ses 600 dragons jusque sur l'ennemi ; cela obligea M. le duc d'Harcourt d'avancer pour le soutenir, n'ayant encore dans ce moment-là avec lui que sa cavalerie et huit compagnies de grenadiers, car l'infanterie étoit restée derrière aux ordres de M. de Rouville avec le canon, et s'étoit égarée. Les ennemis étoient postés au-dessous du château de Kilkersperg, dans deux bois séparés par une petite langue de terre très-étroite et y étoient retranchés ; ce que l'on ne savoit pas, et qui assurément auroit dû être reconnu avant d'aller à eux.

L'on fit donc attaquer ces deux bois par les huit compagnies de grenadiers, et la cavalerie fût placée sans rime ni raison dans la petite langue de terre entre ces deux bois dont le feu la prenoit par les deux flancs, et où elle n'avoit pas de terrain pour faire la moindre manœuvre ; aussi n'y tint-elle pas longtemps. Les dragons bavarois et la compagnie franche de Romberg se replièrent en confusion sur cette cavalerie, et l'ébranlèrent en telle sorte que tout ce que je pus faire fut d'en rassembler dans sa fuite trois troupes mêlées de toutes sortes de régiments, et de les ramener pour donner cœur aux grenadiers qui commençoient déjà à fuir de là ; on ne pensa plus qu'à se retirer.

La cavalerie et les grenadiers remis de leur première frayeur commencèrent à se rallier et à reconnoître leurs officiers. On se reforma sur la hauteur par laquelle nous étions descendus ; mais tout cela se fit si mollement, que 600 hussards seulement auroient pu presque détruire ce détachement.

L'on a perdu environ 300 hommes, quelques officiers subalternes, plusieurs chevaux de cavaliers tués. Ma cuirasse m'a sauvé la vie. Les grenadiers de Normandie ont beaucoup perdu parce qu'ils se sont tués les uns les autres, et je n'en puis douter car je l'ai vu. M. de Talleyrand s'y est distingué et un capitaine du régiment de Broglie, nommé M. de Torsac ; le comte de Noailles y a fait aussi on ne peut mieux. On ne peut exprimer la douleur du pauvre duc d'Harcourt qui s'est exposé beaucoup plus qu'il ne devoit. L'affaire en soi seroit fort peu de chose, s'il n'étoit fort à craindre qu'elle n'ait découragé les troupes du Roi. M. de Lislebonne a été fait prisonnier et renvoyé sur sa parole. Nous apprenons que les ennemis ont encore fait passer des troupes de ce côté-ci. »

J'appris en arrivant de la campagne hier, que M. le maréchal de Broglie a été fait duc ; cette grâce lui fut accordée dimanche au soir. C'est un duché héréditaire comme celui de M. de Belle-Isle. M. l'abbé de Broglie et M. le chevalier de Broglie, qui est dans la marine, allèrent sur-le-champ remercier le Roi. L'abbé de Broglie n'avoit point encore fait sa cour au Roi ni à la Reine, et le chevalier de Broglie vient si peu ici, qu'à peine y est-il connu. M. le Dauphin et M. de Châtillon étoient dans le cabinet du Roi, lorsqu'on avertit S. M. que MM. de Broglie étoient dans sa chambre pour lui faire leurs remercîments. Le Roi les fit attendre trois quarts d'heure, de manière que M. le Dauphin étoit parti lorsque le Roi parut dans sa chambre. Le Roi reçut assez froidement le remercîment de MM. de Broglie. Ils allèrent ensuite chez la Reine, où ils furent mieux reçus. La Reine s'intéresse à M. de Broglie parce qu'il est ami de M. de Nangis. M. de Nangis avoit demandé à servir sous M. de Broglie, sans être payé comme maréchal de France et même pour rien, et M. de Broglie avoit paru désirer d'avoir M. de Nangis avec lui; le refus qui fut fait à M. de Nangis est en partie cause de sa maladie; il le dit même il y a quelques jours à M. le Cardinal, qui alla le voir, et en termes assez forts, car il lui dit : « Monseigneur, vous êtes la cause de ma mort. » M. le Cardinal fut un peu embarrassé de ce discours, auquel il ne pouvoit s'attendre, et lui dit pour se justifier que le Roi n'avoit pas cru que sa santé lui permît de servir; sur quoi M. de Nangis lui répondit : « Ce n'est pas à moi, monseigneur, qu'il faut donner cette raison, puisque la décision dépendoit de vous. »

Du mardi 26, *Versailles.* — Un second voyage que j'ai fait à Chaulnes, d'où je revins le mercredi 20 de ce mois, m'a empêché d'écrire aussi exactement.

Le Roi revint ce jour-là de Saint-Léger, où il n'a couché qu'une nuit. Il n'y avoit point de dames à ce voyage; c'étoit la semaine de Mme de Mailly; il n'y eut à Saint-Léger que Mme la maréchale d'Estrées, qui y étoit restée dans l'intervalle de deux voyages. Le Roi y retourna samedi dernier et y reste jusqu'à jeudi; il devoit y avoir à ce voyage Mmes de Mailly, de Saint-Germain et d'Antin; mais Mme d'Antin a eu des affaires qui l'en ont empêchée.

La reine d'Espagne, Louise-Élisabeth d'Orléans, qui

étoit née le 14 décembre 1709, mourut subitement au palais de Luxembourg, le 16 de ce mois, en dînant ; elle étoit hydropique et avoit été à l'extrémité il y a quelque temps ; elle étoit depuis peu retombée malade ; elle étoit dans une grande piété, passant sa vie dans les églises et ne voyant personne. Le Roi lui avoit donné en la mariant 900,000 livres de dot, lesquelles, à cause du change, montoient à environ quatre millions, dont il lui payoit 200,000 livres d'intérêt. Ce fonds revient à M. le duc d'Orléans. Il est dû outre cela à la reine d'Espagne plusieurs années de la pension que l'Espagne devoit lui payer et qui étoit d'un million par an. Elle a été payée d'une partie la première ou la seconde année ; ainsi cette dette est encore fort considérable (1).

M. Alexandre, l'un des premiers commis des bureaux de la guerre, mourut le 17 ; il étoit extrêmement estimé ; il y avoit grand nombre d'années qu'il étoit à la tête de ce bureau ; on lui reprochoit un peu de sécheresse, mais il étoit juste et éclairé.

Il y avoit deux contrôleurs généraux chez la Reine ; l'un est le mari de la nourrice, l'autre étoit un ancien valet de chambre de feu M. le Duc, nommé Chéron ; on n'a point rempli cette place.

M. le Dauphin continue toujours à monter au ma-

---

(1) M. le curé de Saint-Sulpice, qui est venu ici aujourd'hui, nous a dit qu'il avoit fait faire dans les souterrains de son église un caveau séparé et fermé pour la reine d'Espagne seule ; qu'il avoit fait mettre sur sa tombe : *cy-gît Elisabeth, reine douairière d'Espagne* ; que M. le duc d'Orléans avoit été surpris de ce qu'on n'avoit pas mis Élisabeth d'Orléans, Reine, etc., et que lui M. le curé avoit répondu que la reine d'Espagne avoit demandé l'épitaphe telle qu'on l'a mise, et que d'ailleurs le titre de Reine l'emportoit sur le nom de famille. Il nous a conté aussi la façon singulière avec laquelle le duc d'Albe, mort à Paris, avoit désiré par son testament qu'on l'enterrât. C'étoit avec une chemise neuve de la plus belle toile, garnie de point neuf le plus beau qu'il seroit possible de trouver ; un habit neuf de drap de Varobez brodé en argent, une perruque toute neuve, sa canne à sa droite dans son cercueil, et son épée à gauche ; ce qui fut exécuté. (*Addition du duc de Luynes*, datée du 8 août 1742, Versailles.)

nége et y réussit fort bien; le Roi alla lundi 18 le voir monter.

Nous apprîmes ce même lundi 18, à Chaulnes, la nouvelle du gain du procès que mon fils a gagné à Toulouse contre Mme de Caylus. Il s'agissoit de terres en Languedoc, faisant partie de la donation faite par Mme de Saissac à M. de Grimberghen et par M. de Grimberghen à mon fils. M. de Bayeux, mon frère, avoit bien voulu aller à Toulouse solliciter le jugement de ce procès.

Le mardi 19, l'ambassadeur turc vint ici avec les autres ambassadeurs, et dîna chez Mme de Mazarin.

Dimanche 17, Mme la duchesse de la Force présenta ici sa nouvelle belle-fille qui est fille de M. Amelot; on dit que sa figure est assez bien. Comme c'étoit pendant mon absence, je ne l'ai point vue.

Mme la princesse de Montauban fait part du mariage de Mlle sa fille avec M. le comte de Westerloo. C'est un seigneur de Flandre fort riche (1); c'est l'aîné de la maison de Mérode, il a vingt-huit ou trente ans; Mlle de Montauban en a quatorze ou quinze et est fort laide. Elle a deux frères, dont l'un s'appelle le prince Charles, et l'autre le prince Eugène, et une sœur qu'on appelle Mlle de Rochefort, qui est encore fort petite, mais extrêmement jolie.

Mercredi, en arrivant à Paris, j'appris les tristes nouvelles de Bohême. Après le combat de Sahay dont j'ai parlé ci-dessus, M. le maréchal de Belle-Isle étoit allé conférer avec les rois de Prusse et de Pologne sur les opérations de

---

(1) Il y a déjà longtemps que son père est mort laissant 800,000 florins de dettes, qui valent 1,600,000 livres. M. de Westerloo a fait un arrangement après la mort de son père pour payer ses créanciers; il a 350,000 livres de rente; par cet arrangement il ne s'en est réservé que 70,000 et a laissé le surplus auxdits créanciers, jusqu'à ce qu'ils soient payés. Il y a déjà moitié des dettes d'acquittées, et dans sept ou huit ans, il jouira de ses revenus en entier. L'usage en Flandre, dans les grandes maisons, est de ne point vendre les terres et de payer les dettes sur les revenus. Le contrat doit être signé demain 29 juin. (*Addition du duc de Luynes*, datée du 27 juin.)

la campagne. M. le maréchal de Broglie avoit envoyé M. le comte d'Aubigné s'emparer du poste de Thein de l'autre côté de la Moldau, et avoit porté en avant M. de Boufflers jusqu'à Crumau, le gros de l'armée restant à Frauenberg. Le prince Charles, qui étoit près de Deutsch-Brod, s'étant joint au prince de Lobkowitz, ces deux armées marchèrent le 6 à Thein (1), et ayant fait passer la Moldau à un gué, M. d'Aubigné fut obligé de se retirer sur le maréchal de Broglie, lequel voyant que les ennemis s'avançoient à lui et que leur armée étoit fort supérieure à la sienne, envoya avertir M. de Boufflers d'abandonner le poste de Crumau, et se retira lui-même à Pisek, où il a demeuré deux jours; mais voyant que les ennemis tournoient ce poste par Strakonitz et Stickna, pour éviter qu'ils ne se portassent entre Prague et Pisek, il prit le parti de se retirer à Beraun et Konigsaal, d'où il a passé depuis la Moldau et est campé au-dessous de Prague.

Extrait d'une lettre écrite de Prague, le 12 juin 1742.

« Ma maladie m'a sauvé mille écus, car si j'avois été en état d'entreprendre la campagne j'aurois eu le sort des autres qui ont perdu leurs équipages. Nous avions eu, comme je vous l'ai mandé, une aventure unique et heureuse à Sahay, et l'objet se trouva rempli dès le même jour puisque les ennemis levèrent le siége de Frauenberg; mais il ne falloit pas y rester dix à douze jours, comme M. le maréchal de Broglie, et séparer son armée à cinq lieues sur la droite et autant sur la gauche, avec un appareil menaçant M. de Lobkowitz.

« Les ennemis, après la bataille du roi de Prusse (2), voyant qu'il les laissoit tranquilles, ont pris le parti d'aller secourir à la sourdine M. de Lobkowitz, qui demanda un prompt secours. Ils avoient pris le parti de marcher sur la Moldau, afin de tomber tous ensemble sur M. de Broglie, que M. de Lobkowitz savoit bien lui-même éparpillé, car il le pouvoit voir aisément. Ils ont débouché par le pont de Thein, qui étoit gardé par M. le comte d'Aubigné, lieutenant général, avec une brigade d'infanterie et une de cavalerie. M. d'Aubigné a fait retraite fort précipitée

---

(1) Moldau-Thein, sur la Moldau, un peu au nord de Frauenberg et de Budweiss.

(2) Bataille de Czaslau, du 17 mai.

avec perte de quelques officiers et d'une centaine de soldats et cavaliers et de tous les équipages des deux brigades.

« M. de Broglie a été obligé de faire sa retraite, les ennemis étant plus forts que lui. Il y a eu dans cette retraite comme dans l'autre, bien de la confusion et beaucoup d'équipages perdus. M. le marquis de Tessé a tout perdu ; M. le marquis de Clermont, partie de ses charrettes ; sa vaisselle a été sauvée ; M. du Cayla a tout perdu ; le major-général aussi, et une infinité d'officiers particuliers qui n'ont que la chemise qu'ils avoient ce jour-là.

« M. le Maréchal s'est retiré d'abord à Posel, et comme on le suivoit de près vers Protiwin, il a fait ferme ; la nuit survint ; y il avoit un ruisseau à passer. Les ennemis, qui suivant leur méthode s'en fient depuis peu à nous, contents de la place qu'on leur cédoit et du butin et vivres, ne voulurent rien engager. Il marcha la nuit, et par cette marche dérobée, arriva tranquillement, le 7, à Pisek. Il auroit pu s'y retrancher sûrement ; mais il ne voulut pas, et fit marcher à Beraun. Personne ne suivoit, ainsi il n'y eut que du bon ordre. Ce qui l'obligea à cela, c'est qu'il s'imagina que les ennemis le tournoient par Strakonitz.

« Arrivé à la Beraun, il a cru n'y pas être en sûreté et qu'il étoit suivi ; il a passé la Moldau, au-dessus de Prague, la nuit du 12 au 13, pour se mettre derrière Prague, qui étant à découvert d'un côté nous donnera la visite des hussards.

« Voilà une fort vilaine aventure qu'on auroit pu éviter si M. de Broglie eût voulu peser les raisons que M. le maréchal de Belle-Isle lui proposa la nuit qu'ils couchèrent ensemble à Sahay ; qui étoient ou d'attaquer le lendemain les ennemis épouvantés de la veille, avant que le prince Charles en eût nouvelle, et de prendre des postes de l'autre côté, qui sont meilleurs pour la défense que ceux d'en deçà, ou de se retirer à Pisek, et de s'y retrancher derrière la Wottawa et attendre là l'arrivée des recrues et des milices qui devoient arriver le 12. Le parti étoit d'autant plus convenable que l'objet étoit rempli, le siége de Frauenberg levé, le château mis en état de défense, et nous avions par devers nous un combat victorieux. On n'a pas voulu l'en croire, et on perd l'armée. Si le repentir pouvoit y remédier, cela seroit beau ; mais je sais par plusieurs officiers généraux présents que le maréchal de Belle-Isle a prédit à M. de Broglie ce qui lui arriveroit.

« Faisons la paix, Monsieur ; les ressources de M. de Belle-Isle et de M. de Séchelles ne peuvent se renouveler tous les jours dans un pays ruiné et qui a été mangé par bien du monde. »

Au camp sous Prague, le 13 juin 1742.

« Le 5, sur les quatre à cinq heures du matin, le prince Charles parut avec toute son armée devant Thein, que M. d'Aubigné occupoit depuis quelques jours avec les brigades de la marine et de Royal-Allemand.

« Les ennemis établirent en arrivant deux batteries sur ces brigades, et au premier coup de canon un grand nombre de hussards, Croates et Rasciens passèrent la Moldau au gué par plusieurs endroits, et vinrent fondre sur nos troupes de tous côtés pendant que le corps de l'armée s'avançoit au bourg de Thein pour gagner le pont. Malgré le grand nombre d'ennemis qui avoient passé la rivière, M. d'Aubigné se retira avec ses deux brigades, non sans quelque perte, sur le chemin de Frauenberg à Wodnian, où il trouva son armée qui se retiroit de son côté.

« M. le maréchal de Broglie ne fut informé de l'aventure de Thein que sur les neuf heures du matin ; il envoya aussitôt ordre à M. de Boufflers, qui étoit à Crumau avec la brigade de Navarre et les régiments de mestre de camp, Dauphin et Surgères (dragons), de se retirer le mieux qu'ils pourroient par Winterberg et Strakonitz, ce qu'il a parfaitement bien exécuté. M. le maréchal de Broglie donna ordre à l'armée de se tenir prête à marcher le plus tôt qu'il seroit possible, mais elle ne put se remettre en marche avant deux heures après midi, toute la cavalerie et les chevaux d'équipages étant au fourrage ou à la pâture.

« La proximité où nous étions de l'armée de M. de Lobkowitz, les vedettes de nos gardes avancées étant à portée presque de pouvoir se parler, ce général, étant instruit d'ailleurs de ce qui s'étoit passé à Thein, au moins aussitôt que nous, se mit en marche pour suivre l'armée de M. le maréchal de Broglie, et fit attaquer notre arrière-garde, presque en sortant de son camp, par un nombre considérable de hussards, Rasciens, Talpaches et Pandours, qui nous suivirent de fort près pendant notre retraite, et firent un feu continuel sur notre arrière-garde depuis deux heures après midi jusqu'à la nuit. Les carabiniers, qui faisoient l'arrière-garde avec 22 compagnies de grenadiers, se sont comportés avec leur courage ordinaire et toute la valeur possible. La retraite s'est faite au petit pas, sans que les ennemis nous aient entamés ni fait des prisonniers que les grenadiers ou carabiniers qui étoient dangereusement blessés. Nous avons eu dans cette occasion quatre à cinq cents hommes tués ou blessés, et plusieurs officiers des deux corps. Le feu a été long et très-vif. On ne sauroit trop se louer de ces valeureuses troupes, surtout de M. le marquis d'Armentières, qui commandoit les grenadiers ; il s'est comporté avec tout le courage possible, beaucoup de sang-froid, et en officier consommé dans son métier. Le chevalier d'Apchier, qui commandoit la totalité de l'arrière-garde a eu ses deux aides de camp blessés à côté de lui, chacun d'un coup de feu, l'un à la tête très-dangereusement, l'autre très-légèrement. Ce dernier, qui est M. de la Tour d'Auvergne, a eu aussi un cheval blessé sous lui. Nous ignorons la perte que les ennemis ont faite; ils doivent avoir perdu considérablement par le grand feu que nous leur avons opposé.

« Notre arrière-garde n'arriva à Wodnian qu'à trois heures du matin, où elle fit halte jusqu'à ce qu'une grande partie des équipages et ce qui étoit resté en arrière de notre infanterie eût passé le pont.

« M. le maréchal de Broglie donna ordre de laisser dans Wodnian les 22 compagnies de grenadiers; les carabiniers passèrent la rivière au gué et se mirent en bataille sur les hauteurs de Wodnian. A peine y fûmes-nous arrivés que la même quantité de hussards, Rasciens, Pandours, qui nous avoient suivis jusqu'à la nuit, vinrent reconnoître ce que nous avions laissé dans Wodnian, dont ils n'approchèrent qu'avec beaucoup de discrétion.

« Peu de temps après nous aperçûmes l'armée de M. de Lobkowitz qui marchoit sur Wodnian par le même chemin que nous avions tenu; il vint se mettre en bataille à la portée de la carabine de Wodnian, faisant le demi-cercle autour de l'autre côté de la rivière.

« M. de Lobkowitz fit sommer M. d'Armentières, qui étoit resté avec les grenadiers, de se rendre, et lui fit dire qu'il feroit la meilleure composition; M. d'Armentières répondit à ces propositions en homme tel que lui. Nous vîmes à peu près dans le même temps sur notre gauche l'armée du prince Charles venant de Thein marchant sur Protiwin. M. le maréchal de Broglie avoit résolu de camper à Protiwin, et les troupes alloient entrer dans le camp qui venoit d'être achevé de marquer, lorsqu'il fut informé de l'arrivée des deux armées ennemies. Il occupa aussitôt les postes nécessaires et mit son armée en bataille, la droite appuyée à la hauteur de Wodnian, la gauche s'étendant du côé de Protiwin, la cavalerie dans le centre.

« Le prince Charles mit son armée en bataille de l'autre côté de la rivière, la droite appuyée sur les hauteurs de Protiwin et la gauche du côté de Wodnian, que M. de Lobkowitz alla joindre avec son armée, à quatre heures après midi, quand il eut vu que M. d'Armentières n'étoit pas homme à écouter aucune proposition. Nous fîmes tirer quelques volées de canon sur ces troupes; le prince Charles en fit tirer sur la brigade de Piémont qui occupoit une ferme sur le bord de la rivière; le reste de la journée se passa fort tranquillement, les deux armées en bataille et à la portée de canon, n'étant séparées que par la rivière, qui est guéable en plusieurs endroits.

« Les armées du prince Charles et de M. de Lobkowitz étant près de trois fois plus fortes que la nôtre, M. le maréchal de Broglie ordonna que les équipages se mettroient en marche à la nuit, que l'armée suivroit pour aller par le pont de Kestrzan occuper le camp de Pisek. Il étoit deux heures et demie du matin, et le jour commençoit à poindre lorsque l'arrière-garde de notre armée, commandée par le chevalier d'Apchier, et les mêmes troupes qui avoient fait l'arrière-garde, la veille, sortirent du camp et se mirent en marche; ces troupes avoient été renforcées par 300 carabiniers tirés du corps de la cavalerie et de quelques hussards.

« Il y avoit tout lieu de croire que cette arrière-garde seroit attaquée plus vivement que la veille, partant de son camp à la vue et aussi près des ennemis; elle arriva cependant au pont de Kestrzan, où elle passa la Wottawa, sans avoir vu que quelques hussards, quoiqu'elle fît de fréquentes et longues haltes pour ramasser les traîneurs et leur donner le temps de passer la rivière.

« Sur le midi, les ennemis vinrent sonder les gués au-dessus et au-dessous de Kestrzan, et s'emparèrent du château; mais ils en furent chassés par des compagnies de grenadiers que l'on y envoya avec le Sr Gathau et sa compagnie franche. M. le duc de Boufflers y arriva le soir avec la brigade de Navarre et les trois régiments de dragons qui revenoient de Crumau.

« M. le maréchal de Broglie avoit résolu d'attendre l'ennemi dans son camp de Pisek, et le combattre s'il venoit l'attaquer par le chemin de Protiwin; mais ayant été averti par M. le duc de Boufflers que l'armée ennemie marchoit sur Kestrzan et Strakonitz, qu'elle nous tournoit, et que l'avant-garde étoit très-près, M. le maréchal prit le parti d'abandonner son camp de Pisek; il laissa 400 hommes dans la ville, et fit mettre l'armée en marche sur les deux heures après midi pour aller à Mirowitz, et de là tout de suite à Przibram, sans s'arrêter que deux ou trois heures. Notre arrière-garde, commandée par le chevalier d'Apchier, avec les mêmes troupes des jours précédents, étoit à peine sortie du camp de Pisek, que les ennemis y entrèrent; ils n'osèrent pas nous attaquer et nous ont peu inquiétés pendant les deux jours que nous avons marché de suite et sans repos pour arriver à Przibram. Depuis ce temps-là, l'armée ennemie ne nous a suivis que de loin; on dit que son projet est de venir nous combattre; si elle vient nous attaquer dans le camp que nous occupons, M. le maréchal de Broglie a résolu de l'y attendre, quoiqu'ils soient fort supérieurs en nombre. Notre camp est bon, à ce qu'on dit; je n'ai pas encore eu le temps de le reconnoître. On dit aussi que les Prussiens doivent nous envoyer quatre bataillons de grenadiers et mille hussards. Les Saxons doivent nous envoyer aussi dix escadrons, quatre bataillons et mille hulans. MM. de Danois et d'Estrées, maréchaux de camp, nous amènent à Pilsen huit bataillons de milice avec le reste de notre cavalerie qu'on avoit laissé sur les derrières. Je souhaite que tout cela arrive à propos; si les ennemis ne changent point de résolution, nous comptons qu'ils viendront nous attaquer samedi ou dimanche. Nous nous reposerons en attendant; nous en avons un grand besoin. »

Cette retraite de M. le maréchal de Broglie a donné occasion ici à différents raisonnements; à Paris et à la Cour, les esprits sont partagés en deux partis, les uns pour M. de Broglie, les autres pour M. de Belle-Isle. La Reine, M. de Nangis, Mme de Mazarin, encore plus M. de Châtillon, presque tous les ministres, surtout M. Orry et M. de Maurepas, soutiennent vivement M. de Broglie. Le Roi paroît aimer M. de Belle-Isle; Mme de Mailly le soutient fortement; beaucoup de gens qui entourent le Roi sont aussi dans ses intérêts; presque toute l'armée de Bohême et une partie de celle de Bavière fort attachées à M. de Belle-Isle. Tous les Noailles, hors Mme la comtesse de Toulouse, n'aiment pas M. de Belle-Isle.

Les Broglie soutiennent donc que l'on ne pouvoit faire mieux que ce qui a été fait; qu'il étoit très-avantageux de s'être emparé de Thein et d'avoir poussé un poste considérable jusqu'à Crumau; que M. de Broglie avoit raison de compter que le prince Charles seroit tenu en bride par le roi de Prusse et ne pourroit par conséquent faire aucun mouvement pour se joindre à M. de Lobkowitz; que dans cette situation, M. de Broglie n'avoit rien à craindre que M. de Lobkowitz seul, et qu'il étoit posté de façon à pouvoir plus facilement excécuter ce qui seroit résolu avec les alliés. Il me paroît que les zélés Broglie veulent aussi imputer quelques fautes à M. d'Aubigné, que l'on sait fort ami de M. de Belle-Isle; ils ajoutent que le roi de Prusse n'ayant voulu rien faire et ayant laissé la facilité aux deux armées de se joindre, M. de Broglie qui étoit extrêmement inférieur, s'est conduit très-sagement en prenant le parti de se retirer; qu'à l'égard du poste de Pisek, il avoit bien pu s'y maintenir tout l'hiver n'ayant affaire alors qu'à l'armée seule de M. de Lobkowitz, et ayant fait fortifier Pisek, dans la partie qui regarde Budweiss, de manière à n'avoir rien à craindre; mais que dès ce temps il avoit dit que ledit poste ne valoit rien si les ennemis venoient à lui avec des forces fort supérieures, ou qu'ils prissent le parti de tourner Pisek pour se poster entre ce lieu et Prague. Ils ajoutent encore que par la marche des ennemis par Strakonitz et Stikna, M. de Broglie ne pouvoit faire autre chose que de se retirer promptement, pour n'être pas hors de portée d'être secouru par les alliés et mettre à couvert la ville de Prague; que cette retraite s'est faite avec toute la présence d'esprit, l'ordre et le courage possibles, M. le maréchal de Broglie faisant l'arrière-garde à la tête des grenadiers et ayant été six ou sept jours sans se coucher; que si il y a eu beaucoup d'équipages de perdus, ce n'est pas qu'il n'y ait eu des escortes de commandées et prêtes à les mettre en sûreté, mais les conducteurs des équipages, même les maîtrés, par frayeur et par impatience, avoient fait marcher les équipages sans les escortes ; que ce n'étoit point même les ennemis qui avoient pillé la plus grande partie des équipages, qu'ils l'avoient été par nos hussards ; que la preuve que M. de Broglie comptoit le trésor bien en sûreté, c'est qu'il y avoit laissé sa cassette où il y avoit 40,000 livres, laquelle a été prise avec tout au plus 20,000 écus qui étoient dans la caisse du trésorier. Ils concluent enfin en disant que cette retraite est la plus belle et la plus glorieuse action que l'on puisse voir, et qu'au jugement de tous les militaires expérimentés elle est plus honorable qu'une bataille gagnée. Je n'ajoute rien à cette dernière expression ; je l'ai entendue.

Les partisans de M. de Belle-Isle conviennent que l'on ne pouvoit rien faire que de concert avec les alliés ; que c'est pour cette raison que M. de Belle-Isle avoit proposé à M. de Broglie, immédiatement après le combat de Sahay, de se retirer dans son camp de Pisek, jusqu'à ce que lui M. de Belle-Isle eût été concerter les opérations de la campagne avec les deux rois alliés (ce qu'il n'avoit pas eu le temps de faire, ayant appris en chemin que les troupes marchoient au secours de Frauenberg) ; que ce parti étoit le seul bon, à moins que M. de Broglie ne voulût marcher à Budweis, où la défaite de Sahay avoit jeté la consternation. Ils ajoutent que M. de Broglie auroit pu être instruit, par des espions, des mouvements des ennemis et par conséquent n'être point obligé à une retraite aussi précipitée ; que d'ailleurs, le poste de Crumau étoit trop avancé et celui de Thein insoutenable, d'autant plus que l'armée du prince Charles étant postée entre le roi de Prusse et Thein, rien ne l'empêchoit de marcher à M. d'Aubigné ; que d'ailleurs la retraite honorable dont on parle, ressembleroit plutôt à l'aventure de la Secchia (1). Je n'entreprendrai point de juger sur ces deux raisonnements. On a déjà dit, sur l'aventure de la Secchia, que si la surprise pouvoit être reprochée à M. de Broglie, la fermeté et la présence d'esprit qu'il y avoit marquées lui avoient fait beaucoup d'honneur ; peut-être cet exemple pourroit-il donner lieu, à cette occasion, de faire le même raisonnement. (*Addition du duc de Luynes*).

Il arriva samedi deux courriers, dont l'un est de M. de Belle-Isle et l'autre étoit de M. de Champigny ; on ne sait

---

(1) Le 15 septembre 1734, le maréchal de Broglie, commandant l'armée française avec le maréchal de Coigny, fut attaqué à l'improviste par les Autrichiens dans son camp sur la Secchia. M. de Broglie, surpris au lit, n'eut que le temps de se sauver par une fenêtre et en chemise. Quatre jours après cependant, les Autrichiens étaient battus à Guastalla.

point quelles sont les dépêches de l'un ni de l'autre, mais on croit que M. de Champigny, qui est fort attaché à M. le maréchal de Broglie, quitte l'armée de Bohême et s'en va en Bavière y attendre M. le maréchal de Broglie et y faire les fonctions de major-général. On croit aussi qu'il vient ici recevoir des instructions pour les opérations de cette armée; cependant étant arrivé samedi, il n'a vu M. le Cardinal qu'hier au soir pour la première fois. Le courrier de M. de Belle-Isle est venu vraisemblablement recevoir des ordres. On a su par lui que MM. de Soubise et de Picquigny étoient arrivés à Prague, et que M. de Vassé étoit à la dernière extrémité.

Du jeudi 28, Versailles. — On ne reçoit point de nouvelles de Bohême depuis quelques jours, au moins les particuliers, et l'on sait que le Roi a écrit seul pendant assez longtemps à Saint-Léger.

On sait que le pauvre Vassé est mort à Prague; il étoit colonel du régiment Dauphin-dragons. Il ne reste plus qu'un frère.

Le Roi revient aujourd'hui. Mme d'Antin et Mme la duchesse de Ruffec étoient du voyage.

Du samedi 30, Versailles. — Le contrat de Mlle de Rohan, fille de Mme de Montauban, a été signé aujourd'hui; il y avoit beaucoup de monde à cette signature; c'est M. de Maurepas qui a fait signer. M. de Westerloo n'est point ici; de son côté étoient M. le prince d'Isenghien et M. le comte de Mérode.

Il y a déjà quelques jours que l'on a appris ici l'accommodement fait par le roi de Prusse (1); il a traité en particulier avec la reine de Hongrie, se séparant de ses alliés. Par ce traité, la reine de Hongrie lui cède la haute et la basse Silésie, excepté la principauté de Tetschen, et lui cède aussi le comté de Glatz en Bohême. Ce procédé a

---

(1) Il s'agit des préliminaires de la paix de Berlin, signés le 11 juin à Breslau; la paix fut conclue le 28 juillet, à Berlin.

paru extrêmement singulier. On prétend que le roi de Prusse dit pour sa justification, que le Roi n'a jamais voulu ni lui confier le commandement de ses armées; ni lui donner le général qu'il désiroit; que d'ailleurs il avoit su sans en pouvoir douter que la France traitoit avec la reine de Hongrie sans lui, et qu'il en avoit des preuves par écrit. L'Angleterre et la Russie sont garantes du traité du roi de Prusse qui fut signé le 11. On prétend que c'est la retraite de M. de Broglie sous Prague qui a déterminé ce prince à signer, et qu'il n'auroit pas pris ce parti si M. de Broglie étoit demeuré à Pisek ou seulement derrière la Beraun.

M. de Forcalquier a remercié le Roi ce soir, dans le temps que S. M. se mettoit à table au grand couvert. Le Roi lui a accordé les honneurs du Louvre et le tabouret à Mme de Forcalquier. C'est ce que l'on appelle un brevet d'honneur; il n'y en a actuellement en France que M. le prince d'Isenghien. Lorsqu'il fut question de marier M. de Forcalquier à Mme la marquise d'Antin, M. le maréchal de Brancas espéra obtenir de la cour d'Espagne la permission de se démettre de sa grandesse en faveur de son fils. Cette grâce avoit déjà été refusée à M. le maréchal de Villars; mais il avoit obtenu une grandesse à vie pour M. de Villars, à qui il n'avoit jamais voulu céder son duché. M. le maréchal de Brancas, qui n'est pas trop bien à la cour d'Espagne, n'a pu rien obtenir; il m'a dit que M. le Cardinal lui avoit conseillé de faire toujours le mariage, lui promettant de nouvelles tentatives et les bontés du Roi s'il ne réussissoit pas, et que c'étoit en conséquence que l'on avoit accordé le brevet d'honneur.

M. de Mirepoix, qui demande depuis longtemps d'être fait duc et qui a fait merveille au combat de Sahay, n'a pu voir cette nouvelle grâce sans une peine extrême.

JUILLET.

Insolences des Anglais. — Mort de la duchesse douairière d'Antin. — Régiment donné. — Lettre de M. d'Havrincourt sur les travaux de Dunkerque. — Voyages de Saint-Léger. — Nouvelles de l'armée. — L'abbé de Choiseul nommé primat de Lorraine. — Fête chez le prince Cantimir. — L'ambassadeur d'Espagne donne part de la mort de la reine douairière; rires de la Cour à cette occasion. — Conférence du maréchal de Belle-Isle avec M. de Konigseck. — La Reine va voir le Dauphin monter à cheval. — Présentation de Mme de Forcalquier. — Mort de M. d'Argenson fils et de la comtesse d'Estrées. — Santé de M. Orry. — M. Mendès et son crédit auprès du cardinal de Fleury. — Mort de M. de Fortia et de Mme de Bouville. — Les frères Paris. — M. de Jablonowski.

Du vendredi 6 juillet, Versailles. — Le Roi partit dimanche pour Choisy. Les dames de ce voyage étoient : Mme la duchesse de Gramont, Mme la maréchale d'Estrées, Mme la duchesse de Ruffec et Mme de Mailly. Le Roi a paru fort sérieux presque tout ce voyage. Il reçut le lundi matin, à son lever, par M. d'Argenson, une lettre de M. le Cardinal; il nous dit l'après-dînée que les Anglois avoient brûlé cinq galères espagnoles chargées de canons de transport dans le port de Saint-Tropez, près de Fréjus; c'est un port de France. C'est une suite des insolences que les Anglois font trop souvent; pareille action est regardée dans le port ou dans la rade comme une grande insulte en fait de marine.

J'ai déjà marqué ci-dessus que M. de Champigny est ici depuis plusieurs jours; il est major-général de l'armée de Bohême et fort attaché à M. de Broglie. On a remarqué que le Roi ne lui avoit pas dit un mot, ni à son souper, ni à son lever.

M. de Ségur fit sa révérence, à son retour, au Roi, dimanche après la messe; le Roi s'arrêta, lui demanda de ses nouvelles avec beaucoup de bonté. M. de Ségur en fut pénétré de reconnoissance et en remercia S. M. les larmes aux yeux.

Du lundi 9 juillet, Versailles. — On apprit avant-hier

que Mme la duchesse d'Antin douairière étoit morte à Paris; elle étoit sœur de feu M. le duc d'Uzès, le dernier mort; elle avoit été fort jolie, à ce que l'on dit; nous ne l'avons jamais vue que fort grasse et ne pouvant marcher; elle avoit environ soixante-dix ans et jouissoit d'un revenu fort médiocre.

Avant-hier le Roi revint de Saint-Léger souper dans ses cabinets.

M. de Puiguyon remercia hier le Roi, qui lui a donné l'agrément du régiment Dauphin-dragons; ce régiment vaut 120,000 livres, et celui de Puiguyon-infanterie ne vaut que 40,000 livres; ainsi c'est un présent de 80,000 livres (1). M. le Dauphin avoit demandé ce régiment pour M. de Puiguyon, immédiatement après la mort du pauvre Vassé. Il y avoit plusieurs jours que cela étoit fini, mais on n'en sut rien qu'hier.

Voici l'extrait d'une lettre qui m'a été écrite de Dunkerque le 4 juillet par M. d'Havrincourt.

On continue ici les travaux avec grande diligence et avant un mois cette ville sera à l'abri de toute crainte. Le fort du Risban, réparé depuis deux ans, couvre toute la branche gauche de l'entrée du port, appelée le chenal, et met à l'abri de toute descente de ce côté qui ne pourroit se risquer qu'en marée basse. Ce Risban, de l'aveu des gens du pays, étoit moins fort, avant la démolition, qu'il ne l'est aujourd'hui; cet ouvrage, où il peut tenir 6 à 700 hommes, hérissé de 20 pièces de canon de 36 et de 8 mortiers, est un des morceaux les plus respectables que j'aie vus. La branche droite du chenal, et la côte, est défendue par les trois batteries qu'on y a faites depuis deux ans; elles sont admirables et à l'abri des plus grands coups de mer; elles contiennent l'une 8, l'autre 10, et l'autre 12 pièces de 24, et chacune 2 mortiers. Tout le côté de la mer est donc inaccessible. Quant à la partie qui regarde Nieuport et Furnes, on fait actuellement un retranchement dont le flanc

---

(1) M. de Puiguyon a acheté son régiment d'infanterie 40,000 livres; il en donne aujourd'hui sa démission, et le Roi y nommera; et lorsque M. de Puiguyon sera maréchal de camp, il vendra l'autre 120,000 livres. Il y a peu ou point d'exemple de colonel d'infanterie fait mestre de camp de cavalerie. (*Note du duc de Luynes.*)

gauche couvert d'une bonne redoute appuie aux dunes, et le flanc droit, couvert aussi d'une redoute, au canal de Furnes. Ce retranchement continue depuis la rive droite du canal de Furnes et va finir au canal de la Moor; vingt mille hommes pourroient manœuvrer dans l'intérieur; et le retranchement sera fraisé et garni de 70 pièces de canon. Ce détail pourra vous amuser si vous avez le plan des environs de Dunkerque. »

Du jeudi 12, *Versailles.* — Le Roi fut avant-hier à Saint-Léger, en chassant, et en revint hier après avoir encore chassé. Il n'y a point eu de dames à ce voyage. Mme de Mailly est de semaine. Elle fut hier à Poissy, où il y avoit un grand dîner, pour lequel on avoit emprunté beaucoup de vaisselle du Roi et de la Reine. Après le dîner se fit l'installation de Mme l'abbesse (Mme de Sainte-Hermine); il y eut ensuite un *Te Deum* exécuté par une partie de la musique du Roi et de celle de N.-D. de Paris. Mme de Mailly revint de bonne heure ici pour être à l'arrivée du Roi, qui soupoit dans ses cabinets.

Lundi et mardi, il arriva ici six ou sept courriers de Bohême, de Bavière, de Francfort et de Cologne. Nous sommes toujours en présence des ennemis en Bohême et en Bavière. En Bohême, nous sommes plus foibles qu'eux; mais le camp du maréchal de Broglie, dont la droite est appuyée à la Moldau et la gauche à Prague, est présentement fort bon. M. de Belle-Isle avoit proposé un autre camp, et avoit envoyé ici les raisons détaillées pour prouver que la position qu'il proposoit valoit mieux que celle projetée par M. le maréchal de Broglie, ajoutant qu'il avoit fait voir le détail de ces raisons à M. de Broglie qui n'avoit eu rien à y répondre.

Ces deux projets furent examinés chez M. de Breteuil, en présence de M. le marquis de Broglie, de l'abbé de Broglie et de M. de Champigny; et il fut décidé, comme l'on peut aisément juger, que l'idée de M. de Broglie étoit la meilleure; elle est devenue bonne effectivement par les ouvrages que l'on y a ajoutés depuis. M. de Belle-Isle a été fort occupé à faire réparer les fortifications de Prague et à en faire ajouter aux endroits foibles.

On croyoit que les Saxons avoient fait leur traité à l'exemple du roi de Prusse, mais M. Loos est venu ici ce matin et a dit hautement qu'ils persistoient à être plus fidèles que jamais dans leurs engagements.

Nous ne sommes pas campés aussi avantageusement en Bavière qu'en Bohême, cependant le camp de M. d'Harcourt est assez bon; l'armée françoise est plus foible que celle des ennemis; mais les Bavarois, Palatins et Hessois, ne sont pas éloignés de nous, et le tout réuni nous serions au moins aussi forts que M. de Kevenhuller. On parle de faire joindre l'armée de Bavière à celle de Bohême, ce qui paroît être de difficile exécution; mais on ignore jusqu'à ce moment les ordres qui ont été envoyés. Il repartit hier pour la Bohême un courrier qui en avoit été dépêché par M. de Belle-Isle, auquel il avoit dit en partant que vraisemblablement il ne seroit pas plus de sept heures à Versailles; on l'a gardé près de deux fois vingt-quatre heures, et ensuite on l'a renvoyé en lui disant d'aller à toutes jambes.

La cabale contre M. de Belle-Isle est plus forte que jamais; elle va jusqu'à dire que l'on acquiert tous les jours des preuves par écrit contre lui. Mme de Mailly, qui a entendu ces propos, y a répondu que l'on ne trouveroit jamais d'autres preuves que celles du zèle et de l'attachement de M. de Belle-Isle pour les intérêts du Roi. M. le Cardinal paroît accablé de travail et de fatigue.

L'ambassadrice de Naples (Mme d'Ardore) accoucha hier à Paris d'un garçon. Cet enfant doit être tenu sur les fonts de baptême par le Roi et par la Reine.

Du samedi 14, *Versailles.* — Nous sûmes hier que l'abbé de Choiseul, aumônier du Roi, avoit été nommé primat de Lorraine. Cette place étoit vacante par la mort de M. l'abbé de Craon. C'est le roi de Pologne qui y nomme (1). Il n'y a nulle fonction attachée à cette dignité, sinon d'officier à certaines fêtes de l'année. Le primat officie avec la crosse et la mitre, et porte la croix en Lorraine seulement. Ce bénéfice, qui est sans charge d'âmes vaut 40,000 livres de rente; il n'en vaudra que 28,000 à l'abbé de Choiseul, parce qu'il y a des charges et pensions pour quelques années.

Du dimanche 15, *Versailles.* — M. Mercier, mari de la nourrice (2), remercia il y a deux ou trois jours pour la seconde place de contrôleur chez la Reine; elle a été réunie à celle qu'il avoit déjà; cela lui fait une augmentation de revenu de 5 ou 6,000 livres.

Mercredi dernier 11 de ce mois, il y eut une fête chez M. le prince de Cantimir, ambassadeur de Russie, à l'occasion du couronnement de l'impératrice russienne; il y eut un grand dîner, où il n'y avoit que des hommes, et le soir une grande illumination et un bal en masque.

Hier matin, M. de Campo-Florido vint ici en grand manteau donner part au Roi, à la Reine, à M. le Dauphin et à Mesdames de la mort de la reine d'Espagne. On attendoit ce cérémonial pour prendre le deuil. Comme le Roi ne revient que jeudi, on a remis à ce jour à le prendre, et on le portera trois semaines. Comme on ne peut pas regarder cette mort comme un grand malheur dans l'État, l'ambassadeur ne put pas s'empêcher de rire, et il fut reçu aussi en riant par la Reine, M. le Dauphin et Mesdames.

Le Roi partit hier pour Saint-Léger; il n'y a de dames à ce voyage que Mme la duchesse de Gramont, qui y étoit déjà, Mme de Mailly et Mme la duchesse de Ruffec.

On sait par les nouvelles du 2, de l'armée de Bohême,

---

(1) On avoit toujours cru que le roi de Pologne la donneroit à l'abbé Zaluski, son grand aumônier, mais cet abbé a pris le parti de se retirer en Pologne. (*Note du duc de Luynes.*)

(2) Du Roi.

que M. de Belle-Isle fut ce jour-là à une conférence (1) avec M. de Konigseck. Les deux généraux avoient chacun une escorte de 800 hommes. M. de Belle-Isle y étoit accompagné de M. le chevalier de Belle-Isle, son frère, de M. de Mortani et de M. le chevalier Courten.

MM. de Luxembourg et de Boufflers ont écrit ici des lettres extrêmement fortes contre M. le maréchal de Broglie, et n'ont point même demandé le secret. Le parti des Broglie soutient toujours ici qu'il n'y a rien de plus pressé que de faire revenir nos troupes, à quelques conditions que ce soit; que l'armée du prince Charles est au moins de 45,000 hommes, et que si elle ne prend pas le parti de nous attaquer, elle nous fera périr faute de subsistances. Il paroît, d'après une lettre de Bohême (2), que cette estimation de l'armée autrichienne n'est pas juste, et que leur position n'est pas même si avantageuse que la nôtre pour les subsistances. Les partisans de M. de Broglie vont jusqu'à blâmer presque ouvertement le projet de faire tomber l'empire à l'électeur de Bavière, et voudroient faire retomber sur M. de Belle-Isle toutes les fautes qui ont été faites dans l'exécution dudit projet.

Du lundi 16, *Versailles.* — M. le marquis de Pont-Saint-Pierre a eu la brigade dans les gardes du corps, qu'avoit M. le chevalier d'Auger. Ainsi il y a présentement deux régiments vacants, celui de Puiguyon-infanterie et celui de Dauphin-cavalerie, qu'avoit M. de Pont-Saint-Pierre.

Nous sommes toujours dans la même incertitude sur ce qui se passe en Bohême et en Bavière. On ne peut rien

---

(1) L'entrevue eut lieu au château de Komorzan. Il s'agissait d'ouvrir des conférences pour traiter de la paix avec l'Autriche. Les prétentions exagérées de cette puissance firent échouer ces tentatives de négociations, à propos desquelles le cardinal de Fleury écrivit à M. de Konigseck deux lettres que l'on trouvera dans les pièces justificatives de cette année 1742.

(2) Voir aux pièces justificatives : *Lettre du* 12 *juillet, au prince de Rohan.*

pénétrer des ordres qui ont été envoyés à MM. les maréchaux de Broglie et de Belle-Isle.

Du samedi 21, *Versailles.* — Mardi dernier, la Reine fut à la grande écurie voir monter M. le Dauphin. C'est M. de Salvert, premier écuyer de la grande écurie, qui a l'honneur de lui montrer. M. le Dauphin monte dans le manége couvert, et personne ne monte en même temps que lui, hors quelques pages que l'on fit venir pour faire voir des chevaux à la Reine. Il étoit environ midi quand la Reine y arriva et y fut dans ses carrosses à huit chevaux. La Reine monta dans le balcon, qui est du côté gauche en arrivant du château; l'on avoit mis sur ledit balcon, auprès de la porte d'entrée, un tapis de pied et un fauteuil. M. le Dauphin attendoit la Reine à cheval. La Reine s'assit, et d'abord toutes les dames demeurèrent debout un moment; elles étoient huit ou neuf titrées et non titrées, et l'on avoit apporté des pliants pour toutes. Mme de Luynes demanda à la Reine si l'on ne pouvoit pas regarder le manége comme un spectacle, et par conséquent si les dames non titrées ne pouvoient pas s'asseoir. La Reine ne voulut pas apparemment répondre d'abord et fut quelque temps sans rien dire; toutes les dames titrées s'assirent; peu de temps après, la Reine se retourna et dit : « Ceci est comme un spectacle, pourquoi ces dames ne s'assoient-elles pas? » En conséquence, les dames non titrées s'assirent aussi. M. l'archevêque de Rouen, M. l'évêque de Bayeux et moi étions sur le balcon, mais personne ne s'assit. C'est le garde-meuble qui fournit les fauteuils, pliants et tapis. L'autre balcon étoit rempli de pages et de gens curieux.

Avant-hier au soir, Mme de Forcalquier (1) arriva ici : elle fut présentée hier par Mme la duchesse de Villars-Brancas; il n'y avoit à la présentation que Mme de Rochefort, fille

---

(1) Canisy. Elle est de Normandie et veuve du marquis d'Antin. (*Note du duc de Luynes.*)

de M. le maréchal de Brancas, et Mme de Flamarens. Mme de Forcalquier prit son tabouret chez le Roi, à l'ordinaire, et ensuite chez la Reine. Il n'y a rien de particulier à cette présentation; elle devoit se faire immédiatement après la grâce qu'ils ont obtenue. La circonstance de la mort de Mme la duchesse d'Antin douairière, arrivée dans ce temps-là, donna quelque embarras; Mme de Forcalquier, seconde petite-fille de Mme d'Antin, ne pouvoit paroître devant le Roi qu'avec Mme la duchesse d'Antin, sa belle-sœur, et en mantes, suivant la règle; d'un autre côté, elle ne pouvoit être à cette cérémonie sans avoir été présentée; enfin, on demanda au Roi la permission de la présenter en grand deuil sans mantes. Elle devoit l'être ainsi, il y a sept ou huit jours; M. le maréchal de Brancas se trouva fort mal ici, ce qui a fait différer. Elle fut donc présentée hier en grand deuil. Elle revint chez la Reine vers la fin du jeu; elle fut au souper et a été aujourd'hui à la toilette. C'est l'usage que les dames titrées, lorsqu'il y a grand couvert, aillent au souper du Roi le jour de leur présentation; c'étoit même au souper, du temps de Louis XIV, qu'elles prenoient leur tabouret. Le Roi leur disoit : « Madame, assoyez-vous. » C'est aussi l'usage que toutes, titrées et non titrées, aillent à la toilette le lendemain de leur présentation. On ne peut pas être plus jolie que l'est Mme de Forcalquier; elle est petite, mais fort bien faite, un beau teint, un visage rond, de grands yeux, un très-beau regard, et tous les mouvements de son visage l'embellissent.

M. le marquis de Mirepoix n'est point reparti pour retourner en Bohême; il n'y retournera même point, et fait revenir son équipage; il doit aller commander en Provence (1).

---

(1) Il a toujours été d'usage que ce fût le premier président du parlement d'Aix qui eût le commandement des troupes en Provence; c'est actuellement M. de La Tour qui y est; il est aussi intendant de cette province. (*Note du duc de Luynes.*)

On apprit il y a quelques jours que le second fils de M. d'Argenson, l'intendant de Paris, lequel étoit lieutenant dans le régiment du Roi, a été tué à Prague, d'un coup de tonnerre. Il y a eu treize ou quatorze soldats du même régiment tués de ce coup.

On a appris aujourd'hui la mort de Mme la comtesse d'Estrées (1); elle étoit sœur de Mme de Choiseul; elle est morte, sans enfants, de la poitrine.

M. le contrôleur général est toujours à peu près dans le même état; il y a quinze jours ou trois semaines environ que M. le Cardinal, à ce qu'on prétend, avoit pris la résolution de lui proposer de songer uniquement à sa santé et de se débarrasser de toutes les affaires; il alla même chez lui dans l'intention de lui en parler. Le contrôleur général en fut averti. Ce jour-là, dès le matin, il ouvrit sa porte, donna plusieurs audiences; et, faisant un effort, il vint au-devant de M. le Cardinal, ne lui parla que du meilleur état de sa santé et des affaires qu'il avoit expédiées, ce qui fit changer entièrement le projet qui avoit été formé. Il paroît que les vues de M. le Cardinal étoient de charger du travail de M. le contrôleur général M. Trudaine, qui a été intendant en Auvergne et qui est actuellement intendant des finances. C'est un homme d'esprit, fort estimé et très-attaché aux intérêts du Roi. M. de Trudaine est fort ami de M. de Châtillon, et M. de Châtillon a assez de crédit auprès de M. le Cardinal; mais on prétend que le projet avoit été formé par Mendès. Mendès est un Portugais, chargé ici des commissions et emplettes du roi de Portugal, lequel a trouvé le secret de déterminer le roi de Portugal à donner la préférence à ce pays-ci pour toutes ses emplettes, qui sont considérables. S'étant apparemment mêlé d'autre chose, il se brouilla avec M. d'Acunha, ambassadeur de Portugal; sur cela il prit

---

(1) Mlle Champagne. (*Note du duc de Luynes.*)

le parti d'aller à Lisbonne rendre compte de sa conduite; il s'y justifia pleinement, et revint chargé des ordres et de la confiance du roi de Portugal. Il est lié intimement avec M. le Cardinal, et a beaucoup de crédit sur son esprit. Il s'en faut beaucoup qu'il soit des amis de M. de Belle-Isle.

On prit jeudi dernier le deuil, pour trois semaines, de la reine douairière d'Espagne.

M. Fortia, conseiller d'État, chef du conseil de feu M. le Duc et du conseil commun de la maison de Condé, âgé de soixante-quatorze ans au moins, mourut il y a trois ou quatre jours. On croit que la place de chef du conseil de la maison de Condé est donnée à M. de Saint-Cyr (1), ci-devant maître des requêtes. Quant à la place de conseiller d'État, elle n'est pas encore remplie. M. le président de Nassigny la demande pour M. de Séchelles, son frère, lequel est intendant du Hainaut et de notre armée de Prague. M. de Lesseville, intendant de Tours, et M. de Blancmesnil la demandent aussi.

Il y a environ huit ou dix jours que Mme de Bouville mourut à Paris; elles étoient quatre sœurs, Mme de Bouville (2), Mme de Béthune-Chabry, Mme Chauvelin et Mme de Poyanne.

Du dimanche 22, Versailles. — MM. Paris sont venus ici ce matin se plaindre à M. le Cardinal et à M. de Breteuil de ce que, sur un ordre de mon dit Sr de Breteuil, on avoit envoyé, il y a peu de temps, des gens masqués avec plusieurs détachements de maréchaussée fouiller dans un village qui leur appartient en Dauphiné, et dans lequel l'aîné des Paris (La Montagne) (3) vient de se retirer.

---

(1) Elle a été donnée à M. de La Michaudière, gendre de M. de Fortia. (*Note du duc de Luynes*, datée du 28 juillet 1742.)

(2) Elle étoit veuve de M. de Bouville, qui avoit été maître des requêtes et intendant d'Orléans. (*Note du duc de Luynes.*)

(3) Père de Mme de Choiseul. (*Note du duc de Luynes.*) — Anne-Émilie-Justine Paris de La Montagne, nommée Mme de Choiseul, étoit veuve de Maximilien Jean de Choiseul, fils du marquis de Meuse.

Cette fouille a été faite sur le prétexte qu'on avoit eu avis d'une somme de seize millions cachée dans cet endroit; on n'y a cependant trouvé que quelques clous rouillés. Les Paris sont chargés des vivres de nos armées, et l'on est fort content d'eux; ils sont au désespoir, et disent qu'ils veulent tout quitter, et que cette démarche leur fait perdre leur crédit : on leur a répondu qu'on ne savoit pas que ce village leur appartînt.

Il y a déjà sept ou huit jours que M. de Jablanowski a fait sa révérence au Roi et à la Reine; il vient ici passer quelques mois. Il est palatin de Narva et frère de Mme la duchesse Ossolinska et de Mme la princesse de Talmond; il n'est pas grand, et a une assez vilaine figure; il ressemble beaucoup à Mme Ossolinska; il a l'ordre du roi de Pologne.

M. de Puiguyon a pris congé aujourd'hui; il avoit l'uniforme du régiment Dauphin; il part pour la Bohême. M. le Dauphin étoit chez la Reine. La Reine, voyant que M. de Puiguyon paroissoit avoir dessein de prendre congé d'elle, appela Mme de Luynes, et lui dit que M. de Puiguyon vouloit prendre congé; Mme de Luynes, sur-le-champ, le nomma et présenta à la Reine à l'ordinaire; c'étoit un moment avant le jeu. La Reine avant de le commencer appela Mme de Luynes, et lui dit : « J'ai fait une sottise; je vous ai appelée pour faire prendre congé à M. de Puiguyon, et je n'ai pas fait attention que M. le Dauphin vouloit me le présenter. M. le Dauphin, Mesdames ont droit de me présenter eux-mêmes; mais les princes et princesses du sang prétendent aussi avoir ce droit, ce qui est un abus. »

Du mercredi 25, *Dampierre.* — Le Roi partit lundi pour Saint-Léger; il y sera jusqu'à jeudi; c'est le dernier voyage. Les dames sont : Mme la maréchale de Maillebois, Mmes les duchesses de Ruffec et de Gramont et Mme de Mailly.

Nous sommes toujours dans la même situation en Bohême et en Bavière; nos deux maréchaux sont toujours à Prague et dans le camp retranché sous cette ville; c'est M. de Belle-Isle qui commande dans la ville. Les particuliers ne reçoivent aucune nouvelle; ce qui fait juger que nous sommes investis de toutes parts, ou du moins que les hussards et pandours autrichiens empêchent nos courriers de passer. L'armée de Bavière est toujours dans son camp vis-à-vis celle de M. de Kevenhuller. Il paroît que l'on traite toujours de la paix, et que cependant le projet est, supposé que les propositions faites de part et d'autre ne conviennent pas, de faire le plus grand effort du côté de la Bavière. Nous sommes de ce côté supérieurs, en comptant les troupes hessoises, bavaroises et palatines; il paroît certain que l'on a mandé décisivement à M. le maréchal de Broglie de revenir en Bavière.

AOUT.

M. de Séchelles nommé conseiller d'État. — Nouvelles des armées. — Mort de Mme de Biron. — Régiments donnés. — Mouvements de l'armée de M. de Maillebois. — Voyages de Choisy. — Présentation du prince de Condé et de Mlle de Conty. — Le comte de Saxe. — Action du maréchal de Broglie. — Détails sur Choisy. — Mort de Silva, médecin du Roi. — Mademoiselle et Mme de Mailly. — MM. de Rennepont; goût singulier de Mlle du Plessis-Praslin. — Audiences des États de Languedoc et de la ville de Paris. — Lettre du cardinal de Fleury à M. de Konigseck. — Projets des maréchaux de Puységur, d'Asfeld et de Noailles. — M. Orry. — Audience du Roi au maréchal de Noailles. — Entrée au conseil du cardinal de Tencin et de M. d'Argenson le cadet. — Régiment vendu. — M. Renauld commissaire des guerres. — Visites de la Reine.

Du lundi 6 août, Dampierre.— Il y a longtemps que je n'ai écrit, étant depuis quinze jours ici; il ne s'est passé depuis ce temps rien d'important qui soit venu à ma connoissance.

Nous sûmes ici, le 31 du mois dernier, que M. de Séchelles avoit été nommé conseiller d'État; cette place étoit vacante par la mort de M. de Fortia. Il y a trente places de conseillers d'État; mais il n'y en a qu'environ quinze ou seize qui travaillent assidûment; les conseillers d'État d'épée, qui sont trois et font partie des trente, s'y trouvent peu souvent; les intendants des finances ont des occupations qui ne leur permettent pas d'y être assidus; il y en a de fort âgés. Le doyen présentement est M. l'abbé Bignon. La place des doyens des conseillers d'État vaut 16,000 livres. Chaque place de conseiller d'État, tous frais faits, ne vaut que 2,100 livres.

Nos armées sont toujours dans la même position. On avoit dit que M. de Broglie étoit sorti de son camp avec 6,000 chevaux pour aller joindre l'armée de Bavière, ce qui s'est trouvé sans fondement. M. de Broglie ne manque point de subsistances, et en a même encore pour longtemps. On dit actuellement que M. de Maillebois marche en Bavière avec 26 bataillons et 40 escadrons, et que les Hollandais viennent occuper le camp qu'avoit M. de Maillebois et se chargent de garder le Bas-Rhin; que le surplus de l'armée de M. de Maillebois se replie sur Givet.

Le Roi a passé toute la semaine dernière à Versailles; c'étoit la semaine de Mme de Mailly; pendant ce temps il a été tirer plusieurs fois.

Hier, les voyages de Choisy recommencèrent; le Roi en reviendra jeudi au soir après souper. M. le Cardinal étoit parti dès samedi pour Issy. M. de Breteuil a travaillé avec le Roi. Il paroît certain qu'il y a eu une promotion, et que les régiments vacants ont été donnés; mais on ne peut en rien savoir jusqu'à présent; on dit qu'on a des raisons pour en faire mystère.

Du mercredi 8, Versailles. — J'appris samedi dernier ou dimanche la mort de Mme de Biron : elle est morte d'apoplexie à Paris; elle étoit fille de M. le comte de Nogent; elle avoit été mariée en 1686, et avoit eu beaucoup d'enfants; il ne lui reste plus présentement que M. le duc de Biron, le marquis de Gontaut, un abbé de Gontaut, Mme la duchesse de Gramont, ci-devant comtesse, Mmes de Bonnac, du Roure et de Seignelay.

Ce que j'ai marqué, à l'article du 6 août, de la promotion se vérifie; elle est faite il y a déjà du temps, j'en suis sûr; M. le Cardinal dit que les circonstances présentes ne permettent pas de la rendre publique. On nomme cependant ceux à qui le Roi a donné les trois régiments vacants. On dit que M. de Collandre a eu le régiment qu'avoit M. de Pont-Saint-Pierre; que M. d'Ecquevilly, qui est lieutenant dans le régiment du Roi, a eu Dauphin-étranger, vacant par la démission de M. de Polignac; et celui de M. de Puiguyon à M. de Revel, second fils de M. le maréchal de Broglie.

Du samedi 11, *Versailles.* — Après le travail de M. de Breteuil, hier, les régiments furent déclarés. C'est M. de Collandre qui a eu le régiment de Berry; mais il le paye plus que la taxe : il en donne 133,000 livres (1). M. de Pont-Saint-Pierre, qui touchera cette somme, est ami de M. de Châtillon, et M. de Châtillon a grand accès et grand crédit auprès de M. le Cardinal. La raison qui a déterminé, dit-on, en faveur de M. de Pont-Saint-Pierre, c'est qu'il avoit payé 133,000 livres le régiment des Cravattes, qu'il avoit acheté de M. de Joyeuse; quoique ce soit une chose volontaire que de donner plus que la taxe, et qu'on pourroit n'être pas étonné que le Roi n'entrât pas dans cette considération, surtout lorsqu'il donne en même temps une brigade des gardes du corps à M. de Pont-Saint-Pierre, cependant on a voulu lui faire le traitement le plus favorable.

Le régiment Dauphin a été donné à M. de Soyecourt-Boisfranc : c'est le gendre de M. de Saint-Aignan; il le paye 140 ou 145,000 livres. M. de Sourches et M. d'Ecquevilly demandoient ces régiments, mais ils ne vouloient payer que le prix de la taxe; c'est ce qui a déterminé à ne les leur point accorder.

---

(1) On dit même qu'il y a une convention particulière par laquelle il paye 25,000 livres par de là. La taxe des régiments bleus est de 100,000 francs. (*Note du duc de Luynes.*)

Pour le régiment de Puiguyon, dont le prix de la taxe est de 40,000 livres, comme le Roi a donné gratuitement à M. de Puiguyon le régiment Dauphin-dragons, M. le Cardinal a jugé à propos d'employer cette somme à récompenser plusieurs officiers. Il y a un M. de Saint-Martin, capitaine dans le régiment de du Rumain, qui est resté à Lintz à l'occasion de la capitulation; il a eu 6,000 livres de gratification. M. des Plassons, lieutenant-colonel du régiment de Puiguyon, a eu 13,000 livres; c'est le neveu d'un vieux des Plassons qui vit encore, qui est retiré à Saint-Germain, et qui étoit capitaine des chasses à Rambouillet. Le major de Puiguyon a eu 10,000 livres. MM. de Magnac ont eu 7,000 francs : ils sont deux, dont l'un est dans les carabiniers, l'autre dans Nicolaï-dragons.

Du lundi 13, *Versailles.* — L'armée de M. le maréchal de Maillebois a commencé à marcher le 6; elle marche par quatre divisions, dont la dernière n'a dû partir que le 11. Il paroît certain qu'ils vont par Nuremberg et Amberg. Il leur faut au moins trente-cinq à trente-six jours de marche pour arriver en Bohême. On m'a assuré aujourd'hui que pour cet arrangement on avoit consulté trois maréchaux de France, qui avoient chacun donné leur projet séparément, MM. de Noailles, d'Asfeld et de Puységur; que M. de Noailles étoit le seul qui avoit mis son nom au bas de son projet, et que c'étoit ce projet qu'on exécutoit aujourd'hui.

Il paroît certain qu'il y a une promotion de faite, mais on ne veut pas la déclarer; au moins M. le Cardinal me dit que ce que je désirois pour mon fils étoit fait (qui est le grade de maréchal de camp), que je pouvois même le lui mander, mais sous le secret.

On croit que l'Empereur marchera à la tête de l'armée de M. de Maillebois; il y a longtemps qu'il désire et demande de marcher. Il vouloit se mettre à la tête des troupes de Bavière; on ne l'a pas voulu jusqu'à présent.

AOUT 1742.

Le Roi revint de Choisy jeudi dernier. Les dames de ce voyage étoient les deux princesses de Charolois et de La Roche-sur-Yon, Mmes de Mailly, d'Antin, duchesse de Ruffec et maréchale d'Estrées. Le Roi repartit hier dimanche, après le salut, pour aller à La Meutte. Il a été tirer aujourd'hui dans la plaine Saint-Denis, et revient après souper. Les dames de ce voyage sont : Mmes de Mailly et de Talleyrand, Mme la duchesse de Ruffec et Mme la maréchale d'Estrées.

Mercredi 15 de ce mois, jour de l'Assomption, le Roi part après le salut, pour aller à Choisy jusqu'au mardi de la semaine suivante. Les deux princesses seront de ce voyage, Mme de Boufflers et Mme la maréchale d'Estrées. L'arrangement des dames pour les voyages se fait entre le Roi et Mme de Mailly, et c'est elle qui avertit ou fait avertir de la part du Roi, même les princesses. Mme de Boufflers n'avoit encore été à aucun des voyages du Roi.

Mme la Duchesse arriva avant-hier ici pour la présentation de M. le prince de Condé et de Mlle de Conty. Cette présentation fut faite hier dimanche, après le salut. Mme la Duchesse entra la première, menant M. le prince de Condé par la main. Le Roi le reçut bien, et l'embrassa. Mme la Duchesse étoit suivie de Mme la princesse de Conty, ensuite Mademoiselle, Mlle de Sens, Mlle de La Roche-sur-Yon, et Mlle de Conty; ensuite toutes les dames de ces princesses. La présentation se fit debout chez le Roi et chez la Reine. M. le comte de la Marche y étoit aussi; mais comme il a été présenté, il entra dans le cabinet avec M. le prince de Conty, un moment avant la présentation. M. le prince de Condé est grand pour son âge (1); il est bien fait et se tient à merveille; il est prodigieusement sérieux; il ne ressemble ni à père ni à mère, seulement il est fort blond. Mlle de Conty est fort grande, au moins

---

(1) Louis-Joseph de Bourbon, prince de Condé, né le 9 août 1736, venait d'entrer dans sa septième année.

autant que Mme sa mère; elle est un peu maigre et encore un peu hâlée; cependant elle a un fort beau teint de brune, un fort beau visage et la plus belle taille que l'on puisse voir; et quoiqu'elle ait été dans le couvent (à Beaumont-lez-Tours) depuis l'âge de trois ans, elle a fort bonne grâce (1).

M. le comte de Saxe, qui étoit allé en Russie à l'occasion de ses prétentions sur le duché de Courlande, est revenu à Dresde, d'où il est parti presque aussitôt pour aller en Bavière. M. le comte de Saxe est lieutenant général plus ancien que M. le duc d'Harcourt. Sur la nouvelle de son arrivée, M. d'Harcourt dépêcha un courrier ici pour savoir ce qu'il devoit faire, croyant devoir représenter que depuis les lettres de service de M. le comte de Saxe pour l'armée de Bavière, qui sont entre les mains de M. le maréchal de Broglie, les circonstances pouvoient être changées; que M. le comte de Saxe étoit étranger, d'une autre religion, et frère (bâtard) d'un prince (le roi de Pologne) dont il se pouvoit faire que nous ne fussions pas longtemps amis, demandant sur cela s'il devoit lui remettre le commandement et lui confier tous les secrets importants dont il étoit chargé. J'ai vu la lettre de M. d'Harcourt écrite à M. le Cardinal. On lui a marqué de remettre tout à M. le comte de Saxe.

Du mardi 14, *Versailles.* — On apprit hier au soir par un courrier venu par Dresde que le 30 du mois passé M. le maréchal de Broglie étoit sorti de son camp avec toute la cavalerie et deux brigades d'infanterie; qu'il avoit poussé au quartier des ennemis; mais leur armée s'étant rassemblée, il a été obligé de se retirer, ce qu'il a fait sans être endommagé. M. de Broglie et M. de Belle-Isle ont envoyé chacun une relation qui sont absolument pareilles. On fait monter la perte des ennemis à neuf cents hommes

---

(1) Louise-Henriette de Bourbon-Conty, née le 20 juin 1726, étoit dans sa dix-septième année.

ou mille ; nous avons eu cinquante soldats tués et autant de blessés; nous avons perdu cinq officiers et nous en avons eu une vingtaine de blessés. Du nombre des morts sont le major et le lieutenant-colonel du Colonel-général, et le frère de M. de Fournaise, que son cheval a jeté dans la Moldau, en repassant sur le pont, et qui s'y est noyé. On trouvera [aux pièces justificatives] copie de la relation de M. le maréchal de Broglie.

La nouvelle de cette petite action, qui nous a coûté beaucoup d'officiers, ne paroît pas avoir été reçue fort agréablement ici. On juge que le projet de M. de Broglie étoit de tenter un fourrage, quoi qu'on lui en eût représenté l'impossibilité. M. de Soubise a eu un cheval de tué sous lui. On mande de Prague, depuis cette action, qu'on est résolu à ne point tirer un coup de fusil jusqu'à l'arrivée du secours. Toutes les lettres que l'on reçoit de Prague viennent par Dresde, où elles sont apportées par des paysans, lorsqu'on peut trouver moyen de les faire passer. Ces lettres sont en chiffre. Pour les lettres des particuliers, il en vient peu, et elles contiennent peu de détails.

Du mercredi 15, *Versailles*. — Mme la princesse de Conty et Mlle de Conty furent hier à la toilette de la Reine. On faisoit ces jours-ci la comparaison de Mlle de Conty à Mme de Forcalquier, toutes deux fort jolies; le visage de Mme de Forcalquier est beaucoup plus joli que celui de Mlle de Conty; mais cependant, à considérer la grandeur, la légèreté de la taille et la noblesse de la figure, en total celle de Mlle de Conty est préférable, à ce qu'il paroît, à celle de Mme de Forcalquier.

Du mercredi 22, *Versailles*. — Mercredi 15, jour de l'Assomption, le Roi et la Reine allèrent à la messe à l'ordinaire, et il n'y eut point de grande messe. Après dîner, le Roi fut à vêpres, en bas, et entendit les complies tout de suite sans remonter à la tribune. Immédiatement après le salut, le Roi partit pour Choisy. Mme de Mailly étoit partie avant le Roi. Mademoiselle, Mlle de La Roche-sur-Yon, Mme la duchesse de Boufflers et Mme la maréchale d'Estrées s'y rendirent de Paris. Nous partîmes d'ici, Mme de Luynes, Mme de Chevreuse et moi pour y aller; il n'y a rien eu de remarquable pendant ledit voyage. Tous les jours, hors le dimanche, le Roi a couru le cerf ou tiré; le jeudi, les deux princesses, Mme de Mailly, Mme de Luynes et Mme de Boufflers allèrent à la chasse du cerf, à Sénart; il n'y a eu de dames qu'à cette seule chasse. Le dimanche, le Roi ne sortit point que dans la maison et dans son jardin. Mme la Duchesse vint à Choisy ce jour-là; le Roi lui avoit fait dire d'y venir et d'y amener qui elle voudroit, que tout ce qui viendroit avec elle seroit bien reçu. On cherchoit à Choisy à deviner quelles seroient les dames que Mme la Duchesse choisiroit. Le duc de Villars avoit grande envie que Mme la maréchale de Villars fût de ce voyage; mais il auroit voulu que le Roi ait paru la désirer; il tint plusieurs propos dans cette intention à Mme de Mailly, mais il n'en put tirer autre chose que ce que je viens de marquer : que ce qui viendroit avec Mme la Duchesse seroit bien reçu. Le dimanche, le Roi entendit la messe à la chapelle de Choisy, comme à l'ordinaire, excepté que les jours ouvriers il l'entend en bas, et les fêtes et dimanches en haut, dans la tribune double, du côté de la cour. L'après-dînée, S. M. fut à quatre heures à la paroisse entendre le salut; il revint ensuite jouer au piquet avec M. du Bordage. Mme la Duchesse arriva sur les cinq heures, pendant le jeu, et n'amena avec elle que Mme de Coëtlogon, sa dame d'honneur, et M. de Lassay; elle joua un moment à cavagnole; et dès que le Roi eut fini son jeu, il la mena voir la maison. Mme la Duchesse n'étoit point venue à Choisy depuis la mort de Mme la princesse de Conty. Le Roi paroissoit avoir assez d'envie qu'elle pût voir le haut du château; mais comme elle se trouva fatiguée, le Roi y mena M. de Lassay, et se fit un plaisir de lui faire voir tous les logements qu'il y fait. La communication de la cuisine à la salle à manger est faite actuellement, et l'on s'en sert; il y a aussi quelques logements au-dessus; l'on commence à se servir de quelques-uns. Le Roi se promena dans les jardins, et Mme la Duchesse y fut en calèche. La promenade fut assez longue; on se remit au jeu, ensuite le souper. Après souper, le Roi fit deux parties de quadrille avec Mme la Duchesse; et lorsqu'il alla se coucher, elle partit pour aller coucher à Saint-Maur. Il y avoit une des gondoles du Roi qui l'attendoit pour la mener à son carrosse de l'autre côté de la rivière. Tous les jours, hors le dimanche, le Roi n'a joué qu'au tric-trac avec M. du Bordage.

Ce même jour, dimanche, nous apprîmes le matin la mort de Silva; il mourut, sur les quatre heures du matin, la nuit du samedi au dimanche; il n'y avoit que deux ou trois jours qu'il étoit malade. Il est mort d'une maladie que l'on prenoit pour un mal de gorge et qu'il disoit être une fièvre maligne; il avoit environ soixante ans. C'est une grande perte pour Paris en général, et pour beaucoup de gens qui avoient confiance en lui. Silva avoit beaucoup d'esprit, beaucoup de science et d'expérience; sa conversation étoit fort amusante; on la désiroit presque autant que ses remèdes. Quand la maladie n'étoit pas considérable, il avoit le talent de contenter ceux de ses malades qui aimoient les remèdes sans en avoir besoin, en leur faisant croire qu'il leur en donnoit. Il étoit un des quatre médecins consultants du Roi; c'est un établissement que M. le duc d'Orléans avoit fait pendant la régence. Chacun de ces quatre médecins avoit 8,000 livres d'appointements, et comme depuis aucun n'étoit mort, on les avoit toujours laissé jouir. Il paroît que l'intention du Roi est de les supprimer (1), à mesure que les places de-

---

(1) Il y a plusieurs dépenses dans la maison du Roi qui paraîtroient aussi utiles à supprimer que celles-ci. Il y en a même qui paroissent difficiles à croire; par exemple on a de la peine à concevoir que lorsque le Roi va à Fontainebleau, il faut 100,000 écus d'extraordinaire seulement pour le transport.

viendront vacantes. La place de Silva fut demandée dès le lendemain; et le Roi paroît être décidé à ne la point remplir. Dans le temps de la maladie de M. le Dauphin, les médecins consultants furent ici environ un mois, comme je l'ai marqué dans le temps. Quoiqu'ils soient payés par le Roi, S. M. leur donna des gratifications ou pensions. Silva demanda des lettres de noblesse, les préférant à une pension de 1,000 écus, et elles lui furent accordées. Silva laisse un fils et une fille, tous deux mariés. Le fils a une charge de conseiller.

Le même jour que le Roi arriva à Choisy, il y eut un mouvement d'humeur assez vif entre Mademoiselle et Mme de Mailly (1); c'étoit au cavagnole, après le souper; il s'agissoit de la chose du monde la moins importante : c'étoit de savoir si quelqu'un avoit payé un petit écu ou non. Chacune des deux soutenoit son opinion assez fortement; et l'on remarqua beaucoup d'humeur dans Mademoiselle. Elle sentit que cette humeur avoit déplu à Mme de Mailly; et comme elle seroit au désespoir de ne plus aller à Choisy, elle chercha dès le lendemain à réparer ce qui s'étoit passé. Elle avoit fait faire des jetons d'agate, de cornaline, etc., pour le cavagnole, et un fichet pour pousser les billets hors des boules, garni d'or, de rubis et de diamants; elle donna des jetons à Mme de Mailly, lui fit faire un fichet plus beau que le sien, et parut occupée de lui donner des marques d'attention.

Lorsque le Roi, la Reine, M. le Dauphin sont saignés du pied, il en coûte pour chaque saignée 600 livres, outre le drap qui y sert, qui appartient au chirurgien.

Il y a dans ce qui regarde la bouche aussi plusieurs dépenses que l'on peut regarder comme abusives. Après la mort de M. le Duc, M. le comte de Charolois, ayant eu l'exercice de la charge de grand-maître, proposa à M. le Cardinal de faire la recherche de ces sortes d'abus, pour que l'on puisse y mettre ordre. M. le Cardinal lui dit que cela avoit toujours été de même, que ce n'étoit pas la peine d'y toucher. (*Note du duc de Luynes.*)

(1) Il y avoit longtemps qu'elles étoient brouillées. *Voy. les Mém. de d'Argenson, passim.*

Dans les commencements des voyages du Roi, c'étoit Mademoiselle qui faisoit avertir les dames pour la Meutte et pour Choisy ; mais c'étoit en son nom qu'elle les faisoit avertir, et non pas de la part du Roi, de manière que Mlle de la Roche-sur-Yon n'a plus refusé d'y aller, et Mademoiselle même est avertie par Mme de Mailly. Quelquefois le Roi, en partant de Choisy, dit à ces princesses : « Je reviendrai un tel jour, et je compte que vous y viendrez. »

Le Roi courut le cerf avant-hier et hier, et revint ici après souper. Mme de Mailly revint seule de femme avec lui. On ne peut pas être moins parée qu'elle l'étoit ; elle revint à Versailles avec la même robe qu'elle avoit en sortant de son lit.

Avant-hier lundi, M. de Meuse ne soupa point à Choisy ; il alla souper à Choisy chez M. de Breteuil, à la noce du fils de M. de Rennepont avec la fille de M. de Saint-Blimont. MM. de Rennepont sont gens de condition, de Lorraine. Mlle de Saint-Blimont est nièce de M. de Breteuil, et elle a perdu sa mère ; son père est retiré dans ses terres, et c'est M. de Breteuil qui lui a tenu lieu de père et qui a fait le mariage ; ils furent mariés dans la chapelle de M. de Breteuil, par M. l'abbé de Choiseul, primat de Lorraine. Ce M. de Rennepont a un frère qui est punais, et si bien reconnu tel que cela est exprimé dans son contrat de mariage ; il épousa, il y a quelques années, une Mlle du Plessis-Praslin, d'une illustre maison et riche héritière. Elle avoit toujours dit qu'elle ne se marieroit point qu'au plus laid homme qu'elle pourroit trouver. Mme de Rennepont, mère de ces messieurs, qui étoit sa tante, avoit soin d'elle, et après avoir essayé inutilement de la faire changer de résolution, la voyant inébranlable, elle lui proposa son fils comme extrêmement laid et outre cela punais ; c'en fut assez pour déterminer Mlle du Plessis-Praslin. Le mariage se fit ; ils sont encore tous deux vivants, et ont plusieurs enfants. Ils sont séparés actuellement.

Aujourd'hui après la messe, les États de Languedoc ont

eu audience; ils étoient précédés par M. de Dreux et conduits par M. le prince de Dombes et M. le comte de Saint-Florentin. C'est l'évêque d'Uzès (Bauyn) qui a porté la parole. J'ai entendu son compliment à la Reine; il m'a paru que l'on en étoit fort content et qu'on devoit l'être.

Pendant le voyage du Roi, M. le Cardinal n'a pas toujours été à Issy; il a passé plusieurs jours dans une maison de Monglas, un de ses secrétaires, qui est vis-à-vis Choisy, de l'autre côté de la rivière. Il est venu ce matin au lever du Roi, et a été ensuite chez la Reine; il avoit l'air extrêmement abattu, et a même dit qu'il avoit été fort mal hier.

Du jeudi 23, Versailles. — Aujourd'hui le Roi a donné audience à la Ville. L'audience de la Reine a été, après sa messe, dans le cabinet avant sa chambre, un valet de chambre derrière le fauteuil. Le prévôt des marchands, qui est M. de Vatan, en robe rouge, étoit conduit par M. de Gesvres et M. de Maurepas. Après les trois révérences, il a mis un genou en terre avant que de parler, suivant l'usage. Son discours chez la Reine a été prononcé d'une voix assez basse et a été extrêmement court. Cette députation de la Ville est pour le scrutin, suivant l'usage.

Cette après-dînée, Mmes de Biron sont venues faire leurs révérences au Roi, à l'occasion de la mort de Mme la maréchale de Biron; elles n'étoient point en mantes; il passe en usage de n'en plus mettre. Mme la duchesse de Biron étoit à la tête du deuil, suivie de Mme la duchesse de Gramont, Mme du Roure, Mme de Seignelay, Mme la duchesse de Lesparre et Mme la comtesse de Rupelmonde. Celle-ci est dame du palais, et de semaine; elle est entrée chez la Reine d'abord, et est ensuite ressortie pour rentrer à la suite du deuil.

Le Roi restera ici jusqu'à dimanche : c'est la semaine de Mme de Mailly; il retournera dimanche à Choisy jusqu'au jeudi; un autre voyage le dimanche suivant jusqu'au vendredi, après quoi il sera huit jours de suite ici.

M. le Cardinal est un peu mieux, cependant accablé des affaires présentes. On parle beaucoup d'une lettre qu'il a écrite à M. de Konigseck qui est même rapportée dans la gazette d'Utrecht (1); il cherche dans cette lettre à se justifier de la cause des troubles actuels dans l'Allemagne, et les rejette sur autrui, sans cependant nommer le projet qui a donné lieu auxdits troubles.

On m'a encore assuré aujourd'hui que lorsque les trois maréchaux que j'ai nommés ci-dessus eurent donné leurs projets sur le parti à prendre dans la conjoncture présente, les deux premiers, qui étoient de M. de Puységur et de M. d'Asfeld, furent entièrement rejetés par les ministres, comme n'étant que des raisonnements et point des décisions. Celui de M. d'Asfeld indiquoit les mêmes choses que l'on fait actuellement; mais à chaque article il mettoit : l'on pourroit faire, etc., et détailloit ensuite les inconvénients qui en pourroient résulter. Celui du maréchal de Noailles est plus décisif, et c'est celui que l'on suit actuellement. Cependant il fut aussi rejeté, mais le Roi, l'ayant voulu lire, dit en conséquence qu'il falloit faire marcher l'armée de M. de Maillebois. Ces projets ont été donnés sur un mémoire dont la minute étoit restée chez M. le Cardinal, et duquel on donna une copie à chacun desdits maréchaux; ils ont travaillé chacun séparément, répondant, à la marge, à chaque article. Il se trouva dans la copie remise au maréchal de Noailles un article essentiel dans le mémoire qui avoit été oublié. M. de Noailles, jugeant que ce n'étoit qu'un oubli, répondit à l'article, comme s'il eût été dans le mémoire.

Le Cardinal est actuellement fort mécontent du contrôleur général, étant persuadé qu'il veut prendre le

---

(1) Elle est dans les pièces justificatives placées à la fin de cette année.

dessus. Le contrôleur général est pourtant bien avec le Roi; il a été longtemps assez incommodé d'un rhumatisme pour ne pouvoir pas sortir de son fauteuil; il avoit fait faire dans ce temps-là un petit fauteuil dans lequel on le portoit jusque dans le cabinet du Roi, auprès de la table du conseil; ensuite on ôtoit les bâtons, les bras et le dos du fauteuil, et après le conseil on venoit le reprendre dans la même place. Ce fut le Roi lui-même qui donna l'idée de ce fauteuil, disant qu'il se souvenoit d'avoir vu apporter ainsi M. Desmaretz dans le cabinet du feu Roi.

Le Cardinal, quoique mieux, est pourtant extrêmement maigri; il disoit ce matin à Mme de Luynes qu'il étoit maigri de six pouces; cependant il dit encore la messe à la Reine, le 14 de ce mois, lorsqu'elle fit ses dévotions.

Du dimanche 26, Versailles. — Avant-hier, vendredi, le Roi entendit la messe comme à l'ordinaire, mais il alla à vêpres : c'est l'usage, comme je l'ai marqué, les fêtes d'apôtres.

Hier, jour de Saint-Louis, les hautbois de la chambre jouèrent au lever du Roi suivant la coutume; les vingt-quatre violons jouoient ordinairement au dîner, mais comme le Roi dîne toujours dans ses cabinets, les vingt-quatre jouèrent au grand couvert, à souper. C'est M. de Blamont, maître de musique de quartier, qui bat la mesure.

Hier, il y eut grande messe à onze heures; le Roi la Reine, M. le Dauphin et Madame l'entendirent dans la tribune. Il n'y a point de musique à cette grande messe; ce sont les Missionnaires qui la chantent, et l'orgue à l'ordinaire. Le Roi entendit vêpres et complies, et retourna au salut.

Avant-hier, le Roi demanda à M. le maréchal de Noailles s'il n'alloit pas à Saint-Germain. Le maréchal lui demanda si S. M. avoit quelque chose à lui ordonner. Le Roi lui dit : « Il faudra que vous voyagiez. » Le maréchal répondit, sur le ton de plaisanterie, qu'il étoit bien vieux pour faire des voyages; mais, comme il lui parut que le Roi parloit sérieusement, et que c'étoit dans la galerie, il dit au Roi qu'il croyoit que ce n'étoit pas là le lieu de recevoir ses ordres, et le pria de vouloir bien lui marquer l'heure qu'il viendroit les recevoir. Le Roi lui dit de se trouver au retour de la chasse. S. M. alla ce jour-là tirer dans le grand parc, après les vêpres. M. le Cardinal ne travailla point ce jour-là avec le Roi, et ce fut après le débotter, vers les huit heures un quart, que le Roi donna audience dans sa garde-robe à M. le maréchal de Noailles. La conversation fut tête à tête, et dura jusqu'à neuf heures que le Roi alla souper au grand couvert. Lorsque S. M. eût dit à M. de Noailles que c'étoit pour aller commander en Flandre, le maréchal lui dit : « Est-ce vous, Sire, qui le voulez? » Le Roi lui répondit que c'étoit lui-même qui le désiroit. Ensuite le maréchal lui représenta les inconvénients qu'il y avoit par rapport aux circonstances présentes, l'éloignement de toutes les troupes du Roi, le peu de troupes qui étoient en Flandre et la supériorité de celles d'Angleterre réunies avec les autrichiennes et hanovriennes. Le Roi lui répondit à merveille sur tous les articles. Au sortir de cette conversation, le maréchal demanda des chevaux à M. le Premier, et il doit partir au plus tard dans huit jours (1).

Le lendemain, samedi, on sut que M. Bignon, intendant de Soissons, avoit été nommé intendant de l'armée de Flandre. M. le maréchal de Noailles n'a encore vu ni M. le Cardinal ni M. de Breteuil.

Du mardi 28, Versailles. — Avant-hier, dimanche, le Roi partit après le salut pour Choisy. Avant le salut, il travailla avec M. le Cardinal. On commença à savoir, au

---

(1) On avoit offert à M. de Coigny ce commandement; mais il voulut faire des conditions, et demanda à être fait duc, à l'exemple de MM. de Belle-Isle et de Broglie. Ces propositions n'ont pas été bien reçues, et c'est ce qui a fait jeter les yeux sur M. le maréchal de Noailles. (*Note du duc de Luynes.*)

retour du salut, que M. le cardinal Tencin et M. d'Argenson le cadet (intendant de Paris) avoient été nommés pour entrer dans le conseil ; chacun se le disoit à l'oreille, mais cela n'étoit point public ; ce n'est même que d'aujourd'hui qu'on le dit publiquement ici, quoique cela ait été su à Paris dès avant-hier. On ne dit point la raison qui a déterminé à faire dans ce moment cette augmentation dans le conseil, pourquoi elle n'a pas été faite plus tôt, ni pourquoi on n'y a fait entrer aucun militaire. On prétend que la grâce accordée, il y a peu de temps, à M. Chauvelin, neveu de celui qui a été garde des sceaux, de lui faire expédier des lettres de président honoraire (1), et quelques autres circonstances, avoient fait courre le bruit que le garde des sceaux pourroit bien être rappelé ; que ce bruit, parvenu aux oreilles de M. le Cardinal ou du Roi, a déterminé l'augmentation dans le conseil. On dit M. de Châtillon fort fâché de n'avoir pas été nommé pour y entrer.

M. le cardinal Tencin est à Lyon, où il est venu prendre possession de cet archevêché, il y a environ un mois. Il est bien intentionné pour la religion, et a beaucoup d'esprit. Le caractère de son esprit est d'être fin, souple, séduisant, se proportionnant aux temps et aux circonstances, et tel que les difficultés ne le rebutent jamais.

M. d'Argenson a aussi beaucoup d'esprit, mais d'un autre caractère ; c'est un esprit froid, mais sage, fort instruit et capable des plus grandes places. Il y a déjà quel-

---

(1) Ces lettres ont depuis été retirées. Tout le Parlement vouloit ces lettres, hors le grand banc, et l'on comptoit demander l'assemblée des chambres ; le premier président, sachant ces dispositions, leva la séance. On prétend que le ci-devant garde des sceaux demanda ces lettres, d'autant plus que lui-même en avoit déjà refusé de semblables, je crois, à M. de Blancmesnil. Ce qui donna occasion de faire retirer ces lettres fut l'avis que l'on donna à M. le Cardinal que les partisans de M. Chauvelin se réveilloient, et que l'on faisoit meubler Grosbois, ce qui cependant étoit faux. (*Note du duc de Luynes.*)

ques jours que l'on sait que M. de Mauconseil a la permission de vendre son régiment; c'est un régiment d'infanterie de 40,000 livres. C'est M. de Tresnel, petit-fils de M. Leblanc, qui en a obtenu l'agrément; mais on a fait entendre d'ici à Mme de Tresnel qu'il falloit le payer beaucoup plus cher que la taxe; elle le paye effectivement 75,000 livres. M. de Mauconseil a été page du Roi, et depuis introducteur des ambassadeurs. Il est brigadier et inspecteur d'infanterie; on lui conserve son rang et sa charge; il demeure dans le service avec promesse d'être avancé à son tour. C'est la grâce qui a été accordée à M. de Rubempré et refusée à M. de Sassenage. La femme de M. de Mauconseil est Mlle de Curzé, fille de la belle Mme de Curzé.

Il y a dix ou douze jours que M. Renauld arriva ici de Prague. C'est un commissaire des guerres, fort vif, beaucoup d'esprit et de courage, des talents supérieurs pour son emploi, et fort attaché à M. de Belle-Isle. Il s'est trouvé à l'escalade de Prague, à l'attaque du côté des Saxons. Après avoir exécuté les ordres qui lui avoient été donnés, il voulut absolument rester à cette attaque, quelque chose que pût faire le comte Rutowski pour l'en empêcher, et il y fit tout au mieux. Le Roi à cette occasion lui a donné la croix de Saint-Louis, grâce que l'on n'accorde pas ordinairement à un commissaire des guerres. Il est sorti de Prague déguisé; on le fit passer pour un domestique de M. le comte d'Estrées qui désiroit d'aller trouver son maître. Ce fut une dame de la ville de Prague qui se chargea de le faire sortir, ne le connoissant que pour un domestique; elle demanda seulement qu'on lui fît serment que M. le maréchal de Broglie n'en savoit rien. Il est venu ici rendre compte de l'état de la place; il eut en arrivant une longue conférence avec M. le Cardinal. On prétend que M. le Cardinal dit qu'il savoit déjà toutes les choses dont M. Renauld lui avoit rendu compte. On lui reproche d'avoir trop parlé pendant quelques jours qu'il a resté à Paris, et principalement sur le détail de la manière dont il est sorti de Prague, ce qui seroit très-imprudent à cause des conséquences. Ce qui est certain, c'est qu'il est actuellement à la campagne, à dix ou douze lieues de Paris. Le parti des Broglie, qui est furieux contre lui parce qu'il est attaché à M. de Belle-Isle, répand qu'il est exilé; mais on m'a dit que, voyant l'impossibilité présente de retourner à Prague et qu'il falloit nécessairement donner le temps à M. de Maillebois de s'avancer assez pour dégager nos troupes, il a demandé permission d'aller passer quelques jours avec sa femme, et dans une terre d'où il pouvoit revenir d'un moment à l'autre, et qu'on lui a accordé cette permission.

M. le prince de Rohan a eu ces jours-ci trois accès de fièvre; les deux premiers ont été très-violents, et la tête extrêmement embarrassée. La nuit de samedi à dimanche dernier, il voulut communier par dévotion, et à minuit on lui apporta Notre-Seigneur; il est mieux, mais fort foible; il a soixante-treize ans.

M. le maréchal de Nangis, qui a été mieux pendant quelque temps, est retombé depuis deux jours, et il est assez mal aujourd'hui.

Du jeudi 30, *Versailles.* — Le Roi revient aujourd'hui de Choisy après souper. Les dames de ce voyage étoient Mademoiselle, Mlle de la Roche-sur-Yon, Mme la maréchale d'Estrées, Mme de Mailly, Mme d'Antin, Mme la duchesse de Ruffec et Mme de Saint-Germain.

Le lundi M. le cardinal d'Auvergne arriva à Choisy, et y a resté tout le reste du voyage. Il y avoit un appartetement destiné pour M. le Premier. Mme de Mailly, ayant su que M. le Premier ne devoit point en faire usage, le demanda pour M. le cardinal d'Auvergne. Le cardinal d'Auvergne a soupé tous les jours avec le Roi.

La Reine va tous les soirs après souper chez Mme de Mazarin; elle fut il y a quelques jours chez Mme la princesse de Rohan, qui est malade depuis quelque temps et qui a de la fièvre et beaucoup de vapeurs. Comme il lui parut que sa visite embarrassoit assez Mme de Rohan, elle ne fit qu'entrer à la porte et sortit sur-le-champ, assez peu contente à ce qu'il a paru depuis.

La Reine fut aussi hier chez Mme de Courcillon, qui loge dans l'appartement de M. le duc de Villeroy (1). Mme de Courcillon n'est ici qu'à l'occasion de la maladie de Mme de Rohan et de celle de M. de Rohan; elle n'a même pas été chez la Reine.

Mme la princesse de Conty est établie à la Cour avec Mlle de Conty, et y reste même pendant les absences du Roi; elles sont allées toutes deux aujourd'hui dans le parc de Glatigny, où Mesdames se promènent sur des ânes.

SEPTEMBRE.

Nouvelles diverses. — Baptême du fils de l'ambassadeur des Deux-Siciles. — Voyage de Choisy. — M. de la Rochefoucauld. — Feu d'artifice pour la convalescence de M. Orry contremandé par lui. — Logement du cardinal de Tencin. — Intendance de Paris. — Morts et maladies. — Nouvelles de Prague. — Mort de Mme de Mazarin; la duchesse de Villars la remplace comme dame d'atours de la Reine. — Départ secret du prince de Conty pour l'armée; la princesse de Conty et Mme de Mailly. — Serment de Mme de Villars. — La princesse de Conty à Choisy. — Installation du cardinal de Tencin et de M. d'Argenson. — La Reine demande pour Mme de la Tournelle la place de dame du palais; elle est nommée par le Roi. — Charge de premier écuyer de la Reine. — Mme de Belle-Isle prend son tabouret; le Roi ne lui parle pas. — MM. de Belle-Isle et de Broglie. — Mme de Mailly

---

(1) Cet appartement est au-dessus de celui de Mme de Mazarin. Comme la Reine va tous les jours chez Mme de Mazarin, elle entre souvent chez Mme de Courcillon, où elle trouve aussi quelquefois Mme de Tonnerre, que la Reine aime beaucoup, parce qu'elle est sœur de M. de Nangis. L'état de M. de Nangis, qui va toujours de plus mal en plus mal, et la maladie de Mme de Mazarin, survenue dans cette circonstance, ont redoublé les visites de la Reine, qui y fut hier deux fois dans la journée. (*Addition du duc de Luynes*, datée du 8 septembre 1742.)

cède sa place de dame du palais à Mme de Flavacourt. — Régiments donnés. — Conseils du Roi. — Affaire de M. de Lœwenstein. — Le comte de la Marche obtient du Roi le pardon du prince de Conty, son père. — Levée du siége de Prague. — Compliments à la famille de Mme de Mazarin; embarras du Roi. — Entrées chez la Reine.

Du samedi 1er Septembre, Versailles. — Hier matin, M. d'Argenson fit son remercîment. Il y eut conseil d'État, mais il n'y entra point, le Roi voulant que M. le cardinal Tencin et lui entrassent en même temps. M. le cardinal Tencin doit arriver aujourd'hui.

Il n'y a point eu de musique aujourd'hui aux messes du Roi et de la Reine, ni de concert chez la Reine. Toutes les voix de la musique et une partie des basses sont allées à Saint-Denis pour le service de Louis XIV, suivant l'usage. Le Roi et la Reine entendent toujours ce jour-là une messe de *Requiem*.

Il y a déjà plusieurs jours que M. de Sainctot prit les ordres du Roi pour le baptême du fils de l'ambassadeur des Deux-Siciles. Le Roi dit que tous les jours lui étoient égaux, et ce doit être pour demain.

Il y a déjà près de quinze jours que l'ordonnance pour l'augmentation de la cavalerie est rendue. L'augmentation est de dix hommes par compagnie; le Roi fournit les chevaux et donne 80 livres par homme. Les gardes du corps ont demandé aussi une augmentation, et elle leur a été accordée, de cinq hommes par brigade. Il y a quatre compagnies et six brigades par compagnie.

M. le maréchal de Noailles prend congé aujourd'hui; il part mardi. Il a travaillé ce soir avec le Roi et M. le Cardinal.

Il paroît certain que le roi de Pologne, électeur de Saxe, n'a point encore fini son traité avec la reine de Hongrie.

Il ne paroît pas que les Autrichiens fassent de grands progrès devant Prague; on disoit la tranchée ouverte, mais cette nouvelle ne se confirme pas. Il est certain qu'ils ont établi plusieurs batteries et fait des parallèles pour communiquer de l'une à l'autre; mais on n'a aucune nouvelle qu'ils aient ouvert une tranchée du côté de la ville ou du camp.

Du lundi 3, Versailles. — Hier, le fils de M. d'Ardore, qui a six semaines ou deux mois, fut baptisé dans la chapelle et tenu par le Roi et la Reine. La veille, à huit heures, Mme de Luynes, n'ayant reçu aucun ordre de la Reine et étant déshabillée, me pria de demander à la Reine s'il falloit avertir des dames; la Reine me dit qu'elle n'avoit appris le baptême que par hasard, et qu'elle manderoit à Mme de Luynes ce qu'il faudroit faire; elle lui manda le soir de faire avertir des dames.

Le Roi tint le conseil hier avant la messe, afin, dit-il, que la cérémonie fût à une heure plus commode pour les dames. Il alla à la messe, à midi trois quarts, en bas. La Reine y étoit, M. le Dauphin et Madame; aucun prince, ni princesse du sang. Mme Adélaïde, qui ne met point encore de grand habit, y arriva à la fin de la messe. M. le cardinal de Fleury étoit du côté de la Reine, en habit long; après lui, les aumôniers de la Reine, et ensuite M. le cardinal d'Auvergne, en habit court, avec un carreau. Du côté du Roi, M. de Soissons, en rochet et camail, vis-à-vis M. le cardinal de Fleury; ensuite les aumôniers du Roi, à l'ordinaire. Avant la cérémonie, il y avoit eu une dispute entre le curé de Saint-Roch et celui de Notre-Dame. Le curé de Saint-Roch prétendit que l'enfant étant né dans sa paroisse, il devoit être présent au baptême (1), ajoutant que cela s'étoit toujours pratiqué ainsi, rapportant les exemples de ce qui s'étoit passé à plusieurs baptêmes dans la chapelle des Tuileries à Paris, et le certificat de tous les curés de

---

(1) L'enfant avoit été ondoyé en venant au monde, et on appelle cette cérémonie-ci suppléer les cérémonies du baptême. (*Note du duc de Luynes.*)

Paris. M. le curé de Notre-Dame disputa cet usage, disant que cela ne s'étoit point pratiqué ainsi au baptême du fils de M. Zéno à la chapelle ; qu'au baptême du fils de M. d'Andlau, né sur la paroisse de Saint-Louis et ondoyé à Saint-Louis, les cérémonies ayant été suppléées à la chapelle et l'enfant tenu par M. le Dauphin, M. le curé de Notre-Dame y avoit assisté seul en étole ; que d'ailleurs cette prétention ne peut pas se soutenir, puisqu'un curé n'ayant aucune juridiction hors de sa paroisse, ne peut faire aucun acte valable comme seroit celui des registres du baptême ; et qu'enfin un enfant ne pouvant être porté dans une paroisse étrangère pour recevoir le supplément des cérémonies du baptême, sans en avoir préalablement obtenu la permission du curé de la paroisse où il est né, cette permission inscrite dans le registre des baptêmes étoit la seul forme nécessaire ; que les curés, dans le fond, donnoient des permissions de se marier dans d'autres paroisses et n'étoient nullement dans l'usage d'y assister ; que cependant cette cérémonie étoit bien plus solennelle, puisque le mariage étoit un sacrement, au lieu que le sacrement de baptême étoit réellement conféré par l'ondoiement. La question fut rapportée à M. l'évêque de Soissons, qui décida que le curé de Saint-Roch assisteroit à la cérémonie avec l'étole, sauf à M. le curé de Notre-Dame à faire ses protestations. M. de Soissons dit que ce n'est point à lui à décider du droit des curés, que c'est à M. l'archevêque. Les deux curés arrivèrent immédiatement après la messe, tous deux en étole, M. le curé de Saint-Roch ayant la droite. D'ailleurs, il n'y eut rien de particulier à cette cérémonie. Elle fut assez longue, et finit par l'évangile de saint Jean, que l'officiant dit en mettant le bout de l'étole sur la tête de l'enfant. M. de Soissons, qui avoit mis une étole dès le commencement de la cérémonie, l'ôta et en remit une autre avant de commencer l'évangile de saint Jean. Le Roi et la Reine étoient en bas de la premier marche du sanctuaire, le Roi du côté de l'épître, la Reine du côté de l'évangile; M. le curé de Saint-Roch, du côté du Roi, à la gauche de M. de Soissons, et M. Jomart, curé de Notre-Dame à sa droite, du côté de la Reine. L'enfant étoit porté par la sage-femme. Mme d'Ardore y étoit en grand habit et en grand deuil, M. d'Ardore et deux de leurs enfants, un petit garçon qui a quatre ou cinq ans, avec un habit rouge de hussard, et une fille qui peut avoir six ou sept ans. Quand il fut question de donner le nom, le Roi demanda à la Reine comment elle vouloit le nommer; la Reine répondit : Marie ; et l'enfant fut nommé Louis-Marie. Pendant la messe, qui fut célébrée par un chapelain à l'ordinaire, il y eut un motet, comme cela se pratique tous les jours. Le pain bénit aussi comme à l'ordinaire quand le Roi entend la messe en bas; un clerc de chapelle le présenta à M. de Soissons, qui le donna au Roi, à la Reine, à M. le Dauphin et à Madame. Mme Adélaïde n'étoit pas encore arrivée. Après la cérémonie, M. de Soissons présenta la plume au Roi et à la Reine pour signer le registre; M. d'Ardore signa aussi. Le curé de Saint-Roch vouloit signer aussi sur le registre, mais M. de Soissons ne l'a pas jugé à propos. M. le curé de Notre-Dame a fait ses protestations contre la prétention du curé de Saint-Roch. Immédiatement après que le Roi fut rentré chez lui, M. et Mme d'Ardore et leurs deux enfants, conduits par M. de Sainctot, vinrent faire leurs remercîments au Roi dans son cabinet, et à la Reine dans sa chambre, et présentèrent en même temps leurs enfants.

Du samedi 8, *Versailles.* — Le Roi revint hier de Choisy après souper. Il y avoit sept dames; il y en a toujours quatre de fondation, Mademoiselle, Mlle de la Roche-sur-Yon, Mme la maréchale d'Estrées et Mme de Mailly. Le Roi dit ordinairement aux trois premières, en partant : « Je reviendrai un tel jour. » Les trois autres étoient Mme de Saint-Germain, Mme de Maurepas et Mme la duchesse de

Gramont. Mme de Maurepas partit d'ici avec Mme de Mailly, et elles revinrent hier toutes deux avec le Roi.

J'allai le mardi à Choisy, d'où je ne revins qu'hier. Le mercredi matin, après la messe, le Roi rentra dans son cabinet, où il étoit seul; un moment après, il ouvrit la porte, et appela M. de La Rochefoucauld, qui étoit dans la chambre; M. de La Rochefoucauld resta tout au plus un demi-quart d'heure dans le cabinet, et partit immédiatement après pour Liancourt, sur la nouvelle que M. de Liancourt, son oncle, étoit malade. Je sus que ce jour même, le matin, au petit lever, M. de La Rochefoucauld, après avoir présenté de l'eau bénite au Roi, suivant l'usage, s'étoit approché de son oreille et lui avoit dit un mot. On crut juger que c'étoit pour lui demander le moment d'audience que le Roi lui donna après la messe. Ce n'est pas la seule audience qu'il ait eue; il n'étoit pas au voyage précédent de Choisy, mais il étoit à celui d'auparavant. A ce voyage, M. de La Rochefoucauld s'approcha du Roi pendant qu'il étoit dans son lit, et lui dit un mot; le soir même, après la chasse, le Roi l'appela dans son cabinet, où il resta au moins une demi-heure; cela est arrivé deux fois dans ce voyage. Il devoit partir pour La Roche-Guyon, et partit effectivement après le dit voyage. Il y a aujourd'hui huit jours qu'il parut tout d'un coup à Versailles, et vint pour le coucher du Roi. Le Roi n'étant pas encore descendu de ses cabinets, il dit qu'il n'attendroit pas, qu'il avoit à se lever matin le lendemain; cependant le lendemain dimanche, il n'étoit pas au lever du Roi, et ne vint qu'après le lever fini. Il avoit été cette même matinée chez M. le Cardinal, avec lequel il est fort bien. Étant arrivé chez le Roi après le lever, S. M., qui le croyoit encore à La Roche-Guyon, lui demanda par quel hasard il étoit revenu; il répondit au Roi qu'il avoit eu quelques affaires (1). Sur

---

(1) Les deux nouveaux ministres avoient été déclarés par le Roi à Choisy le lundi précédent; on ne sait pas si c'est là le sujet du voyage. (*Note du duc de Luynes.*)

cette réponse, le Roi lui dit : « Vous ne venez pas apparemment à Choisy. » « Pardonnez-moi, Sire, répondit M. de La Rochefoucauld, je compte suivre Votre Majesté. » Il a resté à Choisy depuis le dimanche jusqu'au mercredi.

J'oubliois de marquer que M. de Maurepas, M. de Gesvres et M. de Froulay arrivèrent ensemble ce même jour mercredi à Choisy, un moment avant que le Roi se mît à table pour dîner. M. d'Argenson étoit venu le matin au lever; M. de Gesvres déjeûna avec le Roi et M. de Froulay. M. de Maurepas ne se mit point à table, et soupa le soir avec le Roi. M. d'Argenson, qui avoit été à la promenade avec le Roi, le suivit jusqu'à la salle à manger; mais il n'y entra pas, et repartit pour Paris pendant le déjeûner.

Il y a quelques jours que M. le contrôleur général, étant retourné d'ici à Bercy, trouva sur la rivière, vis-à-vis de sa maison, un bâtiment préparé pour un feu d'artifice que l'on devoit tirer peu de temps après à l'occasion du rétablissement de sa santé. Les uns ont dit que c'étoit MM. les fermiers généraux; d'autres (et cela est plus vraisemblable) que c'étoit ses principaux domestiques qui l'avoient fait faire à son insu : il y avoit déjà beaucoup de peuple assemblé pour ce spectacle. Le contrôleur général parut extrêmement fâché de ces préparatifs. Cependant, il dit à ses gens que ces démonstrations de leur joie ne convenoient point dans les circonstances présentes de la guerre, qu'il leur étoit obligé de leur bonne volonté, que ce seroit pour une autre fois; et en conséquence il fit défaire l'édifice, et fit dire au peuple qu'il n'y auroit point de feu. C'étoit il y a eu dimanche huit jours. Le Roi avoit nommé le matin les deux nouveaux ministres dans le conseil. La veille au soir, M. le Cardinal avoit appelé M. Amelot à son coucher, et lui avoit dit cette nouvelle, le chargeant d'aller le dire à M. de Maurepas et à M. de Breteuil. Le lendemain matin dimanche, à dix heures, il vit M. le Cardinal, et lui dit que M. le contrôleur général seroit bien surpris d'apprendre cette nouvelle au conseil. Sur cela M. le Cardinal lui dit de l'aller avertir, ce qui fut fait sur-le-champ; et le contrôleur général ne sut les nouveaux ministres que sur les onze heures, peu de temps avant d'aller au conseil.

On continue à tenir les mêmes discours sur le contrôleur général. Mendès, dont j'ai parlé ci-dessus, Barjac, valet de chambre de M. le Cardinal, et l'abbé Brissart, un de ses aumôniers, en parlent ouvertement. Barjac disoit, il y a quatre jours, de M. Orry : « Il a été travailler quatre fois chez le Roi; il n'est venu qu'une fois ici. » Samedi, il y eut conseil. Au sortir du conseil, tous les ministres allèrent chez M. le Cardinal : c'est l'usage; le contrôleur général fut le seul qui n'y alla point; il s'en retourna chez lui.

Les deux nouveaux ministres ne sont point encore entrés; on croyoit à tout moment voir arriver le cardinal Tencin; et l'on a été fort étonné de voir qu'il a fait réponse, à Lyon, à toutes les lettres de compliment, sans parler de son départ; il y a eu depuis une seconde lettre de M. le Cardinal, qui l'a décidé à se mettre en chemin, et l'on croit qu'il arrivera ces jours-ci.

Du lundi 10, *Versailles*. — Je viens d'apprendre que le Roy, n'ayant point de logement vacant présentement, et voulant loger en attendant M. le cardinal Tencin, lui donne trois pièces du logement qui est dans l'aile des Princes, vis-à-vis de celui-ci (1) et qu'occupoit autrefois S. A. R. Mme la duchesse d'Orléans; il n'y a que le cabinet ovale, qui donne sur l'escalier, qui n'est point compris dans ledit logement; on prend même un petit cabinet qui donne sur la galerie dont on avoit laissé la jouissance à Mme de Tallard depuis plusieurs années.

M. d'Argenson quitte l'intendance de Paris. Cela donne occasion dans ce moment-ci à quelques difficultés. Il étoit

---

(1) C'est-à-dire de celui de la duchesse de Luynes.

question de faire les tournées jusqu'à ce qu'on eût nommé à ladite intendance, ou tout au moins d'arrêter les départements. M. d'Argenson a déclaré que pour la tournée, il ne la feroit sûrement pas; qu'à l'égard des départements, il vouloit bien les arrêter, pourvu que ce fût lui qui choisît quelqu'un pour aller faire lesdits départements, ne voulant point, avec raison, arrêter l'ouvrage de ceux qu'il n'auroit pas choisis, et dont il ne seroit pas à portée de répondre comme de lui-même. M. le contrôleur général a prétendu que M. d'Argenson devoit faire sa tournée, ou que le Roi nommât quelqu'un pour la faire, et que M. d'Argenson fit toujours ces arrêtés. Cela n'est point encore décidé. On croit que ce sera M. de Brou, intendant d'Alsace, qui aura l'intendance de Paris, et que M. de Séchelles, après la campagne, passera à l'intendance d'Alsace. On croyoit que M. Turgot pourroit être nommé pour l'intendance de Paris; il est fort ami de Mme de Mailly, mais il y a de la prévention contre lui dans l'esprit de M. le Cardinal. Cette prévention est venue en partie par M. le contrôleur général, à cause des instances réitérées que M. Turgot fit dans le temps de la cherté des blés pour qu'il fût permis à la Ville d'en acheter à ses frais et dépens; ce qui ne fut accordé qu'après beaucoup de temps et de difficultés. M. Turgot étoit alors prévôt des marchands. L'on peut savoir qu'il avoit trouvé les affaires de la Ville dans un fort mauvais état, et qu'il les a remises sur un pied fort différent. Il paroit que l'on jette les yeux sur M. Bignon, frère de l'intendant de l'armée de Flandre, pour faire par commission l'intendance de la généralité de Paris.

Il y déjà quelques jours que l'on a appris la mort de M. de Santo-Gemini; il est mort en Espagne. Il étoit Lanti, frère de Mme la duchesse d'Havré et père de Mme de Priego.

Samedi, jour de la Nativité de la Vierge, il n'y eut

point de grande messe, mais le Roi entendit dans la tribune les vêpres chantées par les chantres de la chapelle.

On apprit hier après midi la mort de Mme la duchesse de Gramont; elle est morte d'une fièvre maligne; elle étoit fille de M. le duc d'Humières et veuve de M. le duc de Gramont, frère aîné du duc de Gramont d'aujourd'hui. Elle avoit cinquante-deux ans, et avoit été mariée au mois de février 1720, à vingt ans. Elle laisse une fille unique, qui est Mme de Lesparre. Elle n'a été que quatre ou cinq jours malade.

On sait depuis quelques jours la mort de don François infant, aîné des autres frères du roi de Portugal. On doit en donner demain part au Roi (1).

Mme de Mazarin tomba malade mardi au soir, d'un mal de gorge auquel a succédé une inflammation dans les entrailles. Elle fut confessée hier, et a reçu aujourd'hui Notre-Seigneur; elle est depuis hier au soir sans espérance; elle a actuellement la gangrène. Elle étoit brouillée depuis bien des années avec Mme de Mailly; M. Joinart, curé de Notre-Dame, qui l'a confessée, a désiré qu'elle vît Mme de Mailly. Mme de Mailly y a été cette après midi, et la visite s'est fort bien passée. Mme de Mazarin n'a que cinquante-quatre ans.

M. de Nangis est toujours dans le même état, et la foiblesse augmente. La Reine est dans une très-grande affliction de l'état de Mme de Mazarin; c'étoit aujourd'hui jour de concert, et la musique a été contremandée.

On est toujours dans le même état par rapport aux nouvelles de Prague. M. de Stainville dit hier ici que le 22 août les François avoient fait une sortie dont on ne lui fait point de détail; la lettre est datée du 1er septembre. On juge que cette sortie a été très-avantageuse pour nous.

---

(1) On prit hier le deuil pour huit jours dudit infant. (*Addition du duc de Luynes*, datée du 18 septembre.)

SEPTEMBRE 1742.

Du vendredi 14, Versailles. — Je vis hier le nommé Frédéric, courrier allemand attaché à M. Blondel, qui arrivoit de Prague; il y avoit été envoyé de Francfort par M. Blondel. Il ne veut point dire comment il y est entré, ni comme il en est sorti; il en étoit de retour à Dresde le 6 au soir. Il a rapporté une lettre de M. le maréchal de Belle-Isle, par laquelle il est marqué que M. de Konigseck (qui n'avoit fait aucune démarche de négociation depuis la conférence du 2 juillet, qu'il accepta alors et qui n'eut aucun effet, à cause de la hauteur avec laquelle il répondit à M. de Belle-Isle) avoit envoyé demander une entrevue dans laquelle il avoit offert de lever le siége de Prague, pourvu que les troupes françoises évacuassent la Bohême; que M. de Belle-Isle avoit répondu qu'il ne pouvoit rien faire sans de nouveaux ordres; que si M. de Konigseck vouloit, il enverroit un courrier pour recevoir des instructions. Cette proposition a été refusée, et le siége a été continué : voilà ce qui est certain; on m'a ajouté, et c'est le courrier même, que M. de Konigseck avoit demandé une seconde fois une entrevue, et que M. de Belle-Isle avoit répondu que s'il venoit encore quelqu'un faire pareille proposition, qu'il lui feroit casser la tête. Il y a longtemps que l'on sait dans Prague la marche de M. de Maillebois; M. de Belle-Isle l'a fait dire à M. de Konigseck, ajoutant qu'il ne manquoit ni de subsistances ni de munitions. Effectivement, le courrier m'a dit que le vin n'étoit pas cher dans Prague, que la viande n'y valoit qu'environ 8 sols et le pain 4 sols, que les troupes y paroissoient sans inquiétude et en très-bon état, et la ville très-bien fortifiée.

Mme de Mazarin mourut lundi 10 de ce mois, sur les onze heures du matin; son corps fut porté sur-le-champ au bureau de la marine, et fut enterré mercredi au soir ici, à la paroisse Notre-Dame. Mme de Luynes alla voir M. le Cardinal le mardi. M. le Cardinal lui dit qu'il paroissoit que l'intention du Roi étoit de suivre le goût de la Reine pour le choix d'une dame d'atours ; effectivement, dès le mardi au soir, la Reine fit proposer cette charge à Mme de Tonnerre, qui habite ici, depuis longtemps, à cause de la maladie de M. le maréchal de Nangis, son frère. Mme de Tonnerre remercia, disant qu'elle étoit attachée à Mme la duchesse d'Orléans autant par goût que par son devoir, et qu'elle lui avoit trop d'obligation pour pouvoir jamais se résoudre à la quitter. Nul raisonnement n'a pu faire changer de sentiment Mme de Tonnerre, ni ses amies, qui lui ont représenté que ses affaires n'étoient pas assez bonnes pour ne pas accepter la place qu'on lui offroit. Sur ce refus, M. le Cardinal demanda à la Reine sur qui elle jetoit les yeux. La Reine demanda que ce fût Mme la duchesse de Villars; mais il s'agissoit d'obtenir son consentement, et à la première proposition qu'on lui en fit elle refusa. Cependant la Reine lui demanda avec tant d'instances, qu'à la fin elle parvint à obtenir ce consentement. M. le Cardinal, qui devoit ce jour-là (mercredi) travailler avec le Roi, avoit prié la Reine de lui mander avant le travail à quoi Mme de Villars se détermineroit. La Reine lui ayant fait dire qu'elle avoit son consentement, M. le Cardinal dit à M. de Villars, qui étoit ici et qui devoit s'en retourner, qu'il attendît après le travail pour remercier le Roi. Cette grâce effectivement fut déclarée immédiatement après le travail, et Mme de Villars vint dans la chambre de la Reine, après le grand couvert, faire sa révérence au Roi. Elle ne fait encore aucune fonction, n'ayant point son brevet ni prêté serment. Elle est dans une affliction continuelle depuis cette grâce, parce que la vie retirée qu'elle mène depuis quinze ans, et qui est dans son goût, s'accorde peu avec les devoirs de la charge de dame d'atours. Mmes de Flavacourt et de la Tournelle sont restées ici depuis la mort de Mme de Mazarin. Mme de la Tournelle loge dans l'appartement de M. l'évêque de Rennes, et Mme de Mailly a prêté à Mme de Flavacourt son appartement dans l'aile neuve.

L'on croit que Mme de la Tournelle aura la place de dame du palais de Mme de Villars. La Reine a écrit même à M. le Cardinal pour le demander; cela sera déclaré au retour du Roi. Il y a un autre arrangement pour Mme de Flavacourt, que je ne peux pas marquer dans ce moment et qui sera fait aussi au retour du Roi.

M. le cardinal Tencin arriva avant-hier à Paris, et fut hier à Issy voir M. le Cardinal.

Lundi dernier 10 de ce mois, à trois heures du matin, M. le prince de Conty partit en poste avec son capitaine des gardes et deux ou trois domestiques pour aller joindre M. le maréchal de Maillebois. Le Roi ne le sut que mercredi, et donna ordre sur-le-champ à M. de Breteuil d'envoyer un courrier à M. de Maillebois et de lui mander de mettre M. le prince de Conty aux arrêts dans le moment qu'il arriveroit. Mme la princesse de Conty vint ici hier matin; elle venoit d'Issy, où elle avoit vu M. le Cardinal, qui lui fit des reproches de ce qu'elle l'avertissoit si tard du départ de M. le prince de Conty; Mme la princesse de de Conty lui répondit qu'elle n'avoit pu l'avertir plus tôt, parce qu'il falloit bien laisser à M. le prince de Conty le temps de gagner assez d'avance pour ne pouvoir plus être arrêté en chemin; qu'elle convenoit d'avoir approuvé le projet de son fils, et que son seul regret étoit de ne pouvoir pas être dans le même cas que lui, parce qu'elle auroit fait la même chose; qu'elle venoit lui demander conseil, son dessein étant d'aller se jeter aux pieds du Roi pour lui demander pardon et grâce; mais que le Roi étant à Choisy, cette circonstance l'embarrassoit. M. le Cardinal lui répondit qu'il n'y avoit point de lieu où le Roi pût trouver mauvais qu'une mère comme elle allât demander grâce pour son fils. En conséquence, Mme la princesse de Conty, après avoir été le matin chez la Reine, à qui elle rendit compte de sa situation, partit à trois heures pour aller à Choisy, voulant se trouver à l'arrivée du Roi, qui étoit parti à neuf heures pour aller à la chasse à

Sénart. Mme la princesse de Conty parla à Mme de Mailly et à M. de Meuse. Mme de Mailly fit tout ce qu'elle put pour lui persuader de remettre cette visite au lendemain, et n'ayant pu l'y déterminer, elle dit qu'elle partiroit avant elle, qu'en arrivant à Choisy elle passeroit la rivière et iroit au-devant du Roi; qu'elle le feroit arrêter en chemin, pour lui parler et le prévenir. Il fut dit que Mme la princesse de Conty ne se montreroit point en arrivant à Choisy, qu'elle demeureroit dans la chambre de la concierge, jusqu'à l'arrivée du Roi, et jusqu'à ce que l'on sût si le Roi voudroit bien la voir.

Il y a longtemps que M. le prince de Conty avoit formé ce projet; il en parla à Mme de Mailly il y a plus de quatre mois, sous le dernier secret. Mme de Mailly fit tout ce qu'elle put pour l'en détourner, lui représentant combien cette démarche déplairoit au Roi. M. le prince de Conty ne parut pas persuadé par toutes ses raisons, et lui dit seulement en finissant la conversation qu'il la prioit d'oublier absolument ce qu'il lui avoit dit et qu'il n'en fût jamais question. M. le prince de Conty se pique de beaucoup d'amitié et de confiance pour Mme de Mailly. Mme la princesse de Conty représente avec raison que le départ de M. le prince de Conty est fort différent de celui de MM. de Conty, grand-père et oncle, partis avec le prince Eugène de Savoie sans permission pour aller servir dans l'armée de l'empereur contre les Turcs, ce qui, comme l'on sait, déplut au feu Roi, qui leur envoya ordre de revenir. Il n'y eut que le prince Eugène qui, n'étant pas dans les mêmes circonstances qu'eux, puisqu'il n'étoit point né sujet du Roi, continua sa route; et MM. les princes de Conty lui donnèrent presque tout l'argent qu'ils avoient. Ici, M. le prince de Conty sort à la vérité hors du royaume sans permission, mais c'est pour aller joindre l'armée du Roi et y servir comme volontaire, sans équipage et sans grade.

L'on sait depuis plusieurs jours que don Philippe est

passé en Savoie, qu'il est à Saint-Jean de Maurienne et a reçu les hommages de tout le pays.

Du Samedi 15, *Versailles*. — Aujourd'hui, au retour de la messe, Mme de Villars a prêté serment; la Reine étoit dans son fauteuil, dans sa chambre, au même endroit où elle donne audience aux ambassadrices; le dos tourné à la cheminée. Mme de Villars étoit à genoux, sans carreau, devant la Reine; elle a ôté ses gants, et a mis ses mains dans celles de la Reine. M. de Balagny, secrétaire des commandements de la Reine, a lu le serment, qui est fort court. Immédiatement après, on a apporté le dîner de la Reine; Mme de Villars a présenté la serviette et a servi le dîner.

Hier au soir, M. de Châtillon reçut une lettre de M. le Cardinal par laquelle il le chargeoit d'apprendre à M. de Tessé le père et à Mme de Tessé la mort de M. de Tessé, colonel du régiment de la Reine. Il est mort des blessures qu'il avoit reçues à la sortie du 22 du mois passé. M. de Châtillon et M. le duc de Béthune ont été cet après-midi annoncer ce malheur à Mme de Tessé et à M. de Tessé. On ne peut point exprimer l'excès de douleur de l'un et de l'autre. M. le Cardinal a chargé M. de Châtillon d'assurer M. et Mme de Tessé qu'à l'égard de la charge le Roi chercheroit à leur donner des marques de bonté; on ne doute pas qu'on ne la rende au père.

On m'a assuré que M. Pecquet, qui étoit en prison depuis longtemps, étoit sorti de Vincennes jeudi dernier (1).

Mme la princesse de Conty fut jeudi à Choisy, comme j'ai marqué ci-dessus. Le Roi la reçut fort froidement, et lui dit que M. le prince de Conty marquoit beaucoup de zèle, mais qu'il avoit fait une grande sottise de partir sans sa permission. S. M. ajouta qu'il avoit envoyé ses ordres à M. de Maillebois; et Mme la princesse de Conty ne put jamais avoir d'autres éclaircissements.

---

(1) Il avoit été arrêté au mois de septembre 1740. Voir les *Mémoires* à cette date.

Mme la maréchale de Belle-Isle arriva avant-hier à Paris.

Du dimanche 16, *Versailles.* — Mme la princesse de Conty vient de me conter ce qui s'est passé à Choisy; c'est à peu près ce que j'ai marqué; cependant ce détail-ci sera plus exact.

Mme de Mailly avoit laissé un de ses gens à Mme la princesse de Conty pour la mener dans la chambre de la concierge; elle fit avertir Mme la princesse de Conty lorsque le Roi fut arrivé, et elle la conduisit dans la chambre du Roi jusqu'à ce que le débotter fût fini; dès que le Roi fut habillé, il passa dans son cabinet; alors Mme la princesse de Conty s'avança à la porte du cabinet, avec Mlle de Conty et Mlle de la Roche-sur-Yon, et dit au Roi qu'elle venoit lui demander pardon pour son fils; que Mme la Duchesse seroit venue aussi si elle ne s'étoit pas trouvée incommodée. Le Roi répondit d'un air fort froid : « Il a fait une grande sottise. » « Il est vrai, Sire, répondit Mme la princesse de Conty, et c'est pour cela que je viens supplier V. M. de lui pardonner et lui faire grâce. » Le Roi lui dit : « J'ai envoyé mes ordres à M. de Maillebois. » Mlle de la Roche-sur-Yon prit la parole, et dit qu'au moins M. le prince de Conty avoit marqué beaucoup de zèle. « Il a effectivement beaucoup de zèle, » dit le Roi. Mme la princesse de Conty ne put avoir d'autre réponse, et repartit aussitôt. Mademoiselle n'étoit point encore arrivée à Choisy; Mme la princesse de Conty la trouva en chemin. Le lendemain, Mademoiselle demanda permission au Roi de venir à Paris, et alla rendre visite à Mme la princesse de Conty. Mme la princesse de Conty avoit été ce jour, dès neuf heures du matin, rendre compte à M. le Cardinal de ce qui s'étoit passé à Choisy; elle lui dit qu'il étoit juste que son fils fût puni, puisqu'il avoit déplu au Roi; mais que toute la grâce qu'elle demandoit étoit qu'on ne le fît pas revenir, et qu'elle craignoit les représentations des autres princes. M. le Cardinal lui dit que la première fois qu'il verroit le

SEPTEMBRE 1742.

Roi, il lui rendroit compte de cette affaire, et qu'il plaideroit la cause pour M. le prince de Conty. Dès le jour même que le Roi sut le départ de M. le prince de Conty, le Roi envoya des lettres à chacun des princes du sang portant défenses de partir, et disant que M. le prince de Conty étoit parti sans sa permission et qu'il avoit envoyé ordre de le punir. Cette expression est dans la lettre.

M. le prince de Conty avant que de partir avoit remis à Mme sa mère une lettre pour M. le duc d'Orléans, par laquelle il lui rend compte de la démarche qu'il fait, lui recommande M. le comte de la Marche, ajoutant qu'il désire que l'on ne fasse rien pour sa conduite ou pour ses affaires que de concert avec lui. M. le duc d'Orléans avoit été tuteur de M. le comte de la Marche jusqu'à la majorité de M. le prince de Conty; cette tutelle finit par la majorité. M. le prince de Conty prie M. le duc d'Orléans de vouloir bien la reprendre pendant son absence. Mme la princesse de Conty a été elle-même porter cette lettre à M. le duc d'Orléans, qui en a paru très-content et lui a offert de se joindre à elle pour solliciter la grâce de M. le prince de Conty.

Du mercredi 19, Versailles. — Le Roi revint hier de Choisy ; il y avoit cinq dames à ce voyage, les deux princesses, Mme de Mailly, Mme d'Antin et Mme la maréchale d'Estrées.

L'on meubla hier l'appartement que j'ai marqué ci-dessus pour M. le cardinal Tencin ; ce sont des meubles du Garde-Meuble qu'on lui prête. Celui qui est auprès, destiné pour M. d'Argenson, n'est point encore meublé ; on ne croit pas même qu'il en fasse usage.

M. le cardinal Tencin est arrivé ce matin, et M. d'Argenson ; ils ont pris tous deux séance au conseil, qui s'est tenu immédiatement après la messe. M. le cardinal Tencin n'a été présenté au Roi qu'en entrant au conseil ; il attendoit chez lui qu'on vînt l'avertir. Il étoit à la droite du Roi (1) et M. le cardinal de Fleury à la gauche (2); M. le cardinal de Fleury n'a jamais voulu quitter la place du côté gauche pour n'être pas obligé d'en changer lorsque M. le duc d'Orléans venoit au conseil. C'est M. de Breteuil qui est au bout de la table, vis-à-vis le Roi. Après le conseil, tous les ministres anciens et nouveaux sont allés chez M. le Cardinal et ont assisté à son dîner.

M. le cardinal de Fleury a été aujourd'hui voir Mme la marquise de Tessé.

Il n'y a encore rien de décidé sur la place de dame du palais. La Reine écrivit il y a quelques jours à M. le Cardinal pour demander la place pour Mme de la Tournelle. Depuis, on lui a représenté que dans le temps que Mme la maréchale de Villars céda sa place à Mme sa belle-fille, il y avoit eu un arrangement (3) de fait avec la permission du Roi, que si Mme la duchesse, alors marquise de Villars, venoit à mourir, ou demandoit permission de se retirer, la place seroit conservée à Mme la Maréchale. Cette représentation a déterminé la Reine à écrire une seconde lettre à M. le Cardinal en faveur de Mme la maréchale de Villars, dont l'intention auroit été de reprendre cette place, seulement pour quelque temps, mais dans la vue de la faire passer à sa petite-fille en la mariant. Mme la maréchale de Villars a depuis renoncé à cette vue et a écrit à M. le Cardinal pour le prier de ne point songer à elle. Depuis ce temps, la nouvelle de la mort de M. de Tessé, l'affliction de toute sa famille, a touché la Reine, qui a toujours eu des bontés pour eux. Dans ces dispositions, M. le marquis de Tessé l'a fait souvenir qu'il y avoit trois ans qu'elle avoit bien voulu promettre de demander la

---

(1) Ensuite M. de Maurepas et M. Amelot, à sa droite. (*Note du duc de Luynes.*)

(2) Ensuite M. d'Argenson, M. le contrôleur général et M. de Breteuil. (*Note du duc de Luynes.*)

(3) Cet arrangement est expressément marqué dans le brevet de Mme la duchesse de Villars, et c'est ce qu'on ignoroit. (*Note du duc de Luynes.*)

première place vacante de dame du palais pour Mme de Saulx, sa fille, nièce de M. l'archevêque de Rouen. Sur-le-champ, la Reine écrivit à M. le Cardinal en faveur de Mme de Saulx (1). M. le Cardinal lui répondit qu'il rendroit compte au Roi de ce qui regardoit Mmes de la Tournelle et de Saulx ; que pour ce qui regardoit Mme de Villars (la maréchale), il croyoit inutile d'en parler, puisqu'elle lui avoit mandé qu'elle ne songeoit plus à cette place. Ce qui a déterminé Mme la maréchale de Villars, c'est qu'elle a su que Mme de Mailly demandoit la place de dame du palais pour Mme de la Tournelle; par considération pour elle, elle s'est désistée de sa prétention, disant qu'elle espéroit qu'elle voudroit bien donner à sa petite-fille une place de dame du palais de Mme la Dauphine.

Du jeudi 20, à Versailles. — Ce matin, M. le Cardinal a été chez la Reine et lui a dit que le Roi avoit nommé Mme de la Tournelle pour remplir la place de dame du palais vacante. Aussitôt que Mme de Luynes est entrée chez la Reine, la Reine lui a dit ce qu'elle venoit d'apprendre par M. le Cardinal, et lui a ajouté de l'envoyer dire à Mme de la Tournelle. Cette attention de la Reine de faire passer cette nouvelle par sa dame d'honneur est suivant la règle et l'usage ordinaire.

On croyoit hier que non-seulement Mme de la Tournelle, mais même Mme de Flavacourt seroient déclarées dames du palais. Mme de Mailly, avant le dernier voyage de Choisy, avoit été trouver M. le Cardinal pour lui demander la permission de se démettre de sa charge en faveur de Mme sa sœur, et de demander au Roi qu'il la déclarât dame d'atours de Mme la Dauphine. Cet arrangement

---

(1) La Reine fit plus, elle envoya quérir Mme de la Tournelle, et lui dit qu'elle auroit fort désiré l'avoir dans son palais ; mais qu'elle ne s'étoit pas souvenue d'un engagement qu'elle avoit pris il y a trois ans ; qu'il lui étoit impossible de manquer à ses engagements ; qu'elle n'avoit pu s'empêcher d'écrire pour Mme de Saulx, et que si le Roi lui donnoit à choisir, qu'elle seroit obligée de lui donner la préférence. (*Note du duc de Luynes.*)

étoit fait de concert avec le Roi ; elle écrivit même sur cette affaire, de son petit appartement, en présence du Roi. Le Roi lut la lettre, et lui dit qu'elle étoit bien. Lorsqu'elle alla chez M. le Cardinal (c'étoit le jour que Mme de Villars fut déclarée dame d'atours, et quelque moment avant le travail), le Cardinal fut surpris de la proposition, et ne la comprit pas même d'abord ; car sur le mot de dame d'atours il crut que c'étoit pour la Reine ; il lui dit : « Mais, madame, la place est donnée. » Cependant, il paroissoit que cet arrangement seroit suivi, le Cardinal ayant depuis recommandé à Mme de Mailly de n'en point parler à la Reine. Malgré cela, Mme de Mailly crut devoir faire prévenir la Reine par M. de Maurepas ; la Reine parut fort touchée de cette attention, et on croyoit que dès hier au soir les deux grâces seroient déclarées en même temps ; apparemment que quelques réflexions ont empêché cette dernière. Hier, Mme de Mailly eut une longue conversation avec M. de Maurepas, qui lui conseilla de changer de système, lui représentant qu'il auroit mieux valu ne point demander pour les deux sœurs en même temps ; mais qu'elle ne réussiroit point à obtenir pour Mme de Flavacourt qu'en offrant de se démettre purement et simplement. En conséquence, Mme de Mailly écrivit à M. le Cardinal de chez M. de Maurepas.

Hier, les enfants de Mme de Mazarin firent leurs révérences en pleureuses et sans manteau : M. de Saint-Florentin, qui est fils, M. de Maurepas, qui est le gendre, M. de Mailly, le mari de la dame du palais, qui est le frère de Mme de Mazarin, mais qui par sa femme est le petits-fils de feu M. de Mazarin, et M. de Rubempré, qui est frère, et qui n'avoit point de pleureuse.

Il n'y a encore rien de déclaré sur la charge de premier écuyer de la Reine ; mais il n'est plus douteux que le Roi la donne au fils aîné de feu M. de Tessé, qui n'a pas encore six ans ; son grand-père, M. le comte de Tessé, l'exercera jusqu'à ce qu'il ait vingt-et-un ans. Dans le temps que M. de Tessé qui vient d'être tué épousa Mlle de Charost il fut question de céder la charge en faveur du mariage. M. de Tessé, fort incertain dans ses volontés, eut beaucoup de peine à se déterminer, et n'y consentit qu'à deux conditions, de conserver les appointements et d'avoir une lettre d'assurance qu'en cas que son fils vînt à mourir, la charge lui reviendroit. M. de Maurepas eut beaucoup de peine hier à faire les arrangements nécessaires pour la nouvelle grâce, qui sera sûrement accompagnée de plusieurs conditions. Cette grâce est regardée comme très-grande ; il est vrai que les circonstances étoient bien favorables pour l'obtenir.

Mme de Belle-Isle prit hier son tabouret dans le cabinet du Roi, comme à l'ordinaire. Ce fut Mme de Luynes qui la présenta, et Mme d'Ancenis fut avec elle. Mme la duchesse de Béthune, mère de M. le duc de Charost, étoit propre sœur du père de M. le maréchal de Belle-Isle. Tout le monde croyoit que le Roi parleroit à Mme la maréchale de Belle-Isle ; pour moi, je ne pouvois en douter, d'autant plus que le matin j'avois été avec Mme de Mailly chez Mme la maréchale de Belle-Isle, où il n'y avoit dans ce moment que M. de Charost et M. de Meuse. Il avoit été question des discours que l'on tient fort indiscrètement ici sur M. le maréchal de Belle-Isle, et Mme de Mailly avoit répété plusieurs fois à Mme de Belle-Isle qu'elle devoit peu s'embarrasser de tous ces discours ; qu'il suffisoit que le maître fût content ; que le Roi l'étoit de M. de Belle-Isle, et n'avoit jamais changé ; que pour elle, elle avoit toujours persisté dans les mêmes sentiments d'amitié ; que l'on avoit pu croire qu'ils étoient diminués parce qu'elle avoit cessé de prendre son parti aussi ouvertement depuis tous les bruits qui s'étoient répandus ; mais qu'elle avoit cru en cela le servir plus utilement, et qu'elle n'avoit jamais cessé de prendre le plus véritable intérêt à ce qui le regarde. Malgré toutes ces dispositions, le Roi ne dit pas un mot à Mme de Belle-Isle, ni à la présentation, ni pendant tout le souper. Il paroît que la prévention contre M. de Belle-Isle a gagné même Mme la princesse de Conty. On disoit hier qu'on faisoit un crime à M. le maréchal de Belle-Isle de ce que l'on avoit eu plusieurs fois par lui des nouvelles de ce qui se passe dans Prague et de ce que ce n'étoit point par M. le maréchal de Broglie, qui commande l'armée. La réponse à cette accusation est fort simple, puisque, comme je l'ai marqué ci-dessus, autant l'on est persuadé de la force et du courage de M. le maréchal de Broglie, autant l'est-on peu de son secret; on en peut juger par ce que j'ai marqué ci-dessus, à l'occasion de M. Renault. D'ailleurs, M. de Belle-Isle ne fait rien dans Prague que de concert avec M. de Broglie et par ses ordres; mais la prévention de M. de Broglie contre M. de Belle-Isle subsiste toujours. On me contoit hier une circonstance par rapport à cette prévention; c'étoit immédiatement après la retraite de Frauenberg et lorsqu'il fut question de prendre un camp sous le canon de Prague. J'ai déjà marqué plusieurs détails sur les différents sentiments des deux maréchaux au sujet de ce camp. M. de Broglie en avoit d'abord choisi un, qui parut à M. de Belle-Isle n'être pas bon; il en parla à M. de Broglie, et ne put le persuader. Voyant cependant qu'il étoit essentiel de choisir un autre camp, il s'adressa à M. de Chapiseau, du régiment du Roi, et le mit au fait de ce qu'il falloit dire. M. de Chapiseau alla le lendemain trouver M. de Broglie, et lui dit avec liberté : « Je viens de voir votre camp, Monsieur le Maréchal; mais savez-vous bien qu'il n'est pas trop bon. » Le maréchal de Broglie lui dit : « Oh! pour vous, vous n'êtes pas de la cabale : eh bien, nous irons ce soir l'examiner ensemble. » Il y alla effectivement, et le changea le lendemain.

Il y eut hier conseil d'État : je l'ai marqué; il y en a eu encore un aujourd'hui, et il y en aura un troisième demain; samedi, conseil de dépêches, et dimanche encore conseil d'État, après lequel le Roi ira le soir à Choisy pour jusqu'à vendredi. M. le Cardinal doit aller passer plusieurs jours à Draveil, vis-à-vis Choisy, de l'autre côté de la rivière. On dit qu'il veut être quelque temps sans entendre parler d'affaires ; il y a des gens qui croient que cette disposition et ces conseils d'État redoublés annoncent une retraite prochaine du Cardinal.

Du vendredi 21, Versailles. — Hier les dames du deuil de Mme de Mazarin firent leurs révérences ; elles étoient six : Mmes de Maurepas, d'Agénois, de Mailly, de Flavacourt, de la Tournelle et Mme la duchesse de Duras, ci-devant de Durfort, parce que son mari avoit épousé en premières noces une petite-fille de feu M. de Mazarin.

Hier au soir, il fut déclaré que Mme de Mailly cédoit sa place de dame du palais, purement et simplement, avec les appointements, à Mme de Flavacourt ; cela fait un changement dans les semaines que je marquerai. Cette démarche de Mme de Mailly est regardée avec raison comme une grande marque de générosité de sa part ; on juge avec raison qu'on peut la regarder comme imprudente, et qu'un peu plus de prévoyance pour l'avenir auroit dû l'empêcher d'exécuter ce projet.

Voici l'arrangement nouveau des semaines des dames du palais. Mme d'Antin et Mme de Montauban avoient avec elles Mme de Bouzols et Mme de Fitz-James. Ces deux dernières passent dans la semaine de Mme de Boufflers, dans laquelle étoient aussi Mme de Villars, Mme de Talleyrand et Mme de Mérode. Mme de Talleyrand va remplacer Mme de Mailly dans la semaine de Mme de Fleury, de Mme d'Ancenis et de Mme de Rupelmonde. Ainsi, dans une semaine il y aura Mmes d'Antin, de Montauban, de Flavacourt et de la Tournelle ; dans l'autre, Mmes d'Ancenis, de Fleury, de Rupelmonde et de Talleyrand ; et dans la troisième Mmes de Boufflers, de Fitz-James, de Bouzols et de Mérode.

Hier, il fut déclaré que le Roi avoit donné le régiment de la Reine à M. le chevalier de Tessé, frère de celui qui vient d'être tué.

Ce matin s'est tenu le troisième conseil d'État, dont

j'ai déjà parlé. Les deux nouveaux ministres n'en savoient rien à neuf heures du matin; mais ce qu'il y a de plus singulier, c'est que M. le Cardinal n'en savoit rien, et a été fort étonné à midi quand on est venu l'avertir de la part du Roi pour le conseil. Il y a cependant apparence que c'est un oubli, car M. Amelot et M. de Breteuil le savoient.

Du samedi 22, *Versailles.* — La grâce accordée à M. de Tessé fut déclarée hier. C'est le fils qui a la charge et qui ne l'exercera qu'à vingt-et-un ans. Le grand-père aura l'exercice pendant ce temps.

Le régiment d'Auvergne, vacant par la mort de M. de Clermont, qui a été tué à l'affaire du 22, a été donné à la famille. Ce M. de Clermont étoit cousin de celui qui fut tué en Italie, à la tête du même régiment, et frère d'une Mlle de Clermont qui étoit attachée à la reine d'Espagne (Orléans). Ce traitement est d'autant plus digne de la bonté et même de la justice du Roi, que la famille, qui est fort peu riche, avoit engagé tout son bien pour mettre M. de Clermont en état de payer ce régiment.

Il y a eu aujourd'hui conseil de dépêches, comme j'ai marqué ci-dessus. Les deux nouveaux ministres y sont entrés. M. Amelot y a fait le rapport de l'affaire de M. de Lœwenstein-Werthein, petit-neveu de feu Mme de Dangeau, au sujet de trois arrêts du parlement de Metz rendus en faveur des comtes de Stolwerg, par rapport aux terres de Chasse-Pierre, Cugnon et leurs dépendances, situées près de Sedan, et qui forment une souveraineté. Le prince de Lœwenstein a gagné son procès.

On est toujours dans le même état par rapport à la Bohême: on n'a point de nouvelles de Prague; on sait seulement que la jonction de l'armée de M. de Maillebois et de celle de M. le comte de Saxe s'est faite le 16. On attend à tout moment des nouvelles de la levée du siége de Prague.

Le Roi va demain à Choisy, d'où il reviendra samedi

après souper. Les dames de ce voyage sont les deux princesses (1), Mme la maréchale d'Estrées, Mme de Mailly, Mmes les duchesses de Boufflers et de Ruffec, et Mme Amelot avec Mme la duchesse de la Force, sa fille.

Hier Mme de Mailly alla chez le Roi et chez la Reine avec Mmes de la Tournelle et de Flavacourt faire leurs remercîments.

Du lundi 24, *Versailles.* — Mme la princesse de Conty fit venir ici samedi M. le comte de la Marche; elle pria M. le Cardinal de le mener chez le Roi. Ce fut à l'heure du travail que M. le Cardinal mena M. le comte de la Marche dans le cabinet du Roi. Il n'a que six ans. Il dit au Roi en entrant : « Sire, je viens vous supplier de pardonner à mon papa. » Le Roi lui dit : « Il faudra bien vous accorder ce que vous demandez. » On a eu nouvelle de l'arrivée de M. le prince de Conty à l'armée de M. le maréchal de Maillebois; il est arrivé avant le courrier qui portoit ordre de le mettre aux arrêts. Il étoit dit dans l'ordre que M. de Maillebois renverroit le courrier pour que l'on sût que l'ordre avoit été exécuté. Depuis, le Roi a bien voulu modérer le temps des arrêts à huit jours, et cela seulement les jours que l'armée ne marchera point; après les huit jours, S. M. permet à M. le prince de Conty de servir comme volontaire.

On vient d'apprendre tout à l'heure ici que le siége de Prague est levé; c'est par un courrier de M. de Montijo, qui est toujours le premier instruit de toutes les nouvelles. M. le Cardinal l'a mandé aujourd'hui au Roi à Choisy.

Du dimanche 30, *Versailles.* — Le Roi revint vendredi de Choisy après souper. Le mercredi M. Amelot avoit été au lever du Roi à Choisy, avec lequel il avoit été enfermé une demi-heure ou trois quarts d'heure. M. Amelot soupa ce même jour avec le Roi.

---

(1) Mademoiselle et Mlle de la Roche-sur-Yon.

Jeudi j'allai à Choisy, et j'y soupai; pendant le souper le Roi parla beaucoup des nouvelles qu'il avoit reçues de Prague, de ceux qui avoient été blessés, ou tués, ou qui étoient malades, et dit toujours : « C'est Belle-Isle qui m'a mandé. » Il parla aussi beaucoup de la défense de la place, et ne nomma pas une seule fois le nom de M. de Broglie, disant : « Il y a eu trente jours de tranchée ouverte; Belle-Isle avoit fait faire des ouvrages avancés; il s'y est toujours maintenu, attaquant les tranchées des ennemis aussi par des tranchées. » Cette conversation fut fort remarquée.

A l'occasion de la mort de Mme de Mazarin (Mailly), le Roi envoya un gentilhomme ordinaire chez Mmes les duchesses de Mazarin (Rohan), d'Agénois et même de Duras. Celle-ci est la seconde femme de M. de Duras, ci-devant Durfort, qui avoit épousé en premières noces la petite-fille de M. de Mazarin. Le Roi a envoyé aussi un gentilhomme ordinaire chez M. et Mme de Maurepas, chez M. et Mme de Saint-Florentin. Le Roi a paru avoir beaucoup de peine à se déterminer à envoyer chez ces quatre derniers. M. de Maurepas sollicitoit M. le Cardinal depuis quelques jours avec vivacité pour obtenir cette grâce; M. le Cardinal en parla deux ou trois fois dans le travail; on avoit rapporté des exemples : un, de M. de Pontchartrain sur la mort de Mme la chancelière; un, de M. de Lyonne; un, de feu M. de Beringhen, premier écuyer, père de celui-ci, sur la mort de son père ou de sa mère; un, de M. Chauvelin sur la mort de sa belle-mère (Mme de Beauvais); un, de M. de Maurepas sur la mort de son frère, évêque de Blois; mais le gentilhomme ordinaire ne vit point Mme de Maurepas; un ou deux, de M. le chancelier. Il s'en est trouvé aussi de contraires. M. Chauvelin, par exemple, a été refusé une fois, et n'obtint qu'à la seconde. D'ailleurs, pas un seul exemple que le Roi ait envoyé chez les ministres d'État à l'occasion des mariages. En dernier lieu, M. Amelot a marié sa fille à M. de la Force, et M. de Breteuil, sa fille à M. de

Clermont; le Roi n'y a point envoyé (1). Le Roi informé de tous ces détails remettoit toujours au lendemain à donner des ordres. M. de Gesvres, fort ami de M. de Maurepas et sachant les intentions de M. le Cardinal, se présentoit tous les jours pour recevoir les ordres de S. M. et faire avertir en conséquence un gentilhomme ordinaire qui vint recevoir l'ordre directement du Roi, car c'est leurs priviléges, et le Roi disoit toujours à M. de Gesvres : « Il n'est pas encore temps, » ou bien : « Je n'ai encore rien à vous dire. » Enfin le dimanche, après la mort de Mme de Mazarin, le Roi partit pour Choisy après le salut, comme je l'ai marqué, et avant le salut il dit à M. de Gesvres qu'il falloit envoyer faire des compliments. M. de Gesvres fit venir un gentilhomme ordinaire dans le cabinet du Roi; le Roi lui dit : « Vous irez chez Mme de Mazarin, chez Mme d'Agénois et Mme de Duras. » M. de Gesvres voyant que le Roi en restoit là, lui dit : « Sire, et M. de Maurepas? » Le Roi, rouge et embarrassé, dit d'une voix plus basse au gentilhomme ordinaire : « Chez M. de Maurepas. » Ce n'étoit pas encore assez, et le Roi n'en disoit pas davantage; M. de Gesvres lui dit : « Sire, et Mme de Maurepas? » et le Roi ajouta : « Et Mme de Maurepas. » Le gentilhomme ordinaire, voyant que le Roi n'alloit pas plus loin, crut que c'étoit oubli, et dit : « Et M. et Mme de Saint-......? » comme une question. Nouvel embarras du Roi, qui prononça cependant enfin les noms de M. et Mme de Saint-Florentin. Le Roi en passant de ce cabinet dans le cabinet des perruques avoit dit quelque chose à M. de Gesvres, mais si bas que M. de Gesvres ne l'avoit pas entendu. Après l'ordre donné au gentilhomme ordinaire, le Roi dit à M. de Gesvres : « Je vous ai déjà dit d'écrire sur votre livre que c'étoit sans

---

(1) A l'égard des accouchements, il n'y a nul exemple que le Roi ait envoyé chez d'autres femmes que celles qui sont titrées. M. le Dauphin et Mesdames envoient partout où le Roi envoie. A l'égard de la Reine, elle donne les ordres qu'elle juge à propos. (*Note du duc de Luynes.*)

tirer à conséquence. » De là, le Roi passa pour le salut, et en y allant il répéta encore ces mêmes mots à M. de Gesvres pour la troisième fois. C'est de M. de Gesvres même, fort ami de M. de Maurepas et qui l'a bien servi dans cette occasion, que je sais ce détail; il m'a ajouté que l'ordre le plus embarrassant et le plus considérable à donner n'auroit pas autant embarrassé le Roi que celui-ci.

M. le cardinal Tencin a pris aujourd'hui ses entrées chez la Reine, comme ministre; ce sont les entrées de la chambre, et il les a chez le Roi. Cette grâce lui avoit été accordée avant qu'il allât à Rome, et il n'en avoit pas fait d'usage chez la Reine.

M. d'Argenson les prit au même titre de ministre, il y a huit jours (1), et vint auparavant parler à Mme de Luynes. M. le cardinal Tencin, sur cet exemple, s'est déterminé à les prendre, et est venu ce matin chez Mme de Luynes.

M. le duc de Villars a resté aujourd'hui chez la Reine après le dîner; il a les grandes entrées comme mari de la dame d'atours.

OCTOBRE.

Conseils du Roi. — Nouvelles de Prague. — MM. de Brissac et de Chevreuse. — Timidité du Roi. — Audience de congé de l'ambassadeur de Venise; cérémonie du baudrier. — Nouvelles de l'armée de M. de Maillebois. — Mort de la comtesse de Mortemart. — M. de Beauvau. — Mort du maréchal de Nangis; son caractère; son testament. — Départ des princes pour la Flandre. — Parti des Broglie contre le maréchal de Belle-Isle. — Prétendants à la place de chevalier d'honneur de la Reine. — M. de Boufflers. — Appartements donnés. — Le Roi parle à M. de Beauvau. — Nouveaux détails sur la retraite de Fraüenberg; justification de M. de Belle-Isle. — Nouvelles de Bohême; division des généraux. — Altération de la mémoire du cardinal de Fleury. — Affaires de Flandre. — Mort de Massillon.

---

(1) Il ne les prit pas ce jour-là; il ne les prit qu'hier, mais il en parla à Mme de Luynes, qui en rendit compte à la Reine. (*Addition du duc de Luynes*, datée du 2 octobre.)

Du mardi 2 octobre, Versailles. — M. le Cardinal n'a point été à Draveil, mais seulement à Issy; et il n'en est point revenu au retour du Roi ; cependant les conseils se sont tenus comme à l'ordinaire. Il y eut samedi et dimanche conseil d'État, hier lundi conseil de finances. Le Roi a travaillé tous les soirs seul avec quelqu'un des ministres; samedi c'étoit M. Amelot, dimanche M. le contrôleur général, et hier M. de Breteuil.

Hier matin, M. le duc de Brissac arriva au lever du Roi ; il avoit passé auparavant à Issy ; il est envoyé par M. le maréchal de Broglie pour apporter le détail de ce qui s'est passé au siége de Prague et même la nouvelle de la levée du siége, M. le maréchal de Broglie n'ayant encore rien mandé jusqu'à ce moment ni de l'un ni de l'autre. Cependant par l'événement il n'a presque rien appris de nouveau que les noms et le nombre des morts et des blessés. Il a apporté aussi un plan de l'attaque et de la défense de la place. Il paroît que les ennemis n'ont jamais pu attaquer le corps de la place, et ont toujours été occupés aux ouvrages extérieurs que M. de Belle-Isle avoit fait faire. Outre ces ouvrages extérieurs, il y avoit des coupures en dedans des bastions qui auroient mis les Autrichiens dans la nécessité de faire pour ainsi dire un nouveau siége, quand même ils auroient fait brèche auxdits bastions et qu'ils auroient pu s'y loger. On a fait sortir 8,000 hommes de Prague pour soutenir l'escorte de 400 chevaux qu'on avoit donnés à M. de Brissac. Il a fallu forcer un petit poste des ennemis. L'infanterie est rentrée dans la ville après la sortie de M. de Brissac, et l'escorte de cavalerie a dû aller gagner Egra. M. le prince Frédéric de Deux-Ponts et M. de Beauvau sont sortis en même temps que M. de Brissac, le prince Frédéric pour aller porter à l'empereur les drapeaux qui ont été pris dans les différentes sorties. A l'égard de M. de Beauvau, il n'est pas encore arrivé ici. Comme il devoit rester auprès de l'empereur, et que ce n'est qu'à l'occasion de la marche de

M. de Broglie vers Sahay qu'il demanda permission d'aller à l'armée, et qu'après le combat et la retraite qui suivit il se trouva enfermé dans Prague sans en pouvoir sortir, on ne sait point encore s'il a eu d'autre dessein en sortant de Prague que de revenir à Francfort. L'arrivée de M. de Brissac a paru d'abord annoncer une très-grande nouvelle, et l'on a été un peu surpris de voir qu'on l'eût envoyé pour le sujet que je viens de marquer.

On ne paroît pas douter que M. de Brissac ne soit fait maréchal de camp, d'autant plus qu'il a beaucoup de valeur, qu'il mérite ce grade il y a longtemps, et que dès le voyage de Fontainebleau, l'année passée, M. le Cardinal étoit occupé de l'avancer. Dans ces circonstances, quoique je sache que le Roi a accordé la même grâce à mon fils, mais à condition de n'en point parler, que je lui aie même mandé par ordre de M. le Cardinal, et que M. de Breteuil ait pris il y a longtemps le *bon* du Roi pour constater cette grâce, cependant, comme elle n'est point déclarée, je crus devoir en parler au Roi hier; c'étoit pendant son souper; il me demanda si j'avois eu une lettre de mon fils et ce qu'il me mandoit; je lui dis qu'il ne parloit que de l'espérance qu'il avoit des bontés de S. M., d'autant plus qu'il croyoit les avoir méritées; j'ajoutai que jugeant bien que M. de Brissac seroit fait maréchal de camp, il craignoit que le Roi ne l'oubliât. Le Roi me répondit avec bonté : « Il y a bien de l'apparence ! » Le Roi a dit outre cela en deux occasions différentes : « M. et Mme de Luynes sont bien ingénieux à se tourmenter; peuvent-ils croire que j'oublierai M. de Chevreuse après la manière dont il a servi? » La Reine étoit présente à ce discours, ce matin au petit lever, et l'a redit à Mme de Luynes.

Il est certain qu'il y a des occasions où le Roi ne paroît pas donner les marques de bonté qui sont en lui, par une espèce de timidité naturelle qu'il a peine à surmonter; en voici un exemple : Mme de Mailly, comme je l'ai déjà marqué, aime fort M. de Belle-Isle, et s'attendoit que le

Roi parleroit beaucoup à Mme la maréchale de Belle-Isle; cependant le Roi ne lui dit pas un seul mot, ce qui surprit beaucoup tous ceux qui s'y intéressent. Mme de Mailly en a parlé au Roi, lui disant la peine qu'elle en ressentoit, d'autant plus qu'il lui paroissoit qu'il étoit content de M. de Belle-Isle. Le Roi lui parlant avec confiance lui dit: « Vous connoissez mon embarras et ma timidité, j'en suis au désespoir; j'ai eu dix fois la bouche ouverte pour lui parler. — Mais, lui dit Mme de Mailly, sans parler de M. de Belle-Isle, vous auriez pu lui parler de Francfort; — Et c'est, lui répondit le Roi, précisément du maréchal que je voulois lui parler. »

L'ambassadeur (Lezzo) de Venise a eu aujourd'hui son audience de congé. Il est venu dans les carrosses du Roi. Le Roi l'a reçu chevalier, et lui a mis le baudrier. L'audience chez la Reine étoit dans le grand cabinet. L'ambassadeur étoit avec un habit de drap gris brodé d'or; il a eu l'honneur des armes, et a dîné à la table du Roi dans la salle des ambassadeurs, suivant l'usage. Il n'y avoit point de dames averties pour cette audience, parce que M. de Sainctot s'étoit contenté de dire à la Reine et à Mme de Luynes que cette audience seroit vers le commencement du mois d'octobre, et depuis ce temps-là n'en avoit point parlé, au moins à Mme de Luynes; cependant la Reine, qui apparemment s'en étoit souvenue, avoit donné ordre hier matin qu'on vînt le dire à Mme de Luynes, mais cet ordre n'ayant point été exécuté, il n'y a point eu de dames averties.

Voici ce qui s'est passé chez le Roi par rapport à la cérémonie de donner le baudrier. Le Roi est assis dans son fauteuil, dans son cabinet, et couvert; lorsque l'ambassadeur entre, il se lève et se découvre, et écoute debout et couvert la harangue de l'ambassadeur, qui a aussi son chapeau sur la tête. Après la harangue, M. de Soùvré, maître de la garde-robe, apporta au Roi le baudrier; l'ambassadeur dit tout haut: « Le carreau. » Personne ne répondit. Le Roi dit à l'ambassadeur : « Mettez-vous à genoux. » L'ambassadeur plia un peu un genou, et le Roi lui passa le baudrier. Lorsqu'il fut sorti, le Roi dit à M. de Gesvres : « On écrira que l'ambassadeur s'est mis à genoux, et lui écrira le contraire. » M. Zeno, ci-devant ambassadeur de Venise, ne se mit point à genoux et ne plia pas même le genou. Cette difficulté avoit été prévue; M. de Verneuil, introducteur des ambassadeurs, avoit apporté son registre où il est dit qu'on leur a toujours donné des carreaux, hors M. Zeno, qui ne s'est pas mis à genoux. M. Amelot en rendit compte au Roi, qui lui dit qu'il ne se souvenoit point d'avoir jamais vu donner de carreau à l'ambassadeur de Venise. Bachelier, premier valet de chambre, dit de même qu'on ne leur en a point donné; enfin M. de Gesvres, qui m'a conté le détail du carreau que je viens de marquer, m'a dit qu'il écriroit dans son registre que l'ambassadeur s'étoit mis à genoux.

Du mercredi 3, Versailles. — Le Roi alla hier à la chasse, d'où il alla coucher à la Meutte; il en revient ce soir après souper. Il n'y a point de princesses, mais il y a quatre dames à ce voyage, Mme la maréchale d'Estrées, Mme d'Antin, Mme de Mailly, Mme la duchesse de Ruffec.

Il devoit y avoir dimanche prochain un voyage de Choisy; le Roi avoit laissé même deux équipages, l'un de cerf, l'autre de sanglier, à Sénart. Cet arrangement est changé; les équipages sont revenus, et il n'y aura plus que quelques petits voyages de Choisy.

Le Roi eut avant-hier, par un courrier, des nouvelles du 25 de M. le maréchal de Maillebois; son armée avoit passé les montagnes et les défilés, et n'étoit éloignée que de quatre ou cinq lieues de celle des ennemis.

On apprit par ce même courrier que le chevalier de Saint-Vallier, maréchal de camp, étant de jour, et s'étant avancé à une grande-garde placée auprès d'un bois, il avoit été tiré du bois deux coups, un desquels l'avoit tué.

J'ai appris aujourd'hui que Mme la comtesse de Mortemart étoit morte ce matin, de la petite vérole, à Paris ; c'étoit Mme de Crux, héritière de Bretagne ; son mari est colonel du régiment de Navarre.

Du mardi 9, Versailles. — Depuis ce que j'ai marqué ci-dessus, les armées étoient en présence, séparées par un marais ; depuis ce moment jusqu'à présent on n'a point reçu de nouvelles de M. de Maillebois, et l'on attend un courrier avec impatience.

On apprit hier matin la levée du blocus de Prague, par un courrier de M. de Montijo, dépêché de Francfort et allant à Madrid, qui a remis une lettre à M. de Campoflorido. Le Roi n'en a point eu encore de nouvelles directement.

M. de Beauvau arriva avant-hier ici ; il étoit envoyé du Roi auprès de l'électeur de Bavière, et est demeuré en cette qualité auprès de l'empereur ; il étoit allé joindre les troupes de Bohême, et s'est trouvé enfermé dans la ville de Prague, d'où il n'a pu sortir que le 20 septembre, avec M. le duc de Brissac. Suivant ce qu'il dit, il y a encore plus de neuf mille chevaux dans Prague, en comptant ceux des habitants et des équipages. Pour M. de Brissac, il dit qu'il n'y en a guère plus de trois mille. On trouvera à la fin de ces Mémoires (1) les différentes lettres et relations sur ce qui se passe à Prague et dans les différentes armées. Il faut espérer qu'au retour de l'armée on saura la vérité.

On a appris par M. de Brissac que M. de Boufflers étoit sorti de Prague avant la levée du siége, ayant pensé mourir de la gravelle ; il a obtenu du Grand-Duc la permission d'aller à Aix-la-Chapelle, mais à condition de n'écrire à personne ; et effectivement qui que ce soit n'a reçu de ses nouvelles ; il est même certain que le 1er de ce mois il n'étoit pas à Aix-la-Chapelle.

M. le maréchal de Nangis mourut hier à midi un quart.

---

(1) Ces lettres et relations sont dans les pièces justificatives, à la suite de l'année 1742.

Il y a plus de deux ou trois mois qu'on le voit mourir tous les jours d'un abcès dans la poitrine, accompagné d'une fièvre lente et d'un dépérissement affreux; il n'avoit cependant guère plus de soixante ans. On prétend que le véritable principe de sa maladie étoit le chagrin de ne pas servir, aimant son métier passionnément, et que la seule chose qui l'avoit consolé pendant longtemps étoit d'aller faire ses tournées comme directeur d'infanterie, ce qu'il n'avoit pu continuer depuis qu'il étoit maréchal de France; ainsi l'on peut dire qu'il eût été au désespoir de ne le pas être, et que cette dignité est le commencement de son malheur. C'étoit un très-bon homme, fort doux dans la société et très-capable d'amitié; il avait été fort aimé de feu Mme la Dauphine (de Savoie); il étoit extrêmement attaché à feu Mme de Mazarin, dont il n'a jamais su la mort. La Reine a toujours eu pour lui la plus grande et la plus véritable amitié; elle envoyoit savoir de ses nouvelles à tout moment et s'est toujours flattée sur son état. Lorsqu'il fut question hier de lui apprendre cette nouvelle, M. Helvétius envoya chercher M. et Mme de Maurepas et Mme de Saint-Florentin, et ce fut devant eux qu'après avoir préparé la Reine peu à peu par les mauvaises nouvelles qu'il lui en disoit de temps en temps, M. le curé de Versailles vint enfin lui annoncer sa mort. C'étoit hier jour de concert : la musique fut contremandée; la Reine demeura enfermée dans ses cabinets tout le jour; il n'y eut que Mmes de Luynes, de Villars, Mme de Mailly et ses deux sœurs qui eurent permission de voir la Reine. La Reine vit M. le Dauphin, et ne voulut point voir Mesdames; elle a eu beaucoup de monde ce matin à sa toilette; elle ne verra personne cette après-dînée. On ne sait pas encore qui sera choisi pour remplir cette place; on parloit beaucoup de M. de Sassenage, comme étant ami intime de Mmes de Villars et d'Armagnac; cependant il y a jusqu'à présent lieu de croire que ce n'est pas l'intention de la Reine.

Du mercredi 10, *Versailles*. — On ouvrit hier le testament de M. le maréchal de Nangis; il laisse beaucoup à ses domestiques, et ses legs en tout montent à 25,000 livres de rente viagère. Il jouissoit d'environ 50,000 livres de rente de bien de patrimoine, et 100,000 livres de bienfaits du Roi; il avoit la terre de Nangis en Brie substituée, et qui va par cette raison à M. de Brichanteau. Cette terre vaut 30,000 livres; mais il n'y en a que 17,000 comprises dans la substitution, le surplus étant des acquisitions faites par M. de Nangis. M. de Nangis donne 50,000 écus à Mme de Tonnerre; 20,000 livres à M. de Brichanteau, ou bien le fief de Brichanteau, à son choix; il donne aussi 18,000 livres à M. Dumesnil; on croit que c'est de l'argent qu'il lui avoit prêté à l'occasion de la campagne. Il donne aussi 125,000 livres à M. de Saint-Florentin, lequel a déjà déclaré qu'il n'en vouloit point. On ne doute pas que cet argent ne fût une espèce de fidéicommis en faveur de Mme de Mazarin. Il déclare nuls, par son testament, tous les billets que l'on trouvera de sommes qui lui seroient dues. Il a été porté à Nangis. Il n'y a encore rien de décidé pour son successeur. La Reine désire beaucoup M. d'Estissac, et l'a fort pressé d'accepter cette place; M. le Cardinal paroissoit même désirer qu'il l'acceptât; cependant l'un et l'autre n'ont pu s'empêcher d'approuver les raisons qu'il leur a données; mais cela n'est point encore fini entièrement. On nomme M. le prince de Talmond, M. le duc de Boufflers qui a demandé, M. le baron de Montmorency qui demande aussi. Il y a lieu de croire que cette affaire ne sera finie qu'au retour de Choisy.

S. M. est partie ce matin pour y aller, d'où elle revient samedi souper à Versailles.

On eut hier des nouvelles de Prague par la poste, du 23 et du 24 du mois passé, et beaucoup de vieilles lettres. M. le maréchal de Broglie s'est emparé des postes de Brandeis, Melnik et Leitmeritz, ce qui rétablit la communication. On est toujours dans le même état sur les nouvelles de l'armée de M. de Maillebois.

Du jeudi 11, *Choisy-le-Roi.* M. le duc de Chartres est venu ce matin de Saint-Cloud prendre congé du Roi; il va en Flandre : il en obtint permission il y a quelques jours.

M. le prince de Dombes et M. le comte d'Eu ont eu aussi la même permission, à peu près dans le même temps.

Le Roi a reçu ce matin un paquet de M. le Cardinal, mais il n'en a encore rien dit.

Du mardi 16, *Versailles.* — J'ai oublié de marquer ci-dessus que M. le comte de Clermont va aussi en Flandre; lui, M. le prince de Dombes et M. le comte d'Eu y serviront en qualité de lieutenants généraux. M. le duc de Chartres et M. de Penthièvre, qui marchent aussi, n'ont d'autre qualité que celle de volontaire. M. de Richelieu est employé dans cette armée comme maréchal de camp, et part incessamment. On est toujours dans la crainte en Flandre que les Anglois ne fassent quelque entreprise sur Dunkerque; les retranchements que nous y avons faits sont fort bons, mais il faut beaucoup de monde pour les garder; on dit qu'il faudroit 25,000 hommes, et le corps de troupes que nous avons en Flandre n'est pas fort considérable.

On a été plusieurs jours sans recevoir de nouvelles de M. de Maillebois, et l'on en étoit fort en peine, d'autant plus que l'on savoit les deux armées en présence, les vedettes à la portée du pistolet. L'on sut il y a trois jours que M. de Maillebois s'étoit déterminé à marcher par sa gauche et à reculer jusqu'à Egra pour marcher ensuite à couvert de l'Eger. Il y eut le 3 une petite affaire entre un corps de nos troupes et quelques hussards. M. le prince de Conty y fit des merveilles, et chargea à la tête des dragons. Le Roi a parlé aussi de M. de Coigny et de M. le comte de Noailles, qui s'y étoient distingués.

M. de Maillebois arriva le 8 à Égra sans obstacle de la part des ennemis; M. le comte de Saxe fait l'avant-garde de son armée. On sut hier, par un courrier, que le 10, s'étant avancé jusqu'à Elnbogen, il s'étoit emparé de cette place, où il y avoit 4,630 hommes et quelques hussards, et qu'il avoit aussi envoyé s'emparer de Falkenau, qui est à une lieue en deçà, d'où l'on avoit chassé 1,200 hommes. M. de Maillebois a appris cette nouvelle par une lettre de M. le comte de Saxe, qu'il a envoyée ici par un courrier. Le courrier partit le 11 au matin, et arriva ici le 15 au soir. Comme il n'y a point d'autre détail dans la lettre de M. le comte de Saxe, on ne peut savoir précisément si les 4,630 hommes ont été faits prisonniers ou se sont retirés. L'on croit que l'on sera quelques jours sans recevoir des nouvelles de cette armée, à cause de la difficulté des chemins et du prodigieux nombre de hussards. L'on ne doute plus à présent que M. de Broglie n'ait eu ordre de laisser une garnison dans Prague et de s'avancer au-devant de M. de Maillebois avec environ 15,000 hommes.

Les discours continuent ici avec vivacité contre M. de Belle-Isle, et même malgré l'amitié dont Mme de Mailly paroît remplie pour lui et les assurances qu'elle a données en ma présence à Mme de Belle-Isle que le Roi étoit content, il sembleroit, par ce que l'on voit, que le parti des Broglie auroit prévalu dans l'esprit de S. M., le Roi ne parlant plus de M. de Belle-Isle et ne répondant même pas trop quand on lui en parle par hasard. On a fort remarqué même que le Roi n'a presque point dit un mot à M. de Beauvau, qu'il sait être ami de M. de Belle-Isle et dont il doit avoir sujet d'être content. Cependant Mme la maréchale de Belle-Isle, fort en peine de tous les discours qu'elle entendoit, a été ce matin chez M. le Cardinal, qui l'a assurée que le Roi et lui avoient toujours la même confiance en M. de Belle-Isle et l'a reçue très-bien. M. de Belle-Isle avoit demandé un congé pour revenir, à cause de sa santé; on lui a envoyé d'abord le dit congé; depuis on lui a mandé de rester, l'arrangement étant que M. le maréchal de Broglie sort de Prague, comme je viens de le marquer.

Depuis ce que j'ai marqué ci-dessus du testament de M. de Nangis, j'ai appris plusieurs détails. Il s'est trouvé entre les mains de M. l'abbé de Broglie un billet sur l'emploi des 125,000 livres dont j'ai parlé plus haut; 100,000 livres étoient destinées à Mme de Mazarin; et des 25,000 livres, il y en avoit 10,000 pour Mme de Maurepas, 6,000 pour Mme de Saint-Florentin, 3,000 à Mme de Listenay, 3,000 à Mme de Flavacourt et 3,000 à Mme de la Tournelle; voulant que ces legs ne fussent pas payés en espèces, mais en diamants. Toutes ces dames ont refusé lesdits legs. La Reine est nommée dans le testament avec les compliments les plus respectueux et les plus convenables. M. de Nangis lui laisse un petit diamant couleur de rose, un pot-pourri (1), quatre tabatières d'or et 300 louis que S. M. devoit à M. de Nangis. Les quatre boîtes d'or avoient été envoyées par la Reine à M. de Nangis pendant sa maladie pour qu'il en fît des présents aux médecins, chirurgien et apothicaire qui ont eu soin de lui.

Depuis la mort de M. de Nangis, il n'y a point eu de musique chez la Reine jusqu'à présent, et même il n'y a point eu de jeu les deux ou trois premiers jours. La Reine paroît toujours fort affligée; elle continue de voir de temps en temps, les soirs, M. l'abbé de Broglie, et il y a toujours une ou deux dames du palais qui veillent auprès d'elle les soirs jusqu'à ce qu'elle soit endormie. La Reine a essayé inutilement dans plusieurs conversations d'engager M. d'Estissac à accepter la place de chevalier d'honneur. M. d'Estissac lui a représenté que, ne voulant pas accepter cet honneur sans remplir exactement les devoirs assidus et inséparables de cette charge, sa situation ne

---

(1) *Pot-pourri* se dit de ces compositions que les femmes font de plusieurs parfums, mêlés dans un *pot*, pour faire sentir bon dans leur chambre. (*Dict. de Trévoux.*)

lui permettoit pas de profiter des bontés de S. M., tant par rapport à son bien qu'à cause de Mme d'Estissac, qui ne pouvoit guère se séparer de Mme de la Rochefoucauld pour venir faire ici un établissement; ajoutant d'ailleurs que cette assiduité auprès de la Reine le mettroit hors de portée de faire sa cour au Roi dans ses voyages, puisqu'il se croiroit encore plus obligé de rester à Versailles dans des temps d'absence et de solitude que dans aucun autre.

Outre les prétendants à cette place dont j'ai parlé ci-dessus, il y a encore eu M. le duc de Ruffec qui l'a demandée et M. de Bauffremont le père. On nommoit aussi M. de Tavannes, qui commande en Bourgogne; cependant M. l'archevêque de Rouen, son frère, assure fort n'avoir pas demandé pour lui. Il y a longtemps que l'on sait que Mme la duchesse de Ventadour demandoit pour M. de la Mothe-Houdancourt, son neveu à la mode de Bretagne; et depuis quatre ou cinq jours l'on étoit sûr qu'il seroit nommé; cependant cela ne fut déclaré qu'hier matin. M. de la Mothe est lieutenant général, servant actuellement en Bohême; il est grand d'Espagne, bien fait, fort gaillard (1) et fort aimable; il a environ cinquante-deux ans.

On est toujours ici dans une grande incertitude sur ce qui peut être arrivé à M. de Boufflers; il est maréchal de camp et sert en Bohême depuis le commencement de la guerre; il a été très-mal à Prague d'une colique néfrétique pendant le siége; et étant obligé d'aller prendre les eaux d'Aix-la-Chapelle, il demanda permission au Grand-Duc de sortir. Il partit de Prague, le 8 ou 9 septembre, avec quatorze domestiques, ayant à la vérité promis de n'écrire à personne; on n'a aucune nouvelle de lui à Aix-la-Chapelle, et Mme de Boufflers ni personne n'en ont reçu de nouvelles depuis ce temps.

---

(1) Il avoit été l'amant de Mme de Moras, mère de Mlle de Moras qui s'étoit évadée du couvent pour aller épouser M. de Courbon.

Du jeudi 18, *Versailles*. — On a donné hier à M. l'archevêque de Rouen l'appartement de feu M. le maréchal de Nangis, au-dessus de la Reine; et celui de M. l'archevêque de Rouen, qui est auprès de M. de Saint-Florentin, a été donné en même temps à M. d'Argenson, ministre d'État.

Du lundi 22, *Versailles*. — L'article ci-dessus étoit le premier arrangement; mais M. d'Argenson a mieux aimé rester dans l'appartement qu'il a comme intendant de Paris, jusqu'à ce qu'il s'en trouvât un autre qui lui convienne, et l'appartement de M. l'archevêque de Rouen a été donné à M. le duc d'Anville. Le Roi a donné aussi à M. de Tessé un appartement qu'avoit feu Bontemps dans le haut de la surintendance et qui faisoit partie de celui de feu Mme de Lauzun.

J'ai marqué ci-dessus que le Roi n'avoit point parlé à M. de Beauvau : tous les amis de M. de Belle-Isle en étoient affligés; Mme de Mailly en avoit déjà parlé au Roi, qui lui avoit dit que cela ne provenoit point d'aucune peine qu'il eût contre M. de Beauvau ni contre M. de Belle-Isle, mais seulement de ce qu'il ne connoissoit point M. de Beauvau. Mme de Mailly, sachant l'effet qu'avoit fait le silence du Roi, en parla encore à S. M. le jeudi 18 de ce mois; il y avoit ce jour-là grand couvert. M. de Beauvau vint au souper; quelqu'un de ceux qui y étoient lui ayant fait quelques questions sur des particularités de Prague, le Roi demanda ce que l'on disoit, et commença dès ce moment à faire plusieurs questions à M. de Beauvau; la conversation dura pendant tout le souper; après le souper, étant remonté dans son petit appartement, il dit en entrant à Mme de Mailly : « Madame la comtesse, vous serez bien contente de moi, car je n'ai cessé de parler à M. de Beauvau pendant mon souper. »

Le lendemain 19, Mme de Mailly alla chez Mme de Belle-Isle, et y resta fort longtemps. Je fus présent à presque toute cette conversation. Mme de Mailly assura Mme de Belle-

Isle qu'elle ne devoit avoir nulle sorte d'inquiétude, que le Roi connoissoit l'attachement de M. de Belle-Isle pour sa personne et pour ses intérêts et qu'il étoit fort content de lui; elle ajouta beaucoup de marques d'amitié pour M. et Mme de Belle-Isle, et il paroît qu'elle est véritablement dans leurs intérêts.

M. de Beauvau vint ici il y a quelques jours, et y fit un grand détail de la conversation qu'il avoit eue avec M. le Cardinal; il a été bien reçu de S. Ém. et de tous les ministres. Il rendit compte à M. le Cardinal, fort en détail, des négociations de M. de Belle-Isle, et lui dit que S. Em. pouvoit se souvenir que ce n'avoit été que sur le plan qu'elle-même avoit formé que l'on avait arrangé toutes les différentes opérations politiques et militaires; que par conséquent l'on ne pouvoit s'en prendre à M. de Belle-Isle sur le premier projet. Il lui raconta ensuite ce qui s'étoit passé dans l'exécution de ce projet, et lui fit remarquer l'attachement, le zèle, la fidélité avec lesquels M. de Belle-Isle avoit exécuté les ordres qui lui avoient été donnés. Étant venu ensuite à l'article de la retraite de Frauenberg, il lui dit que ç'avoit été malgré toutes les représentations de M. de Belle-Isle que M. le maréchal de Broglie avoit voulu étendre son armée depuis Thein jusqu'à Aunau (1); que depuis, M. de Belle-Isle, étant allé à sa mission auprès du roi de Prusse, avoit envoyé deux courriers avertir M. de Broglie de la marche des ennemis; que M. de Broglie n'avoit point ajouté foi aux dépêches venues par le premier, et que le second étant arrivé à minuit, lorsque M. de Broglie étoit couché, M. le comte de Broglie, sachant que c'étoit un paquet de M. de Belle-Isle, n'avoit jamais voulu qu'on éveillât son père. Il lui expliqua ensuite la précipitation avec laquelle s'étoit faite la retraite, les représentations inutiles qui avoient été faites à M. de Broglie de rester au moins posté sur la

---

(1) Nous croyons que ce mot est une erreur, et qu'il faut lire: Crumau.

Beraun, quoique cependant il n'y eût que 150 hussards environ qui harcellassent l'armée, celle du prince Charles étant à deux journées de là. Il entra ensuite dans le détail de ce qui s'étoit passé pendant le siége de Prague, finissant par leur première sortie, à lui et M. de Brissac, le 15 septembre, laquelle n'eut aucun succès par la faute des arrangements qu'on auroit dû prendre. Il dit que le détachement ayant été obligé de revenir à Prague, pour prendre de nouveaux ordres, arriva près de la ville dans le temps que M. le maréchal de Broglie dormoit; que M. le comte de Broglie en ayant été informé ne voulut jamais qu'on éveillât M. le maréchal de Broglie, et dit que le détachement n'avoit qu'à rentrer. Pendant cette conversation, M. le Cardinal étoit les deux mains appuyées sur la table couvrant son visage et sans dire un seul mot. M. de Beauvau finit par dire à S. Em. que M. de Broglie étoit valeureux, et qu'il avoit été brillant, mais qu'il n'étoit plus de même qu'en Italie; que les différentes attaques d'apoplexie avoient entièrement changé son humeur et son caractère.

Du mercredi 24, Versailles. — Il y a eu des nouvelles de Prague du 11. Tout le monde s'y portoit bien; M. le maréchal de Broglie n'étoit point sorti, et l'on ne parloit point de sortir. Il y a toujours quelques hussards aux environs de cette ville. On a nouvelles que M. le comte de Mortemart est sorti de Prague; cette nouvelle est de M. de Tallard. Ils ne reçoivent point de nouvelles à Prague.

Les logements sont donnés; celui de Mme de Mazarin à Mme de la Tournelle; celui de Mme de Gramont à M. d'Argenson; celui qu'il avoit, à M. de Brou; celui que l'on refait vis-à-vis Mme de Mailly est donné à Mme de Flavacourt; celui auprès de M. le cardinal Tencin, à Mme de la Mothes en attendant.

On ne dit rien du courrier d'hier : il est de M. Desalleurs à M. Amelot; on croit cependant qu'il n'a pas apporté de joie ni de satisfaction; mais il n'y a eu aucune affaire. Ce sont apparemment des négociations.

Du vendredi 26, *Dampierre.* — On pourra juger par deux lettres (1) de la réalité des observations de M. de Beauvau. Celle de M. de Maillebois, du 16 de ce mois, arriva il y a quelques jours, par un courrier de M. Desalleurs de Dresde. L'on ne dit mot alors de ce courrier, et ce n'est que depuis peu que l'on sait que M. de Maillebois a été obligé de revenir du côté d'Egra; on ne sait point encore quels ordres la Cour lui aura envoyés.

Il y a déjà plusieurs jours que l'on a eu des nouvelles de M. de Boufflers; c'étoit le jeudi 18 de ce mois; il a été conduit à Lintz, où il a été gardé comme prisonnier d'État pendant onze ou douze jours; de là mené à Munich, où son escorte le laissa. Il avoit dès ledit jour jeudi donné de ses nouvelles de Mannheim.

On sut avant-hier que les appartements étoient donnés : celui de feu Mme la duchesse de Gramont, dans l'aile des princes, à M. d'Argenson, celui de M. d'Argenson à M. de Brou, aujourd'hui intendant de Paris, celui de feu Mme de Mazarin à Mme de la Tournelle, celui qu'on avoit destiné d'abord à M. d'Argenson, en attendant, et qui est auprès de celui de M. le cardinal Tencin dans la galerie des princes, est donné aussi en attendant à M. de la Mothe-Houdancourt. À l'égard de Mme de Flavacourt, le Roi lui en a donné un qui n'est pas encore fini; c'est celui dans l'aile neuve qu'occupoit ci-devant M. l'abbé de Pomponne, qui avoit été donné à Mme de Mailly, étant vis-à-vis le sien. Elle n'a pu l'habiter, les murs s'étant trouvés trop mauvais. On travaille actuellement à cette réparation.

Depuis ce que je viens de marquer de l'armée de Bohême, on a su que M. le maréchal de Broglie avoit

---

(1) Voy. aux pièces justificatives.

défendu que l'on rendît compte d'aucun détail à M. de Belle-Isle. M. de Belle-Isle a été le premier à souscrire à cet ordre, ne voulant en écouter aucun.

Le Roi alla avant-hier souper à la Meutte, d'où il revint hier au soir. Les dames étoient Mmes d'Antin, de Ruffec (duchesse), de Saint-Germain et de Flavacourt; celle-ci pour la première fois.

Du lundi 29, *Versailles.* — Nous avons appris aujourd'hui, en arrivant de Dampierre, que le fils dont Mme de Sassenage étoit accouchée il y a deux ou trois jours, venoit de mourir. De neuf enfants qu'a eus Mme de Sassenage, il n'y avoit de garçon que celui-là.

Du mercredi 31, *Versailles.* — Les affaires sont toujours à peu près dans le même état en Bohême; on espéroit que la jonction de nos troupes se feroit avant le 1er de novembre; mais on ne peut plus savoir quand cette jonction se fera, ni même si elle sera possible. L'armée de M. de Maillebois s'étoit avancée jusqu'à Elnbogen sur l'Eger et même par delà; M. de Maillebois a pris le parti de revenir à Egra, faute de subsistances, et l'on ignore encore quel parti on prendra. L'on comptoit que M. le maréchal de Broglie feroit quelques mouvements pour venir au-devant de l'armée; cependant il n'a pas jugé à propos jusqu'à présent de sortir de Prague. On lui a envoyé ordre d'aller se mettre à la tête de l'armée de M. de Maillebois; mais l'on doute beaucoup que cet ordre soit exécuté, d'autant plus qu'il n'est pas aisé présentement de sortir de Prague, les hussards étant répandus autour de cette ville. La division entre MM. de Broglie et de Belle-Isle est plus grande que jamais. J'ai déjà marqué ci-dessus que dès les commencements M. de Broglie avoit dit hautement son avis, dès Strasbourg, sur les projets militaires formés en conséquence de l'élection de l'empereur; quoique M. de Belle-Isle en ait été instruit, il ne laissa rien ignorer à M. de Broglie, à son arrivée, de tous les arrangements qu'il avoit faits.

Le caractère particulier et essentiel de M. de Belle-Isle c'est de ne connoître ni haine personnelle, ni jalousie, lorsqu'il s'agit du plus grand bien, de l'intérêt du Roi et de l'État ; il n'a cessé de se conduire toujours par ces mêmes principes. Ce fut en conséquence qu'après le combat de Sahay, il conseilla à M. de Broglie ou de marcher à Budweis, ou de se retirer à Pisek. Peu de jours après, il donna des avis à ce général, par deux ou trois courriers différents, que le prince Charles marchoit à lui. Depuis qu'il s'est trouvé enfermé dans Prague, il n'a cessé de prendre régulièrement les ordres de M. de Broglie, le voyant ou lui écrivant tous les jours. Ceux même qui sont attachés aux intérêts de M. de Broglie conviennent que la défense de Prague est l'ouvrage de M. de Belle-Isle, et que M. de Broglie n'a pas à beaucoup près les mêmes connoissances et la même expérience pour la défense d'une place. Les amis de M. de Broglie ne peuvent aussi s'empêcher d'avouer qu'il a de l'humeur et de la vivacité ; d'autres ajoutent que quoiqu'il ait été brillant, les années et quelques attaques d'apoplexie ont fait tort à sa mémoire et à sa tête. Dans cet état l'on peut juger de ce que M. de Belle-Isle a eu et a encore à souffrir. Malgré ces peines continuelles, il a toujours continué à user de la même déférence pour M. de Broglie et à se donner tous les mouvements nécessaires pour la défense de la ville, sans marquer ni humeur ni mécontentement. Soit que la Cour ne soit pas suffisamment instruite, ou qu'elle ne veuille pas ajouter foi à ce qu'elle apprend, l'on a envoyé d'ici une patente à M. de Broglie pour commander toutes les armées. Douze ou quinze jours après que M. de Broglie eut reçu cet ordre, il fit défendre de rendre compte d'aucun détail à M. de Belle-Isle. Ce fut à l'occasion du détachement qui étoit allé s'emparer de Melnik, pour se rendre maître de la communication de l'Elbe. Les ordres de M. de Broglie ayant demandé quelques explications, on vint les demander à M. de Belle-Isle, qui donna les éclaircissements nécessaires; M. de Broglie le sut, et envoya aussitôt ordre aux officiers de ce détachement de ne rendre aucun compte à M. de Belle-Isle. Sur cette nouvelle, M. de Belle-Isle écrivit d'exécuter à la lettre ce qui avoit été ordonné, et qu'il ne vouloit entendre parler d'aucun détail. Dans ces circonstances, M. de Belle-Isle, depuis la levée du siége, avoit demandé avec instance la permission de revenir, ajoutant cependant que ce n'étoit que parce qu'il jugeoit sa présence inutile, et que si l'on avoit besoin de lui, ou pour la négociation, ou pour les opérations militaires, qu'il seroit toujours prêt à exécuter ce qui lui seroit ordonné. La permission de revenir lui a été refusée; ce refus est fondé, dit-on, sur ce que M. de Broglie ayant ordre de sortir de Prague, il faut qu'il reste un général pour commander les troupes qui y resteront.

La même division se trouve en partie entre M. de Maillebois et M. le comte de Saxe. M. le comte de Saxe, capable de former de grands projets et de les bien exécuter, d'ailleurs ayant toujours auprès de lui quatre ou cinq aides de camp qui savent la langue et connoissent le pays, avoit proposé différentes opérations avant et depuis l'entrée en Bohême. M. de Maillebois n'a pas cru devoir suivre tous ces projets, étant obligé de se conformer aux ordres qu'il a reçus tant de la Cour que de M. de Broglie, la lettre du 11 septembre reçue de la Cour lui ayant marqué de ne point faire d'entreprises dont le succès pût être douteux. On verra plus de détails sur cet article dans une lettre qui est à la fin de la minute de ces Mémoires (1).

L'empereur, qui a toute sa confiance en M. de Belle-Isle, et tous les ministres étrangers qui sont à Francfort

---

(1) Voir aux pièces justificatives.

pensant sur lui avec la même estime, ne voient qu'avec une peine extrême l'arrangement présent des affaires. Je vis il y a quelques jours une lettre d'un de ces ministres qui a le plus de considération dans l'Empire, et qui n'a nulle liaison particulière avec la France. Cette lettre est conçue dans des termes très-modérés et même très-respectueux pour le ministère de France; d'ailleurs remplie des éloges les plus flatteurs pour M. de Belle-Isle et de la douleur la plus vive et la plus sincère sur tout ce qui se passe en Bohême.

On ne peut juger dans cette situation quelles sont les intentions du Roi. Il paroît toujours que c'est M. le Cardinal qui décide seul des opérations politiques et militaires, et que M. Amelot et M. de Breteuil se contentent de lui rendre compte, n'osant et ne pouvant rien prendre sur eux. Il y a des moments où M. le Cardinal paroît accablé de tant de contrariétés et de mauvais succès; dans d'autres il semble que la gaieté et la douceur de son caractère le mettent au-dessus des événements; il travaille toujours avec la même assiduité, cependant sa mémoire souffre. En voici deux exemples que je sais d'original. Il y a quelques jours que s'étant informé des personnes qui étoient venues à Dampierre avec moi, on lui nomma Mme la comtesse d'Egmont; soit qu'il n'eût pas bien entendu ou qu'il ne s'en souvînt pas, il demanda qui elle étoit. Mme de la Tour vint ici il y a peu de jours; on sait que son mari est intendant, premier président et commandant en Provence, et que l'infant don Philippe, après avoir été plus de deux mois en Provence, est actuellement en Savoie depuis assez longtemps. Mme de la Tour alla voir M. le Cardinal, qui lui dit : « Vous avez toujours l'Infant? »

Au milieu de ces grandes et importantes affaires, M. le Cardinal ne néglige pas les plus petites. Il y a quelque temps que Mme de Luynes alla le voir au sujet d'une cloche des Capucines, à Paris, qui doit être tenue par la Reine et M. le Dauphin, c'est-à-dire par Mme de Luynes, au nom de la Reine, et par M. de Châtillon, au nom de M. le Dauphin. Il s'agissoit de régler ce qu'il convenoit de faire; il lui dit qu'il se souvenoit que le Roi en avoit tenu une à Saint-Germain, qu'il alloit écrire à M. le maréchal de Noailles en Flandre pour savoir ce qu'on avoit donné.

En Flandre, les affaires sont toujours dans la même situation. Nous y avons environ 35,000 hommes; tous les princes du sang, hors M. le prince de Conty, y sont; et M. le maréchal de Noailles est occupé à mettre en état de défense toutes les places qui peuvent être attaquées. On sait, il y a plusieurs jours, que le voyage du roi d'Angleterre est absolument rompu, et que mylord Carteret, qui a été envoyé en dernier lieu auprès des États Généraux (1) pour faire les dernières instances, n'a pu les déterminer. Il leur avoit proposé de faire une ligue offensive et défensive avec les Anglois, ou du moins de mettre des garnisons hollandoises dans les places de la reine de Hongrie, afin que les troupes autrichiennes puissent en sortir. La République a refusé de consentir à la ligue; et à l'égard des places, elle a répondu que par le traité d'Utrecht elle étoit chargée de garder celles de la Barrière, qu'elle n'en vouloit point garder d'autres. Mylord Carteret, peu satisfait de ces réponses, demanda pourquoi donc la République avoit un si grand nombre de troupes. Ils répondirent que ce n'étoit pas pour faire la guerre, mais pour faire la paix.

Il y eut hier grand couvert. Mme de Fitz-James, qui est de semaine, devoit rester au souper; comme elle n'étoit point arrivée au moment que le Roi se mettoit à table, Mme de Luynes, qui vit que la Reine n'avoit au-

---

(1) De Hollande.

cune de ses dames, prit le parti de rester au souper ; Mme de Fitz-James arriva un moment avant qu'on servît le rôti, et après avoir dit un mot à la Reine alla prendre sa place. Ce n'étoit pas autrefois l'usage d'arriver le souper commencé, surtout pour une dame assise.

Aujourd'hui, veille de la Toussaint, le Roi a été à la chasse aux environs d'ici; il est revenu de bonne heure, et a été aux premières vêpres. C'est M. l'évêque d'Uzès (Bauyn) qui a officié.

Il y a quelques jours que l'on sait la mort de M. l'évêque de Clermont. C'étoit le P. Massillon, autrefois grand prédicateur. Le Roi nomma hier à cet évêché M. l'abbé de la Garlaye, comte de Lyon, l'un de ses aumôniers.

NOVEMBRE.

Service de la Toussaint. — Le Roi fait mettre du rouge à Madame. — Affaires militaires. — Le Roi, Mme de Mailly et Mme de la Tournelle; Melle de Mailly. — Départ de Mme de Mailly pour Paris; le Roi lui écrit. — Nouvelles de Prague. — Installation de Mme de la Tournelle à Choisy. — Sacre de l'abbé de Ventadour à Strasbourg. — M. de Grimberghen. — M. de Belle-Isle remonte sa cavalerie; le duc de Chevreuse vend sa vaisselle pour remonter les dragons. — Détails sur le voyage de Choisy. — Position de Mme de Mailly. — Conversation du Roi avec M. de Soubise. — Places vacantes à l'Académie française. — Nouvelles de l'armée. — Présentation de Mme de Montauban. — M. de Richelieu et Mme de la Tournelle. — La Reine prend part à la position de Mme de Mailly. — Mot du Roi sur M. de Belle-Isle. — Souper secret du Roi. — Nouveau voyage de Choisy. — Chansons sur le Roi et Mme de la Tournelle. — Habitudes de la Reine. — Mort de l'abbesse de la Saussaye. — Présentation du baron de Sickengen.

Du vendredi 2 novembre, Versailles. — Hier le Roi entendit la grande messe en bas. Ce fut Mme la comtesse de la Force (Amelot) qui quêta, pour la première fois, et M. d'Uzès qui officia. L'après-dînée il y eut sermon. C'est M. Adam, curé de Saint-Barthélemy, qui doit prêcher l'Avent; il s'énonce facilement et en bons termes et prêche d'une façon utile, à ce qu'il paroît. Son compliment, qui fut plutôt une instruction qu'un compliment, ne fut point approuvé, parce qu'en parlant de la grandeur de la France, il ajouta des victoires et des conquêtes, discours peu placé dans les circonstances présentes.

Le soir, il y eut grand couvert, où Madame soupa; Mme de Tallard resta au souper derrière Madame; Madame étoit sur le retour de la table, du côté du Roi, servie comme le Roi et la Reine, excepté qu'on lui apporte à boire sur une assiette, et qu'au Roi et à la Reine, c'est sur une sous-coupe. Le Roi avoit ordonné que l'on mît du rouge à Madame, ce qui la changeoit fort en bien.

Du samedi 3, Versailles. — On continue de dire que M. le maréchal de Broglie a très-réellement ordre de sortir de Prague et de venir se mettre à la tête de l'armée de M. le maréchal de Maillebois. On n'a point de nouvelles jusqu'à présent que cette armée ait fait d'autres mouvements que de venir d'Egra à Amberg. Il paroît que l'on est fort content des manœuvres de M. de Seckendorf avec les troupes impériales en Bavière. Ce général est le même qui étoit à la tête des troupes de l'empereur Charles VI, dans l'affaire de Clausen, où fut tué le fils aîné de M. le duc de Béthune. On prétend que le prince Eugène n'avoit pas d'opinion de M. de Seckendorf et qu'il lui croyoit trop de vivacité; soit qu'il se soit trompé dans son jugement, soit que l'âge et l'expérience aient donné lieu à M. de Seckendorf de se corriger, il est présentement très-estimé. M. de Belle-Isle en fait beaucoup de cas, et M. de Seckendorf, de son côté, a l'opinion la plus avantageuse de M. de Belle-Isle.

J'ai appris aujourd'hui que dans le temps que l'on envoya à M. de Broglie la patente pour commander les trois armées, avec le pouvoir de les refondre en une s'il le jugeoit à propos, et de changer les brigades, M. de Breteuil écrivit à M. de Belle-Isle, lui marquant que le Roi ne cessoit point d'avoir confiance dans ses soins et son zèle, et qu'il comptoit qu'il lui en donneroit de nouvelles preuves, en suppléant, s'il étoit nécessaire, à ce qui pourroit être oublié par M. de Broglie : ce sont à peu près les termes de la lettre.

La juste attention que l'on a toujours eue jusqu'à ce moment aux affaires politiques et militaires est un peu suspendue dans ce moment par un événement de l'intérieur des cabinets. On s'aperçoit depuis huit ou dix jours, et plus particulièrement depuis deux ou trois, que le Roi ne pense plus de la même façon pour Mme de Mailly, et que ce changement vient d'un goût nouveau et qui paroît très-décidé pour Mme de la Tournelle. Cependant les dîners et soupers continuent, comme à l'ordinaire, mais fort tristement, et il y a eu beaucoup de larmes répandues par Mme de Mailly. Elles ont paru faire peu ou point d'impression sur l'esprit du Roi. Rien ne paroît cependant encore au dehors entre le Roi et Mme de la Tournelle. Elle sort peu, et on ne la voit presque nulle part. Le Roi se couche à minuit au plus tard depuis sept ou huit jours. On a jugé par plusieurs entretiens de M. de Richelieu avec Mme de La Tournelle et par une conversation qu'il eut avec le Roi, à la chasse, deux ou trois jours avant son départ pour la Flandre, qu'il avoit été chargé de cette négociation. Mme de Mailly, qui couche toujours dans le petit appartement à côté des cabinets, comme j'ai marqué ci-dessus, devoit aller coucher hier dans son ancien appartement, et Mme de Flavacourt, qui l'occupe, devoit monter dans celui d'en haut et y coucher dans un lit de camp de louage, Mme de Mailly ni elle n'ayant point de meubles. On transportoit hier tous les meubles de Mme de Mailly, et le Roi lui avoit dit qu'elle pouvoit emporter le meuble de son appartement et tout ce qui y étoit; mais elle n'accepta point cette offre, et le projet fut changé hier pendant le souper. Le Roi lui dit qu'elle pouvoit coucher dans ce petit appartement. Son état est d'autant plus digne de compassion, qu'elle aime véritablement le Roi, et qu'elle est aussi zélée pour sa gloire qu'attachée à sa personne; elle a beaucoup d'amis et est digne d'en avoir, n'ayant jamais fait de mal et ayant au contraire cherché avec vivacité à rendre service. Elle n'aura pas été longtemps à ressentir les suites de la faute que son bon cœur lui a fait faire, en quittant sa place de dame du palais. On prétend que le goût du Roi pour Mme de la Tournelle existoit du vivant même de Mme de Mazarin, et que c'est la volonté particulière de S. M. qui a décidé de la place de dame du palais pour Mme de la Tournelle.

On ignore encore quelles seront les suites de cet événement. Les réflexions que l'on peut faire sont : que Mme de la Tournelle n'aime point M. de Maurepas, et que M. de Richelieu ne peut le souffrir; d'ailleurs M. de Richelieu est ami intime du cardinal Tencin.

Il y a encore une quatrième sœur, qui n'est point mariée; on l'appeloit Mlle de Montcavrel, aujourd'hui on la nomme Mlle de Mailly. Avant tout ceci et avant la mort de Mme de Mazarin, Mme de Mailly étoit fort occupée de la marier; le Roi a fort entré aussi dans ce projet; Mme de Mailly n'en savoit pas la raison : le fait est que Mlle de Mailly est intime amie de Mme de la Tournelle, au même point que Mme de Vintimille l'étoit de Mme de Mailly ; c'est un caractère vif et gai, à peu près semblable à celui de Mme de la Tournelle. La figure n'est pas de même; on ne peut pas dire qu'elle soit laide, mais elle n'est pas jolie. Le projet est donc de lui faire épouser M. le duc de Lauraguais, fils de M. le duc de Brancas. M. de Lauraguais est veuf, et avoit épousé en premières noces Mlle d'O, dont il a deux garçons. On dit le mariage fort avancé.

M. de Chabot, frère de feu M. de Léon, qui a environ cinquante-trois ou cinquante-quatre ans, avoit fort grand désir d'épouser Mlle de Mailly; il est riche, il vouloit lui assurer 20,000 livres de rente et faire, outre cela, des avantages considérables aux enfants qu'il pourroit avoir d'elle. M. de Chabot est veuf et a plusieurs enfants du premier lit. M{ᴵᴵᵉ} de Mailly n'a pas voulu entendre parler de ce mariage. On croit que le Roi ne donne rien pour la marier. M{ᵐᵉ} de Brancas compte bien en tirer de grands avantages, et avoir pour elle et pour sa belle-fille des places chez M{ᵐᵉ} la Dauphine. M. de Richelieu est intime ami de M{ᵐᵉ} de Brancas.

Du dimanche 4, Versailles. — M{ᵐᵉ} de Mailly partit hier à sept heures du soir pour aller à Paris; elle partit du petit appartement des cabinets, dans un carrosse du Roi qui l'attendoit sous la voûte. Elle n'a point de maison à Paris. M. de Mailly en a une à la vérité; mais on peut juger que, quoiqu'ils se voient de temps en temps, ce n'est pas là où elle compte habiter. M{ᵐᵉ} la comtesse de Toulouse lui donne une chambre à l'hôtel de Toulouse. M{ᵐᵉ} de Mailly avoit encore hier dîné dans les petits cabinets avec le Roi, et M. de Meuse, à l'ordinaire. Le Roi lui dit en partant : « A lundi. » Effectivement l'arrangement est fait, au moins il l'étoit hier au coucher du Roi, que M{ᵐᵉ} de Mailly seroit de retour ici demain lundi à quatre heures. Le Roi dit qu'il continue et qu'il continuera à avoir de l'amitié pour elle et qu'il souhaite qu'elle demeure ici. On prétend qu'il y a déjà plusieurs jours qu'il lui dit : « Je vous ai promis de vous parler naturellement; je suis amoureux fou de M{ᵐᵉ} de la Tournelle; je ne l'ai pas encore, mais je l'aurai. » On prétend aussi que les projets du Roi pour M{ᵐᵉ} de la Tournelle ne sont pas nouveaux, comme je l'ai marqué, et que ceci avoit pensé être fait dès le temps de la mort de M{ᵐᵉ} de Mazarin; on assure en même temps que jusqu'à ce moment-ci il n'y a encore que des propositions et des arrangements; il paroît constant aussi que le Roi la voit tous les soirs; on dit que c'est chez elle, dans le logement de M. de Rennes, et que le Roi va absolument seul. M. de Meuse n'a point suivi M{ᵐᵉ} de Mailly à Paris; il est resté ici, et paroît toujours fort bien avec le Roi. Hier, après le souper du grand couvert, le Roi remonta dans ses cabinets, et y fut environ une heure tête à tête avec M. de Meuse. Aujourd'hui, le Roi, après le conseil, est remonté dans ses cabinets et a dîné tête à tête avec M. de Meuse.

Hier, jour de Saint-Marcel, le Roi entendit la messe en bas, à cause du serment de M. le cardinal de Tencin. M. de Tencin avoit trois serments à prêter ; l'un comme cardinal, le second comme archevêque de Lyon, et le troisième comme commandeur de l'Ordre. Ce dernier sera pour la première cérémonie de l'Ordre ; à l'égard des deux autres, comme c'est le même, M. le cardinal de Tencin n'en prêta qu'un hier. La cérémonie de recevoir la barrette des mains du Roi s'est faite à Lyon, au nom de S. M.

Le Roi se coucha hier de fort bonne heure comme ces jours passés, et étoit fort gai. S. M. fait demain la Saint-Hubert et soupe au retour dans ses cabinets.

Du mardi 6, Versailles. — Il n'y a encore rien de nouveau par rapport à ce que j'ai marqué ci-dessus, du moins rien que l'on sache positivement. Le Roi continue à aller tous les soirs chez Mme de la Tournelle, et y reste deux et trois heures ; il y va, à ce que l'on dit, seul et avec une grande perruque par-dessus ses papillotes, et un surtout. On assure cependant qu'il n'y a rien de fait. Il paroît qu'elle ne seroit point fâchée qu'on lui parlât de tout ceci ; on prétend qu'elle demande des conditions éclatantes, ce qui est fort contre le goût du Roi ; mais il est extrêmement amoureux.

Mme de Mailly est toujours à Paris, à l'hôtel de Toulouse ; le carrosse du Roi qui l'y a mené y est encore ; le Roi lui écrit presque tous les jours, et elle lui répond ; mais on croit que c'est pour lui mander de rester à Paris, et on juge que c'est la première condition qu'a exigée Mme de la Tournelle. On est persuadé qu'il y aura aujourd'hui ordre de faire revenir le carrosse du Roi, d'autant plus qu'il est parti un écuyer du Roi pour aller à Paris.

Mme de la Tournelle dit qu'elle est aimée de M. d'Agénois et qu'elle l'aime, qu'elle n'a nul désir d'avoir le Roi, qu'il lui fera plaisir de la laisser comme elle est, et qu'elle ne veut consentir à ses propositions qu'à des conditions sûres et avantageuses. Le Roi paroît dans des temps fort rêveur, dans d'autres il parle volontiers. Au retour de la chasse, hier, il soupa avec MM. de Meuse, de Bouillon, de Villeroy et M. le maréchal de Duras. Aujourd'hui il a dîné tête à tête avec M. de Meuse.

Le voyage de Choisy pour la semaine prochaine n'est décidé ni pour ni contre.

Mme la comtesse de Toulouse est venue ici aujourd'hui, et a dû voir le Roi.

Du jeudi 8, Versailles. — Il n'y a encore rien de décidé, au moins publiquement, sur l'affaire dont j'ai parlé ci-dessus, et beaucoup de gens continuent à croire qu'il y a autant à parier contre que pour ; cependant le Roi paroît d'assez bonne humeur, et le voyage de Choisy paroît décidé. Le Roi y va lundi ; d'abord ce devoit être jusqu'au samedi, mais on croit que ce ne sera que jusqu'au mercredi, et qu'il n'y aura point de dames. Le temps et la compagnie ne sont pourtant pas encore absolument sûrs. Ce qui est certain, c'est que le carrosse qui avoit mené Mme de Mailly revint avant-hier ; ce ne fut point un écuyer du Roi qui alla à Paris. Le Roi lui écrivit par un exprès. Elle est dans un état digne de compassion ; sa santé n'étoit pas déjà bonne, on peut juger de sa situation. Elle ne veut voir qui que ce soit ; ce fut la réponse qu'elle fit avant-hier à Mme de Luynes, qui lui avoit marqué du désir de la voir. Elle ne songe en aucune manière à son intérêt, ni à l'arrangement de ses affaires ; elle n'est occupée que du désir de revenir ici, et l'on croit que le Roi le désireroit aussi, mais que l'autre s'oppose à ce retour. M. de Meuse, qui continue à dîner toujours tête à tête avec le Roi, porta hier à Mme de Mailly une lettre de S. M. ; elle ne lui montra point cette lettre, mais on peut juger qu'elle en fut peu contente; elle fit une réponse au Roi, fort touchante, et dont je crois qu'il fut peu touché. Il ne le fut pas davantage du récit pathétique de l'état où est Mme de Mailly. Ce n'est pas cependant qu'il n'en ressente quelques impressions, mais elles ne sont pas assez fortes pour ébranler les nouvelles dispositions de son cœur. Le Roi lui a écrit encore aujourd'hui.

Mme la comtesse de Toulouse vint avant-hier, comme je l'ai déjà marqué; le Roi descendit chez elle, à l'ordinaire; mais il ne fut pas un moment tête à tête avec elle, et le nom de Mme de Mailly ne fut point nommé dans la conversation. Mme de La Tournelle, qui est de semaine, soupe avec la Reine toutes les fois qu'il n'y a point de grand couvert, et veille chez la Reine alternativement avec Mme de Flavacourt.

Les nouvelles de Prague sont presque nulles dans ce moment-ci. M. le maréchal de Broglie a dû sortir le 27 octobre de cette ville pour aller se mettre à la tête de l'armée de M. de Maillebois; il laisse l'armée dans Prague sous le commandement de M. le maréchal de Belle-Isle, avec lequel il eut, le 25 et le 26, deux conférences, l'une de trois heures, l'autre de cinq. Il doit passer par Dresde, mais on n'a pas encore nouvelle qu'il y soit arrivé. M. le maréchal de Maillebois est, suivant les dernières nouvelles, sur la Naab, à un endroit qu'on appelle Nabburg; il n'est éloigné que de quatre lieues de la tête de l'armée du prince Charles.

Du vendredi 9, Versailles. — On sait d'hier que le voyage de Choisy est arrangé; le Roi y va lundi après la chasse, et ne revient ici que vendredi, vraisemblablement après souper. Il y aura des dames, Mlle de la Roche-sur-Yon, Mme d'Antin, Mme de la Tournelle et Mme de Flavacourt. Le Roi me dit hier au grand couvert qu'il avoit une commission à me donner, qui étoit de proposer à Mmes de Luynes et de Chevreuse d'aller à Choisy. Mme de Luynes a été, comme on peut le croire, justement peinée de cet arrangement, sentant toute l'indécence qu'il y auroit que la dame d'honneur de la Reine servît en quelque manière à installer Mme de la Tournelle à Choisy ; elle a fait part ce matin de sa peine à M. de Meuse, qui dîne tête à tête avec le Roi toutes les fois qu'il n'y a point de chasse, comme je l'ai marqué ci-dessus. M. de Meuse a pris le temps qu'il a cru le plus favorable pour en parler au Roi, et s'est servi des termes les plus propres à adoucir cette représentation ; le Roi a répondu d'abord avec humeur : « Hé bien, elle n'a qu'à n'y point venir. » M. de Meuse a été ensuite une heure sans lui en reparler, après quoi le Roi lui ayant fait des questions sur ce qu'il avoit fait ce matin, M. de Meuse lui a dit qu'il avoit été voir Mme de Luynes ; il a ajouté qu'il ne lui rendroit pas la réponse que le Roi avoit faite, parce qu'elle seroit sûrement très-affligée, dans la crainte de lui avoir déplu ; que comme c'étoit de S. M. qu'elle tenoit sa place, c'étoit à lui aussi à juger si la représentation qu'il avoit pris la liberté de lui faire de sa part étoit fondée ; que comme l'objet principal de Mme de Luynes étoit de faire ce qui lui seroit agréable, elle exécuteroit ce que S. M. jugeroit à propos, par rapport à ce voyage. Le Roi a été un moment sans répondre ; après quoi il a pris un visage riant, et a dit à M. de Meuse qu'il allât trouver Mme de Luynes et lui dire qu'elle ne seroit point de ce voyage-ci, que ce seroit pour un autre, et qu'il ne lui savoit point mauvais gré de ses représentations. Ce n'est qu'à six heures que Mme de Luynes a su cette réponse ; elle avoit été auparavant chez M. le Cardinal, lui rendre compte de l'embarras où elle se trouvoit. M. le Cardinal a paru entrer assez dans sa peine ; mais il lui a dit qu'il ne pouvoit s'en mêler en aucune manière.

Il n'y a encore rien de décidé, au moins que l'on sache, sur ce que deviendra Mme de Mailly.

On a eu des nouvelles de Prague. M. de Broglie en étoit sorti le 27, avec une nombreuse escorte d'infanterie.

M. de Contades doit arriver ces jours-ci; il est maréchal de camp de l'armée de M. de Maillebois, qui l'envoie ici, apparemment pour rendre compte et recevoir des ordres.

M. de Picquigny est arrivé ce matin à Paris. M. de Soubise et lui étoient partis d'ici pour aller tous deux servir dans l'armée de M. de Belle-Isle, comme aides de camp de ce général; ils sont revenus ensemble. Ils arrivèrent le 4 à Strasbourg; c'étoit le jour du sacre de M. de Ventadour. M. de Soubise y doit rester quelques jours avec M. le cardinal de Rohan, Mme de Carignan et Mme de Soubise.

Du samedi 10, *Versailles*. — Le Roi a été aujourd'hui à la chasse, et M. de Meuse est allé à Paris dîner avec Mme de Mailly; il lui porte encore une lettre du Roi.

C'est Mme la duchesse de Ruffec qui va à Choisy à la place de Mme de Luynes. C'étoit, comme je l'ai marqué, Mme de Mailly qui avertissoit les dames de la part du Roi. Pour ce voyage-ci, le Roi a fait avertir par différentes personnes. M. d'Estissac fut chargé hier au soir par le Roi, à son coucher, de proposer le voyage à Mlle de la Roche-sur-Yon; M. le duc de Villeroy fut chargé aussi de proposer le même voyage à Mme d'Antin, et de lui dire en même temps d'avertir Mme de la Tournelle et Mme de Flavacourt. Le Roi reviendra ici vendredi de bonne heure; on croit même qu'il y aura conseil ce jour-là.

On commence à parler ici plus favorablement sur ce qui regarde M. de Belle-Isle, et l'on paroît convenir assez que M. de Broglie n'est nullement capable de détails, mais qu'il est fort bon à cheval à la tête d'une armée; l'on est persuadé que lui et M. de Maillebois ne s'accommoderont jamais, et on ne doute pas que ce dernier ne revienne.

Du dimanche 11, *Versailles*. — Le 4 de ce mois, M. l'abbé de Ventadour, coadjuteur de Strasbourg, fut sacré à Strasbourg. On ne peut rien voir de plus magnifique que cette cérémonie. M. de Soubise et M. de Picquigny arrivèrent ce même jour à Strasbourg. Ils sont arrivés ici, M. de Picquigny hier, et M. de Soubise aujourd'hui; ils ont fait leur révérence : le Roi les a très-bien reçus l'un et l'autre. M. de Picquigny, qui ne put voir le Roi hier au soir, s'est présenté au lever, et le Roi l'a fait entrer avant les entrées de la chambre.

M. de Grimberghen n'a point encore pris le caractère d'ambassadeur, quoiqu'il soit nommé à cette qualité; il attend encore quelques instructions. L'empereur vient de lui faire encore deux nouvelles grâces, l'une de lui accorder 20,000 livres de plus qu'il n'avoit n'étant que son ministre, ce qui fera environ 80,000 livres par an; l'autre est le titre de prince de l'Empire. M. de Grimberghen avoit un diplôme du feu empereur pour la qualité de prince, mais il n'avoit pas celle de prince de l'Empire; il a fallu expédier un diplôme, qu'il a reçu ces jours-ci. L'expédition de ce titre lui coûtera environ 40,000 livres.

Du lundi 12, Versailles. — Nous avons appris, par M. de Soubise et M. de Picquigny, que M. de Belle-Isle avoit déjà remonté une partie de la cavalerie, des dragons et des hussards. Comme il y a peu d'argent à Prague, M. de Belle-Isle n'a pu en donner beaucoup à chaque régiment pour la dite remonte, ce qui a déterminé mon fils à vendre toute sa vaisselle pour aider à remonter plus promptement les quatre régiments de dragons qui sont à Prague. Ces quatre régiments sont : le Mestre-de-camp, Dauphin, Surgères et Fleury.

Du samedi 17, Versailles. — Le Roi revint ici lundi après la chasse; il s'habilla, et monta dans une gondole avec Mlle de la Roche-sur-Yon, Mme de la Tournelle, Mme de Flavacourt, Mme de Chevreuse, M. le duc de Villeroy et M. le prince de Soubise. Le Roi étoit auprès de Mme de la Tournelle; il arriva à Choisy avant sept heures, et peu de temps après il fit une partie de quadrille avec Mlle de la Roche-sur-Yon, M. du Bordage et M. de Soubise. Mme d'Antin et Mme de Ruffec étoient arrivées avant le Roi. Les hommes de ce voyage étoient M. le maréchal de Duras,

M. de Bouillon, M. de Guerchy, qui est fort lié avec Mme de la Tournelle, M. le duc de Villars, M. de Meuse, M. le prince de Tingry, M. d'Anville, M. de Villeroy, M. du Bordage, M. de Soubise, M. le duc d'Estissac et moi. Les dames jouèrent à cavagnole jusqu'au souper.

Lorsque le Roi passa pour souper, Mlle de la Roche-sur-Yon alla prendre sa place à la gauche du Roi; toutes les autres dames attendoient vis-à-vis le Roi; le Roi appela Mme d'Antin, qu'il fit mettre à sa droite; auprès de Mme d'Antin, au retour de la table, étoit M. de Bouillon; ensuite Mme de la Tournelle, puis M. de Soubise; Mmes de Ruffec, de Flavacourt et de Chevreuse étoient à l'autre bout de la table.

Le souper fut assez sérieux. Mme de la Tournelle avoit un fort bon maintien, l'air même un peu embarrassé; elle ne parla presque point, et ne regarda jamais le Roi; on prétend que le Roi la regardoit de temps en temps, mais on s'en aperçut fort peu. Après le souper, la partie de quadrille commencée avant souper fut continuée et suivie d'une autre; le cavagnole recommença. Mme de la Tournelle y jouoit; le Roi ne parut point s'en occuper, et après son jeu il n'approcha point du cavagnole, il alla se coucher. Le coucher fut fort prompt et assez sérieux. Mme de la Tournelle quitta le jeu, fit la conversation assez longtemps avec M. de Soubise, puis elle se remit au jeu; elle y resta jusqu'à deux heures, que tout le monde se retira. Immédiatement après le souper, je vis Mme de la Tournelle appeler Mme de Chevreuse, avec laquelle elle eut une assez longue conversation debout. Je ne sus que le lendemain de quoi il avoit été question; pour le bien entendre il faut expliquer la situation des logements de Choisy. Au rez-de-chaussée, à droite, il n'y a que la chambre du Roi; à gauche, trois cabinets pour la compagnie; ensuite une antichambre, une petite galerie qui conduit à la salle à manger. Au premier étage, immédiatement au-dessus de la chambre où le Roi couche, est la chambre qu'occupoit Mme de Mailly, et que l'on appelle la chambre bleue, parce que de la soie qu'avoit filée Mme de Mailly et qu'elle avoit donnée au Roi, S. M. en avoit fait faire un lit de moire bleue et blanche, avec la tapisserie et les siéges de même, et que pour assortir à ce meuble, toute la chambre jusqu'à la corniche a été peinte en bleu et blanc. Au-dessus de cette chambre, au second étage, est la bibliothèque, de laquelle il y a une porte de communication qui entre dans un autre appartement. A côté de la chambre du Roi est un escalier intérieur, qui monte à la chambre bleue et à la bibliothèque. Le Roi n'avoit pas voulu que l'on logeât personne dans la chambre bleue. Comme en comptant ce logement il n'y en a que six pour des dames au premier étage, et que par conséquent il falloit loger une des dames en haut, M. du Bordage, qui fait les fonctions de gouverneur en l'absence de M. de Coigny, et qui avoit arrangé les logements, avoit mis Mme de Chevreuse en haut auprès de la bibliothèque, et avoit même dit tout haut qu'il l'avoit mise là comme la plus jeune. Dans la conversation dont je viens de parler, Mme de la Tournelle, qu'on avoit mise dans la chambre de Mademoiselle, qui est la plus près de la chambre bleue, dit à Mme de Chevreuse qu'on l'avoit mise dans une grande chambre, qu'elle ne pouvoit pas souffrir les grands appartements et qu'elle devroit lui faire le plaisir de troquer avec elle. Mme de Chevreuse lui répondit qu'elle ne pouvoit pas changer d'appartement dans la maison du Roi sans savoir la volonté du Roi et que le Roi lui en parlât. Mme de la Tournelle répondit qu'elle étoit persuadée que le Roi le trouveroit bon, et sur cela elle appela M. de Meuse; M. de Meuse dit que sûrement le Roi trouveroit très-bon ce changement. Mme de Chevreuse persista toujours à dire que quelque envie qu'elle ait de faire ce que désiroit Mme de la Tournelle, elle ne pouvoit pas y consentir sans savoir les intentions; effectivement, si M. du Bordage lui en avoit dit un mot, elle auroit changé volontiers. La proposition demeura donc sans exécution ; on n'en parla plus, et il n'y a point eu de changement dans les logements. L'appartement bleu, dont je viens de parler, au premier étage, est séparé de celui de Mademoiselle, où logeoit Mme de la Tournelle, par deux antichambres, dont l'une donne sur le grand et le petit escalier, et l'autre est commune avec l'appartement vis-à-vis. Le lundi donc toutes choses demeurèrent dans le même état. Le mardi au soir et depuis, les deux antichambres ont été condamnées après le coucher du Roi, et on n'entroit plus dans l'appartement vis-à-vis, qui étoit occupé par Mme de Flavacourt, que par-dessus le balcon ou par chez Mme d'Antin, qui n'en étoit séparée que par un cabinet commun. Le mardi, le Roi n'alla point à la chasse, et ne put planter à cause de la pluie ; il se promena seulement un peu, et passa la journée à jouer à quadrille, au trictrac et même à cavagnole. Ce dernier article peu important a cependant été remarqué. Dans les commencements, le Roi avoit joué à cavagnole, et même assez gros jeu. Depuis deux ans ou environ il avoit absolument cessé d'y jouer. On prétendoit que c'étoit l'humeur que Mme de Mailly avoit très-souvent au jeu lorsqu'elle perdoit qui l'en avoit dégoûté. Le mardi donc il commença à y jouer un quart d'heure avant le souper, ayant un tableau de moitié avec Mme de la Tournelle et auprès d'elle ; depuis il y a joué tous les jours, avant et après souper. Les sociétés du cavagnole étoient : Mlle de la Roche-sur-Yon et M. de Villars ; M. de Tingry et Mme d'Antin ; Mme de la Tournelle toujours avec M. de Bouillon, quelquefois avec le Roi, et quelquefois M. de Soubise en quatrième. Le jeudi au soir même, le Roi eut envie de jouer avant le souper, et ne joua point cependant, n'ayant voulu accepter aucun des tableaux qu'on lui offrit ; de orte qu'après souper il fit tirer les tableaux, et en fit garder un pour M. de Soubise et un pour lui, qu'il donna à gouverner à M. de Bouillon. Le mercredi, le Roi alla à la chasse à Verrières ; il ne courut qu'un cerf, et revint de très-bonne heure. Le jeudi, il fit voir tous ses bâtiments à Mme de la Tournelle après le dîner ; le matin, il avoit planté son avenue, et les dames y avoient été en calèche. L'après-dînée, après les bâtiments, il y eut une grande promenade dans les jardins, où l'on fit entrer deux calèches pour les dames. Il n'y eut que Mlle de la Roche-sur-Yon et Mme de la Tournelle qui suivirent le Roi à pied. La pluie étant arrivée, ces deux dames montèrent dans la calèche qui étoit vide, et un moment après, le Roi y monta avec M. le duc de Villeroy pour revenir au château. Hier vendredi, le Roi déjeuna avec les dames. Aux déjeuners il s'est toujours mis auprès de Mme de la Tournelle. En sortant de table il se mit à cavagnole jusqu'au départ. Il arriva ici sur les sept heures, et soupa au grand couvert. Il revint dans la même voiture avec les quatre dames qu'il avoit menées, et leur dit en revenant qu'il comptoit retourner mercredi à Choisy jusqu'à samedi, et qu'elles y viendroient. Les deux autres dames retournèrent de Choisy à Paris.

Le mercredi, M. de Meuse fut dîner à Paris avec Mme de Mailly. Je lui demandai le lendemain s'il lui avoit porté une lettre du Roi ; il me dit que oui, mais que c'étoit comme s'il ne lui en avoit point porté. Le Roi ne veut pas apparemment qu'on le sache. Mme de Mailly est toujours dans la plus grande affliction, et ne veut point que l'on parle au Roi d'aucun arrangement pour elle ; mais on est persuadé que le Roi y songe, et qu'il est question de faire cet arrangement avec M. le Cardinal ; mais que le Roi est un peu embarrassé d'en parler le premier au Cardinal. On estime que cela finira par un appartement dans une maison royale, peut-être même aux Tuileries, que le Roi payera toutes ses dettes, qui montent aux environs de 660,000 livres, dont il y a environ 180,000 pour sa personne, et le surplus des dettes de M. de Mailly, dont elle a signé, et que le Roi lui donnera outre cela 24,000 livres de pension. Elle en a déjà 12,000, savoir : 1,000 écus anciennement, et 9,000 livres qu'elle vient d'avoir à l'occasion de la place de dame d'atours; elle a outre cela 7,500 livres de rente de son bien, comme ses sœurs.

J'oubliois de marquer sur Choisy que tout le voyage s'est passé assez gaiement, au lieu que dans les autres voyages les mouvements d'humeur passagers et brusques de Mme de Mailly étoient quelquefois fâcheux à essuyer.

M. de Soubise, que le Roi traite à merveille, eut jeudi une assez longue conversation avec S. M.; mais comme c'étoit à demi haut, quoiqu'on ne l'ait pas entendue, on peut juger que ce n'étoit pas de choses bien importantes. J'ai appris aujourd'hui que le jour ou le lendemain de son arrivée le Roi, au grand couvert, dit à M. de Tingry d'aller l'avertir; il monta dans les cabinets; il resta avec le Roi depuis onze heures un quart jusqu'à une heure et demie ou environ. M. de Meuse fut présent à une partie de cette conversation. Le lendemain le Roi dit dans son son cabinet : « M. de Soubise parle bien, et ne dit que ce qu'il veut; il dit du bien de tout le monde, hors de lui. »

M. de Richelieu arriva hier de Flandre; on peut juger qu'il a été bien reçu dans les circonstances présentes; il soupa avec Mme de la Tournelle, et ils eurent tous deux grande conversation devant et après souper.

On croit M. de Broglie arrivé à l'armée de M. de Maillebois; mais on n'en a pas encore reçu de nouvelles; il a ses trois enfants avec lui.

M. de Contades, dont j'ai parlé ci-dessus, qui vient de la part de M. de Maillebois, arriva hier ici.

M. le Cardinal est à Issy, et ne revient que demain.

Du dimanche 18, *Versailles.* — Le Roi soupa hier dans ses cabinets avec des hommes seulement; MM. de Richelieu, de Meuse et de Tingry y étoient.

M. de Contades est arrivé ici aujourd'hui.

NOVEMBRE 1742. 279

Le Roi soupera demain au retour de la chasse avec des dames dans ses cabinets.

Du mardi 20, *Versailles*. — Cet arrangement de souper avec des dames a été changé; le Roi soupa hier avec des hommes, à peu près les mêmes que ceux de samedi.

Il y a deux places vacantes à l'Académie par la mort de M. l'évêque de Clermont (1) et de M. l'abbé Houtteville, connu par son ouvrage sur la vérité de la religion. L'une de ces places est déjà remplie par M. le duc de Nivernois, avec l'agrément du Roi, suivant l'usage; il n'est point encore décidé qui remplira la seconde place.

Mme de Talleyrand accoucha il y a quatre ou cinq jours, d'un garçon; c'est le cinquième ou le sixième qu'elle a.

On sait depuis deux ou trois jours que M. le prince de Conty a reçu ses lettres de service en qualité de lieutenant général, et qu'il marcha dès le lendemain à la tête d'une division de l'armée de M. de Maillebois. M. le maréchal de Broglie n'étoit pas encore arrivé le 12 à cette armée.

Il arriva hier un courrier de Dresde avec la nouvelle que les ennemis avoient formé de nouveau le blocus de Prague. M. le maréchal de Belle-Isle mande, du 6, qu'il n'a plus d'autres voies que celle des espions pour donner de ses nouvelles.

Du mercredi 21, *Versailles*. — Mme de Montauban fut présentée avant-hier; c'est une femme qui paroît avoir environ trente-cinq ans; on dit que son nom est des Agrets; elle a un grand nez, d'ailleurs une figure ordinaire, et paroît fort polie; son mari est Lachau-Montauban, chambellan de M. le duc d'Orléans; elle a été présentée par Mme de Pons, du Palais-Royal, celle dont

---

(1) **Massillon.**

le fils a épousé la fille de M. Lallemant de Betz, fermier général.

Depuis le retour de M. le duc de Richelieu, il paroît qu'il ne quitte point Mme de la Tournelle.

Le Roi vient de partir pour Choisy, d'où il ne reviendra que samedi après dîner. Toutes les mêmes dames que l'autre voyage, hors Mme de Ruffec, qui n'a pas été avertie. Le Roi mène d'ici les cinq dames; les mêmes hommes que l'autre voyage, hors M. de Villars; M. de Richelieu de plus.

Les choses sont toujours au même état par rapport à Mme de la Tournelle, c'est-à-dire entièrement réglées, comme on le peut voir par ce que j'ai marqué ci-dessus de Choisy; d'ailleurs la passion du Roi est plus vive que jamais; non-seulement il la voit tous les jours, mais il lui écrit deux ou trois fois dans la journée, et l'on prétend que la conversation de M. de Soubise, dont j'ai parlé ci-dessus, fut plutôt sur Mme de la Tournelle que sur Prague. Malgré cela, le Roi écrit tous les jours à Mme de Mailly. Avant-hier elle disoit à Mme de Flavacourt, qui l'alla voir à Paris, qu'elle venoit de recevoir la dix-huitième lettre du Roi; il ne parle dans ses lettres que de son amour pour Mme de la Tournelle et de l'applaudissement général que l'on donne à son choix (1). Comme le Cardinal lui montre les bulletins de M. de Marville (2), remplis des chansons sur les circonstances présentes, et qu'il a vu par les chansons que l'on soupçonnoit qu'il pourroit songer par la suite à son autre sœur, Mlle de

---

(1)   Grand Roi, que vous avez d'esprit,
          D'avoir renvoyé la Mailly!
          Quelle haridelle aviez-vous là!
               Alleluia.
(Voir cette chanson, page 284.)

(2) Feydeau de Marville, maître des requêtes, lieutenant général de police. Il remettait tous les jours au Roi une feuille ou bulletin qui contenait toutes les nouvelles et les chansons de Paris.

Mailly, il ajoute dans ses lettres qu'il sait bien ce que l'on dit de lui (1), mais que pour le coup il croit être fixé pour toujours ; que Mme de la Tournelle a autant d'esprit qu'il en faut pour être charmante.

On avoit parlé à Mme de Mailly d'aller à Poissy ; le Roi lui a mandé qu'il ne le vouloit point, que cet arrangement ne lui convenoit en aucune manière. Par ces marques de confiance, Mme de Mailly s'entretient toujours dans l'espérance de revenir ici ; elle a mandé au Roi que son mari alloit revenir de ses terres, et que son père étant à Paris, elle seroit tourmentée par l'un et par l'autre si elle demeuroit dans Paris ; qu'elle n'avoit d'autre asile et d'autre patrie que Versailles. Le Roi lui a répondu qu'il avoit assez d'autorité pour empêcher qu'elle ne fût tourmentée.

La Reine paroît prendre part à la situation de Mme de Mailly et désirer qu'elle soit bien traitée. Mme de la Tournelle a veillé la Reine à son retour, comme à l'ordinaire ; mais elle dit que sa présence est de l'opium pour la Reine, qu'elle s'endort dès qu'elle la voit.

M. de Belle-Isle, qui est toujours incommodé de son rhumatisme à Prague, a écrit une petite lettre au Roi, du 6 ; il lui mande qu'il va être bloqué, et qu'il n'aura plus de ressource que celle des espions pour écrire. Malgré cela, il compte laisser un poste qu'il a établi à Leitmeritz sous les ordres de M. d'Armentières. Le Roi l'appelle cadet (c'est le sobriquet qu'on lui a donné). Le Roi dit hier qu'il lui avoit mandé, du 10, qu'il soutiendroit bien son poste et qu'il falloit du gros canon pour le forcer. Le Roi ajouta : « Il n'y a qu'à laisser faire Cadet, il se défendra bien. »

---

(1)   L'une est presque en oubli, l'autre presque en poussière (Vintimille),
La troisième est en pied ; la quatrième attend
  Pour faire place à la dernière.
Choisir une famille entière,
Est-ce être infidèle ou constant?

Du lundi 26. Versailles. — Le Roi revint avant-hier de Choisy ici; il ramena les cinq dames dans sa voiture, et arriva à neuf heures et demie. En partant d'ici l'ordre avoit été donné pour le grand couvert samedi; cet ordre a été depuis changé pour un arrangement de médianoche qui s'est fait à Choisy. Le Roi monta dans ses cabinets en arrivant, et soupa à minuit; il avoit demandé un potage au riz avec une poularde. Ce souper est fort secret. On croit cependant que c'est chez Mme de la Tournelle qu'il a été porté; on ne sait pas précisément qui y étoit; mais on peut compter sûrement sur M. de Richelieu. Il vint chez moi pendant que l'on étoit à table, il ne mangea point, et s'en alla avant minuit. Je ne sais si M. de Meuse y étoit, mais c'est tout au plus s'ils étoient quatre. On croyoit qu'il y auroit aujourd'hui des dames à souper dans les cabinets, et on disoit que Mme la Duchesse devoit en être; elle vient ici passer quelques jours, à l'occasion du baptême de ses trois petits-enfants, M. le prince de Condé, M. le comte de la Marche et Mlle de Conty. Les deux premiers seront tenus par le Roi et la Reine, et Mlle de Conty par M. le Dauphin et Madame. Ce doit être jeudi. Mme la Duchesse n'arrive qu'aujourd'hui, et il n'y aura point de dames dans les cabinets.

Mercredi, jour du départ du Roi pour Choisy, il devoit aller à la chasse; il faisoit un si vilain temps qu'on lui représenta qu'ayant une fluxion sur les dents ce seroit le moyen de la faire augmenter; il parut avoir de la peine à se rendre à ces représentations, cependant il consentit à la fin à ne point aller à la chasse, et partit de meilleure heure pour Choisy. Il joua à cavagnole en arrivant, à côté de Mme de la Tournelle, et en société avec elle et M. de Soubise. Son mal de dent continuoit, et il avoit résolu de s'en faire arracher une qui avoit déjà été coupée et qui le faisoit souffrir. Il quitta le jeu sur les six heures, et passa dans sa chambre; il revint un quart d'heure, ou une demie heure après, étant fort pâle; il dit cependant qu'il avoit peu souffert, mais qu'il s'étoit trouvé mal. Il se trouva fort mal effectivement, et son visage fut fort longtemps à revenir; cependant il soupa à la même heure, et à peu près comme à l'ordinaire. Pendant tout le voyage, Mme d'Antin a toujours été, à souper, à la droite du Roi, le Roi l'appelant toujours à chaque fois; à la droite de Mme d'Antin, au retour de la table, M. de Richelieu, ensuite Mme de la Tournelle et M. de Soubise. Les logements n'étoient pas arrangés comme dans le voyage précédent; Mme de la Tournelle étoit dans l'appartement bleu, et M. de Richelieu au second étage, au-dessus d'elle, près de la bibliothèque; Mme de Flavacourt dans l'appartement de Mademoiselle, qu'avoit occupé Mme de la Tournelle.

Le jeudi, le Roi ne put presque pas sortir, à cause du temps et du reste de mal qu'il avoit encore aux dents; il joua à l'hombre et au trictrac, mais encore plus à cavagnole. Sur les cinq heures, il quitta le jeu, et fut assez longtemps sans y revenir. Pendant cet intervalle, M. de Richelieu et Mme de la Tournelle disparurent aussi; je ne sais pas s'il y eut quelque entretien particulier.

Le vendredi, le Roi fut à la chasse. L'on sut ce jour-là que M. le Cardinal avoit eu la fièvre pendant huit heures et un dévoiement assez considérable la nuit du jeudi au vendredi. Il n'y a rien eu d'ailleurs dans le voyage de Choisy qui mérite d'être écrit. Mme de la Tournelle rougit quand elle sut que le Roi s'étoit trouvé mal, et parut même fâchée contre l'arracheur de dents, de ce qu'il n'avoit pas pu arracher la dent que le Roi vouloit se faire ôter. Le Roi et elle savent toutes les chansons qu'on a faites dans Paris, et elle les chantoit à Choisy, non pas tout haut, mais devant deux ou trois personnes (1).

---

(1) Le recueil Maurepas (t. 31) contient quinze pièces, chansons ou épigrammes, relatives au changement de maîtresse de Louis XV. En général ces

Du mardi 27, *Versailles.* — Depuis le retour de Choisy, le même arrangement paroît subsister. Mme de la Tournelle, qui est de semaine, soupe avec la Reine tous les jours qu'il n'y a pas grand couvert, ainsi que les trois

---

chansons sont très-peu spirituelles, et souvent la grossièreté y tient lieu d'esprit. Nous croyons cependant pouvoir en citer deux.

1° Sur l'air : *C'est une excuse*, de la parodie d'*Hippolyte et Aricie*.

    Le Roi de vous * est dégoûté.
    D'être sans esprit, sans beauté,
      Ce prince vous accuse.
    Sans moi, ce poste si brillant
    Dans la famille étoit vacant ;
      C'est une excuse.
         (P. 152.)

2° Sur l'air de l'*Alleluia*.

    Grand Roi, que vous avez d'esprit,
    D'avoir renvoyé la Mailly !
    Quelle haridelle aviez-vous là !
      Alleluia.

    Vous serez cent fois mieux monté
    Sur la Tournelle, que vous prenez ;
    Tout le monde vous le dira.
      Alleluia.

    Si la canaille ose crier
    De voir trois sœurs se relayer
    Au grand Tencin ** envoyez-là.
      Alleluia.

    Le saint Père lui a fait don
    D'indulgences à discrétion
    Pour effacer ce péché-là.
      Alleluia.

    Dites tous les jours à Choisy,
    Avant que de vous mettre au lit,
    A Vintimille un libera.
      Alleluia.
         (P. 117.)

---

* *Mme de Mailly.*
** Les chansons du temps accusent le cardinal Tencin d'avoir eu sa sœur pour maîtresse.
    On dit qu'on objecte au Tencin,
      Qui vise au ministère,
    Qu'autrefois il eut pour catin
      La fille de son père.
Rassurez-vous, dit-il au Roi, etc. (P. 130.)

autres dames, parce que c'est l'usage de cette semaine, comme je l'ai marqué ci-dessus; elle se retire toujours à minuit lorsqu'elle le peut, et la Reine ne la fait plus veiller. La Reine va tous les jours chez Mme de Villars après souper; une de ses dames la suit, y attend et la reconduit chez elle; elle en envoie chercher ensuite une autre; ainsi elle en a souvent deux pour rester avec elle, jusqu'à ce qu'elle soit endormie. Elle continue à voir assez souvent l'abbé de Broglie; son amitié pour le maréchal de Nangis est la principale raison de l'intérêt qu'elle prend au maréchal de Broglie. M. de Nangis aimoit beaucoup M. de Broglie, et lui a même laissé par son testament une tabatière à choisir dans les siennes. Ce qui a rapport au maréchal est toujours cher à la Reine. Il y a eu ces jours-ci une place de valet de chambre à acheter chez elle; elle a été occupée aussitôt à la faire acheter à son valet de chambre, nommé la Roche.

Le Cardinal est mieux, et a vu hier et aujourd'hui quelques-uns de nos ministres et quelques étrangers; il est fort abattu, et la Peyronie, qui l'a été voir, disoit hier que le travail l'accable et empêche son estomac de digérer.

L'abbesse de la Saussaye mourut il y a quelques jours; elle avoit quatre-vingt treize ans; elle étoit Navailles, sœur de Mme la duchesse d'Elbeuf.

M. de Sainctot a présenté aujourd'hui M. le baron de Sickengen; c'est un petit homme qui paroît avoir environ quarante-cinq ou cinquante ans; il est vice-grand-écuyer de l'électeur palatin; depuis il s'est attaché à l'empereur, dont il est conseiller actuel; il a l'ordre de l'électeur palatin. Si M. de Grimberghen n'avoit pas été incommodé, c'étoit lui qui devoit le présenter.

Les ennemis ont fait avancer plusieurs corps de troupes aux environs de Prague, dont on craint qu'ils ne forment le blocus; les courriers même ne passent plus; cependant M. de Belle-Isle a fait un fourrage à trois lieues de

Prague sans être inquiété. M. d'Armentières est toujours dans le poste de Leitmeritz, à douze ou treize lieues de Prague, avec 1,200 hommes.

Il y eut avant-hier conseil d'État, comme à l'ordinaire, et aujourd'hui conseil de finances; les deux nouveaux ministres n'entrent pas dans celui-ci. Après le conseil, le Roi a parlé en particulier à M. le contrôleur général; on croit que c'est pour l'arrangement de Mme de Mailly.

DÉCEMBRE.

Baptême du prince de Condé, du comte de la Marche et de Mlle de Conty. — Voyage de la Meutte. — Mme de Mailly. — Nouvelles des armées. — Le Roi va voir sa statue équestre. — Billet du Roi. — Appartements de Mme de Mailly démeublés et changement dans les logements. — Mariage de M. de Lauraguais. — Jeu du Roi dans sa petite galerie. — Continuation de la correspondance du Roi avec Mme de Mailly. — Départ du petit de Vintimille. — Mariage du chevalier de Polignac avec Mlle de la Garde. — Conversation du Roi avec Mme la Duchesse. — Mme de Mailly aux Tuileries. — La tabatière du Roi. — Mariage du prince Jules de Rohan avec Mlle de Bouillon. — Habitudes de la Reine. — Ses regrets prolongés de la mort du maréchal de Nangis. — Prise de Leitmeritz. — Le Roi ennuyé de travailler avec ses ministres. — Départ de M. de Richelieu. — Accouchement de Mme de Flavacourt. — Arrangement de Mme de Mailly. — Indifférence du Roi pour les officiers blessés qui reviennent de Bohême. — Réception de Marivaux à l'Académie française. — Gouvernement d'Amiens donné à M. de Picquigny. — Petite vérole de Mme de Chevreuse. — Conseil des ministres chez le cardinal de Tencin. — Mort de M. de Saint-Aulaire; son caractère. — Colère du Roi. — Nouvel appartement de Mme de la Tournelle. — Liste des bénéfices. — Nouvelles diverses. — Arrivée de M. de Boufflers. — Mort de M. de Fargis. — Pension donnée au sculpteur Lemoyne; dépenses de la statue du Roi.

Du samedi 2 décembre, Versailles. — Jeudi, 29 du mois passé, se fit la cérémonie du baptême de M. le prince de Condé, de M. le comte de la Marche et de Mlle de Conty. Le Roi n'alla à la chapelle qu'après le conseil; il descendit en bas, et entendit la messe comme à l'ordinaire. Les princes du sang s'étoient assemblés dans le cabinet du Roi, les princesses chez la Reine. La Reine passa de chez elle chez le Roi, et le suivit à la chapelle. Il n'y avoit pas un seul des princes légitimés; ils n'étoient pas encore revenus de Flandre. Avec le Roi étoient M. le Dauphin, M. le duc d'Orléans (il y avoit bien longtemps qu'on ne l'avoit vu ici), M. le prince de Condé, habillé de blanc, M. le comte de Charolois, et M. le comte de la Marche, aussi habillé de blanc. Avec la Reine étoient Madame (1), Mme Adélaïde, Mme la princesse de Conty, Mlle de Conty (2) vêtue de blanc, Mlle de Sens et Mlle de la Roche-sur-Yon. Mme la Duchesse ne se trouva qu'à la chapelle. Le prie-Dieu du Roi et de la Reine étoit un peu plus reculé de l'autel qu'à l'ordinaire; M. le Dauphin et Madame sur le drap de pied; les princes du sang au bord du drap de pied, suivant l'usage. Mme Adélaïde entendit la messe dans une des petites tribunes en bas; elle ne peut paroître à aucune cérémonie publique, n'étant pas habillée en grand habit. Sur l'épaisseur du prie-Dieu du Roi, son confesseur; ensuite, M. l'évêque de Soissons, en rochet et camail, les deux aumôniers, et à leur droite, du côté de l'autel, les officiers des gardes. Du côté de la Reine, l'abbé d'Alègre, aumônier de quartier de la Reine; sur l'épaisseur du prie-Dieu, M. le cardinal Tencin en rochet et camail; ensuite l'abbé de Saint-Aulaire, aumônier ordinaire de la Reine; et après lui, à sa gauche, les officiers des gardes. La messe finie, M. de Soissons s'avança à l'autel. Il y avoit sur la marche du chœur trois carreaux pour les trois enfants qui alloient être baptisés. Le Roi, la Reine, M. le Dauphin, Madame, s'avancèrent auprès de cette marche, et les trois enfants en même temps. M. de Soissons leur administra l'un après l'autre les cérémonies du baptême, disant les oraisons

---

(1) Mme de Tallard marchoit presque à côté de Madame, sur sa droite, cependant un peu en arrière. (*Note du duc de Luynes.*)

(2) Cela étoit ainsi en allant à la chapelle; mais à la chapelle et au retour, Mlle de Sens marcha après Mme la princesse de Conty, suivant la règle. (*Note du duc de Luynes.*)

communes pour les trois. M. de Soissons n'avoit auprès de lui que M. le curé de la paroisse de Notre-Dame de Versailles. M. le curé de Saint-Sulpice avoit prétendu devoir y assister, mais M. l'archevêque a décidé qu'il suffisoit qu'il donnât une permission par écrit. Après le baptême, les deux registres furent apportés sur le prie-Dieu du Roi. M. de Soissons présenta la plume au Roi, à la Reine, à M. le Dauphin, à Madame; et le premier aumônier de quartier la présenta ensuite aux trois enfants pour signer; ce ne fut pas sans peine de la part du petit prince de Condé; il fallut que Mme de Roussillon, sa gouvernante, lui menât la main.

Mme de la Tournelle étoit à la cérémonie, à la suite de la Reine. Quand elle fut en bas, elle demanda à Mme de Luynes de quel côté se mettoient les dames du palais; Mme de Luynes lui dit que c'étoit à gauche, du côté de la Reine. « Eh bien, répondit-elle, je m'en vais à droite. » Elle passa effectivement du côté du Roi. Il n'y avoit de ce côté-là que Mme de Coëtlogon, dame d'honneur de Mme la Duchesse. Mme la Duchesse ne parut qu'après la messe, quand on commença les baptêmes.

Le Roi part aujourd'hui pour la Meutte, d'où il revient après demain. Les dames de ce voyage sont Mlle de la Roche-sur-Yon, Mme d'Antin, Mme de Boufflers, Mme de la Tournelle. Il n'y a d'hommes nouveaux que M. de Polignac, l'aîné.

L'arrangement de Mme de Mailly n'est point encore fini; on dit que ses dettes personnelles ne montent qu'à 160,000 livres d'une part, et outre cela 60,000 livres qu'elle doit à M. de Luxembourg seul; mais que les dettes de son mari, pour lesquelles elle a signé, vont au moins à 400,000 livres. On croit qu'elle ira loger au vieux Louvre, dans l'appartement de Mme de Ventadour, qu'elle demande à emprunter.

MM. les princes de Dombes et comte d'Eu arrivèrent avant-hier. M. le duc de Rochechouart, M. de Sourches,

M. le duc de Gramont sont aussi arrivés de Flandre.

En Bavière, M. le maréchal de Broglie a joint, le 20, l'armée à Dingolfing sur l'Iser. Les ennemis se retirent du côté de Passau. On est toujours dans la même situation à l'égard de Prague, on n'en reçoit point de nouvelles.

Du mardi 4, Versailles. — Il paroît par les nouvelles des armées que les ennemis songent à rapprocher de Passau la plus grande partie des troupes qu'ils avoient envoyées pour bloquer Prague de nouveau; que M. de Belle-Isle a déjà fait entrer en abondance des subsistances dans Prague et est en état de s'y soutenir pendant longtemps. Il y a fait deux fourrages très-abondants, sans être inquiété, par les mesures qu'il avoit prises pour donner le change aux ennemis.

Du côté de la Bavière, M. le maréchal de Broglie est arrivé le 21 à l'armée; M. de Maillebois a été une lieue au-devant de lui, et lui a donné à dîner. M. de Broglie avoit été d'abord descendre chez M. le prince de Conty. Les deux maréchaux ont eu une longue conférence, et paroissent agir de concert. M. de Seckendorf est toujours maître du passage de l'Inn, et a déjà levé des contributions dans la haute Autriche; les ennemis se retirent sur Scharding et Passau; notre jonction avec M. de Seckendorf est présentement sans obstacle, et nous comptons d'établir nos quartiers d'hiver, la droite à l'Inn, et la gauche au Danube.

Mme de Ventadour m'a dit aujourd'hui que Mme de Mailly lui avoit fait demander son logement des Tuileries à emprunter; qu'elle n'avoit consenti à le prêter que pour trois semaines, n'ayant nulle autre habitation dans Paris; qu'outre cela elle avoit mis pour condition que ce seroit avec l'agrément du Roi, à qui elle en a demandé la permission; qu'elle avoit toujours vu de son temps que l'on ne prêtoit point son logement dans les maisons royales, sans la permission de S. M. Ce logement de Mme de Ventadour est donné après elle à Mme de Tallard.

Du mercredi 5, Versailles. — M. de Maurepas mena hier

M. le nonce dans la salle de l'Opéra pour lui faire voir les nouvelles décorations de *Phaéton* (1). M. le cardinal d'Auvergne, M. l'archevêque de Rouen, M. l'évêque de Laon, et MM. les évêques de Metz et de Valence y étoient; on fit jouer devant eux quelques-unes des machines de cet opéra.

Du jeudi 6, Versailles. — Le Roi revint avant-hier au soir de la Meutte, après souper. Le lundi il fut à la chasse à Saint-Germain. Le mardi il fut à onze heures au Roule voir sa statue équestre que la ville de Bordeaux a fait faire. Elle a été manquée plusieurs fois en la fondant; l'homme et le cheval ont été fondus ensemble, cependant ils sont en deux morceaux, mais cela ne paroît point. La figure du Roi est fort ressemblante, elle le fait seulement un peu plus âgé qu'il n'est (2). Il y avoit deux calèches à la suite de celle du Roi, toutes remplies d'hommes; les dames étoient restées à la Meutte. Le Roi ne fut qu'un quart d'heure au Roule et revint courre le daim au bois de Boulogne. Mme de Boufflers et Mme de la Tournelle allèrent en calèche à cette chasse avec deux hommes. Tous les jours il y a eu jeu, comme à l'ordinaire. Le Roi a beaucoup joué à cavagnole, avec la même société qu'à Choisy; il s'est même retiré assez tard, veillant jusqu'à une heure et demie ou deux heures.

---

(1) Opéra de Quinault, mis en musique par Lulli.

(2) « La statue équestre en bronze du Roi, par M. le Moine, sculpteur ordinaire de S. M. et professeur de l'Académie Royale, laquelle fait depuis quelque temps l'admiration d'une foule de spectateurs dans son atelier au faubourg du Roule, vient d'être finie et entièrement terminée au gré des plus grands connoisseurs et des plus habiles artistes.

« Le 4 de ce mois, le Roi alla voir pour la troisième fois ce magnifique ouvrage. S. M. en parut fort satisfaite et l'examina avec beaucoup d'attention; elle en fit plusieurs fois le tour, témoigna son contentement à l'auteur avec beaucoup de bonté, et pour l'en convaincre par quelque chose de plus solide, S. M. toujours prête à favoriser les beaux-arts et à encourager les talents des habiles artistes, lui accorda une pension de 800 livres. » (*Mercure de France,* décembre 1742, page 2747.)

Ce matin, M. de Meuse a écrit un petit billet à Mme de Luynes, dans lequel il lui a envoyé un petit papier écrit de la main du Roi, dont copie est ci-jointe. Mme de Luynes lui a répondu par écrit que nous nous rendrions tous trois aux ordres du Roi. Mmes d'Antin et de la Tournelle doivent se rendre chez Mme de Luynes (1), et aller avec elle et Mme de Chevreuse par l'escalier par où le Roi revient de la chasse. Voilà le premier jour que les soupers dans les cabinets avec les dames recommencent; il n'y a que les quatres dames que je viens de nommer.

Copie du billet.

« M. le marquis de Meuse ira dès qu'il le pourra, et le plûtôt sera le
« mieux, chez Mme de Luynes la prier à souper pour ce soir avec sa
« belle-fille et son époux, supposé que son estomach le lui permette,
« et de se rendre à six heures chez moi. Si on fait encore des repré-
« sentations, dites que je ne veux que la belle-fille. »

On a démeublé entièrement les appartements de Mme de Mailly; le petit des cabinets est même condamné; on y a mis une porte avec une barre. Il paroit certain que l'on lui ôte les deux autres. Ce n'étoit cependant ni le goût ni l'intention du Roi; je sais, à n'en pouvoir douter, qu'il vouloit qu'elle en ait un, et même il l'avoit dit; mais apparemment qu'on l'a fait changer sur cet article, ou qu'il a l'intention de lui en rendre un autre par la suite. Ce qui est certain, c'est que ces deux appartements sont destinés. Le Roi reprend aussi l'appartement de Mme la maréchale d'Estrées, et celui du petit Vintimille. M. de Richelieu a écrit de la part du Roi à Mme la maréchale d'Estrées, à Nanteuil, de céder son logement, et de prendre en échange celui de Mme de Mazarin. La maréchale a répondu qu'elle se trouveroit toujours heureuse d'avoir quelque chose à offrir au Roi, qui pût lui être

---

(1) Mme de la Tournelle y vint, Mme d'Antin n'y vint point. (*Note du duc de Luynes*, du 7 décembre 1742.)

agréable. Cependant j'ai appris aujourd'hui que Mme de Mouchy (1), intime amie de Mme la maréchale, a été à Issy dire à M. le Cardinal que le Roi ôtoit à Mme la maréchale son logement, qu'elle en étoit fort fâchée. Le petit de Vintimille va à Savigny, terre de M. le marquis du Luc, où il sera élevé. L'on ne doute pas que les quatre logements ne soient destinés à M. et Mme de Matignon, que l'on compte déloger, parce que leur appartement est fort à portée des petits cabinets et plus commode pour Mme de la Tournelle, et que les deux autres ne soient pour M. et Mme de Lauraguais.

Le mariage de M. de Lauraguais est presque entièrement arrêté; il y manque cependant une condition que l'on ne peut pas dire n'être pas essentielle : c'est le consentement de M. de Lauraguais que l'on attend ; mais M. et Mme de Brancas disent être sûrs de ce consentement, et en conséquence ils ont déjà été rendre visite à Mlle de Montcavrel, que l'on appelle présentement Mlle de Mailly, et qui loge chez Mme la duchesse de Lesdiguières (Duras), sa tante. Mlle de Mailly aura 10,000 livres de douaire, et voici l'arrangement qui a été fait pour les assurer. Le Roi avoit créé, il y a plusieurs années, une rente de 20,000 livres sur les juifs de Metz; cette rente devoit durer un certain temps, et ce temps devoit finir dans trois ans. Sur les dites 20,000 livres, M. le duc de Brancas en a 9,000, M. d'Oise, son frère, 6,000, et les cinq autres mille livres sont tombées par héritage et appartiennent aujourd'hui à M. de Fontanges, dont la femme est dame d'honneur de Mme la princesse de Conty. Le Roi vient d'ordonner une prolongation de cette rente pendant soixante ans. M. de Brancas continuera à jouir de ses 9,000 livres qui passeront après lui à M. de Lauraguais; et dans trois ans, les 6,000 livres de M. d'Oise et les 5,000 de M. de Fontanges étant éteintes, les dites 11,000 livres passeront

---

(1) Mlle de Forcadel. (*Note du duc de Luynes.*)

sur la tête de Mme de Lauraguais, et c'est ce qui fait l'assurance de son douaire. Elle a actuellement vingt-huit ans; cependant comme elle ne jouira pas de trois ans desdites 11,000 livres, le Roi lui donne présentement 100,000 livres d'argent comptant; outre cela elle aura dès le moment de son mariage le brevet de dame du palais de Mme la Dauphine et les appointements de cette place, qui sont de 2,000 écus; elle a outre cela 6,500 livres de son bien, comme ses autres sœurs. Pour M. de Lauraguais, il n'a que les 20,000 livres qui lui ont été donnés par M. son père à son premier mariage.

Du samedi 8, Versailles. — Jeudi dernier, comme je l'ai marqué, tout le monde se rendit chez le Roi dans sa petite galerie en haut. Il n'y avoit que les quatre dames et dix hommes, en comptant le Roi. Une demi-heure ou environ après, le Roi entra dans le cabinet qui joint à la petite galerie, qui est peint en vert, et où il y avoit autrefois des lanternes, et donna à tirer pour le cavagnole; il y joua avec la même société que j'ai déjà marquée ci-dessus, et il n'y eut point d'autre jeu devant ni après souper, hors un trictrac où le Roi ne joua point. A sept heures et demie, le Roi descendit en bas pour donner l'ordre; il revint aussitôt après sans avoir parlé à personne ni reçu aucune lettre, et se remit au jeu; mais il tomba de ce moment dans une rêverie et un silence qui fut fort remarqué; et même quoiqu'à souper il fût en assez grande conversation avec Mme de La Tournelle, M. de Richelieu et M. de Soubise, il y eut encore quelques moments de rêverie. Mme d'Antin étoit à la droite du Roi, Mme de la Tournelle à la gauche de S. M.; M. de Richelieu à gauche de Mme de la Tournelle, M. de Soubis à côté de lui.

Du lundi 10, Versailles. — M. de Meuse continue d'aller de temps en temps, et presque toutes les semaines, voir Mme de Mailly, à Paris; il lui porte une lettre du Roi, et lui rapporte une réponse. Elle loge présentement aux

Tuileries dans l'appartement de Mme de Ventadour; il n'est plus question de l'appartement de Mme de Brunswick au Luxembourg; elle l'a trouvé trop grand. On croit que le Roi lui donne la maison de la Surintendance, où est morte Mme la duchesse de Lesdiguières (Vivonne). A l'égard de la pension, cela n'est pas encore absolument terminé; mais on croit que ce n'est plus que 18,000 livres; ce qui, avec les 12,000 qu'elle a déjà, fera 30,000 livres. On croit aussi que le Roi ne payera que ses dettes personnelles et point celles de M. de Mailly.

Le petit de Vintimille partit avant-hier. Le Roi signa hier le contrat de mariage de M. le chevalier de Polignac avec Mlle de la Garde, fille du président; c'est une passion réciproque qui dure depuis longtemps. Mlle de la Garde a au moins 500,000 écus de bien; on prétend même qu'elle a 50,000 écus de rente et encore de l'argent comptant; elle est de Lyon, au moins sa grande mère y demeuroit et y est morte depuis peu. On dit qu'elle n'est pas jolie.

Le Roi partit hier pour Choisy, avec Mlle de la Roche-sur-Yon et Mme de la Tournelle. Mme La Duchesse, Mme d'Egmont et Mme d'Antin devoient s'y rendre de Paris. Au voyage que fit ici Mme la Duchesse, à l'occasion du baptême, le Roi lui fit dire par M. de Lassay qu'il comptoit qu'elle iroit à Choisy. Le lendemain, Mme la Duchesse étant allée chez la Reine au sortir du grand couvert, le Roi, qui entre toujours le premier dans la chambre, lui parla de la commission qu'il avoit donnée à M. de Lassay. Mme la Duchesse lui répondit que la commission avoit été exécutée, mais qu'elle étoit trop vieille pour aller à Choisy, que d'ailleurs sa santé demandoit qu'elle fît quelques remèdes. Le Roi lui dit qu'il ne la trouvoit point trop vieille; elle lui répondit : « Vous m'avez dit vous-même qu'une femme étoit sur le retour à soixante ans, j'en ai présentement soixante-dix ». Le Roi lui répondit qu'il la trouvoit jeune à soixante-dix ans. « Cela étant, dit Mme la

Duchesse, ce sera pour cet été, puisque vous le voulez absolument, car pour l'hiver il n'y a pas moyen d'entreprendre ce voyage. » Cela étoit la veille du baptême. Le lendemain, au baptême, le Roi s'approcha de Mme la Duchesse, et lui demanda comment elle se portoit; elle lui dit qu'elle ne se sentoit pas trop bien. « J'espère, dit le Roi, que cela ira mieux d'ici à mon voyage de Choisy, et que vous serez en état d'y venir. » Depuis qu'elle est retournée à Paris, il a envoyé le duc de Villeroy lui dire qu'il comptoit qu'elle viendroit à Choisy, si sa santé le lui permettoit; et samedi le Roi renvoya le duc de Villeroy prier Mme la Duchesse de proposer à Mme d'Egmont d'y venir, et de lui dire que c'étoit de la part de S. M.

Du mercredi 12, *Versailles* — Je vis hier Mme de Mailly; elle loge dans la chambre à coucher de Mme de Ventadour, aux Tuileries; c'est une grande chambre, fort triste et fort froide. Elle est maigrie, elle pleure toujours, et ne paroît avoir pris encore aucun parti; elle n'avoue point avoir reçu d'autres lettres du Roi que celle par laquelle il lui manda de rester à Paris; cela n'empêche pas que le fait des dix-huit lettres marqué ci-dessus ne soit vrai. Elle dit n'avoir point refusé le logement de Mme de Brunswick, au Luxembourg, mais qu'au contraire elle a toujours accepté ce qui lui a été proposé de la part du Roi. Mais comme elle s'est fait une loi de tenir ce langage, on peut ne pas ajouter foi à tout ce qu'elle dit sur ce sujet. Elle paroît ne savoir aucun des arrangements dont il est question pour elle, et ne s'en point embarrasser; elle dit qu'elle compte bien qu'elle ne reviendra jamais à Versailles. La vie qu'elle mène est la plus triste et la plus solitaire que l'on puisse imaginer; elle va tous les jours dîner à l'hôtel de Noailles, tête-à-tête avec la maréchale de Noailles, tout au plus la duchesse de Gramont en tiers; elle revient chez elle de bonne heure, et y reste jusqu'à neuf heures; à neuf heures, elle va passer la soirée tête-à-tête avec Mme la comtesse de Toulouse.

M. de Boufflers est arrivé aujourd'hui à Paris ; sa santé est en fort mauvais état.

Dimanche, le Roi allant à Choisy tira dans le carrosse une tabatière de sa poche, et l'y remit sur-le-champ ; le lendemain cette tabatière se trouva sous le chevet du lit de Mme de la Tournelle ; elle la montra le matin à M. de Meuse. Il y a en tout au voyage de Choisy vingt-six personnes, vingt hommes en comptant le Roi, et six dames. M. de Breteuil y est allé aujourd'hui souper avec le Roi ; il étoit le seul des secrétaires d'État qui n'eût pas eu encore cet honneur. M. le contrôleur général (1) n'y a pas soupé, et n'y soupera pas vraisemblablement ; il va de temps en temps le matin recevoir les ordres du Roi pour les bâtiments.

On dresse les articles du contrat de mariage du prince Jules (2) avec Mlle de Bouillon ; on lui donne 20,000 livres de rente ; Mlle de Bouillon en a aujourd'hui 27,000, et 13,000 d'assurées. Ils logeront chez Mme de Guémené ; elle l'a demandé comme une condition essentielle du mariage. Mme de Montauban me disoit hier qu'à la mort de M. de Guémené, son beau-père, il ne s'étoit pas trouvé un sol de dettes que le courant du mois, et que, par les partages qui avoient été faits entre eux, il étoit constant que M. de Guémené d'aujourd'hui avoit 135,000 livres de rente en fonds de terre affermé, indépendamment des droits seigneuriaux et casuels, et que depuis lesdits partages il avoit été acquis 15 ou 16,000 livres de rente pour M. de Guémené, aussi en fonds de terre. Le prince Jules a quinze ans, et est à l'académie ; Mlle de Bouillon en a dix-sept à dix-huit.

M. le cardinal de Rohan arriva ici dimanche dernier avec M. l'abbé de Ventadour, que l'on nomme présente-

---

(1) Il travailla le 11 au soir avec le Roi. (*Note du duc de Luynes.*)
(2) Jules-Hercule Mériadec, prince de Rohan.

ment le coadjuteur, et dont le titre d'évêque est Acre et Ptolémaïde.

La Reine continue de sortir tous les soirs, soit qu'elle ait soupé avec des dames à son petit couvert ou au grand couvert. C'est presque toujours chez Mme de Villars qu'elle va ; elle a été chez M. le prince de Rohan pour voir M. le cardinal de Rohan, et ce jour-là même elle alla chez Mme de Villars, qui, ne comptant point sur la Reine, s'étoit couchée. Tout le monde étoit couché dans l'appartement ; elle éveilla un laquais de Mme de Villars, se fit ouvrir la première porte, prit elle-même la clef de la chambre de Mme de Villars, y entra, et voyant qu'elle ne s'éveilloit point, ressortit aussitôt ; elle alla ensuite chez Mme la maréchale de Berwick.

L'abbé de Broglie va presque tous les soirs chez la Reine, lui donne la main pour la mener chez Mme de Villars et pour la ramener ; c'est à dix heures qu'il se rend chez la Reine, et lorsque par hasard il retarde, la Reine l'envoie chercher.

La Reine est presque toujours dans le même degré d'affliction du maréchal de Nangis ; tout lui en rappelle le souvenir ; elle pleure continuellement avec ceux ou celles qu'elle voit en particulier ; elle ne veut presque plus habiter ses petits appartements, parce que de là on voit les fenêtres du maréchal, et présentement elle fait presque toujours usage de ses entre-sols, dont elle ne se servoit point auparavant.

La succession du maréchal de Nangis n'a point donné d'embarras pour payer les dettes ; tout étoit payé toutes les semaines chez lui, même les gages ; il en étoit dû huit jours à sa mort à celui de ses domestiques qui avoit été le moins bien payé. Il jouissoit de 80,000 livres de rente et en dépensoit 30,000. Son intendant lui apportoit de temps en temps le surplus de son revenu ; cependant, à sa mort on ne lui a trouvé que 25,000 livres d'argent comptant.

Du vendredi 14, *Versailles*. — Outre la tabatière dont j'ai parlé ci-dessus de Mme de la Tournelle, le Roi lui en donna encore une autre le lendemain; elles sont belles toutes deux; la première est d'agate arborisée, émaillée, et l'autre est d'or émaillé. Ce même jour, le Roi en donna une fort belle de la Chine à Mme la Duchesse. La gelée l'ayant empêché de chasser, il a été se promener, et Mme de la Tournelle seule de femme l'a suivi. Il fait tous les matins sa ronde de visite des dames, et entre toujours chez elles avec toute sa suite, qu'elles soient éveillées ou non. Un jour il a éveillé Mme d'Egmont. Le cavagnole continue toujours à l'ordinaire; et dans une autre pièce on joue à quadrille et au brelan, assez gros jeu.

Ce n'est qu'à Choisy qu'on a su enfin, parce que le Roi l'a dit tout haut, que les ennemis s'étoient rendus maîtres de Leitmeritz. Il y avoit plusieurs jours que tout le monde en parloit, et l'on n'en savoit pas précisément la vérité. Le Roi a dit que M. d'Armentières s'y étoit fort bien défendu; il a soutenu un assaut, et s'est retiré dans une enceinte intérieure, où il a capitulé après avoir fait brûler tous nos magasins. M. d'Armentières avec sa garnison, qui est de 800 hommes, a été fait prisonnier de guerre.

Pendant que l'on attend à tout moment des nouvelles les plus importantes de nos armées, Paris se divertit à faire des chansons et des vers.

Mme de la Tournelle, M. de Richelieu, M. de Maurepas, M. le Cardinal sont le sujet des chansons. On trouvera à la fin de cette année des vers ou chansons sur l'air : *ô reguingué, ô Lonlanla*, que l'on appelle le testament de M. le Cardinal.

Du lundi 17, *Versailles*. — J'ai marqué ci-dessus que M. de Breteuil avoit été souper à Choisy; ce jour-là même il travailla avec le Roi. S. M. a travaillé aussi avec M. Amelot et avec M. le contrôleur général. Mais à chaque fois que ces ministres arrivoient, il en paroissoit importuné, et on voyoit qu'il auroit beaucoup mieux aimé rester à jouer à cavagnole. La vivacité de son goût pour Mme de la Tournelle est toujours la même ; mais c'est un empressement qui n'a pas l'air mêlé de galanterie, parce que ce n'est pas le caractère du Roi. A Choisy, il y a lieu de croire qu'il passoit plusieurs heures de la journée avec Mme de la Tournelle, indépendamment de celles qu'il y passe dans d'autres temps ; pour elle, elle marque peu d'empressement pour le Roi, à ce qu'il paroît dans le public.

Le jeudi, à neuf heures du soir, M. de Richelieu partit de Choisy pour aller tenir les états de Languedoc. Il a fait faire une chaise de poste où l'on porte dans un coffre, derrière, à manger pour plusieurs jours ; et sur le devant il y a de quoi mettre trois entrées toutes prêtes à mettre au feu ; de sorte que son cuisinier, qui le suit, s'avançant un peu avant lui, avec le panier où sont les entrées, lui tient son dîner ou son souper prêt également partout. Outre cela, il a fait mettre dans cette chaise, un lit où il est couché entre deux draps ; il se déshabilla donc à Choisy, et après que l'on eut bassiné le lit de sa chaise, il y monta, se coucha en présence de trente personnes qui étoient là, et dit qu'on le réveilleroit à Lyon. Mme de la Tournelle parut assez fâchée de son départ. La veille, M. de Richelieu s'étoit trouvé assez mal en jouant à l'hombre avec le Roi.

M. le duc de Brancas demanda hier l'agrément pour le mariage de son fils, dont on a reçu le consentement et auquel on a envoyé un congé.

Mme de Flavacourt accoucha samedi matin, à Paris, d'une fille, chez Mme sa belle-mère, où elle loge. Mme de la Tournelle partit de bonne heure de Choisy, après le dîner, et fut à Paris voir Madame sa sœur. Mme de Mailly y étoit un moment auparavant ; mais ayant été avertie, elle s'en alla. M. de Nesle y étoit aussi et resta. Mme de la Tournelle lui marqua beaucoup d'amitié, quoique tout le monde sache bien qu'elle n'est pas sa fille.

L'arrangement de Mme de Mailly est enfin terminé ; on paye toutes ses dettes personnelles, en diminuant quelque chose sur les mémoires. Le Roi lui donne 20,000 livres de pension, outre les 12,000 qu'elle a déjà; et pour logement la maison rue St Thomas du Louvre où logeoit feu Mme de Lesdiguières; mais il faut la meubler et faire un établissement, et elle n'a pas un sol; on dit qu'elle a demandé à être payée d'une année d'avance. Ce qui est de certain, c'est que le Roi lui a écrit aujourd'hui. On lui représentoit, il y a quelques jours, que la maison qu'elle alloit occuper étoit fort triste; elle répondit que cela ne lui faisoit rien, que quand le Roi lui auroit ordonné d'habiter une prison, elle y auroit été tout de même. On avoit prêté cette maison à Mme de Tessé, en attendant que le logement que feu M. de Tessé avoit au vieux Louvre, et qui fut brûlé il y a deux ou trois ans, fût rétabli.

M. de Jumilhac présenta hier à la Reine, dans la galerie, les officiers des mousquetaires gris arrivant de Flandre, après en avoir parlé à Mme de Luynes. Elle lui dit qu'il seroit plus convenable qu'ils fussent présentés dans la chambre; mais comme il y avoit avec eux deux ou trois maréchaux des logis qui n'auroient pu être présentés dans la chambre, il préféra la galerie.

Il arrive à tout moment ici des officiers de l'armée de Bohême, les uns avec des béquilles, les autres avec un bras de moins, entre autres M. le chevalier de Talleyrand, frère du colonel de Normandie, qui est fort blessé à un bras. Il y en a un autre qui a le bras coupé, et pendant qu'il étoit dans son lit les hussards entrèrent dans sa chambre, tuèrent son domestique sur le lit de son maître, et lui défirent à lui-même le bandage de son bras pour y chercher de l'argent; ils y trouvèrent effectivement trois ou quatre louis, qui étoient tout son bien. Il n'a pas paru que le Roi cherchât à leur parler, et on en a été d'autant plus étonné qu'on l'a vu parler beaucoup aux officiers de marine, comme je l'ai marqué ci-dessus. Il ne paroît pas même aussi sensible qu'on le désireroit aux aventures malheureuses arrivées en le servant.

Les nouvelles que l'on a de Prague disent que les vivres y sont en abondance, et que le pain n'y étoit pas plus cher qu'à Paris, et que les paysans y apportoient des vivres de tous côtés. On attend toujours des nouvelles de Bavière, principalement du résultat de la conférence que MM. de Broglie et de Maillebois ont dû avoir avec M. de Seckendorf au sujet des quartiers d'hiver.

M. de Marivaux fut reçu ces jours derniers à l'Académie, à la place vacante par la mort de M. l'abbé d'Houtteville.

M. de Picquigny remercia hier le Roi pour le gouvernement d'Amiens, que le Roi lui a donné, sur la démission de M. le maréchal de Chaulnes. Ce gouvernement est de 11,250 livres sur l'état du Roi; mais il vaut réellement environ 14,000 livres. M. de Chaulnes se réserve les appointements. M. de Picquigny fut aussi remercier la Reine suivant la règle, et ensuite rendre compte de cette grâce à M. le Dauphin. Pour l'obtenir, M. le maréchal de Chaulnes s'est adressé à M. le Cardinal, à qui il a écrit, étant depuis six mois dans son lit dans un état des plus fâcheux. M. le Cardinal en rendit compte au Roi dans le dernier voyage de vingt-quatre heures qu'il a fait ici. Cela ne fut pas terminé dans le moment, parce qu'il vouloit avoir quelques éclaircissements sur le revenu de ce gouvernement, apparemment dans l'intention de voir s'il n'y avoit rien à en retrancher. M. le Cardinal renvoya cette affaire à M. de Breteuil pour lui en rendre compte. Hier, M. de Picquigny trouva chez la Reine M. de Saint-Florentin, qui lui dit qu'apparemment il entendroit parler de cette affaire, puisque les provisions devoient passer devant lui, Amiens étant de son département. M. de Picquigny alla parler de cette observation à M. de Breteuil, qui lui dit que les environs d'Amiens étoient effectivement du département de M. de Saint-Florentin, mais que la place ne pouvoit en être, parce que toute place où il y a état-major, comme dans celle-là, est toujours du département du ministre de la guerre. Il y a plusieurs exemples de pareilles grâces, entre autres celui de feu M. le marquis de Bezons, qui obtint à quinze ans le gouvernement de Cambray, place frontière, sur la démission de M. le maréchal son père; et en dernier lieu, celui de M. le prince de Soubise, qui obtint l'année passée le gouvernement de Champagne sur la démission de M. le prince de Rohan, son grand-père. Cette grâce accordée à M. le prince de Soubise, longtemps avant le siége de Prague, étoit bien favorable à M. le duc de Picquigny, puisque ayant fait l'un et l'autre à merveille dans ce siége, et ayant profité des occasions d'instruction, on peut dire que M. de Soubise avoit bien prouvé qu'il méritoit cette marque de bonté du Roi, depuis qu'il l'avoit obtenue, et que M. de Picquigny avoit fait ce qu'il devoit pour la mériter, même avant que de la demander.

Du mercredi 19, *hôtel de Luynes, à Versailles.* — Samedi dernier, Mme de Chevreuse eut la fièvre, qui fut suivie, le dimanche, d'assoupissement et de mal de reins; il parut dès le lundi au soir quelques marques de petite vérole, et hier elle se déclara entièrement. Mme d'Egmont et moi sommes enfermés ici avec elle. Comme Mme de Luynes est restée au château, et qu'elle est instruite de ce qui se passe, je continuerai à mettre les nouvelles qu'elle me mandera.

Il y a plusieurs jours que l'on parle d'une grande augmentation de troupes; l'ordonnance doit paroître ces jours-ci; l'on sait sûrement dès à présent qu'il y aura 256 nouvelles compagnies de cavalerie et 60 de dragons, de 35 hommes chacune; le capitaine en fera 25, le lieutenant 7, le cornette 4. On dit jusqu'à présent que le Roi ne donne que le cheval, pas même les armes.

Du jeudi 20, *Versailles.* — Hier matin, le comité des ministres s'assembla chez M. le cardinal Tencin ; cela fit une grande nouvelle ici ; cependant on y donne une explication simple, et l'on dit que M. le cardinal de Fleury n'étant point en état d'assister au comité, qui se tient à Issy, dans un autre cabinet, il étoit bien plus naturel que l'on le tînt à Versailles où sont tous les ministres ; et cela étant, que l'on ne pouvoit le tenir que chez M. le cardinal Tencin.

La petite vérole de Mme de Chevreuse va tout au mieux jusqu'à présent ; elle est dans son trois, et entrera ce soir dans son quatrième jour.

Le bruit s'est répandu à Paris que l'armée de Prague étoit sortie et venoit sous Egra, mais cela paroît sans aucun fondement.

On trouvera ci-après des nouvelles de Bavière.

Du jeudi 20, *Versailles.* — M. de Saint-Aulaire mourut lundi dernier ; il a reçu tous ses sacrements. M. de Vernage étoit son médecin ; il lui disoit qu'il ne songeât point à le guérir, qu'il y avoit déjà quelque temps qu'il étoit las de vivre, qu'il n'étoit plus bon à rien ; cependant, quand on lui dit que la religion demandoit que l'on fît ce qu'il étoit possible pour prolonger ses jours, il prit les remèdes qu'on lui donnoit. Il est mort d'une petite fièvre dans sa cent-unième année. M. de Saint-Aulaire étoit Limousin, oncle de MM. d'Aydie ; son fils avoit épousé la fille de Mme la marquise de Lambert. Feu Mme de Beuvron, belle-sœur de M. le duc d'Harcourt, étoit sa petite-fille. M. de Saint-Aulaire étoit de l'Académie françoise ; il avoit beaucoup d'esprit, un caractère doux et complaisant, un tour de galanterie fort aimable. Il faisoit de très-jolis vers, avec beaucoup de facilité. Il étoit fort attaché à Mme la duchesse du Maine ; il l'appeloit *sa bergère*, elle l'appeloit *son berger*. Avec l'air toujours mourant, il avoit cependant une santé assez égale ; il mangeoit à toutes les heures, veilloit tant qu'on vouloit. Il venoit d'arriver depuis peu de temps du Limousin, c'étoit le second voyage qu'il y faisoit depuis cinq ou six ans; il n'y a qu'un ou deux ans qu'il montoit encore à cheval, et alloit à la chasse du lièvre. Une des preuves de la galanterie naturelle de son esprit fut ce qui lui arriva il y a quinze ou seize ans, à Sceaux. Étant à table avec M. le duc du Maine, Mme la duchesse du Maine lui envoya dire qu'il devroit bien sur-le-champ faire quelques vers pour elle; sans quitter la table, il lui envoya dans le moment les quatre vers suivants :

« La divinité qui s'amuse
« A s'informer de mon secret,
« Si j'étois Apollon, ne seroit point ma muse,
« Elle seroit Thétis, et le jour finiroit. »

On m'envoya hier l'ordonnance pour l'augmentation; elle n'est pas absolument telle que je l'ai marqué ci-dessus. On en trouvera l'extrait ci-après.

Du dimanche 23, Versailles. — Jeudi dernier, le Roi soupa dans ses cabinets avec Mlle de la Roche-sur-Yon, Mme de la Tournelle et Mme d'Antin. La veille au soir, il reçut des nouvelles de M. le Cardinal, après lesquelles il parut dans le trouble et dans l'agitation; il envoya avertir M. Orry, M. de Maurepas, M. Amelot et M. de Saint-Florentin, l'un après l'autre; après quoi, il parut plus tranquille. On ne sait point ce que contenoient les nouvelles qu'il reçut; mais il dit le lendemain qu'il n'avoit jamais été si en colère; que les suites mêmes pourroient en être fâcheuses; que si ce n'étoit pas un crime de lèse-majesté au premier chef, il l'étoit au second, et que cela le regardoit personnellement. On lui demanda sur cela si M. Orry le savoit, et il répondit qu'il en avoit ouï parler. On lui représenta qu'il falloit bien examiner avant que de condamner : « C'est ce que je ferai, » répondit-il.

Ce même jeudi, le Roi écrivit à Mme de Mailly pour lui mander qu'il ne lui écriroit plus; il dit que cela la ruine, parce qu'elle donne toujours à ceux qui lui apportent les lettres; mais qu'il lui écrira par des occasions.

Mme de la Tournelle alla loger hier dans son nouvel appartement, qui est composé de celui de M. le maréchal de Coigny. Celui de M. et de Mme de Matignon est destiné pour M. et Mme de Lauraguais.

Il y a deux ou trois jours que M. le maréchal de Noailles fut appelé au comité des ministres et travailla avec eux.

L'on fait une augmentation dans le régiment des gardes, de quatorze hommes par compagnie, ce qui met les compagnies à 140, comme pendant la dernière guerre. Les six bataillons marcheront en campagne, et il restera pour la garde du Roi un détachement de 25 hommes par compagnie, avec cinq officiers de chaque compagnie pour les commander; tous les officiers tireront au sort, ceux qui auront les billets noirs resteront.

Liste des bénéfices donnés avant Noël.

L'évêché du Puy à M. l'abbé de Pompignan; celui de Boulogne à l'abbé de Pressy; l'abbaye de Valloires à M. l'évêque d'Amiens; celle des Chastelliers à l'abbé de Chateigner de Rouvre; celle de Marsillac à M. l'abbé Quesnel; celle de Bonnefonds à l'abbé de Rochechouart-Faudoas; celle de Sellières à l'abbé des Ruaux de Rouffiac.

Du mercredi 25, *à l'hôtel de Luynes, à Versailles.* — La colère où étoit l'autre jour le Roi, comme je l'ai marqué, venoit, à ce que j'ai appris, de ce qu'un homme, qu'on ne m'a point nommé, qui sollicitoit une place de fermier général, a montré un *bon* de S. M. Le Roi dit que ce *bon* est faux, et l'on cherche l'homme pour l'arrêter; mais il s'est enfui. On avoit voulu dire que ce *bon* étoit réel, mais qu'il ne pouvoit avoir d'effet qu'après la mort de M. le Cardinal; mais c'est un propos de gens qui ne connoissent pas le Roi, car son caractère essentiel est la vérité.

On dit qu'il y a une lettre de M. de Belle-Isle qui propose de sortir de Prague, seulement avec sa cavalerie, et qui demande à qui il remettra le commandement de l'infanterie. On ajoute que c'est M. l'abbé de Broglie qui a montré cette lettre, et que cela fait une tracasserie entre les ministres; ce fait mérite d'être éclairci.

Les deux places vacantes d'aumôniers du Roi sont remplies; celle de M. l'abbé de Choiseul est donnée à M. l'abbé de Montazet, dont le frère a été blessé au bras en Bohême; celle de M. l'abbé de la Garlaye, aujourd'hui évêque de Clermont, à M. l'abbé de Vintimille, cousin de M. l'archevêque de Paris.

On a reçu deux lettres de M. le maréchal de Belle-Isle; il marque qu'il est entré un convoi de bœufs à Prague; il marque en chiffres 900; on ne peut pas croire que ce ne soit une faute et qu'il n'y ait un zéro de trop.

On parle d'un voyage de Marly, pour le mois d'avril ou de mai prochain. M. de Lassurance, contrôleur de Marly, a reçu des ordres pour quelques changements; le Roi prend pour lui l'appartement au-dessus du sien, qui est celui de M. le duc d'Orléans.

On trouvera à la fin de cette année la relation et la capitulation de Leitmeritz, que Mme d'Armentières m'a envoyée; elle la tient de M. son fils.

Je vis hier une lettre de Francfort, du 18, par laquelle il paroît que l'on a été fort content d'abord de voir M. de Broglie s'avancer au secours de M. de Seckendorf; mais que depuis l'on a été fort surpris d'apprendre que M. de Seckendorf ayant avancé, M. de Broglie n'ait pas marché pour le soutenir, comme on en étoit convenu. On trouvera ci-après quelques lettres à ce sujet.

L'on sait depuis plusieurs jours que la Czarine a déclaré le prince de Holstein son successeur, et qu'il a embrassé la religion chrétienne grecque; l'on croit que la Czarine l'épousera. Le duc de Holstein a été baptisé et a pris le nom de Fédérowitz, c'est-à-dire fils de Frédéric.

Le Roi fut hier à la messe de minuit, à la tribune, à

l'ordinaire; il ne fut point à matines; aujourd'hui, il a entendu la messe en bas; c'est M.ne de Marsan qui a quêté; M.me la princesse de Conty a suivi la Reine à l'offrande; M. l'évêque de Laon (Rochechouart-Faudoas) a officié.

M. le Dauphin soupe aujourd'hui au grand couvert pour la première fois.

Il y a quelques jours que le Roi envoya à M.me de Mailly une montre d'or, qui étoit commandée pour elle il y a déjà longtemps.

Le Roi ayant souffert du froid à vêpres n'a pas resté au sermon. Le prédicateur a fait à la Reine un compliment assez court.

Du vendredi 27, hôtel de Luynes, à Versailles. — M. de Boufflers arriva ici il y a deux ou trois jours; le Roi l'a reçu avec toutes sortes de marques de bonté; il alla au-devant de lui, lui demanda de ses nouvelles; et M. de Boufflers lui ayant dit qu'il ne songeoit qu'à rétablir sa santé promptement pour être en état de recommencer à le servir au plus tôt, le Roi lui dit que quoique ses services lui fussent fort agréables, ce qu'il désiroit de lui dans le moment présent étoit qu'il songeât uniquement à se rétablir. On a remarqué que la Reine n'a pas fait la même réception à M. de Boufflers, et qu'elle l'a traité assez froidement; cependant elle avoit beaucoup de bonté pour lui, et il lui a toujours été fort attaché; mais comme il s'est déclaré hautement pour M. de Belle-Isle, aussi bien que M. de Luxembourg, les partisans de M. de Broglie en ont murmuré hautement. La Reine voyant tous les jours M. l'abbé de Broglie, comme j'ai marqué ci-dessus, on ne doit plus être étonné de la réception qu'elle a faite à M. de Boufflers.

M. de Fargis mourut lundi dernier, dans la nuit du 6 au 7, de la petite vérole; il avoit cinquante à soixante ans; homme aimable et de bonne compagnie; il avoit été capitaine des gendarmes de la Reine; il avoit hérité de M. de Montmort, son oncle, de la terre du Mesnil-Habertou

Mesnil-Saint-Denis, entre Versailles et Rambouillet; il l'avoit vendue depuis à M. le comte de Toulouse, qui, après en avoir distrait ce qui lui convenoit, l'a revendue depuis à un M. Selle, dont le frère est intendant des Menus.

Il paroît par les nouvelles de Bavière que M. de Seckendorf et M. de Broglie ne sont pas trop d'accord. On trouvera à la fin de ce livre des lettres détaillées et curieuses sur ce qui s'est passé en dernier lieu dans cette armée.

J'ai oublié de marquer ci-dessus que le Roi accorda, il y a environ quinze jours ou trois semaines, une pension de 800 livres au Sr Lemoyne, qui a fait la statue équestre de S. M. pour Bordeaux. Le Sr Lemoyne me dit dans ce temps-là que le marché qu'il avoit fait avec la ville de Bordeaux étoit de 140,000 livres; mais que cette ville lui avoit promis un dédommagement, d'autant que la dépense de la fonte s'étoit trouvée plus considérable qu'il n'avoit cru d'abord, et avoit été augmentée par les accidents arrivés dans la dite fonte. Le Sr Lemoyne prétend que cette dépense ira en total à 400,000 livres. Sur les représentations qu'il a faites à M. le contrôleur général, il a déjà obtenu 10,000 livres de gratification sur les octrois de la ville de Bordeaux. La pension de 800 livres est encore une grâce considérable. Cette statue doit être emballée dans un mois ou deux, et partira ensuite pour Bordeaux.

Du lundi 31, *Versailles.* — On apprit, il y a deux jours, par un courrier, la sortie de l'armée de M. de Belle-Isle de Prague (1).

---

(1) On trouvera au 7 janvier 1743 la relation de la retraite de Bohême écrite par le maréchal de Belle-Isle.

APPENDICE

A L'ANNÉE 1742.

I. Lettre de M. de Puysieux (1).

A Salkenstein, 9 mai 1742.

Les situations d'une armée changeant d'un moment à l'autre, il ne faut pas être étonné si l'on est obligé aussi quelquefois de changer de langage; nous étions, par exemple, il y a deux jours aux expédients pour avoir de la subsistance seulement pour une nuit, et aujourd'hui nous commençons à en trouver; le maréchal de Torring (2), qui a vu que nous avons su nous en procurer par nos détachements, s'est offert, pour éviter le désordre qui commençoit à se répandre dans le pays de son maître et dans ses propres terres, à nous fournir des fourrages jusqu'à Deckendorf. Il auroit pu et dû s'y prendre de meilleure grâce; au reste ce secours est bien peu de chose, et nous retomberons bientôt dans l'embarras si les magasins que l'on dit qui ont été assemblés par nos commissaires sur le Danube ne descendent bientôt avec nos ponts; car, je ne cesserai de le répéter, sans des subsistances, des ponts et du concert dans les opérations, point de salut. Dieu veuille que tous ces points se réunissent.

L'on ne peut rien dire de précis sur notre position, étant celle d'une armée qui marche en avant par différents corps qui se séparent pour la facilité des subsistances. Le maréchal de Torring est actuellement à Straubing; ses troupes occupent les quartiers des environs de cette ville, à la gauche du Danube. M. de Ravignan est aussi à Straubing, assez incommodé; M. le duc d'Harcourt part pour la Bohême avec dix bataillons; M. de Villemur aussi avec cinq.

Nous resterons peut-être encore quelques jours dans ces environs-

---

(1) M. de Puysieux était brigadier des armées du Roi, et commandait une brigade de cavalerie dans l'armée de Bavière, placée sous les ordres du duc d'Harcourt, et après lui du comte de Saxe. Les lettres de M. de Puysieux forment une histoire intéressante des opérations de cette partie des troupes françaises en Bavière.

(2) Commandant en chef les troupes bavaroises ou impériales, en Bavière.

ci, uniquement pour gagner du temps et pour laisser un peu reposer les troupes, qui en avoient grand besoin.

Les ennemis sont toujours dans la même position, tenant quelques postes sans ponts depuis l'embouchure de l'Iser jusqu'à Passau, et paroissent toujours borner leur défensive à la rivière d'Inn. La fourniture de la viande commence à manquer; l'on ordonne aux régiments de faire tuer des bœufs; on leur en promet le remboursement sur-le-champ, et cependant lorsque les officiers vont chez le trésorier pour s'en faire payer, on leur répond qu'il n'y a point d'argent; ce qui produit un assez mauvais effet.

Nous apprenons que les ennemis sont retournés à Munich; mais ils n'y vont point assez en force pour craindre d'autre événement que le pillage de cette ville, dont la bourgeoisie a fait quelque résistance.

On apprend aussi dans le moment, de Passau, que M. de Kevenhuller (1) veut brûler le pont de bois qui communique au château pour en reconstruire un de bateaux qui ne puisse être insulté par nos batteries.

La maladie de M. de Ravignan (2) continuant, M. le duc d'Harcourt a différé son départ.

2. Lettre de M. de Puysieux.

A Nieder-Altaich (3), le 3 juin 1742.

M. de Kevenhuller a fait passer presque toute son armée de ce côté-ci, les premières troupes de ce général n'étant qu'à deux lieues d'ici. Il peut (supposé que ce soit son dessein) être sur nous en six heures de temps. On fait monter ses forces à 18,000 hommes et 12 pièces de canon; celles de l'armée du Roi ne consistent qu'en 8 petites pièces de campagne, 10,000 fantassins effectifs et 1,600 chevaux. C'en seroit assez si les généraux mêmes, par une bizarrerie sans égale, n'avoient affecté de décrier notre camp depuis le moment qu'ils ont vu l'ennemi s'approcher, et de répandre que les troupes étoient découragées. Les colonels et les majors de tous les régiments, informés de tous ces bruits, sont venus trouver M. le duc d'Harcourt (4), et lui en ont

---

(1) L'un des généraux de la reine de Hongrie en Bavière.
(2) Commandant en chef un des corps français en Bavière.
(3) Sur le Danube, entre l'Iser et la Vils, près de Deckendorf. On écrivait alors Nieder ou Nider-Altach.
(4) M. le duc d'Harcourt avait succédé à M. le marquis de Ravignan, mort le 16 mai, à Straubing, au commandement des troupes françaises en Bavière.

marqué leur étonnement, en l'assurant qu'il trouveroit dans le soldat toujours la même bonne volonté.

Dans cette position M. le duc d'Harcourt a tenu un conseil de guerre, dans lequel il a été résolu de tenir ce camp-ci, et qu'en cas que l'on y fût attaqué, d'y faire entrer quatre bataillons palatins et quelques escadrons bavarois.

Il est constant que ce camp est bon, et il avoit été trouvé tel d'abord par les généraux mêmes ; mais pour qu'il soit défendu, il ne faut pas, comme on l'a fait sans rime ni raison, inspirer de la méfiance et de la crainte au soldat.

M. d'Hérouville (1) vouloit qu'on se retirât à Deckendorf ; on lui a fait voir que cela ne se pouvoit, parce que ce poste n'étoit pas tenable étant soumis à plusieurs hauteurs ; outre qu'il faudroit perdre, en se retirant, les magasins que l'on y avoit assemblés et ceux qui étoient ici. D'autres étoient d'avis d'aller jusqu'à Straubing ; on leur a démontré qu'outre la terreur que cette démarche inspireroit aux troupes, l'on y seroit encore suivi par M. de Kevenhuller, et que ce seroit abandonner à l'ennemi les deux rives du Danube et le haut Palatinat, et nous ôter la communication avec l'armée de Bohême ; on leur a objecté encore que le pays qui est à droite, à gauche et derrière Straubing, étant fort ouvert, on perdroit l'avantage d'être supérieur en infanterie. Nous aurons dans quelques jours les dragons du Languedoc et douze pièces de canon qui nous viennent de Straubing. Nos ponts commencent à descendre ; M. le maréchal de Torring a fini le sien à Pladling. Les ennemis l'ont masqué sur-le-champ avec quelques troupes que les Bavarois ont écartées à coups de canon, et ils en ont retranché la tête ; ils attendent de jour en jour six mille Hessois. Ce renfort arrivé, ils seront en état de faire une diversion, et le maréchal de Torring a promis qu'il la feroit. Il nous est arrivé avant-hier bonne provision de poudre et de balles dont nous manquions.

M. le maréchal de Broglie (2) a écrit à M. le duc d'Harcourt qu'il ne pourroit le joindre qu'à la fin du mois, et il lui a répondu avec la vérité et la droiture de cœur dont lui seul est capable, que sa présence devenoit de jour en jour plus nécessaire, et qu'il le supplioit instamment de presser son départ.

Les ennemis ont présentement deux ponts depuis Vilshofen jusqu'à Pleinting. L'on dit (mais cela demande confirmation) qu'ils ont replié la moitié de celui qu'ils ont jeté à Pleinting vis-à-vis d'une île où ils ont établi, dès le commencement qu'ils y sont arrivés, une batterie

---

(1) Lieutenant général.
(2) Le maréchal de Broglie était alors en Bohême.

de quatre pièces de canon qu'ils ont laissé subsister, et qu'ils tirèrent sur nous il y a quinze jours lorsque nous fûmes les reconnoître.

Telle est notre position présente; elle pourroit être plus commode et plus tranquille, mais aussi ne paroît-il pas qu'on doive pour cela sonner l'alarme. Nous sommes débarrassés des gros équipages, et l'on s'en passe fort bien. Il seroit à souhaiter seulement que le pain et la viande ne fussent pas si cher, car l'officier a bien de la peine à vivre; la paye de campagne, à laquelle il est réduit depuis le premier de ce mois, l'a mis au désespoir; et en effet il y en a beaucoup qui manqueront réellement du nécessaire.

3. Lettre de M. de Puysieux.

Nieder-Altaich, 11 juin 1742.

Il n'y a rien de nouveau dans l'armée du Roi; les ennemis sont toujours dans la même position, et nous aussi, c'est-à-dire fort près les uns des autres. Je ne crois pas qu'ils entreprennent rien sur notre camp, à moins qu'ils n'y fussent encouragés par la retraite de M. le maréchal de Broglie à Pisek, que l'on a apprise hier ici, et qui a produit un assez mauvais effet, d'autant plus que n'ayant eu aucun détail de ce qui a occasionné cette retraite, l'on croit qu'il y a eu en Bohême une affaire considérable et qui n'a pas été heureuse.

Le reste de notre cavalerie, qui est toujours du côté d'Amberg, nous joindra incessamment; et après sa jonction, l'armée du Roi sera forte de 20 bataillons et de 30 escadrons, dont 8 de dragons; mais les bataillons et les escadrons n'étant pas complets, cela ne composera guère que 12,000 hommes effectifs, et c'en est assez si les troupes sont fermes pour défendre notre camp contre M. de Kevenhuller, supposé qu'il ose l'attaquer, ce dont je doute beaucoup. Nous avons à présent 26 petites pièces de campagne. On se flatte que les Hessois arriveront dans huit jours à l'armée des Bavarois; ainsi soit-il. Il est bien à désirer que cette affaire-ci finisse promptement; chaque jour en augmente le poids pour le Roi et son État. Les hussards viennent de brûler plusieurs maisons à une lieue d'ici; on a envoyé quelques piquets de cavalerie après eux, et ils se sont retirés à leur approche.

Si quelque chose est capable d'engager une affaire, non générale, mais particulière, ce sera le poste que nous tenons dans Winzer, à une lieue d'ici, que nous serons peut-être obligés de soutenir s'il est attaqué.

4. Lettre de M. de Puysieux a Mme la duchesse de Luynes.

Nieder-Altaich, 21 juin 1742.

M. de Kewenhuller commence à manquer de subsistances dans son camp. L'on sait par des espions que ce général a intention de s'en procurer, soit en nous attaquant, ou du moins en nous obligeant de nous déposter; et il l'auroit peut-être déjà tenté s'il n'avoit été retenu par la considération des événements qui peuvent arriver en Bohême. D'où l'on peut conclure que si les affaires ne changent pas bientôt de face de ce côté-là, nous ne tarderons pas à voir éclore les manœuvres auxquelles l'ennemi se prépare journellement de ce côté-ci. Il est triste, dans de pareilles circonstances, de voir que M. de Rouville (1), qui devoit être le premier à rassurer les troupes de cette armée, soit au contraire celui qui, par indiscrétion, y jette de la méfiance. Nous avons présentement 20 bataillons faisant 10,000 hommes effectifs, plus 30 escadrons qui en font 3,000. Dans six jours nous aurons de plus le premier bataillon d'Enghien et le second de la Marck.

L'on espère que les Hessois et quelques autres troupes joindront dans six jours les Bavarois, et alors ceux-ci pourront former un corps de 13,000 hommes, ce qui composera entre eux et nous une armée de 26,000 hommes avec laquelle l'empereur, piqué au vif, voudroit fort que l'on agît offensivement; ce qui cependant ne se peut guère jusqu'à ce que nous ayons vu plus clair dans les affaires de Bohême et que notre pont de bateaux soit descendu.

M. le maréchal de Broglie a écrit ici, de son camp sous Prague. Enchanté de la grâce qu'il a reçue du Roi, il dit peu de chose de sa situation; il mande seulement que M. le prince Charles n'osant pas l'attaquer dans sa position, nous devons nous tenir très-ensemble, et être fort attentifs aux détachements que ce prince pourroit envoyer contre nous; il ajoute qu'il ne sera pas si tôt ici, voulant y reconduire avec lui les dix bataillons qu'il a tirés de cette armée. Fasse le ciel que ces arrangements particuliers puissent conduire au bien général.

5. Lettre de M. de Puysieux.

Nieder-Altaich, 25 juin 1742.

Nulles nouvelles précises de Bohême, et celles qui nous en viennent indirectement sont plus capables d'inquiéter que de rassurer. Si les af-

---

(1) Ce nom est sans doute mal écrit; nous croyons qu'il est question du comte d'Hérouville, lieutenant général.

faires (je ne cesserai de le répéter) ne se rétablissent pas tout à l'heure de ce côté-là par quelque coup d'éclat, il n'y aura plus que de tristes espérances à concevoir pour le cours de toute cette campagne. Les Hessois doivent joindre après demain les Bavarois. Le maréchal de Torring, déjà fort embarrassé de la subsistance de ses troupes, ne sait comment il en fournira à celles-là, qui sûrement s'en retourneront aussitôt qu'on les laissera manquer de la moindre chose. Dans cette extrémité, le général de Torring a pressé vivement M. le duc d'Harcourt de lui faire fournir des magasins du Roi les fourrages dont il avoit besoin ; celui-ci lui a répondu qu'il lui étoit impossible, n'ayant encore pu jusqu'à présent rassembler des fourrages pour l'armée du Roi que pour trois jours au plus ; ce qui n'est que trop vrai. Ce refus cependant a piqué le maréchal de Torring.

Comme il seroit insensé dans les circonstances présentes d'imaginer de faire un seul pas en avant, j'entrevois que si l'on est forcé de mettre la faux dans les blés, on sera aussi bientôt obligé de rétrograder faute de fourrages, outre que ce malheureux pays-ci sera entièrement ruiné ; à moins que M. de Kevenhuller, par la même raison, ne soit contraint de se retirer en arrière, sans combattre (chose qui est à désirer, mais dont on ne doit pas trop se flatter). M. le maréchal de Torring est toujours dans son camp de Plading (1), où je crains bien que par trop de confiance il ne se laisse surprendre, l'ennemi paroissant vouloir jeter un pont à Landau sur l'Iser. La destruction de ce corps entraîneroit la perte du nôtre, ou du moins une retraite fort précipitée. M. le duc d'Harcourt fait l'impossible pour persuader au général de prendre une autre position, qui seroit celle de venir couvrir le pont de Deckendorf (2); elle seroit beaucoup plus sûre à tous égards et nous mettroit plus ensemble. Le maréchal de Torring avoit paru d'abord y consentir; mais depuis qu'il se voit prêt à être renforcé par les Hessois, il croit que rien ne sera capable de résister, et il voudroit même engager M le duc d'Harcourt à lui donner dix escadrons de son armée, ce que nous ne ferons pas assurément.

6. Lettre de M. le duc de Boufflers a M. le duc de Luynes.

Prague, le 27 juin.

Je désire, Monsieur le Duc, que les ennemis laissent passer cette lettre ; en tout cas s'ils l'arrêtent, ils verront l'estime générale que s'est

---

(1) Sur l'Iser.
(2) Sur le Danube, vis-à-vis le confluent de l'Iser.

acquise ici M. de Chevreuse; il est vrai qu'il a pris soin de se faire connoître d'eux d'une façon plus sensible ; amis et ennemis lui rendent la justice qu'il mérite, mais personne avec tant de plaisir que moi.

(Le surplus de la lettre est un remercîment du compliment de M. le duc de Luynes au sujet de la mort de M{1le} de Boufflers.)

7. Lettre de M. d'Aubigné (1).

Au camp sous Prague, le 28 juin 1742.

Je ne sais, Monsieur, comment répondre à tout ce que vous me faites l'honneur de m'écrire d'obligeant et de gracieux sur l'intérêt que j'ai pris à ce qui est arrivé à M. le duc de Chevreuse ; je ne le mérite en vérité pas, et si la reconnoissance que je dois aux politesses que j'ai reçues en tous temps de Mme la duchesse de Luynes et de vous ne m'y engageoient pas, je ne pourrois refuser à M. le duc de Chevreuse la justice que mérite la conduite et le maintien distingué qu'il a eu dans une action fort vive qui est la première qu'il ait vue. Ainsi, Monsieur, vous ne me devez en cette occasion que ce que vous devez à toute l'armée, qui n'a pas été moins édifiée que moi de sa fermeté et de l'air assuré dont il se présenta à l'ennemi.

M. le duc de Chevreuse est autant bien qu'on le peut désirer, beaucoup trop ardent à vouloir retourner aux ennemis ; il fallut une autorité supérieure et des violences pour l'arrêter, il y a quelques jours, sur des apparences qu'il y eut que les ennemis, qui se sont fort approchés de nous, avoient dessein de nous attaquer. Il n'est nullement en état de monter à cheval ni même de marcher à pied.

8. Lettre de M. de Puysieux.

Nieder-Altaich, 28 juin 1742.

Nous apprîmes hier que le roi de Prusse avoit fait sa paix particulière avec la reine de Hongrie. Sans en savoir les conditions, l'on sait seulement qu'il a pris pour prétexte la déroute complète du maréchal de Broglie (2), la perte de tous les équipages de l'armée, la lenteur avec laquelle nos recrues et nos remontes arrivoient, et l'impossibilité de réparer un désordre si complet.

M. le duc d'Harcourt a pris sur cela le parti de dépêcher un courrier à la Cour pour recevoir des instructions sur la conduite qu'il aura à tenir dans d'aussi tristes et critiques circonstances. Il n'y a d'ailleurs

---

(1) Lieutenant général.
(2) Dans la retraite de Frauenberg.

aucun raisonnement à faire, tant sur notre position en Bavière, que sur celle de Bohême, n'étant que trop clair qu'elles sont également dangereuses, et qu'il y auroit une espèce de témérité de les vouloir soutenir.

9. Lettre de M. de Puysieux.

Nieder-Altaich, 29 juin 1742.

La paix du roi de Prusse, dont nous ignorons jusqu'aux moindres conditions, n'a pas répandu d'allégresse ni de confiance dans notre petite armée ; c'est un événement bien triste, peu surprenant néanmoins, et dont il est aisé de sentir tous les inconvénients qui peuvent en résulter, sans qu'il soit nécessaire de les détailler. Le plus grand sans doute est la séparation des armées du Roi, qui ne se rejoindront que très-difficilement et peut-être point du tout, si M. le prince Charles veut en empêcher la réunion. Il est inutile au reste de philosopher sur notre position actuelle, et dans de pareilles circonstances il faut des résolutions et non des raisonnements.

Nous attendons les ordres du Roi, et pour être en état de les exécuter, tels qu'ils soient, M. le duc d'Harcourt a très-prudemment pris le parti de renvoyer hier les équipages à Edershausen, sur le Naab.

Chacun se mélant ici de faire des systèmes selon son opinion, les uns disent que le Roi fera aussi la paix de l'empereur avec la reine de Hongrie, et d'autres croient que l'armée de Westphalie viendra nous joindre. Ce dernier parti pourroit peut-être réussir ; mais je ne voudrois pas être l'auteur du projet. L'on croit que le maréchal de Torring va être rappelé à Francfort, et que M. de Seckendorf le remplacera dans le commandement des armées.

Les Hessois ont été arrêtés à Neumark par ordre de ce maréchal, sous le puéril prétexte que ne voulant pas fourrager le pays de son maître, et les François lui refusant de l'aider des magasins du Roi, il n'auroit pas de subsistances, en sorte qu'il reste pour cela séparé d'un corps de 4,000 hommes qui lui seroit très-utile, et à nous aussi.

Le bruit court toujours dans l'armée de M. de Kevenhuller que ce général nous attaquera et les Bavarois au premier jour, chose qu'il ne peut faire en même temps ; mais je crains que l'orage ne tombe sur les derniers, et que portant la plus grande partie de ses forces de ce côté-là, il ne nous amuse de ce côté-ci pour nous empêcher d'y envoyer du secours. J'espère cependant que le maréchal de Torring n'attendra pas cette extrémité pour se retirer de Pladling sous Deckendorf, où il sera plus en sûreté et plus près de nous. Je n'ai pas le temps d'en dire davantage, partant pour aller donner la chasse à 4 ou 500 hussards qui viennent de se présenter devant une de nos grandes gardes de cavalerie.

Post-scriptum, du 30 juin.

J'arrive de mon détachement ; j'ai appris, chemin faisant, que les ennemis étoient tous passés de ce côté-ci, et que ne pouvant plus subsister dans leur camp, le bruit étoit général parmi eux qu'ils viendroient nous attaquer après demain (chose dont je doute encore). Nous prenons cependant nos mesures en conséquence, et M. le duc d'Harcourt, à tout hasard, fit hier son ordre de bataille.

L'armistice des Saxons n'est plus un secret. Cela étant, il n'y a point d'autre parti à prendre pour le Roi que de faire la paix, et le tout au plus tôt. Reste à savoir si elle pourra l'être avant les événements que nous sommes tous les jours au moment d'éprouver, tant en Bohême qu'ici, et si la reine de Hongrie, pour nous mettre hors d'état de lui faire du mal de longtemps, ne voudra pas profiter de l'occasion pour tâcher de détruire nos armées. La politique du moins le voudroit ainsi, et je crois que cela ne déplairoit nullement au roi de Prusse, qui doit bien penser que la France ne lui pardonnera pas sitôt son infidélité.

10. Lettre de M. de Puysieux.

Nieder-Altaich, 2 juillet 1742.

M. de Kevenhuller, ayant fait passer toute son armée de ce côté-ci, est venu camper, sa droite à Zell et sa gauche appuyant au Danube à Hofkirchen. Par cette position, il est rapproché de nous d'une grande lieue ; l'on ne peut dire bien précisément quel a été en cela son objet, pouvant en avoir de differents, tels que seroient ceux d'être plus à portée d'envoyer un détachement de son armée en Bohême par la gorge de Grafenau, de nous empêcher nous-mêmes d'y porter du secours, de nous harceler dans notre retraite si nous venons (comme je le crois) à nous retirer bientôt, ou enfin de nous attaquer.

Les hussards vinrent hier jusqu'à nos grandes gardes, à sept heures du matin ; on leur tua quelques hommes ; ils étoient soutenus d'un gros corps qui s'étoit avancé pour reconnoître apparemment de près notre position et piller le pays ; de là, une alerte générale, parce que l'on savoit dès la veille par des espions que le bruit du camp ennemi étoit que l'on nous attaqueroit le lendemain par trois côtés. Préoccupé de cette idée, chacun crut voir ce qui n'existoit pas ; et sur le rapport que l'on en vint faire de différents endroits à M. le duc d'Harcourt, on battit la générale ; on communiqua à tous les majors une disposition qui étoit faite depuis plusieurs jours ; la cavalerie détendit ses tentes, et toutes les troupes se portèrent sur leur champ de bataille. Mais ce n'étoit rien, et ce qui avoit paru des divisions entières, bien reconnu, ne se trouva être que des colonnes de vaches et de chevaux, que MM. les pandours et hussards avoient ramassés et chassoient devant eux. Tel est le lot des guerres défensives, pour lesquelles le François n'est nullement propre et n'y entend rien.

L'on prétend que le maréchal de Broglie a envoyé un projet à la Cour par lequel il propose de nous faire passer en Bohême pour nous joindre à lui et agir offensivement de ce côté-là, tandis que M. de Torring avec ses troupes se tiendra sur la défensive de ce côté-ci. Je ne sais si cela est vrai, mais je ne puis m'empêcher de dire, comme bon sujet du Roi, que ce seroit perdre cette armée-ci sans sauver l'autre. Entre toutes les difficultés d'une pareille réunion, qui sont innombrables, voici les principales :

La marche sera de près d'un mois, n'y ayant de route assurée que celle de Cham et d'Égra, tout autre chemin pouvant nous être fermé aisément; en sorte qu'avant que nous soyons joints, la faim seule pourra avoir détruit M. le maréchal de Broglie, s'il ne l'a pas été par M. le prince Charles, qui ne souffrira jamais cette jonction et qui dans sa position sera toujours en état de l'empêcher. Comment d'ailleurs trouver notre subsistance à travers un pays ruiné, et dont tous les magasins sont tombés au pouvoir de l'ennemi. Il faut s'attendre aussi que nous serons suivis et continuellement harcelés par une partie de l'armée de M. de Kevenhuller, ce qui nous diminuera considérablement. Je vais plus loin, je dis que si, surmontant tous ces obstacles et une infinité d'autres dont le détail iroit à l'infini, nous parvenons à joindre le maréchal de Broglie, nous ne serons pas réunis plus de 30,000 combattants effectifs, et je demande ce que nous ferons avec cela, où nous irons, comment nous vivrons, et de quelque manière on recrutera une armée éloignée de cent cinquante lieues de ses frontières, au milieu d'un pays ennemi, et qui s'affoiblira journellement sans combattre; en sorte que je vois toute la Bavière sûrement au pouvoir de l'ennemi, et beaucoup d'incertitudes sur tous les autres événements.

11. Extrait de la lettre de M. d'Havrincourt a M. le duc de Luynes.

Dunkerque, 4 juillet 1742.

Que d'événements extraordinaires et fâcheux depuis que je n'ai eu l'honneur de vous voir, Monsieur. Nous les avons sus ici, je crois, plus tôt que vous; car comme le commerce d'ici à Londres est aussi vif et presque aussi prompt que de Paris à Orléans, les Anglois se sont hâtés de nous apprendre la conclusion du traité du roi de Prusse. Personne d'abord n'en a voulu rien croire; le lieu suspect d'où venoit la

nouvelle et l'opinion que l'on avoit de ce prince, que nous avons eu jusque ici la fureur de regarder comme un héros, tout cela combattoit la vérité ; enfin, l'on est persuadé, et je ne puis vous peindre l'effet que cela produit parmi le peuple même et les troupes : on ne sauroit l'appeler consternation, c'est plutôt rage animée par la compassion de ce qu'a souffert et de ce que souffre notre malheureuse armée de Bohême, aussi honteusement abandonnée par cet indigne allié.......
Les Anglois ont fait des réjouissances publiques à Londres pendant plusieurs jours, et les gens qui en arrivent ici tous les jours disent que rien n'égale la joie de cette nation. Une lettre que je vis hier d'un Anglois à un de ses amis ici me prouve qu'il y a pourtant d'honnêtes gens parmi eux, et que même des Anglois savent, en jouissant de la perfidie, mépriser le perfide. Voici mot pour mot l'article de cette lettre : « Au reste nous sommes bien heureux dans les circonstances présentes que ce prince (le roi de Prusse) ait bien voulu nous faire le sacrifice de la réputation qu'il avoit commencé d'acquérir, et se déshonorer en notre faveur, en manquant ainsi de foi à ses alliés.... » Il y a ici 18 bataillons qui travaillent à ce retranchement ; la rareté des fourrages et le peu qu'il y a d'eaux douces, qui sont presque taries, a empêché jusque ici de faire venir notre cavalerie ; mais les quatre escadrons qui sont ici et les six qui sont à Saint-Omer et à Calais peuvent se rendre au moindre besoin ici en moins de huit heures. La cavalerie angloise qui est embarquée depuis huit jours n'a pas encore mis à la voile ; mais nous nous attendons à les voir passer à la vue de cette rade aujourd'hui ou demain......... Cette nuit, sept hommes à cheval sont venus pour entrer dans le retranchement, le long du canal de Furnes ; cette partie est gardée par un poste de grenadiers dont les sentinelles ont crié qui vive ; les cavaliers n'ayant point répondu, deux sentinelles ont fait feu sur eux ; ils ont tourné bride et sont partis à toutes jambes, mal payés comme vous voyez de leur curiosité.

12. Lettre de M. de Puysieux.

Nieder-Altaich, 5 juillet 1742.

Mille hussards vinrent avant-hier reconnoître notre camp ; ils étoient soutenus par une colonne d'infanterie et de pandours qui resta cachée dans des bois inaccessibles, tant pour favoriser leur retraite que pour nous faire tomber dans quelque embuscade, au cas qu'il nous prît envie de les suivre.

Nous crûmes que nous allions être attaqués ; on fit la disposition en conséquence et elle se fit un peu lentement.

L'ennemi s'avançant toujours, le soldat fut obligé de traîner lui-même notre canon, parce qu'il n'y avoit pas alors de chevaux d'artillerie ; on en lâcha quelques volées qui firent retirer les hussards, contents d'ailleurs d'avoir examiné tout à leur aise les avenues de notre camp qui, quoiqu'assez bon, est très-attaquable par le côté où ils s'étoient portés. Il faut nous attendre à être continuellement tourmentés par ces mouches guêpes, n'en ayant point à leur opposer, en sorte que nous sommes comme assiégés dans ce camp-ci par ces messieurs-là, ce qui commence à lasser beaucoup l'officier et le soldat.

Il paroît que l'intention de M. de Kevenhuller est ou de nous attaquer réellement, ou de faire passer en Bohême un détachement de son armée, et de nous en dérober la connoissance : ce qu'il peut faire très-aisément.

Il est question plus que jamais de nous faire joindre l'armée du Roi en Bohême, et nous allons nous y préparer ; mais ce projet, mûrement examiné, pourra bien être abandonné. Quoi qu'il en soit, nous devons nous attendre à être sans cesse harcelés dans notre marche lorsque nous nous retirerons d'ici, surtout si nous ne la dérobons pas à l'ennemi et que nous ne la dirigions pas par la rive droite du Danube, en passant ce fleuve au pont de Deckendorf et le remontant jusqu'à Straubing ou Donaustauf, pour de là prendre la route d'Amberg et d'Égra, si l'on persiste à vouloir que nous passions en Bohême, où, quelque diligence que nous fassions, nous ne serons pas avant cinq semaines.

13. Lettre de M. de Puysieux.

Nieder-Altaich, 7 juillet 1742.

Les ennemis ont attaqué ce matin le château de Winzer (1) avec 800 hommes et quelques pièces de canon ; le feu a cessé depuis une demie-heure ; nous n'en avons encore aucun détail ; ils ont brûlé quelques maisons des environs et ont pillé quelques bestiaux.

Ils ont brûlé cette nuit deux villages sur la gauche de notre camp ; quelques hussards, pandours et Croates se montrent continuellement à très-peu de distance de nous, et occasionnent de fréquentes alertes.

Hier, M. de Kevenhuller fit rassembler quelques radeaux avec lesquels il a commencé un troisième pont entre le château de Winzer et notre camp ; nous l'avons masqué cette nuit avec une redoute et trois pièces de canon. Il a aussi fait lever de la terre de son côté, vraisemblablement pour y mettre une batterie. Les quatre bataillons palatins, commandés par M. de Zastrow, sont campés à une demi-lieue d'ici dans

---

(1) Sur le Danube, rive gauche, un peu au nord-ouest de Hofkirchen.

les gorges qui conduisent à Deckendorf; ils empêchent l'ennemi de nous tourner de ce côté.

Les postes de Winterberg, Bermtein et Grafenau, que M. le duc d'Harcourt avoit établis pour notre communication avec l'armée de Bohême, doivent rentrer aujourd'hui dans le camp. Les hussards se sont déjà répandus dans cette partie, et pillent partout; nous avons perdu, dans la retraite du poste de Winterberg, M. Absolu, capitaine de Rochechouart, et un soldat.

M. Grassin, capitaine de grenadiers au régiment de Picardie, est depuis près d'un mois dans les montagnes de Bohême avec un détachement assez considérable. Le principal objet de sa commission est de savoir des nouvelles des ennemis et de garder les gorges, en pourvoyant à la subsistance des postes qui y étoient établis; il s'en acquitte avec une intelligence sans égale. Il seroit à souhaiter que le Roi eût plusieurs officiers de cette distinction dans chacun de ses régiments.

L'on mande de Bohême que les Saxons se retirent chez eux.

14. Lettre de M. de Puysieux.

Nieder-Altaich, 9 juillet 1742.

Nous avons encore été tourmentés tous ces jours-ci par les hussards et pandours; quoique cela soit assez incommode, l'officier et le soldat commencent cependant à s'y accoutumer.

Entre les différents objets que peut avoir M. de Kevenhuller, il seroit assez difficile de démêler bien distinctement le véritable. Il sembleroit par toutes ses manœuvres, et surtout par l'attention qu'il a eue de faire reconnoître exactement et sans cesse notre position, qu'il auroit le dessein de nous attaquer (chose dont je doute néanmoins); peut-être aussi a-t-il cru qu'en nous tourmentant il nous obligeroit à décamper; ce que nous ferons bientôt, et que nous n'avons pu faire jusqu'à présent, ayant été obligés préalablement de retirer plusieurs postes éloignés de nous, et d'évacuer les effets du Roi; ce qui demande du temps.

L'on nous mande de Prague que le maréchal de Belle-Isle devoit passer dans le camp autrichien pour y traiter de la paix; il est à souhaiter qu'il réussisse, car dans la position où sont les armées du Roi, l'on ne peut guère se flatter qu'elles puissent se réunir à temps, ni qu'elles fassent des progrès bien éclatants. L'abandon général de nos alliés et la perfidie du roi de Prusse met S. M. dans le cas de songer plutôt à conserver ses troupes qu'à continuer la guerre.

15. Lettre de M. le cardinal de Fleury au comte de Konigseck.

Versailles, 11 Juillet 1742.

M. le maréchal de Belle-Isle ne m'a pas laissé ignorer, Monsieur, la bonté que V. Ex. a eue de se souvenir de moi dans la conférence qu'il a eue avec elle, et je me flatte que mes sentiments pour sa personne et pour ses talents lui sont connus depuis trop longtemps pour ne pas être persuadé que je serai toujours très-sensible aux marques de l'honneur de votre amitié. Je m'en serois tenu pourtant au simple remercîment que je lui en dois, si je ne me croyois pas obligé de lui témoigner la peine extrême que j'ai eue en apprenant qu'on me regardoit à Vienne comme l'auteur principal de tous les troubles qui agitent aujourd'hui l'Allemagne. Il ne me conviendroit pas dans le moment présent de me justifier d'une accusation que je ne mérite certainement pas, et moins encore de la faire aux dépens de personne. Je ne puis pourtant m'empêcher d'assurer V. E. que votre cour ne me rend pas justice. Bien des gens savent combien j'ai été opposé aux résolutions que nous avons prises, et que j'ai été en quelque façon forcé d'y consentir par des motifs pressants qu'on a allégués, et V. Ex. est trop instruite de ce qui se passe pour ne pas deviner aisément celui qui mit tout en œuvre pour déterminer le Roi à entrer dans une ligne qui étoit si contraire à mon goût et à mes principes.

J'ai regretté souvent, Monsieur, de n'être point à portée de m'en ouvrir avec V. Ex., parce que la connoissance que j'ai de son caractère et de ses lumières me faisoit présumer qu'il eût été très-possible de trouver des moyens de prévenir une guerre qui ne pouvoit qu'opérer de grands malheurs et l'effusion du sang humain. Dieu ne l'a pas permis, et j'ose protester que c'est ce qui cause toute l'amertume de ma vie.

V. Ex. sait tout ce que j'ai tenté sous le règne du feu empereur, de glorieuse mémoire, pour établir une solide et ferme union entre nos deux cours; je l'avois regardée comme le maintien de la tranquillité publique et surtout de la religion. Je ne veux ni ne dois entrer dans tous les obstacles qui s'y sont opposés; mais je crois avoir donné des preuves non équivoques de la droiture de mes intentions et de tout ce que j'ai fait en conséquence pour parvenir à un projet si désirable.

Les grands maux ne sont pourtant presque jamais sans remède, quand on est également disposé de tous côtés à le chercher. Il s'agit aujourd'hui d'arrêter du moins les suites funestes d'une guerre qui est prête à embraser toute l'Europe. Je ne puis qu'approuver tout ce que V. Ex. a dit à M. le maréchal de Belle-Isle, et je conviens qu'il est juste que les propositions d'un accommodement soient proportionnées à la situation où se trouvent les puissances respectives.

Mais vous êtes trop équitable aussi, Monsieur, et vous connoissez trop l'incertitude des événements pour ne pas convenir aussi que quelques succès dont Dieu favorise quelqu'un, l'humanité, la religion, ni même la politique ne doivent pas porter à en abuser ni à en tirer tous les avantages dont on pourroit se flatter. Ce seroit mettre des barrières insurmontables à une sincère réconciliation et laisser des semences d'une haine et d'une division éternelles.

Si votre cour veut bien donner son approbation à des réflexions et se prêter à des conditions modérées et raisonnables, qui ne blessent pas l'honneur du Roi, j'espère que V. Ex. aura lieu d'être contente de nos propositions. L'Europe ni la religion ne sont pas dans un état tranquille, et la principale attention des grandes puissances doit être de tâcher à leur donner une forme durable et constante.

Le Roi ne veut rien pour lui, et V. Ex. n'ignore pas que j'en ai donné une preuve bien convaincante dans les propositions que me fit M. Wassenaer il y a six mois. Si j'eusse été libre, je n'aurois rien oublié pour en faire usage; mais, sans nommer personne, vous savez que nous étions malheureusement liés; quoi qu'il en soit, je ne change point de système et je crois encore que rien n'est plus essentiel pour la tranquillité de l'Europe qu'une parfaite union entre nos deux cours.

C'est un ouvrage digne de V. Ex., et je mourrois content si les troubles présents contribuoient à la rétablir et à la consolider. Je saisis avec empressement cette occasion de vous renouveler les assurances du cas infini que je fais de l'honneur de votre amitié et des sentiments les plus distingués avec lesquels je fais profession, Monsieur, d'honorer V. Ex.

LE CARDINAL DE FLEURY.

16. EXTRAIT D'UNE LETTRE DE M. LE PRINCE DE GRIMBERGHEN A M. LE DUC DE LUYNES.

12 juillet 1742.

Il est à croire, si l'on doit en juger par les assurances, les prévenances, les offres et les engagements que la Saxe veut prendre avec nous, que non-seulement elle n'a acquiescé à rien, mais encore que si on veut la soutenir, elle n'en prendra pas, et que ferme dans l'alliance faite, elle refusera tout autre parti. Elle a déjà fait près des parties intéressées toutes les démarches qu'elle pouvoit faire pour les convaincre de sa bonne volonté, et elle y a envoyé le détail de ce qu'elle promet mettre au jeu, ne demandant qu'un oui pour s'arranger en conséquence.

En un mot elle se déclare libre de tout nouvel engagement et prête à confirmer ses premiers, et même à en faire de nouveaux, pourvu qu'on se concerte avec elle et qu'on déclare qu'on veut tenir bon et agir incessamment et d'accord. Ses ministres en différentes cours intéressées ont l'ordre de parler de la sorte, et sur l'armistice, demandé de sa part, les troupes impériales et françoises sont comprises avec les siennes. Tel est l'état des choses à cet égard. Quant à celui de l'expédition des courriers, j'en ai tant parlé que je n'ai plus à en rien dire; cela retomberoit peut-être, ou sur la difficulté à se résoudre, ou sur celle à exposer les résolutions; mais réellement les jours sont trop courts pour ce qu'il y a à faire. Le roi de Pologne dédit tout net le maréchal de Broglie sur plusieurs choses qu'il a mandées ici plus que gratuitement, et il s'en plaint positivement. Vous devez juger de la peine où je suis, non qu'il n'y ait des remèdes, et remèdes spécifiques, mais remèdes qu'on ne peut pas encore se résoudre à prendre, quoiqu'on ne puisse pas s'empêcher d'en avouer la possibilité et l'efficacité.

17. Lettre de M. de Puysieux.

Nieder-Altaich, 12 juillet 1742.

Les Hessois sont enfin arrivés au camp des Bavarois; ce corps est de 3,000 hommes d'infanterie et de 500 dragons; il est beau et assez mal discipliné.

M. de Kevenhuller nous a laissés un peu plus tranquilles depuis quelques jours. Les subsistances commencent à lui manquer; il a fait repasser quelques troupes de l'autre côté du Danube, dans son camp de Pleinting; il n'a plus que 9 ou 10,000 hommes à Offerken. M. le comte Torring, qui se sent en force à présent, voudroit fort que nous l'attaquassions de ce côté-ci, tandis qu'il marcheroit à lui par l'autre côté; entreprise qui ne convient nullement à la situation présente des affaires, dont le succès d'ailleurs pourroit être douteux et l'exécution très-difficile, et qui si elle réussissoit ne nous conduiroit à rien, puisque nous ne pourrions pas risquer de nous avancer plus que nous ne sommes du côté de l'Autriche; outre que la position de M. de Kevenhuller est telle, que ses deux camps se communiquent par deux ponts bien retranchés; il peut se rassembler en fort peu de temps, et porter toutes ses forces où il lui conviendra de faire son principal effort.

Les bruits de paix semblent s'accréditer; elle nous conviendroit assez dans les circonstances présentes; et à parler sans feinte les troupes la désirent peut-être, au fond du cœur autant qu'aucun particulier.

Le ciel aura donc fait encore un miracle en faveur de la maison d'Autriche, même après son extinction. Mais si l'on veut bien y réfléchir de sang-froid, l'on verra cependant qu'avec trois ou quatre miracles de cette espèce, cette maison sera réduite au point où il la faudroit, étant constant que depuis 1735 il en est sorti les royaumes de Naples et de Sicile, le Tortonois, le Novarrois, la Silésie et la couronne impériale, objets qui peuvent bien s'évaluer à 40 millions de revenus. Il est vrai aussi que cela nous a coûté cher, et que le royaume pourra bien s'en sentir longtemps. La communication de Prague à Égra étant coupée, et même celle de Saxe, nos courriers ont été arrêtés par les ennemis.

L'on parle toujours de faire passer cette armée-ci en Bohême.

18. Lettre de M. de Puysieux.

Nieder-Altaich, 16 juillet 1742.

L'on attend le retour d'un courrier que M. le duc d'Harcourt a dépêché, il y a douze jours, à Versailles, pour savoir si la Cour persiste dans le projet de nous faire passer à Prague. Nous pourrons très-bien en prendre le chemin et n'y pas arriver, si l'ennemi, qui doit naturellement s'opposer à la réunion de nos forces, fait ce qu'il convient pour l'empêcher; les subsistances et les chemins seront encore des obstacles, grands sans doute à surmonter.

Nous ne recevons plus de nouvelles de Bohême; la communication, même par la Saxe, étant entièrement coupée; ce qui est d'autant plus embarrassant que M. le duc d'Harcourt a ordre de se concerter avec M. le maréchal de Broglie lorsque nous décamperons d'ici.

L'on parle toujours beaucoup de paix; les conférences de M. le maréchal de Belle-Isle avec M. le comte de Konigseck la font espérer; je dis la font espérer, parce qu'à parler sans feinte tout le monde la désire également. Quelque difficile qu'elle soit à conclure, il est certain que la guerre est encore plus difficile à continuer, à moins que l'on n'ait des ressources toutes prêtes qui nous sont inconnues.

Depuis l'amnistie que l'on a publiée dans ce camp-ci, il nous déserte journellement des soldats et des cavaliers par douzaine; cette maladie avoit déjà gagné les troupes; l'amnistie l'a perfectionnée (1).

Les pandours et hussards nous laissent tranquilles depuis quelques jours; il est à souhaiter que M. de Kevenhuller en use de même lorsque nous décamperons.

L'on attend à chaque instant le maréchal de Seckendorf (2) dans le camp des Bavarois. Ces derniers auroient la rage d'agir offensivement;

---

(1) Voy. à l'année 1743, dans les pièces justificatives, le mémoire du maréchal de Chaulnes au Roi, et ce qu'il dit de la désertion et des amnisties.

(2) Qui allait remplacer le comte de Törring.

je l'aimerois encore mieux, et cela seroit plus aisé que de passer en Bohême, supposé (ce que je ne crois pas) que la guerre continue.

Il y a eu ces jours-ci une petite action entre un détachement des ennemis et un des Bavarois, à l'avantage de ces derniers; cela s'est passé vis-à-vis de Landau, sur l'Iser, et ne mérite aucun détail. L'on dit que l'intention de M. de Kevenhuller est de jeter un pont sur cette rivière, pour s'étendre dans ses subsistances et peut-être aussi pour attaquer les Bavarois dans leur camp, s'il croit le pouvoir faire avec avantage et qu'ils fassent la sottise de l'y attendre.

19. Lettre de M. de Puysieux.

Nieder-Altaich, 19 juillet 1742.

Il est toujours question de nous faire passer en Bohême, projet impraticable et qui n'a sans doute été imaginé que pour accréditer les négociations du maréchal de Belle-Isle.

Tout le monde compte sur la paix; je la crois certaine et indispensable; et la reine de Hongrie ne doit pas la rejeter aux conditions qui lui ont été offertes.

M. de Kevenhuller paroît présentement en vouloir au maréchal de Torring. Nous avons été informés hier par nos espions qu'il faisoit filer la plus grande partie de ses troupes à Landau, où il avoit commencé à jeter un pont vis-à-vis d'une île que l'Iser forme sous cette ville; les Hessois y ont marché pour masquer ce pont lorsqu'il sera fini; ils se sont emparés pour cet effet de deux villages, qui ne sont éloignés de Landau que d'une lieue, où aboutissent, dit-on, deux grandes chaussées qui sont les seuls chemins par où l'ennemi puisse traverser les marais dont la dite ville est tout entourée, pour ensuite déboucher dans la plaine.

L'on attend d'un jour à l'autre au camp des Bavarois le maréchal de Seckendorf, qui doit venir remplacer le général Torring, dont le travail et les chagrins ont beaucoup altéré la santé. J'avoue que je crains toujours que ce dernier ne se fasse, par trop de confiance, donner sur les oreilles, ce qui nous jetteroit à tous égards dans le plus grand de tous les embarras. Le comte de Seckendorf a certainement plus d'expérience et de talent pour la guerre; mais il est ardent et impérieux.

20. Lettre de M. de Puysieux.

Nieder-Altaich, 22 juillet 1742.

Depuis ma dernière lettre, M. de Kevenhuller a jeté et perfectionné son pont à Landau, sans que les Bavarois s'y soient opposés. Ces derniers se sont contentés d'y porter seulement un corps de 2,000 hommes, aux ordres de M. de Moravisky, le même que nous avons vu autrefois en France banquier de béribi. Ce corps est en l'air et exposé à être enlevé à chaque instant. M. le duc d'Harcourt a envoyé d'ici au camp de Pladling un officier au maréchal de Torring pour lui faire des représentations sur cela, et l'engager à ne se point commettre contre l'ennemi dans un moment où la prudence vouloit que l'on évitât toute espèce de combat. Nous ignorons encore quel aura été le fruit de ces sages représentations.

M. de Kevenhuller a aussi poussé depuis deux jours quelques détachements dans les gorges de Grafenau et du côté du haut Palatinat sur les frontières de Bohême. Nous croyons que ces détachements n'ont pour objet que d'établir des contributions et tirer de l'argent et des subsistances de ce pays-là avant que la paix (que l'on regarde comme certaine) soit publiée.

L'empereur venant d'envoyer le maréchal de Seckendorf à Berlin, il y a apparence que ce général ne viendra point prendre le commandement de l'armée bavaroise, ainsi que l'on nous l'avoit annoncé.

Tout le monde désire également la paix, les uns par goût, d'autres par misère, quelques-uns par ennui et par dégoût, et les plus raisonnables parce qu'ils la croient nécessaire au salut de l'État.

21. Lettre de M........ a Mme...........

Prague, 25 juillet 1742.

J'aurois à me reprocher, Madame, de n'avoir pas profité d'une circonstance aussi favorable pour vous donner des marques de mon attachement, si notre situation depuis environ six semaines ne faisoit ma justification. En effet, l'irrégularité des courriers pendant un temps, la difficulté ensuite de les faire passer, et la suspension totale de leur départ, sont cause que depuis mon arrivée en Bohême je n'ai pu avoir l'honneur de vous écrire. J'avois mandé au chevalier de Saint-Point que son absence me fournissoit un prétexte et que j'étois bien résolu de m'en servir; mais jusqu'ici j'ai été obligé de me contenter de ma bonne volonté. J'ai saisi aujourd'hui une occasion sûre pour vous faire tenir celle-ci. L'envie de satisfaire votre curiosité sur ce qui vous regarde me les multipliera par le désir que j'ai de les trouver. Nous n'ignorons pas ici l'inquiétude qui vous agite depuis plus d'un mois; la chose vue de loin doit nécessairement alarmer davantage; il n'en est pas tout à fait de même ici; la situation de notre camp est bonne; on l'a rendu meilleure par beaucoup de retranchements. La ville est bien en état de défense. Ce que nous avons de troupes (ce qui se monte à 27,000 hommes est en bon état. Rien ne manque encore. La maladie a beaucoup diminué. Nous ne demanderions que d'aller en avant. La nécessité de vaincre nous promet des succès, et de quelle gloire la France ne se verroit-elle pas couverte de finir cette guerre d'une façon brillante, au moment qu'elle est abandonnée de ses alliés. L'armée ne souhaite rien tant que de marcher à l'ennemi ; l'espèce de troupes à qui nous avons à faire diminue de beaucoup l'avantage qu'ils peuvent avoir du côté du nombre; d'ailleurs l'histoire n'est pleine que de victoires gagnées par une armée inférieure en nombre, et ici elle auroit moins d'efforts à faire puisque l'excès est tout au plus de 7 à 8,000 hommes. Mais toutes ces réflexions ne tiennent point contre l'inaction de M. le maréchal de Broglie. Si ceci dépendoit de lui et en tout, il feroit de ce camp un second Pisek (1). Ou jusqu'ici l'on a mal compris l'humeur des François, ou bien M. de Broglie a des idées différentes de celles de tout le monde, puisque son système le plus chéri est celui de la défensive. Cette défensive, si prônée cet hiver, qu'on comparoit à la lenteur de *Fabius* qui sauva la république, hélas, il seroit bien aisé de prouver qu'elle a entraîné tous nos maux. Plût à Dieu qu'il eût plus de vivacité dans ses projets de campagne et plus de lenteur dans ses retraites! La privation de nos lettres nous a empêchés de savoir l'effet qu'aura produit sur vous le désenchantement de la bataille de Sahay. L'homme reste et le héros s'évanouit. Quelle chute, et quel homme nous en reste! Mais que peut-on dire? Le voilà duc, après trente lieues de pays perdu, tous les équipages de l'armée pris, tous les hôpitaux et magasins abandonnés, 3,000 hommes tués ou blessés, et l'armée reculée jusque sous Prague. Cette retraite (qu'il faut pour notre gloire honorer de ce nom) a entraîné la défection du roi de Prusse; et celle de Beraun (à six lieues d'ici, pendant qu'il n'y avoit pas un ennemi à plus de quinze lieues) celle des Saxons. Nous n'avons jamais été suivis que par cent quatre-vingts hussards.

Autre circonstance. Le prince Charles fut prié trois fois par M. de Lobkowitz pour venir se joindre à lui; ce prince ne pouvoit croire que M. de Broglie fût resté à Frauenberg, et il est si inutile de dire que celui-ci ne fut point averti. M. le maréchal de Belle-Isle lui avoit dépêché un courrier du camp du roi de Prusse pour l'avertir de la marche du prince Charles, preuve que le traité de ce prince avec la reine de Hongrie n'étoit pas fait à beaucoup près; il n'a été signé que le 13, à Breslau, et le prince Charles ne l'a su que le 17 ou le 18, quand il est venu à Pilsen, ce Pilsen que je maudirai toujours, puisqu'on m'y a pris mon équipage. Mais Beraun est bien un autre mystère, ou plutôt une

---

(1) Allusion à la retraite du maréchal de Broglie.

suite d'une terreur panique dont jamais il n'y eut d'exemple. On en décampe à minuit sans bruit; on jette les magasins dans les rues; il n'y avoit point d'ennemis à plus de quinze lieues, et le lendemain, 14, nous étions joints par 3,000 chevaux saxons et six bataillons de même nation. Toutes nos milices seroient arrivées heureusement, ainsi que les augmentations des dragons et remontes de la cavalerie. Voilà des fautes tristes à rappeler. Leur vérité n'est que trop connue parmi nous. L'ambassadeur Champigny les a peut-être déguisées. Ainsi, comme rien n'est plus nécessaire que de faire savoir la vérité, j'ai voulu vous en instruire, Madame, vous qui l'aimez tant. Nous voyons arriver de nos jours l'événement le plus singulier qui soit dans l'histoire; tirons le voile sur ce mystère d'iniquité; attendons que la vérité perce au travers des nuages dont on s'efforce de la couvrir : le jour qu'elle approchera n'en sera que plus brillant. La santé de M. le maréchal de Belle-Isle est assez bonne; son cœur citoyen se soutient au milieu de tant de sujets de douleur pour lui; sa constance est inébranlable, et la cruelle épreuve par où il passe ajoute s'il se peut un nouvel éclat à ses vertus. Dieu le conserve. L'intérêt de la France lui est encore cher, et le lui sera toujours; il n'y a que lui qui le puisse soutenir. Vous savez, Madame, qu'il a eu la bonté de me faire venir ici, trop heureux si je puis lui donner quelques marques d'attachement; j'ai pour récompense de mériter encore mieux par là vos bontés. Je ne sais si vous reconnoîtrez l'auteur de cette lettre; quoique je ne la signe point, vous ne pouvez me méconnoître, lorsque je vous aurai dit que c'est l'homme du monde qui vous est le plus respectueusement attaché.

Permettez-moi, Madame, de faire bien mes très-humbles compliments à M. le marquis d'Ancezune. Je voudrois bien aussi dire quelque chose au chevalier de Saint-Point; je lui recommande d'avoir bien soin de votre santé. M. votre mignon (1), qui est ici en bonne santé et se donnant bien du mouvement, vous assure de son respect. Si vous m'honoriez d'une réponse vous me combleriez et vous me l'adresseriez s'il vous plaît chez M. le duc de Chevreuse, à l'armée de Bohême. Il me charge de vous présenter ses respects. Il n'y a point eu de seconde entrevue. Le retour de du Perrier ne nous a rien appris. Les trompettes vont et viennent. Il y a apparence que toute cette affaire se traite à Berlin, où le Roi de Prusse a demandé à l'empereur de lui envoyer M. de Seckendorf. Nous ne savons rien de la Bavière.

22. LETTRE DE M. DE PUYSIEUX.

Nieder-Altaich, le 26 juillet 1742.

Notre situation est toujours la même; nous continuons d'être assez

---

(1) M. le duc de Picquigny. (*Note du duc de Luynes.*)

tranquilles dans notre camp; mais les fourrages commencent à nous manquer, et les moissons, qui auroient pu nous procurer des pailles, pour y suppléer, sont fort reculées par les temps abominables qu'il fait depuis quinze jours. Notre cavalerie dépérit journellement, et s'affoiblit par les morts et la désertion, mal qui a beaucoup augmenté depuis la publication de l'amnistie. Quelque envie que l'on ait de ménager ce malheureux pays-ci, il faudra en venir à le fourrager.

M. de Kevenhuller, qui avoit changé quelque chose à sa position, s'est remis à peu près dans la même où il étoit ci-devant. Il paroît que le pont qu'il a fait jeter à Landau n'a pas tant pour objet d'attaquer les Bavarois que d'étendre ses subsistances et ses contributions, et d'être également à portée de nous suivre soit par l'une ou l'autre rive du Danube lorsque nous nous retirerons d'ici.

Par les dernières nouvelles que nous avons eues, il semble que la paix s'éloigne plutôt que de se raprocher; il est certain qu'elle est devenue difficile; mais il n'est pas moins vrai que la guerre est peut-être encore plus difficile à continuer.

M. de Seckendorf a passé à Berlin; l'on prétend que c'est le roi de Prusse qui l'a demandé; et l'on dit sur cela que c'est un dernier trait de malice de ce prince, qui veut encore, après son infidélité, amuser l'empereur en lui enlevant, sous prétexte de négociation, le seul homme de guerre qu'il ait à son service.

23. Lettre de M. de Montreuil a Mme la Duchesse de Chevreuse.

Prague, 29 juillet 1742.

Il y a eu ce matin une affaire qui a été assez vive; les dragons n'y étoient point, et par conséquent Mgr le duc de Chevreuse ne s'y est point trouvé. Il est en parfaite santé. Madame ne doit avoir aucune inquiétude pour ce qui le regarde. Voici ce qui a donné lieu à cette affaire. M. le maréchal de Broglie a voulu faire un fourrage; il a commandé toute la cavalerie, 24 compagnies de grenadiers, beaucoup de piquets de l'infanterie; les dragons étoient aussi prêts à marcher; mais M. le maréchal a cru apparemment n'en avoir pas besoin, et les a laissés pour la garde du camp. C'est M. le maréchal de Broglie qui commandoit lui-même ce fourrage. Les ennemis, qui en avoient été avertis, avoient embusqué dans les bois, par où les fourrageurs devoient passer, une grande quantité de pandours et de hussards, qui ont attaqué notre cavalerie avant qu'elle ait été formée en bataille, au débouché d'un défilé. Le combat a été très-vif de part et d'autre. M. le Maréchal a repoussé deux fois les ennemis; mais à la fin il a été obligé de céder au grand nombre, et il a fait sa retraite en bon ordre et a par conséquent abandonné le champ de bataille. On ne sait point encore au juste la perte que nous avons faite ; les uns la font monter à 200 hommes, d'autres à plus de 500 ; nous avons eu beaucoup d'officiers tués ou blessés ; M. le Maréchal a lui-même couru un grand risque, un hussard étant venu lui tirer un coup de pistolet à quatre pas de lui. M. le marquis d'Egmont y commandoit son régiment, et y a donné beaucoup de preuves de valeur et de bonne conduite ; mais son régiment ne l'a pas tout à fait secondé. Les carabiniers ont encore souffert prodigieusement à cette affaire. Je n'ai point ouï dire que M. de Vichy y ait été, je le crois encore incommodé. M. le prince de Soubise a eu un cheval blessé sous lui, d'un coup de feu. M. le duc de Picquigny n'y a point été, M. le maréchal de Belle-Isle l'ayant retenu auprès de lui pour porter ses ordres dans la ville en cas d'attaque, comme on s'y attendoit. Voilà tout ce que je puis apprendre dans ce moment du détail de ce combat, où les ennemis ont plus souffert que nous et où ils n'ont eu d'autre avantage que le champ de bataille qui leur est resté.

24. Lettre de M. de Puysieux.

Nieder-Altaich, 30 juillet 1742.

Les hussards nous ont attaqué ce matin une de nos grandes gardes de cavalerie ; c'est M. de Boufflers, capitaine dans Chepy (1), qui la commandoit ; sa bonne contenance et la valeur du lieutenant et du maréchal des logis de la mestre de camp du régiment de Puysieux ont empêché qu'il ne l'aient enlevée ; ils nous ont pris, tué ou blessé cinq cavaliers de ces deux régiments ; nous leur en avons aussi tué quelques-uns.

Nous avons appris qu'il y avoit eu hier une petite action entre les Autrichiens et les Bavarois, à l'avantage de ces derniers, du côté de (2) ....:.. sur l'Iser, au-dessous de Landau, lieu où les premiers avoient passé cette rivière dans des bateaux, au nombre de quatre cents, et où ils paroissoient avoir quelque dessein de commencer la construction d'un second pont ; les Bavarois leur ont tué cinquante hommes et ont perdu fort peu de monde.

Par les dernières nouvelles que nous avons eues du camp de M. de Kevenhuller, l'on débitoit encore dans son armée que ce général seroit enfin obligé de nous attaquer, puisque nous ne voulions pas le faire (entreprise aussi difficile pour lui que pour nous et qu'il ne tentera pas).

---

(1) L'un des régiments de cavalerie de l'armée du maréchal de Maillebois.
(2) Le manuscrit porte Ohphoring.

Nous avons appris que la garnison de Frauenberg en Bohême avoit été forcée de capituler faute de subsistances.

Il court un bruit confus dans Passau (et qui demande confirmation) que l'armée de M. le grand-duc avoit entrepris quelque chose sur celle du Roi, qui lui avoit fort mal réussi, et où ce prince avoit même perdu quelques pièces de gros canons.

Toute communication étant coupée avec la Bohême, nous ne recevons plus de ce pays-là que des nouvelles fort incertaines, et encore très-rarement. Il faut espérer cependant que la reine de Hongrie, qui, aussi bien que nous, doit avoir besoin de respirer, ne donnera pas aveuglément dans les visions de l'Angleterre, et qu'elle ne rejetera pas entièrement les conditions d'une paix honorable et avantageuse pour elle.

La désertion est moins fréquente, mais elle continue. Nous nous morfondons dans ce pays-ci, sans savoir quand et pourquoi nous le quitterons.

25. Relation sur les événements de Bohême.

Prague, 1ᵉʳ août 1742.

M. le maréchal de Broglie ayant reconnu quelques troupes qui étoient de l'autre côté de la Moldau, sortit de son camp avec 4,000 chevaux et 2,500 fantassins, sous prétexte de faire un fourrage, passa la Moldau, et trouva 2,000 hussards; il les chargea et les culbuta, et fit trente prisonniers. Des troupes réglées des ennemis étant venues pour soutenir les hussards, elles furent aussi culbutées et suivies tout doucement. Il y en a eu beaucoup de tués et 30 ou 40 prisonniers. Mais les Autrichiens se renforcèrent successivement jusqu'au nombre de 15,000. M. le maréchal repassa la Moldau et fit sa retraite sans avoir été entamé. Nous avons perdu le lieutenant-colonel et le major du colonel-général-cavalerie, MM. Desmarets et de Brémont, capitaines de carabiniers, tués. M. de Fournaise, frère du colonel, s'est noyé dans la Moldau, son cheval ayant eu peur. Nous avons eu 50 hommes, tant cavaliers que dragons, carabiniers ou soldats, tués; environ 150 de blessés. L'action a été très-vive, et a duré sept heures. Les ennemis ont perdu 900 ou 1,000 hommes tués. Ils ont été bien frottés, quoique supérieurs de plus de la moitié. La relation des deux maréchaux de France s'accorde en tout, et notamment sur ce qu'il y a dans la ville des vivres et des fourrages au moins pour quatre mois, sans faire sortir des bourgeois de la place. Le comte de Broglie, fils aîné du maréchal, est blessé d'un coup de feu à la jambe; elle n'est pas cassée. Il y a eu vingt officiers de blessés. M. de Gramont-Falon a un coup de pistolet qui lui a cassé le poignet.

26. Lettre de M. de Puysieux.

Nieder-Altaich, 4 août 1742.

Les ennemis sont toujours dans la même position; il ne paroît pas qu'ils aient intention d'agir offensivement, ni contre nous, ni contre les Bavarois ; et jusqu'à présent nous n'avons eu affaire qu'à des preneurs et à des incendiaires. Ils se retranchent dans les deux premiers camps qu'ils occupent en avant de notre côté, qui sont Zell et Hikerspach, et travaillent sans relâche à accommoder le chemin qui conduit de Zell à Passau, ce qu'ils font pour rendre le transport de leurs convois plus facile, soit pour se préparer de loin à une retraite plus aisée. Ils commençoient à manquer de vivres, mais la récolte des froments qui se coupent à force va leur en fournir abondamment. Leur armée diminue tous les jours par la dyssenterie et la désertion; la nôtre, attaquée des mêmes maux, s'affoiblit également, et si cela continue nous n'aurons pas 10,000 combattants à mettre ensemble au mois de septembre. On nous promet l'arrivée de M. de Seckendorf à l'armée de l'empereur, dans les quatre jours; celle M. le maréchal de Broglie nous est aussi annoncée, mais on n'en indique pas si précisément la date. M. le comte de Saxe vient servir dans cette armée-ci : son équipage est arrivé ce matin; sa personne a couché hier à Ratisbonne. Nous ignorons encore s'il a des lettres du Roi pour prendre le commandement jusqu'à l'arrivée de M. le maréchal de Broglie ; il est l'ancien de M. le duc d'Harcourt. Tout cela devroit annoncer de prochains changements dans notre situation ; si la paix ne se fait pas, ils deviendront nécessaires ; mais tels qu'ils soient, nos mouvements doivent être bien pesés avant de les résoudre.

27. Lettre de M. de Puysieux.

Nieder-Altaich, 6 août 1742.

M. le comte de Saxe est arrivé sans que M. le duc d'Harcourt en ait eu précédemment la moindre connoissance; et comme il n'a point apporté avec lui ses lettres de service, il n'a pas cru, quoiqu'il soit son ancien, devoir lui remettre le commandement d'une armée dont le secret lui étoit confié depuis près de six mois. Mais pour que le service du Roi n'en souffrît point, ils sont convenus d'agir de concert, jusqu'à ce qu'ils aient reçu des ordres de S. M. Ils ne se sont d'ailleurs disputés que de politesses, et de façon à faire honneur à tous les deux, avec cette différence que l'un y a plus de mérite que l'autre par sa situation.

On nous flatte de l'arrivée de M. le maréchal de Broglie, et personne ne la croit ; on remet sur le tapis notre passage en Bohême, et les sentiments sur cela sont partagés. On regarde présentement la paix comme plus éloignée que jamais, et cela paroît assez vraisemblable. Les ennemis nous laissent assez tranquilles depuis deux jours. Si l'on agissoit offensivement contre eux, ce qui ne se peut faire sans notre pont, ils se retireroient bientôt derrière la rivière d'Inn ; mais à quoi cela conduiroit-il avec une situation telle que celle où nous sommes en Bohême ?

28. Lettre de M. de Puysieux.

Nieder-Altaich, 9 août 1742.

M. d'Harcourt, ayant reçu hier l'ordre de remettre le commandement de cette armée au comte de Saxe, alla le lui porter sur-le-champ ; et après lui avoir remis les papiers et les chiffres de la Cour, il assembla les officiers généraux et leur fit part des volontés du Roi. Le désintéressement et le zèle que M. le duc d'Harcourt a fait éclater dans cette occasion, la dignité qu'il y a mis, les propos obligeants qu'il a tenus publiquement sur son successeur, lui ont mérité généralement les applaudissements et les regrets de toute cette armée, qui fait sur cela des raisonnements et des réflexions dont je laisse le soin au public de vous instruire.

L'on est persuadé, et avec raison, que nous quitterons incessamment ce camp-ci, et comme ce ne sera sûrement pas pour aller en avant, l'on ne doute pas que ce ne soit pour aller en Bohême. Notre marche jusqu'à Égra n'aura pas des obstacles insurmontables, si les mesures sont bien prises ; mais je la crois impraticable de là à Prague, si M. le prince Charles et M. le Grand-Duc font ce qu'ils doivent. Nous avons tant fait de sottises que nous pouvons bien espérer que nos ennemis en feront à leur tour ; et c'est en partie sur cela sans doute que nous fondons notre jonction à l'armée de Bohême. Quoi qu'il en soit, il est certain que dans des situations telles que celles où nous nous sommes précipités insensiblement, il est bien difficile de prendre des partis qui ne soient sujets à de grands inconvénients.

M. de Konigseck a déclaré à M. de Belle-Isle que la reine sa maîtresse lui avoit ordonné d'interrompre toute conférence avec lui, voulant traiter directement avec la Cour, supposé qu'elle jugeât à propos d'entrer dans la suite en quelque négociation. Cette circonstance, qui est vraie, est susceptible de différentes interprétations ; mais il en résulte un point non équivoque, c'est que par là M. de Belle-Isle n'est plus chargé de rien. Si la confusion et le désordre sont des remèdes à nos maux, nous devons nous flatter d'une très-prochaine guérison.

29. LETTRE DE M. DE PUYSIEUX.

Nieder-Altaich, 11 août 1742.

Notre passage en Bohême reprend crédit. S'il a lieu, ce ne peut être que dans la vue d'aller dégager le maréchal de Broglie, supposé qu'il en soit encore temps, et de repasser tout de suite en France de compagnie, ou bien d'essayer de rétablir les affaires délabrées et sans ressources de l'empereur. Quoi qu'il en soit de ces deux différents objets, l'on pense que pour parvenir plus sûrement à la jonction dont il s'agit, il faudroit absolument que nous marchassions en Bohême tous ensemble, Bavarois et François, et que notre marche fût concertée entre le général impérial et le nôtre. Il n'y a qu'une objection à faire sur cela, c'est que par là on laisse la Bavière entièrement à découvert; objection fondée, et que l'on ne conteste pas; mais l'on tient que pour la sauver il faut l'abandonner, et se borner à la garde des places; car si le Roi veut encore soutenir la guerre en ce pays-ci (ce qui est devenu presque impossible), il faut nécessairement se résoudre à ne la faire qu'en un seul et unique endroit.

Nous continuons à jouir d'une assez grande tranquillité dans notre camp; nous fîmes hier un fourrage général, qui ne fut point inquiété.

Le maréchal de Seckendorf, qui étoit parti de Berlin pour se rendre à l'armée de l'empereur, y est retourné, ayant été arrêté en chemin par un courrier du roi de Prusse qui le prioit de revenir sur ses pas, sous prétexte qu'il avoit appris depuis son départ des choses de la dernière importance. Sur quoi, l'on dit que ce prince, peu satisfait de sa première infidélité, veut y mettre le comble en amusant l'empereur et en lui retenant le seul homme de guerre qu'il ait à son service.

M. le comte de Saxe ayant appris hier que M. de Kevenhuller avoit envoyé du côté de Grafenau 8 à 900 Pandours et Croates, qui longeoient la Regen et avoient chemin faisant comme investi le détachement du Sr de Grassin, capitaine de grenadiers, qui étoit de ce côté-là pour établir quelques contributions sur les frontières de Bohême et rassembler des fourrages, prit le parti d'envoyer deux détachements choisis, de 1,000 hommes chacun, afin de couper la retraite aux ennemis et les envelopper. L'un de ces détachements, commandé par M. de Clermont, s'est porté par la droite entre la Regen et Grafenau. L'autre, aux ordres de M. de Rambures, a pris sur la gauche; ils ont rencontré les ennemis, qui se sont retirés de bois en bois; ils leur ont donné la chasse. Nous n'en savons pas davantage, ces deux détachements n'étant pas encore rentrés; nous savons seulement que les ennemis nous ont blessé plusieurs officiers et grenadiers, qui ont été rapportés cette nuit à notre camp. On ignore du reste leur perte, et s'ils se sont échappés.

Nous apprenons dans le moment que le détachement de M. de Clermont a été celui qui a rencontré les ennemis ; on leur a tué ou blessé 50 hommes ; ils nous en ont aussi tué quelques-uns.

30. Lettre de M. de Puysieux.

Nieder-Altaich, 13 août 1742.

Les deux détachements que nous avons envoyés sur la Regen n'ayant rien opéré, les ennemis ont pris poste sur cette rivière, ce qui pourra nous incommoder beaucoup tant que nous camperons ou que nous marcherons à la rive gauche du Danube ; mais cet inconvénient ne sera pas de longue durée, car l'on prévoit que nous décamperons d'ici incessamment pour aller à Deckendorf, d'où, passant le pont quelques jours après, nous marcherons vraisemblablement par la rive droite de ce fleuve pour le repasser ensuite à Donaustauf, et nous porter de là en Bohême. Il ne reste qu'à souhaiter, si cela a lieu, que les dispositions et les marches soient préparées avec justesse et réflexions.

31. Seconde Lettre de M. cardinal de Fleury au comte de Konigseck.

Versailles, 15 août 1742.

Ce n'est qu'avec un extrême étonnement, Monsieur, que je reçois dans le moment la copie de la lettre que j'eus l'honneur d'écrire à V. Ex. le 11 du mois dernier, et qu'au lieu d'une réponse que je croyois avoir lieu de me flatter, cette lettre étoit dans les mains de tout le monde à La Haye.

Je ne devois pas m'attendre, ce me semble, qu'un témoignage de politesse et de confiance à un ministre de votre réputation, de la part surtout duquel j'avois reçu souvent des assurances d'estime et de bonté, dût avoir un pareil sort ; et vous m'apprenez un peu durement aujourd'hui que je m'étois trompé.

C'est une leçon dont je vous remercie et dont je tâcherai de profiter, mais que j'aime encore mieux avoir reçue que de l'avoir donnée.

Je n'en ai pas usé de même pour des lettres, beaucoup plus importantes, que j'ai reçues en différentes occasions, quoique j'eusse pu souvent en tirer de grands avantages ; mais apparemment que l'usage est différent à Vienne, et il est juste de s'y conformer. Je sais du moins me corriger, et pour commencer à le faire, je me borne, monsieur, à assurer V. Ex. de tous les sentiments avec lesquels je n'ai cessé de l'honorer depuis son dernier voyage en France.

Le cardinal de Fleury.

32. Lettre de M. de Puysieux.

Nieder-Altaich, 18 août 1742.

M. de Kevenhuller s'est encore rapproché de nous; il a avancé son camp à Ikenspach et à Leithein, ayant sa gauche au Danube et sa droite dans les montagnes. Ce camp n'est qu'à une demi-lieue de Winzer, qui est le poste le plus avancé que nous ayons; on croit qu'il est composé de 7 à 8,000 hommes, tant infanterie que cavalerie de toute espèce; les ennemis s'y retranchent dans plusieurs endroits. M. de Kevenhuller par cette position, meilleure que celle où il étoit, couvre également deux ponts, qui sont toujours au même endroit; il est plus à portée de harceler notre arrière-garde lorsque nous nous retirerons pour aller prendre un autre camp, ce que nous ferons incessamment.

Il court un bruit sourd que le roi d'Angleterre envoie quelques troupes hanovriennes en Bohême; on dit aussi que le roi de Prusse, pour perfectionner son ouvrage, pourra bien y porter quelques secours; mais ce ne sont que des discours vagues, que des personnes timides, et peut-être malintentionnées, répandent dans ce pays-ci.

M. le maréchal de Torring doit partir après-demain, s'il ne l'est déjà, pour retourner à Francfort, où il doit s'aboucher en passant à Straubing avec M. de Seckendorf.

Nous venons d'apprendre que M. le comte de Saxe avoit demandé à M. de Torring les quatre bataillons palatins qu'il avoit envoyés déjà plusieurs fois à M. le duc d'Harcourt, sur la première réquisition qu'il lui en avoit faite, mais que M. de Torring les a refusés cette fois-ci, sous le prétexte que les ennemis ayant un pont à Landau, et un autre prêt à jeter, il ne pouvoit se dégarnir; ce qui a déterminé M. le comte de Saxe à quitter demain ce camp-ci, pour en aller prendre un autre à Deckendorf, que l'on dit n'être pas trop bon, les ennemis étant au nombre de 17,000 hommes de ce côté-ci. Il y a lieu de s'attendre que nous essuierons quelques coups de fusil en nous retirant. M. le duc d'Harcourt doit faire l'arrière-garde.

33. Lettre de M. de Puysieux.

A Deckendorf, le 20 août 1742.

Nous avons quitté hier matin le camp de Nieder-Altaich pour en venir prendre un sur les hauteurs aux environs de cette ville, qui, quoique bon, seroit sujet à plusieurs inconvénients si nous y restions longtemps. M. de Kevenhuller ne nous a point suivis dans notre marche : l'arrière-garde a essuyé quelques coups de canon et de fusil qui ne nous ont pas fait grand mal. L'avantage du nouveau camp est de nous rapprocher de celui des Bavarois, auquel nous communiquons par le pont de Deckendorf.

M. de Kevenhuller a fait piller tout le pays que nous avons laissé ; l'abbaye de Nieder-Altaich, après avoir éprouvé ce sort, a été brûlée par les pandours. Je compte que nous ferons encore un mouvement dans quelques jours pour nous rapprocher de Nuremberg. Notre jonction doit se faire à Amberg avec M. de Maillebois (1), qui y est attendu le premier, avec la première division de son armée. J'ignore encore si le comte de Saxe marchera d'abord par la rive droite ou par la rive gauche du Danube.

Il se répand ici un bruit que le prince Charles s'est retiré à six lieues de Prague ; mais cela mérite confirmation.

34. LETTRE DE M. DE PUYSIEUX.

A Deckendorf, 25 août 1742.

Depuis ma dernière lettre, les ennemis ont fait remonter un de leurs ponts au-dessus de Nieder-Altaich, où ils l'ont jeté ; ils y ont aussi fait avancer presque toutes les troupes qu'ils avoient à .... (2) ou dans les environs ; nous ignorons encore à quel dessein ; il n'y a nulle apparence que ce soit avec intention de nous attaquer, quoiqu'il y ait bien des gens qui paroissent le craindre et qui pensent que cela seroit fort aisé. M. le comte de Saxe prend à tout hasard toutes les mesures que la prudence et la prévoyance peuvent exiger pour se garantir de quelque surprise. Il vit dans la plus grande union avec M. d'Harcourt, qui de son côté va au-devant de tout ce qui peut lui plaire et concourir au bien du service. Nous ignorons le temps que nous pourrons rester dans ce camp-ci ; cela dépendra absolument du plus ou du moins de diligence de la marche de M. de Maillebois, et de la route qu'il tiendra pour arriver à Prague, où l'on craint toujours qu'il n'arrive trop tard. M. de Kevenhuller a reçu hier un renfort de 4,000 Croates ou Valaques. Plusieurs militaires pensent (et ce n'est peut-être pas sans raison) que l'armée de Westphalie étant suffisante pour dégager celle qui est dans Prague, la nôtre, ou du moins une partie, devroit tenir ici en échec celle de M. de Kevenhuller.

---

(1) Le maréchal de Maillebois venait de Westphalie.
(2) Le manuscrit porte : *Offeerken*.

35. Lettre de M. de Puysieux.

A Deckendorf, le 30 août 1742.

Tout prêt à exécuter le grand projet de Prague, l'on commence à en calculer les difficultés; il a été aisé de les prévoir d'avance; et l'on ne doute pas qu'elles ne l'aient été; et l'on a peut-être cru les surmonter toutes en faisant ouvrir quelques parties de chemin et en établissant quelques dépôts de grains à Amberg et à Égra. Cela ne suffira pas cependant; et si M. le prince Charles et M. de Kevenhuller prennent le parti (comme ils le prendront sans doute) d'occuper les passages de la Bohême et de dévaster tout le pays qui est entre Amberg, Égra et Prague, la marche de l'armée de Westphalie, et de la nôtre, pourra devenir si lente et si pénible qu'il est fort à craindre que celle de Bohême ne tombe dans quelques besoins essentiels avant notre jonction.

Tels sont les obstacles apparents; il y en a d'autres qui méritent bien quelques considérations; et de ce nombre sont ceux qui regardent l'envoi des troupes hanovriennes, la conduite du roi de Prusse dans un moment si violent, et la nécessité où nous serons peut-être de combattre M. le prince Charles pour dégager l'armée assiégée; et qui dit un combat suppose toujours un événement incertain, quelque supériorité que l'on ait. Voilà véritablement tous les calculs que l'on peut faire contre le succès d'un dernier effort qui a paru nécessaire. Mais qui voudroit peser également tous les risques que peut courir la reine de Hongrie en refusant la paix, trouveroit certainement que cette princesse a mille raisons de la désirer.

Nous nous mettrons incessamment en marche, supposé que quelques obstacles ne nous retiennent point ici. L'armée de l'empereur ne nous suivra pas vraisemblablement, et restera sur le Danube pour couvrir la Bavière.

Par les dernières nouvelles du comte d'Estrées (1), il paraissoit craindre d'être assiégé par le corps que M. le prince Charles a détaché du côté d'Égra; mais il est bien plus apparent que l'envoi de ces troupes a pour objet principal de se saisir des passages et de retirer dans l'intérieur de la Bohême tous les fourrages et les grains qui seront sur notre route. M. de Kevenhuller a fait aussi de son côté, et sans doute pour le même objet, un détachement de 3 à 4,000 hommes. Ce détachement s'est porté jusqu'à Cham sur la Regen, où il est actuellement, et d'où il dirigera sa marche apparemment vers Amberg et Égra.

---

(1) Qui commandait à Égra.

M. de Seckendorf, voulant faire parler de lui avant que nous quittions ce pays-ci, doit attaquer les ennemis dans peu de jours à Landau sur l'Iser; il passera pour cela sur son pont de Pladling, et ira les prendre à revers; cette disposition est bonne, il n'y manque plus que l'exécution.

Nous apprenons qu'il y a eu encore une nouvelle sortie à Prague, qui nous a assez bien réussi. Ce que les principaux en publient eux-mêmes à l'armée de M. de Kevenhuller n'est pas à leur avantage.

36. Lettre de M. de Puysieux.

A Deckendorf, 2 septembre 1742.

M. de Seckendorf voulant se débarrasser d'une partie des postes que l'ennemi tient le long de l'Iser, et particulièrement de celui qu'il occupe à .... (1), où il a rassemblé depuis très-longtemps nombre de bateaux dans l'intention sans doute d'y jeter diligemment un pont lorsque cela lui conviendra, ou que nous viendrons à nous retirer par la rive droite du Danube, ainsi que nos mouvements semblent l'annoncer par avance, passa hier l'Iser, avec M. le comte de Saxe et M. le duc d'Harcourt, pour aller reconnoître son terrain et faire avec eux une disposition préliminaire, en conséquence du projet en question.

Ils convinrent que pour en faciliter l'exécution et empêcher que les troupes impériales ne fussent coupées à leur retour de Ho-Phoring par celles que M. de Kevenhuller, campé à Nieder-Altaich, pourroit envoyer après elles, M. le duc d'Harcourt se porteroit demain au soir vers le minuit avec 2,000 hommes d'infanterie, quelque cavalerie et dragons, à une lieue au delà de la tête du pont de Pladling, et se tiendroit là comme dans une espèce d'embuscade.

Le détail et le succès de l'entreprise à l'ordinaire prochain.

37. Lettre de M. de Puysieux.

A Deckendorf, 3 septembre 1742.

Il est des entreprises dont le succès dépend uniquement du secret. Celle que M. de Seckendorf devoit faire sur le pont de Landau étant parvenue à la connoissance de M. de Kevenhuller par nos déserteurs, il a jugé à propos de la remettre à un autre temps, et le détachement que M. le duc d'Harcourt lui mena hier au soir pour faciliter cette expédition vient de rentrer sans avoir rien fait.

---

(1) Il y a dans le manuscrit *Ho-Phoring.*

Les hussards de l'armée de M. le prince Charles tombèrent avant-hier sur la queue des gros équipages de notre armée de Bohême, qui étoient du côté de Nuremberg et en enlevèrent quelques chariots; le reste a eu le temps de se sauver; quelques effets de la même armée, que l'on avoit retirés dans la petite ville de Furth, ont été livrés (dit-on) aux hussards par les particuliers chez qui ils étoient; preuve éclatante et non suspecte de la fidélité des Cercles et de ce que nous devons en attendre.

Chaque jour semble apporter de la difficulté à la jonction de nos armées; et pour peu qu'elles se multiplient, les choses pourront tourner de telle façon que ce seroit peut-être un bien que Prague fût obligé de capituler avant que nous fussions plus avancés.

M. le prince Charles et M. de Kevenhuller vont sans doute s'emparer des passages de la Bohême et en dévaster tous les environs, afin que, retardant notre marche, ils puissent nous faire tomber dans quelque besoin essentiel.

M. de Lobkowitz est actuellement à Mies avec un corps de 11,000 hommes; M. de Kevenhuller a déjà commencé à en pousser un entre Amberg et la Regen, que l'on peut regarder comme son avant-garde, dès que nous nous porterons de ce côté-là pour joindre l'armée du maréchal de Maillebois.

Bien des gens pensent, et peut-être avec assez de raison, qu'il eût été plus efficace pour dégager M. de Broglie d'agir offensivement sur le Danube que de nous porter à Prague; mais cela auroit dû être commencé plus tôt, et la saison est bien avancée, surtout si le Roi veut faire rentrer ses troupes dans le royaume avant le fort de l'hiver.

38. LETTRE ÉCRITE PAR UN OFFICIER DE L'ARMÉE DU MARÉCHAL DE MAILLEBOIS A M. LE DUC DE CHAROST.

Du camp de Ribéren, 4 septembre 1742.

Nous arrivâmes le 22 à Schwalbach; nous y eûmes séjour le 23; ce camp n'étant éloigné que de deux lieues ou environ de Francfort, l'empereur fit l'honneur aux troupes du Roi qui composent la première colonne de l'armée de la venir voir et de les passer en revue, accompagné de l'impératrice, de toute la maison impériale, de toute sa Cour et de tous les ministres étrangers qui se trouvent auprès de lui. Quoique le temps d'une marche n'en soit pas un propre à faire une revue de parade, S. M. Impériale et toute sa Cour parurent extrêmement contents de la beauté des troupes du Roi. Après la revue, M. le Maréchal conduisit l'empereur, l'impératrice et toute leur suite sous des tentes qu'il avoit fait dresser à portée du camp, où fit il servir un magnifique ambigu. Les troupes défilèrent devant LL. MM. Impériales ; et après qu'elles furent rentrées dans leur camp tous les commandants des corps, suivis de tous les officiers qui les composent, eurent l'honneur de leur faire la révérence, et LL. MM. les reçurent avec une extrême bonté.

Tous les officiers qui ont été à Francfort ont été enchantés de la bonté avec laquelle l'empereur a bien voulu leur parler et de la façon dont ils ont été reçus à sa Cour ; il n'y a pas un de ceux qui lui ont été nommés à qui il n'ait dit quelque chose d'obligeant en particulier et en général sur le corps dont ils étoient. On seroit trop long si on vouloit détailler toutes les louanges fines et délicates que ce prince a données à la nation, et en particulier aux troupes que le Roi envoie à son secours.

Le prince royal est d'une assez jolie figure, ni trop grand, ni trop petit pour son âge; il a les plus beaux cheveux du monde ; il paroît avoir de l'esprit, et il a été d'une politesse et d'une attention extrême pour tous les François, aussi bien que les princesses ses sœurs. Elles sont toutes deux extrêmement aimables par leur caractère ; la cadette est d'une beaucoup plus jolie figure que l'aînée.

M. le comte de Montijo, ambassadeur extraordinaire du roi d'Espagne, et qui vit avec une splendeur et une magnificence au-dessus de tout ce qu'on en peut dire, a reçu chez lui tous les officiers françois avec une politesse et une attention extrême.

M. le comte de Torring arriva le 26 de l'armée de Bavière à Francfort ; il avoit un air fort assuré, et en entrant chez l'empereur il dit tout haut à ceux qui s'approchèrent de lui pour lui faire la révérence : « Messieurs, je viens de faire un métier auquel je ne suis pas heureux. »

Mme la maréchale de Belle-Isle, à qui tout le monde a été rendre ses devoirs avec grand empressement, a fait à son ordinaire des merveilles pendant tout le temps du passage des troupes du Roi près de Francfort ; on a été enchanté de sa politesse et de son attention à nommer à l'empereur les principaux officiers et à ne rien oublier de ce qui pouvoit leur attirer quelque marque de bonté ou quelque politesse de la part de Sa Majesté.

Le 24, l'armée vint camper à Bergen, le 25 à Kahl, le 26 à Aschaffenbourg, le 27 séjour, le 28 à Wurtz, le 29 à Mitlenberg, le 30 à Walthurm, le 31 séjour, le 1er septembre à Bischofheim, le 2 à Mariendal (1), le 3 à Riberen, et le 4 séjour.

Nous apprîmes à Walthurm qu'il avoit paru du côté de Bamberg et

---

(1) Ou Mergentheim.

de Nuremberg un corps de 6,000 hussards que les ennemis envoyoient pour nous harceler pendant notre marche et brûler les magasins qui ont été faits sur notre route. M. le Maréchal, qui étoit resté à Francfort, pour certaines dispositions nécessaires, nous rejoignit à Mariendal. On a fait trois détachements en avant : le premier de 600 dragons et de huit compagnies de grenadiers, commandés par M. de Frémur, brigadier, et M. le duc de Lauraguais, colonel d'infanterie ; le second de 800 dragons aux ordres de M. de Coigny ; et le troisième de la brigade entière de Rosen-Cavalerie aux ordres de M. de Balincourt, lieutenant général. Il y a apparence que les deux premiers détachements se réuniront à ce troisième, ce qui formera une tête que les hussards et pandours n'oseront sûrement attaquer, couvrira la marche de l'armée et sera en état de protéger nos magasins et dépôts.

Tous les équipages de l'armée de Bohême, et les troupes qui les gardoient, qui étoient auprès de Nuremberg, se sont repliés sur nous avec assez de précipitation, à la nouvelle de l'approche des hussards ; et dans cette retraite il y a eu une perte considérable de chevaux et de bagages dont les paysans ont pillé une grande partie. Nous les avons néanmoins trouvés campés en bon ordre près d'un village voisin de ce lieu de Riberen. Nous voici à plus de moitié de notre route ; l'armée en très-bon état, fort peu de malades et de désertion, et une très-grande volonté dans le soldat ; aussi sont-ils mieux qu'ils n'ont jamais été dans aucune autre marche, par les soins de M. le Maréchal, et de MM. de la Graudville et de Brou. Rien n'est plus honorable à M. le Maréchal et à M. de la Grandville que le bien-être où nous nous trouvons. On trouve qu'il tient un peu du miracle quand on songe que toutes les dispositions étoient faites pour le retour de l'armée en France, que les ordres pour marcher en Bohême arrivèrent le 29 de juillet, et que le 9 d'août toute l'armée s'est mise en mouvement et a continué sa marche avec autant de facilité et des subsistances aussi abondantes que si elle avoit marché dans le cœur du royaume.

39. Lettre de M. de Puysieux.

Deckendorf, le 5 septembre 1742.

L'armée part ce soir ; elle prendra sa route par la rive droite du Danube jusqu'à Donaustauf, où elle repassera ce fleuve pour de là se porter à Amberg, où elle joindra celle de la Meuse (1).

L'on compte que notre retraite se fera sans opposition et sans in-

---

(1) C'est-à-dire l'armée de M. de Maillebois.

quiétude. Dieu veuille que la jonction de toutes les forces du Roi se fasse aussi tranquillement et que nous puissions arriver à Prague sans tache et à temps.

Il passe pour constant que M. le prince Charles a levé le siége de cette ville; mais de quoi cela nous avance-t-il, si par sa position il tient toujours notre armée bloquée. Voici le moment cependant où la reine de Hongrie doit écouter nos propositions, et l'on se flatte que les négociations et le travail du cabinet répareront désormais une partie du mal occasionné par les opérations militaires et l'infidélité de nos alliés.

40. Lettre de M. de Puysieux.

A Aiterafen, proche Straubing, le 7 septembre 1742.

Notre retraite de Deckendorf s'est faite sans opposition, M. de Kevenhuller n'étant arrivé sur nous que dans le moment que nous brûlions nos ponts. Notre marche avoit été préparée par M. de Saint-Pern; elle s'est faite sans confusion et dans un fort bel ordre. Les troupes impériales sont ici campées avec nous. Nous devions en partir aujourd'hui, mais on a jugé à propos d'y séjourner, toute notre armée s'étant trouvée extrêmement fatiguée.

Nous partons demain avec les Bavarois pour aller camper à Pfeter, à la rive droite du Danube, vis-à-vis Werth; cette marche sera encore longue et pénible; nous irons le lendemain à Donaustauf, où nous passerons ce fleuve. L'on croit que M. de Kevenhuller se porte actuellement par l'autre côté du Danube à la hauteur du dit Donaustauf pour nous en chicaner le débouché; ce qui paroît d'autant moins vraisemblable que ce général a encore une partie de ses troupes à Landau, d'où il nous a même détaché plusieurs troupes de hussards, qui nous ont attrapé quelques traîneurs. L'opinion commune est que nous allons joindre M. de Maillebois à Nuremberg. Si cela étoit vrai, l'on pourroit en conclure que l'intention n'est pas de nous porter jusqu'à Prague, mais d'en faire seulement la démonstration.

On ne parle presque plus de paix, tout semble au contraire annoncer une guerre générale; mais le petit nombre de gens sensés n'en croit pas un mot, trouvant avec raison que l'Angleterre, qui seule paroît en fomenter la prolongation, n'est pas plus en état que nous de la faire, et que la reine de Hongrie doit aussi avoir grand besoin de repos.

41. Lettre d'un officier de l'armée du maréchal de Maillebois.

Au camp de Furth, près Nuremberg, 9 septembre 1742.

Notre première division de M. le maréchal de Maillebois est arrivée hier ici; il séjourne aujourd'hui et demain, et peut-être quelques jours de plus pour attendre les autres divisions. La seconde arrive demain. Deux brigades de cavalerie et dix compagnies de grenadiers de la dite division sont arrivés aujourd'hui; et notre détachement, de pareil nombre de grenadiers et de 1,400 dragons, qui a déjà marché en avant, est parti ce matin pour prendre la route d'Amberg et assurer nos fourrages. Nous avons outre cela plusieurs détachements sur la droite et la gauche qui fouillent les villages et les bois, et couvrent notre marche. M. le Maréchal a reçu ce matin un courrier de Dresde; ce qui confirme de plus en plus l'opinion où l'on est que le roi se déclarera en notre faveur. On croit que nous ne passerons pas en Bohême par Égra, et que nous prendrons notre route par Pilsen, y ayant cinq autres passages sur la droite d'Égra. On avoit craint que les ennemis ne s'emparassent d'Amberg; on y a fait quelques réparations. Les équipages de l'armée de Bohême qui étoient ici et qui se sont repliés sur nous dans notre marche, par l'alarme que lui avoient donnée les hussards, nous suivirent; il y en avoit eu beaucoup d'égarés, qui ont presque tous rejoint ou ont été ramenés par les paysans après les avoir volés. Nous ne sommes ici qu'à une bonne lieue de Nuremberg; cette ville, qui est libre et impériale, paroît très-affectionnée pour la maison d'Autriche; elle a reçu les hussards de la reine de Hongrie, auxquels les habitants ont enseigné les logements de quelques officiers françois de l'armée de Bohême, qui ont été obligés de rester dans leurs logements pour n'être pas insultés par ces coquins; ils en sont arrivés ce matin et en ont informé M. le Maréchal. Cette ville dans une autre circonstance mériteroit une correction. Hier, sept hussards autrichiens, armés et montés, se rendirent à trois ou quatre dragons sans armes, à un village à portée d'ici et se déclarèrent déserteurs; on les a amenés à M. le Maréchal; leurs chevaux sont fort maigres, et ils étoient de ceux qui ont donné la chasse aux équipages de l'armée de Bohême.

Depuis ma lettre écrite, j'ai ouï la lecture de celle de M. de Belle-Isle; elle porte une relation des avantages remportés depuis le 22 jusqu'au 29. Il fait monter la perte des ennemis dans les diférentes sorties à 7 ou 8,000 hommes, 12 pièces de canon emmenées dans la place, un plus grand nombre encloués et 4 mortiers encloués, au point que le prince Charles, qui retire ses équipages, a demandé à entrer en négociation, et pour préliminaire il offre d'évacuer la Bavière en évacuant la Bohême. Sur quoi nos maréchaux lui ont fait réponse que ce n'étoit plus le temps de faire des propositions, qu'elles seroient moins écoutées que jamais, présentement que le maréchal de Maillebois arrive à la tête de 50,000 hommes.

Il est arrivé ce soir un second courrier, qui porte la même nouvelle; sur quoi M. le Maréchal en a dépêché un à la Cour.

42. Lettre de M. de Puysieux.

Stadt-Am-Hof (1), 10 septembre 1742.

Nous arrivons dans ce camp. Nos marches n'ont point été inquiétées ; nous séjournons demain ici ; nous continuerons ensuite notre route jusqu'à Amberg, en passant par Regenstauf et Schwandorf. M. de Maillebois doit s'y rendre le 14. Les troupes impériales, qui ont toujours marché avec nous, y suivront notre armée, et pousseront peut-être jusqu'à Prague si nous y allons. L'on avoit craint que M. de Kevenhuller ne nous disputât le débouché de Donaustauf, qui est un franc trou d'aiguille ; mais il n'en a rien fait, et il paroît que toute l'attention de ce général se porte du côté de la Bohême.

L'on ne démêle pas encore si M. le prince Charles, opposant la force contre la force, osera commettre la délivrance de Prague au sort d'une bataille, ou s'il tâchera seulement de détruire nos armées en les faisant tomber dans quelque besoin essentiel, expédient qui seroit moins dangereux pour lui et peut-être plus sûr. Au reste, les réflexions sont d'autant plus inutiles qu'il paroît que l'esprit de la reine de Hongrie se tourne présentement plus à la paix qu'à la guerre.

43. Lettre de M. de Puysieux.

Stadt-Am-Hof, 12 septembre 1742.

Nous séjournons ici encore aujourd'hui ; nos équipages en partent ce soir, et nous demain, pour aller en deux jours à Schwandorf sur la Naab. Nous laisserons en partant d'ici la Regen sur notre gauche jusqu'à Regenstauf, lieu où nous passerons cette rivière. L'on craint fort que nos équipages ne soient insultés en chemin.

Nos espions rapportent que l'on disoit dans le camp de M. de Kevenhuller que ce général, toujours campé à l'abbaye de Meten, proche Deckendorf, feroit incessamment le siége de Straubing, ou qu'il nous attaqueroit avant que nous eussions joint M. de Maillebois à Amberg. Le temps nous apprendra lequel des deux ; et je pense que ce ne sera ni l'un ni l'autre.

A peine avons-nous eu passé le débouché de Donaustauf, que les hussards de Mentzel (2) se sont répandus dans les plaines qui sont entre l'Iser et le Lech ; ils vinrent hier au nombre de 2,000 vis-à-vis de

---

(1) Faubourg de Ratisbonne, sur la rive gauche du Danube, au confluent de la Regen.

(2) Ce colonel commandait un gros corps de troupes légères.

notre camp, et nous canonnèrent, le Danube entre eux et nous ; nous leur ripostâmes de façon qu'ils se retirèrent en grande hâte. On leur tua 12 ou 15 hommes ; nous n'avons perdu personne.

Leur commandant somma la ville de Ratisbonne de lui livrer passage pour venir attaquer les François ; la gasconnade fut trouvée bonne et le passage refusé. Les troupes impériales doivent se séparer ce soir de nous. M. de Seckendorf le déclara hier à M. le comte de Saxe, qui en fut un peu surpris ; elles iront se poster à Kelheim ou dans les environs, pour s'opposer à l'irruption que les hussards et pandours se préparent à faire dans la Bavière ; les ravages dont M. de Seckendorf a été témoin, de son camp, l'ont engagé sans doute à prendre le parti de s'arrêter sur le Danube pour être en état de s'opposer aux courses de ces Tartares, qui brûlent et ravagent tout.

L'on pense que la route que nous prenons est plutôt celle de Strasbourg que celle de Prague, et cela est assez vraisemblable, sauf le chapitre des accidents et les sottises que nous pourrons faire en chemin.

500 pandours se sont présentés devant Cham, ville du Palatinat ; ils ont sommé 850 Bavarois qui la gardoient de se rendre, et sur le refus que ces derniers en ont fait, les pandours y ont mis le feu et les ont forcés de se rendre à discrétion ; après quoi ils ont réduit toute la ville en cendre.

Nous apprenons (mais cela mérite confirmation) que M. de Kevenhuller a fait passer hier la plus grande partie de ses troupes à la rive droite du Danube, et que ce général doit se rendre demain en personne à Ratisbonne, et qu'il a fait entrer du gros canon dans Munich ; ce qui prouveroit que l'intention de la reine de Hongrie seroit d'attirer le fort de la guerre en Bavière, en cas que le Roi voulût faire hiverner des troupes en ce pays-ci et que la paix ne se fasse pas.

44. Lettre de M. de Puysieux.

De Schwandorf, 15 septembre 1742.

Nous sommes arrivés hier ici sans avoir éprouvé la plus petite contradiction, et depuis notre départ de Stad-Am-Hof nous n'avons pas vu un seul hussard à notre arrière-garde.

Ce camp-ci est bon, et nous y resterons quelques jours pour donner le temps à MM. de Maillebois et de Saxe de concerter leurs opérations ; ils doivent s'aboucher ensemble aujourd'hui dans un village du côté d'Amberg.

La première division de l'armée de Westphalie n'est qu'à deux grandes journées d'ici ; elle a même déjà poussé un détachement de dragons jusqu'à Nabburg, en sorte que nous pouvons nous regarder dès à présent comme réunis à cette armée; on prétend que celle-ci lui servira comme d'avant-garde dans sa marche.

M. de Seckendorf est à Kelheim avec les Impériaux, M. de Kewenhuller avec les Autrichiens entre Pogen et Straubing, ayant un pont sur le Danube. Est-ce pour achever de ruiner la Bavière et en tirer de nouvelles contributions que ce dernier se tient là, ou est-ce pour être toujours à portée de nous couper toute communication avec nos derrières lorsque nous serons plus avancés ou que nous voudrons nous retirer?

Le défaut de subsistances commence à se faire sentir; ce sera là toujours notre plus grand ennemi, et l'on doit s'y attendre.

Nous avons appris par les dernières nouvelles de Bohême que M. le prince Charles commençoit à déménager, et qu'il avoit déjà retiré une partie de son gros canon de devant Prague; sur quoi M. le maréchal de Maillebois a écrit à M. le comte de Saxe qu'il voyoit avec une sorte de plaisir que sa mission alloit devenir trop facile. On le souhaite plus que l'on ne l'espère. Il est constant que M. le prince Charles, sans se commettre, pourra nous embarrasser beaucoup, ne fût-ce que pour le retour. Au reste, il est inutile de philosopher d'avance sur des choses qui sont encore assez obscures.

On croit que nous entrerons en Bohême par Mies et Pilsen, en nous portant un peu plus à droite ou à gauche suivant les circonstances et les difficultés que l'on trouvera.

45. Extrait d'une Lettre arrivée de Dresde.

Le 17 septembre à midi.

Il est arrivé le 6 au soir à Dresde un émissaire du maréchal de Belle-Isle avec une lettre de lui, par laquelle il mandoit que le comte de Konigseck lui avoit demandé une entrevue, et que s'y étant rendu, ce général autrichien lui avoit fait connoître que l'archiduchesse (1) se contenteroit que la garnison et les troupes françoises évacuassent la Bohême; à quoi le maréchal de Belle-Isle avoit répondu que les ordres qu'il avoit étoient bien contraires à ce projet; que les circonstances présentes étoient bien différentes de celles des temps passés; qu'il savoit la marche de l'armée du maréchal de Maillebois, qu'il l'attendoit sans impatience, et que la garnison de Prague ne manquoit ni de subsistances ni de munitions; mais que s'il vouloit lui donner un passe-port pour envoyer un courrier en France et en recevoir de nouvelles ins-

---

(1) Marie-Thérèse, reine de Hongrie, archiduchesse d'Autriche, etc.

tructions, il en dépêcheroit un à sa Cour; et que s'il le refusoit, il n'avoit qu'à continuer le siége.

Le duc de Lorraine ayant refusé le dit passe-port, le siége continue.

Le maréchal de Belle-Isle assure en même temps, par sa dite lettre arrivée à Dresde, qu'il ne manque de rien, qu'il se porte bien; que tous les endroits par où les ennemis pourroient vouloir attaquer la place sont en sûreté; que les dispositions sont faites pour les bien recevoir, de quelque manière qu'ils y viennent; qu'on ne doit donc pas être en peine de lui, et qu'il tiendra bon jusqu'à l'arrivée du secours de l'armée du maréchal de Maillebois.

46. Lettre de M. de Puysieux.

De Nabburg, 17 septembre 1742.

L'armée après avoir séjourné deux jours à Schwandorf sur la Naab en est partie ce matin pour venir camper ici; elle doit en partir demain pour aller à Wohenstrauss; elle arriva le 19 à Waidhausen, qui est la gorge par où M. de Maillebois compte pénétrer en Bohême. M. de Balincourt, avec un corps de troupes de l'armée de M. de Maillebois, est depuis hier au dit Waidhausen; il vient d'envoyer un courrier à M. le comte de Saxe, et il le prie par sa lettre de lui envoyer du secours, attendu qu'il n'est campé qu'à une demi-lieue des ennemis et que leurs gardes se fusillent. Les ennemis s'y rassemblent, et on les dit au nombre de 8 à 9,000 hommes. Si cela est, il nous sera presque impossible, à ce que nous assure M. le comte de Saxe, de pénétrer par cette gorge, dans laquelle les ennemis ont déjà fait beaucoup d'abatis. Notre général saxon, dans la conférence qu'il a eue avec M. le Maréchal, étoit d'avis que l'on allât par Égra; il sera désagréable si nous sommes obligés d'y retourner. Deux divisions de M. le Maréchal, qui sont à même hauteur que nous, arriveront au dit Waidhausen le même jour que nous. L'on dit que les ennemis vont faire le siége de Straubing.

47. Lettre de M. de Puysieux.

A Wohenstrauss, ce 19 septembre 1742.

L'armée de Westphalie que nous avons jointe ici, et dans laquelle la nôtre est fondue actuellement, part dans ce moment pour se porter deux lieues en avant du côté de Waidhausen; la cavalerie que nous avons amenée de Bavière séjourne ici; elle rejoindra demain le reste de l'armée à Waidhausen; l'on a été forcé de la laisser en arrière faute de subsistances.

Une partie de l'armée de M. de Kevenhuller jointe aux divers détachements que M. le prince Charles a faits de la sienne se sont portés sur les débouchés de la Bohême et occupent Pilsen, Mies, Plan et autres lieux, où ils ont fait des abatis fort profonds pour nous en disputer l'entrée.

Sur cette disposition des ennemis, M. de Maillebois paroît s'être déterminé à leur représenter plusieurs têtes ; et pour cet effet il a fait partir ce matin M. le duc d'Harcourt avec 25 piquets d'infanterie, 10 compagnies de grenadiers, 8 escadrons de dragons et du canon. Ces troupes doivent aller camper ce soir à Torschenreit, demain à Mahring, après-demain à Creutz, où elles seront jointes par dix autres bataillons. Elles se porteront demain à Plan ; et si elles forcent cette petite ville à se rendre et qu'elles puissent passer les abatis en question, elles se rendront à Mies pour le même objet.

Pendant que M. d'Harcourt fera cette diversion, un autre corps de troupes se portera dans le centre vers Tachau, et le gros de l'armée marchera vraisemblablement à Hayd, qui est la partie droite vers laquelle MM. de Balincourt et de Putange se sont déjà présentés depuis deux jours avec quelque risque d'en être repoussés, et c'est ce qui a apparemment déterminé le maréchal de Maillebois à marcher en personne de ce côté-là dès aujourd'hui.

Tels sont à peu près les arrangements pris pour pénétrer à Pilsen et de là à Prague. Ils sont bons sur le papier, mais il faut en avoir le dénoûment. Le plus heureux seroit sans doute un honnête accommodement entre nous et la reine de Hongrie qui mît la gloire du Roi et ses troupes en sûreté. La jonction de notre armée à celle de Westphalie y apporte un peu de confusion, tant dans les ordres que dans les subsistances ; il faut espérer que cela ne durera pas.

M. le comte de Saxe n'étoit pas d'avis que l'on tînt la route que l'on prend pour aller dégager M. de Broglie ; il vouloit que l'on se portât sur Égra, route un peu plus longue, mais plus sûre, à ce qu'il prétend, et plus aisée pour les subsistances, par les secours de toutes espèces que l'on auroit tirés d'Égra.

L'on vient de donner avis à M. de Saxe que la queue de nos équipages étoit attaquée ; je monte à cheval avec tous les piquets de cavalerie de l'armée pour les aller dégager.

Suite de la même Lettre.

A huit heures du soir.

J'arrive ; nos équipages sont rentrés dans le camp à bon port, aussi bien qu'un convoi de six cents chariots de pain biscuité.

J'ai appris à mon retour que M. le comte de Saxe conserveroit encore quelque temps le commandement de son armée sous le titre de réserve; en conséquence nous partons demain matin et nous allons sous ses ordres joindre M. d'Harcourt à Mahring, et l'on croit que de là nous pourrons prendre la route d'Égra. Je ne sais point encore si M. de Maillebois, persistant dans sa première résolution, continuera de diriger sa marche avec son armée droit sur Pilsen.

48. Lettre de M. de Puysieux.

Au camp de Bramahof, 22 septembre 1742.

Nous arrivâmes hier au soir ici avec la réserve de M. le comte de Saxe, ou pour mieux dire notre ancienne armée de Bavière. Nous y séjournerons plus ou moins suivant les circonstances. C'est sans contredit le plus vilain lieu de la nature, mais le meilleur pour s'y tenir sur la défensive; nous nous y retranchons afin d'être en état de résister à M. le prince Charles, au cas qu'il lui prît envie de tourner son principal effort de ce côté-ci.

La tête de son armée n'étoit hier éloignée de nous que de cinq lieues, et il étoit en personne avec le reste du côté de M. de Maillebois, qui est toujours vers Hayd, ce maréchal n'ayant pu jusqu'à présent forcer les passages de ce côté-là, que les ennemis défendent par plusieurs abatis et retranchements ; en sorte que nous craignons qu'après avoir perdu du temps il ne soit obligé de revenir par celui-ci pour pénétrer jusqu'à Prague, ce qui lui aura fait perdre un temps d'autant plus précieux, que portant avec nous toutes nos subsistances, nos moments sont comptés.

Il est étonnant et fort heureux que M. le prince Charles n'ait pas disputé à M. le comte de Saxe ni à M. le duc d'Harcourt, qui étoient en avant avec un gros détachement, ces passages-ci; cela lui auroit été d'autant plus facile qu'il nous a fallu passer trois défilés abominables pour arriver ici : il faut sans doute que ce prince n'ait point été informé de notre marche.

M. le duc d'Harcourt, qui, comme je l'ai dit, avoit marché en avant avec un gros détachement, fit attaquer hier la petite ville de Plan, située à une lieue d'ici, dans une belle et grande plaine, et la prit par capitulation; il y avoit dedans 300 hommes de garnison qui ont été faits prisonniers de guerre, et en outre un détachement de 200 cuirassiers qui s'y étoient retirés à son approche. Nous y avons perdu une trentaine d'hommes tués ou blessés ; les dragons d'Harcourt et de Languedoc s'y sont distingués; le fils de M. d'Hérouville y a été blessé d'une balle qui lui perce la cuisse, et M. d'Apremont, major de Languedoc-Dragons, y a reçu trois coups de fusil, dont il est à l'extrémité. Il y a eu encore quelques autres officiers subalternes tués ou blessés.

M. de Maillebois a mandé hier à M. le comte de Saxe qu'il comptoit de lui envoyer ici huit bataillons; s'ils arrivent, nous percerons, n'ayant plus de défilés à passer et le pays qui est devant nous étant ouvert. Il seroit à souhaiter que nous eussions une plus nombreuse cavalerie, étant certains que si M. le prince Charles a dessein de nous attaquer, il le fera dès que nous serons embarqués dans la plaine. Je crois que M. de Maillebois viendra ici en personne et qu'il y amènera toute sa cavalerie.

La cavalerie de M. de Maillebois commence à arriver dans notre camp, et il la suivra demain ou après-demain.

49. Lettre de M. de Puysieux.

Au camp de Bramahof, ce 24 septembre 1742.

M. le maréchal de Maillebois doit se rendre ici aujourd'hui; son armée, qui est en marche depuis deux jours, sera toute ce soir à Mahring, à une lieue de nous sur nos derrières, et viendra vraisemblablement occuper demain ou après-demain ce camp-ci, que nous lui laisserons pour en prendre un autre en avant d'une lieue ou d'une lieue et demie, et d'où il pourra nous soutenir par le peu de distance qu'il y aura entre lui et nous. Apparemment nous continuerons à marcher de cette manière jusqu'à Prague, si M. le prince Charles n'y met pas d'opposition.

Il y a deux routes à tenir pour s'y rendre; celle-ci, qui se dirige par Pilsen, dans laquelle il n'y a presque point de défilés et qui est toute plaines, où les deux armées peuvent marcher sur plusieurs colonnes, et par conséquent moins remplie de postes pour notre infanterie. L'autre route est par Égra; elle est un peu plus longue, mais commode pour la marche, mais aussi moins sujette à mouvements si l'on veut éviter une affaire générale, y ayant plusieurs bons postes à prendre, qui donneroient de grandes facilités pour aller sûrement. L'on ignore encore à laquelle de ces deux routes M. le maréchal donnera la préférence.

M. le maréchal de Maillebois et M. le prince de Conty sont venus aujourd'hui joindre un détachement de 600 chevaux, de douze piquets d'infanterie et compagnies de grenadiers, qui a marché un peu en avant de notre camp pour reconnoître le pays, et qui est rentré trois heures après. J'en reviens; les ennemis nous ont montré dans le lointain 4 à 5,000 chevaux auxquels on ne s'attendoit point; il y a eu quelques escarmouches de hussards, et M. de Maillebois n'a pu remplir son objet, qui étoit de reconnoître un camp lorsque nous déboucherions de celui-ci. On dit que les troupes ci-dessus sont environ au nombre de 12,000 hommes, et que c'est la tête de celles de M. le prince Charles.

50.

Choisy, 26 septembre 1742.

Le Roi vient de dire que, par les nouvelles qu'il recevoit de M. de Belle-Isle, le prince Charles avoit levé le siége (1) la nuit du 13 au 14, qu'il avoit fait rompre tous les ponts, laissé 12,000 hommes devant la place, et étoit marché avec le reste de son armée à M. de Maillebois, que M. de Kevenhuller marchoit aussi pour le joindre.

51. Lettre de M. de Puysieux.

A Bramahoff, 27 septembre 1742.

L'on battra la générale demain matin, et nous ferons une demi-marche du côté de Prague; il y a toute apparence que les ennemis marcheront aussitôt par leur droite pour nous côtoyer, à moins qu'ils ne prennent le parti de se tenir sur nos derrières, tant pour nous couper nos convois que pour harceler continuellement notre arrière-garde et tomber sur nos équipages, dont les gros ont été envoyés hier sous Egra.

Il a été décidé que nous prendrions la route la plus courte, celle d'Egra étant trop longue et trop difficile; tous nos espions conviennent que l'armée de M. le Grand-Duc est forte de 45,000 hommes, dont 28 de cavalerie et le reste d'infanterie de toute espèce. La nôtre est composée de 42,000 hommes effectifs, dont 33,000 d'infanterie et le reste de cavalerie. Pour peu que les pays que nous avons à passer soient coupés, nous aurons la supériorité de troupes; mais s'ils sont ouverts nous serons beaucoup trop foibles en cavalerie.

Le pauvre chevalier de Saint-Vallier fut tué hier en allant reconnoître un de nos postes.

M. le Grand-Duc nous a renvoyé un courrier que la Cour avoit dépêché à MM. de Broglie et de Belle-Isle, et qui étoit accompagné d'un autre courrier et d'un passe-port de M. d'Harcourt. Ce courrier a été jusqu'auprès de Prague, où l'officier qui commandoit le blocus n'a pas jugé à propos de le laisser passer; il l'a envoyé à M. le Grand-Duc, lequel l'a fait passer à cette armée-ci avec un trompette, sans avoir néanmoins fait ouvrir ses paquets.

Dans ce moment les ennemis passent le ruisseau qui est vis-à-vis notre camp, et se mettent en bataille dans le dessein de nous combattre demain lorsque nous en sortirons.

---

(1) De Prague.

52. Extrait d'une lettre de M. le duc de Chevreuse.

Prague, 28 septembre 1742.

L'abondance commence à revenir dans Prague ; les vivres y entrent de tous les côtés. Une partie de nos troupes, qu'on a fait camper au village de Libben et Petespin, sur le chemin de la Saxe, nous font espérer d'avoir bientôt notre communication totalement libre. Nous nous sommes aussi élargis en brûlant les ponts que les ennemis avoient construits sur la haute et basse Moldau. Les hussards et les pandours se font à présent une espèce de guerre civile, les premiers voulant s'opposer aux désordres que commettent les seconds ; et ceux-ci, ne voulant point se soumettre à cette discipline, tirent sur les hussards toutes les fois qu'ils en approchent.

53.

Choisy, 28 septembre 1742.

Il paroît par les nouvelles de M. de Belle-Isle, que M. le prince de Deux-Ponts n'a pas été seulement blessé ; qu'il y a eu trente jours de tranchée ouverte devant Prague ; que nous sommes toujours demeurés, dans ce temps, dans des ouvrages extérieurs faits par M. de Belle-Isle dès le commencement du siége, et que depuis que les ennemis se sont retirés de devant la place, M. de Belle-Isle a fait combler leurs tranchées.

54. Lettre d'un officier de l'armée du maréchal de Maillebos.

Du champ de Plumerauf, 29 septembre 1742.

Le 22, notre armée est partie de Waidhausen à six heures du matin ; notre arrière-garde a été attaquée par 12 ou 1,500 hussards, qui, après avoir caracolé environ deux heures sans nous avoir fait d'autre mal que de nous inquiéter, nous ont après laissés tranquilles. Nous avons continué notre route à Flans, distant de six lieues de Waidhausen, où nous devions aller camper le même jour ; mais le mauvais temps et la longueur du chemin nous en ont empêchés. L'infanterie n'a pu arriver, et encore en partie, que le lendemain 23, sur les sept heures du matin ; et la cavalerie, après vingt-trois heures de marche continuelle, est arrivée à six heures le lendemain 23. Aussi M. le maréchal de Maillebois avoit fort envie de nous faire marcher tout de suite le même jour ; mais l'impossibilité de pouvoir mener toute son infanterie au camp de Tirschevreit, encore trois lieues par de là, l'a déterminé à laisser séjourner son armée le 23. Il a bien eu raison, car la moitié de son infanterie n'auroit pas joint sûrement; nous avons appris, le 22, que M. le duc d'Harcourt, avec un détachement de 1,500 hommes et 1,800 de M. d'Armentières, s'étoit emparé de Plan le 20, et qu'il avoit pris prisonniers 250 chevaux et 200 hommes à pied. L'arrivée de l'armée de M. le prince Charles l'a obligé de se retirer de cet endroit et de joindre l'armée de M. le comte de Saxe, qui est à la tête des défilés de Mahring et sur les hauteurs de Plumerauf depuis le 21.

L'armée du prince Charles occupe les montagnes des débouchés dans la plaine de Plan et de Pilsen, vis-à-vis nous, et présente un front égal à notre armée, quoique bien inférieur, plusieurs déserteurs ayant assuré qu'elle n'étoit que de 35,000 hommes.

Position du camp du prince Charles.

Sa gauche appuyée à Heilereutz, Plan derrière son centre, et un village, dont je ne sais pas le nom, devant, où il a mis beaucoup d'infanterie, et la droite à Kuttenplan; un ruisseau et des marais continuels, forment le front de nos deux camps et séparent nos deux armées.

Le 24, notre armée a campé à Tirscheureit; le 25, à Mahring. L'infanterie de la seconde, troisième et quatrième colonne étoit partie le matin pour joindre l'armée de M. le comte de Saxe. Le 26, notre cavalerie et l'infanterie de notre première ligne a joint l'armée, et tout est rassemblé présentement.

Le 27, notre gauche s'est étendue et s'est appuyée à deux villages, dont nous nous sommes emparés, au bord du bois et près des montagnes. L'armée du prince Charles a longé aussi sur sa droite. Nos mouvements sont pour sortir de l'endroit où nous sommes, et ceux des ennemis pour s'opposer aux débouchés.

Le 28, nous avons fait un fourrage; les ennemis ont attaqué l'escorte, ils ne l'ont pas forcée, mais ils nous ont tué du monde. M. de Montfort, premier factionnaire à la tête des grenadiers, a été tué; M. Le Camus, capitaine de grenadiers, blessé dangereusement; 1 lieutenant de grenadiers pris ou tué (tous officiers de Champagne); 1 capitaine et 1 lieutenant de Poitou pris ou tués, et 62 grenadiers qui manquoient à l'appel, de 180 qu'on avoit envoyés pour l'escorte. M. de Montassé, capitaine de dragons, a l'épaule cassée et deux coups de fusil au travers du corps, et plusieurs officiers tués ou blessés dont je ne sais pas les noms. On prétend que les ennemis ont perdu autant que nous; on leur a pris 5 chevaux de hussard.

On croit que nous décamperons demain.

Notre armée est au moins de 50,000 hommes. Dans toute autre position la partie pourroit être inégale, quoique la cavalerie soit cependant plus nombreuse, en comptant le bon et le mauvais.

55. Lettre de M. de Puysieux.

A Neudorf (1), ce 2 octobre 1742.

Je ne vous manderai point les détails de notre position actuelle, et les fautes qui nous y ont conduits par degrés; je vous dirai seulement qu'elle est telle que je ne vois que la paix, un combat ou une honteuse retraite qui la puisse faire changer, à moins que M. le maréchal de Broglie, plus libre présentement dans ses mouvements, ne s'échappe de Prague pour nous rejoindre.

56. Lettre de M. de Puysieux.

A Neudorf, le 4 octobre 1742.

Les ennemis firent avant-hier un mouvement par leur droite, et vinrent établir un petit camp de cavalerie sur notre gauche, à la portée du mousquet; ce mouvement ne fut que le préliminaire d'un plus considérable qu'ils firent faire hier du même côté à un plus grand corps de cavalerie, et dont ils favorisèrent la marche en faisant faire pendant ce temps-là une escarmouche sur le front de notre ligne par 2 à 3,000 hussards ou pandours, auxquels nous opposâmes quelques compagnies de grenadiers et tous les piquets de notre cavalerie et des dragons, qui se distinguèrent. Nous y avons eu 20 à 30 hommes tués ou blessés, et plusieurs officiers subalternes; la perte des ennemis a été à peu près égale. Nous nous emparâmes d'un village qu'ils occupoient vers leur centre, et nous y portâmes quelques pièces de canon; mais tout cela n'a point empêché qu'ils n'aient fait par leur droite le mouvement dont ce petit combat a été vraisemblablement l'objet, mouvement qui nous resserre dans nos subsistances, qui les approche de la rivière d'Ègre (2) et qui, les mettant entre Prague et notre armée, rend notre jonction avec M. le maréchal de Broglie plus difficile. On donne pour certain que ce général nettoie, au moyen des derniers détachements qu'il a fait faire, le chemin de la Saxe, et qu'il s'est emparé de Leitmeritz, situé à l'embouchure de la rivière d'Ègre, qui lui pourra faciliter dans la suite sa retraite en se couvrant de cette rivière. On pense que nous nous retirerons d'ici demain ou après, et que nous tâcherons de gagner Egra par nos derrières.

---

(1) Village de Bohême à 2 lieues 3/4 au sud d'Elnbogen.
(2) L'Eger.

57. Lettre de M. de Puysieux.

A Albereut, 6 octobre 1742.

Nous sommes partis hier à sept heures du soir de Neudorf pour arriver ici après une marche nocturne de dix-huit heures, et par un temps et des chemins abominables ; nous repartons demain pour gagner Egra ; cette journée sera moins longue, mais encore fort pénible. Notre objet paroît être de faire notre jonction avec M. le maréchal de Broglie, en nous couvrant de la rivière d'Ègre ; il est à craindre que cette manœuvre si fatigante, pour les troupes ne devienne inutile, et que nous ne retombions dans le même embarras où nous étions à notre dernier camp, M. le prince Charles pouvant se porter avec son armée en bien moins de temps que nous sur l'Ègre, où nous savons qu'il occupe déjà le poste de Kœnigsberg, si le défaut de subsistance ne l'a pas empêché de faire ce mouvement. Il est certain qu'il nous détruira en détail, ou qu'il nous forcera à le combattre, supposé qu'on ne termine pas l'affaire par un accommodement à l'amiable.

58. Extrait d'une Lettre de Prague.

Du 11 octobre 1742 (1).

Notre histoire vous est assez connue pour que je n'aye pas besoin de me justifier de mon silence. Je viens dans cet instant de recevoir votre lettre du 11 août ; jamais je n'ai mieux senti le prix de la liberté après laquelle nous avons tant soupiré pendant près de trois mois que dans ce moment. Nos lettres ne sont arrivées que du 7 de ce mois ; on nous distribue les plus anciennes les premières. . . . .

Depuis que j'ai appris l'arrivée de l'armée de Westphalie en Bohême, j'ai souhaité vivement notre jonction. . . . . ; toute votre attention ainsi que la nôtre se tourne à présent de ce côté ; que ne puis-je vous en parler comme témoin oculaire ! je vous ferois des récits vrais, et ce n'est pas peu de chose aujourd'hui où la vérité a tant de peine à percer les nuages qu'on lui oppose ; cependant nous éprouvons à présent combien il est vrai de dire qu'on n'est pas toujours cru en disant la vérité, lorsque la vraisemblance en est si fort éloignée : c'est notre situation. Tout ce qui nous est arrivé ressemble assez à un rêve, mais à un vilain rêve, à peu près comme l'histoire du Mississipi (2),

---

(1) Cette lettre doit être de M. de Montreuil.
(2) Le système de Law.

avec cette différence qu'au moins dans celle-ci le nombre des heureux égaloit celui des malheureux, et qu'on ne peut pas en dire autant de nous à beaucoup près. Nous ne savons quand notre jonction se fera avec M. de Maillebois ; le système favori de l'inaction subsiste encore. Pourquoi en changeroit-on, puisque les honneurs, les récompenses et les louanges en sont la récompense ? Depuis l'enchanteur Merlin il n'y a pas eu un homme comme M. de Broglie. Nous nous frottons les yeux comme Sancho-Pança, et nous ne voyons que des moulins à vent au lieu de géants. Nous sommes apparemment trop près du tableau, qui demande à être vu dans l'éloignement. Que ne puis-je vous rendre la seule des pensées dont tout ceci nous accable dans des moments ! Un jour je serai plus à portée de vous parler. Vous avez su sans doute bien des particularités du siége de Prague. Je voudrois pouvoir vous envoyer une relation exacte de tout ce qui s'y est passé, comme aussi des événements qui l'ont précédé et qui l'ont suivi ; je vous assure que vous apprendriez des choses dont il n'y a aucun exemple, et qui ont besoin d'être certifiées par autant de témoins pour pouvoir être crues. Le siége de Prague sera une époque constante de la fermeté et de la valeur des troupes françoises ; ce n'est point par les bras que nous péchons ordinairement, c'est par la tête ; et quand il s'en trouve une dont les siècles à peine en fournissent quelques exemples, toute notre politique, toute notre adresse se tourne à la faire négliger, à lui ôter un commandement dont elle seule est capable, et à s'occuper avec plaisir à la charger de la mauvaise réussite d'un événement, pour détourner les yeux du public de la véritable cause, qui est plus près de Paris que de Prague. Que d'exemples de ceci dans l'histoire de France et même assez proches de notre temps ? Nous avons vu ici ce que peut faire un cœur citoyen malgré tout ce qui pouvoit le rebuter. M. le maréchal de Belle-Isle a travaillé sans relâche ; malgré l'incommodité d'un rhumatisme très-douloureux, il alloit deux ou trois fois par jour visiter les travaux. Peu ou point aidé par les ingénieurs, il s'est vu obligé d'inventer et de conduire tous les ouvrages qu'il a faits pour disputer les approches aux ennemis ; il animoit les travailleurs par sa présence et ses libéralités. Se restreignant à la qualité de lieutenant de roi de Prague, il se prêtoit aux détails réservés ordinairement au major de tranchée ; tout passoit par ses mains. Personne ne lui pouvoit refuser son admiration. La netteté des ordres, la facilité du détail immense dans lequel, heureusement pour nous, il a voulu entrer, l'air d'intérêt avec lequel il parloit aux troupes et officiers, les précautions qu'il prenoit sans cesse pour leur sûreté et commodité, celles qu'il prenoit pour l'intérieur de la ville, ayant également à la défendre de ses ennemis au dehors et des intelligences qu'ils avoient au dedans, toutes ces qualités sont moins admirables que sa constance et sa modération, que rien n'a pu déranger, malgré les épreuves auxquelles on les mettoit tous les jours. Que faisoit son collègue pendant tout ce temps? On n'oseroit le dire, par intérêt pour l'humanité. Au coin de son feu, dont il ne bougeoit presque point, chagrin des succès qui suivoient les dispositions que M. de Belle-Isle faisoit pour les sorties journalières, il avoit la foiblesse de le témoigner; il faisoit plus, il déclamoit tout haut contre tout ce que l'autre faisoit; il fit mettre même à l'ordre, chose inouïe, que les troupes étoient trop exposées dans les ouvrages faits par M. de Belle-Isle, tandis que chacun convient que c'est par là que nous avons ralenti toutes les approches des ennemis. En un mot, j'en reviens toujours à dire que l'on sera obligé de se taire sur tout ce qui s'est passé ici, parce que personne ne voudra y ajouter foi. Il n'entre point d'humeur dans ce que j'ai dit. Je connois peu ou point M. le maréchal de Broglie; mais je sais que ses plus grands partisans ne peuvent disconvenir que ce n'est plus le même homme. Le défaut de mémoire, l'emportement, l'humeur, trois attaques anciennes d'apoplexie, dont il reste encore des traces assez fréquentes, qu'on appelle chez lui vapeurs, une vue extraordinairement baissée et une surdité considérable, composent le général qui va décider du sort de 80,000 François qui sont ici à ses ordres. M. de Broglie a été extrêmement brillant à la guerre autrefois, tout le monde en convient; mais l'âge et les infirmités l'ont bien changé, et il n'est pas trop fort de dire qu'il n'est plus fait aujourd'hui pour commander. De tous ces détails il y a une conclusion à faire; c'est qu'il faut la paix, puisqu'on ne peut faire la guerre. Celle de Bohême est vue de mauvais œil en France: on a raison, nous en souffrons nous-mêmes ici bien autant; cependant il n'y avoit qu'un moyen de la finir promptement, et tout a conspiré à le faire échouer.

59. EXPOSÉ SIMPLE MAIS VRAI DE QUELQUES FAITS ESSENTIELS ARRIVÉS AVANT, PENDANT ET APRÈS LE SIÉGE DE PRAGUE (1).

Avant le siége.

Des officiers de mérite, dont deux étrangers, qui se sont trouvés à toutes les actions, assurent que si le maréchal de Broglie avoit voulu se servir de son expérience, de sa sagesse et de sa valeur, et que, mettant toute humeur à l'écart, il eût trouvé bon de suivre les avis et les conseils qu'on lui donnoit, il auroit battu les Autrichiens partout, et que loin qu'ils eussent été à portée d'assiéger Prague il les auroit forcés d'abandonner la Bohême.

---

(1) Cet exposé doit être de M. de Montreuil.

Si cependant après avoir eu, par sa faute, le malheur d'être obligé de se retirer sous le canon de Prague, il s'y étoit campé ainsi qu'on le lui conseilloit et que la situation des lieux l'exigeoit, il auroit déconcerté et fait (suivant les apparences) échouer les desseins et les entreprises des ennemis, et se seroit conservé des sorties pour pouvoir fourrager sans coup férir et fournir à son camp et à la ville de Prague tout ce qui y eût été nécessaire.

C'est donc à ce général seul que l'on doit imputer l'espèce de honte qu'une armée des plus valeureuses et des plus courageuses du monde a eue en cherchant son salut dans une ville, tandis qu'elle auroit pu battre et détruire son ennemi en pleine campagne.

Pendant le siége.

Après que M. le maréchal de Broglie a été dans Prague avec son armée, les Autrichiens ont assiégé cette place, qui par elle-même est de très-peu de défense, et qui n'a eu d'autres fortifications que celles que la vigilance et l'intelligence de M. le maréchal de Belle-Isle et de ceux qui étoient sous ses ordres ont eu le temps de faire.

Les troupes, certaines d'arrêter et de vaincre tous les efforts des ennemis, étoient d'une sécurité d'âme qui alloit à la gaieté; elles avoient le pain, le vin, la bière et les légumes en abondance; le mouton, la volaille et le cochon ne manquoient pas; il n'y avoit que le bœuf qui étoit si rare que l'on a été obligé de manger du cheval, dont les troupes se sont très-bien accommodées. On faisoit même des plaisanteries en disant aux cavaliers qui tracassoient leurs chevaux : « Messieurs, ménagez nos bœufs. » Il est à remarquer que si M. le maréchal de Broglie avoit mis en usage les expédients qu'on lui a fournis pour avoir des bœufs, on en auroit eu très-aisément.

Les ennemis ont battu cette place l'espace de vingt jours de tranchée ouverte. On prétend qu'ils ont tiré ou jeté dix mille bombes ou boulets, sans y avoir fait beaucoup de dommage.

Les assiégés ont fait tous les jours des sorties. Les carabiniers, au nombre de 220, furent à la tête de la première; marchèrent à petits pas à l'ouvrage qu'ils devoient attaquer, et quoiqu'ils fussent horriblement incommodés par le feu perpétuel qu'on faisoit sur eux, leur marche ne fut point déconcertée ni leurs rangs dérangés. Ils avancèrent fermes et serrés comme un rocher jusqu'au bord de la tranchée; y étant, ils firent leur décharge, et en même temps sautèrent dedans, où ils égorgèrent tout ce qui s'y rencontra. Tout étoit nettoyé et la besogne faite avant l'arrivée de ceux qui devoient les soutenir.

Ces mêmes carabiniers trouvèrent convenable d'aller, en s'en retournant, remercier ceux qui les avoient si bien salués à leur sortie. Là, les coups de carabine pleuvoient comme grêle, et si les officiers qui commandoient la sortie ne les eussent forcés de se retirer, ils auroient emporté cet ouvrage. En un mot, ce que cette troupe a fait dans toutes les occasions où elle s'est trouvée ne ressemble à rien, et rien ne peut lui être comparé.

Dans toutes les sorties que les assiégés ont faites, ils ne sont jamais rentrés qu'ils n'aient détruit les ouvrages qu'ils ont attaqués, et tué, blessé et fait prisonnières les troupes qui défendoient ces ouvrages, et avancé les leurs (je veux dire les ouvrages des assiégés), de façon qu'il paroissoit que c'étoit les troupes qui étoient dans Prague qui assiégeoient le camp des Autrichiens, et non les Autrichiens qui assiégeoient Prague.

L'on assure que les ennemis ont perdu dans le siége plus de 8,000 hommes de leur infanterie, et s'ils l'avoient continué, leur armée y auroit péri par la valeur et l'intrépidité des assiégés, qui dans les sorties qu'ils faisoient jour et nuit alloient aux attaques avec la même gaieté que s'ils avoient été au bal. Les soldats étoient tellement accoutumés au feu qu'ils jouoient aux cartes dans les endroits les plus dangereux.

Après le siége.

Les assiégeants, lassés et rebutés par une aussi vigoureuse défense, ont enfin levé le siége. Lorsqu'ils sont décampés, il restoit dans Prague 25,000 combattants, 2,500 malades et plus de 9,000 chevaux propres à remonter toute la cavalerie.

La plupart de ces 9,000 chevaux appartiennent ou à des officiers de cavalerie, qui, ayant trouvé le moyen d'avoir des provisions de fourrages, ont non-seulement conservé les chevaux qui étoient à eux, mais même en ont eu de ceux qui étoient destinés pour la boucherie, ou à des officiers d'infanterie qui, ayant aussi bonne provision de fourrages, ont troqué leurs bidets contre des chevaux de cavaliers et de dragons et ont même augmenté le nombre de ceux qu'ils avoient, dans l'espérance de s'en défaire avantageusement.

L'on étoit convenu avec tous ces officiers, tant de cavalerie que d'infanterie, qu'ils donneroient leurs chevaux pour remonter la cavalerie, les dragons, les hussards, et que le Roi les leur payeroit un prix avantageux.

Cette convention faite et arrêtée, l'on informa le maréchal de Broglie, et on lui proposa, de l'avis de toute l'armée, de faire suivre les Autrichiens par 5,000 chevaux et 6,000 hommes d'infanterie; que les ennemis, qui s'imaginoient qu'il n'y avoit pour ainsi dire pas un cheval dans Prague, seroient bien étonnés de voir une aussi nombreuse cavalerie ; qu'on se faisoit fort de profiter de leur surprise pour leur enlever leur artillerie et s'emparer du poste de Pisek.

Cette proposition, quoiqu'approuvée de toutes les troupes, dont chacun ne demandoit pas mieux que d'être choisi pour la mettre à exécution, ne fut pourtant point goûtée de M. le maréchal, qui la refusa tout net, en disant que les officiers seroient bien dupes de donner leurs chevaux, puisqu'ils n'en seroient jamais payés.

Tout le monde a été outré de ce refus, et l'on ne cesse de crier à force qu'il est bien douloureux que l'obstination d'un seul homme, qui ne voit plus rien que ses caprices, porte un préjudice irréparable au Roi et à l'empereur, qui en est la victime, et l'on est dans un étonnement inexprimable de ce qu'il ne se trouve pas quelqu'un qui sache faire entendre les justes représentations qu'on devroit faire dans une occasion où il y va de la gloire, de l'honneur et de l'intérêt pressant et urgent de la France.

60. Extrait d'une Lettre du maréchal de Maillebois.

Du camp de Schlackenverth, du 16 octobre au soir.

J'ai tenté tous les moyens de percer jusqu'à mes confrères à Prague, ce qui étoit ma mission. Mes premières manœuvres ont engagé le grand-duc à lever le siége, ce qui les a mis au large et en état de se ravitailler copieusement. J'ai heurté ensuite à toutes les portes, ou pour mieux dire à toutes les gorges, qui conduisent en Bohême ; j'ai trouvé partout le grand-duc bien établi avant moi, avec d'autant plus de facilité qu'il décrivoit toujours la corde et que je faisois toujours l'arc.

J'ai tenté ensuite le passage le long de la rivière d'Eger, sur le conseil de M. de Broglie, et croyois que par cette raison il le faciliteroit d'autant plus efficacement que la Cour le souhaitoit, mais je n'ai pu l'ébranler pour favoriser notre jonction, qui ne se pouvoit faire sans son secours, tant pour l'opération militaire que pour les vivres dont nous n'avions pas suffisamment pour arriver jusqu'à lui. Mon confrère Belle-Isle me marque dans ses lettres tout ce qu'il lui a proposé à ce sujet, mais sans pouvoir l'y engager.

Les choses en cet état, je n'ai d'autre parti qu'à rétrograder pour chercher à vivre soit dans le haut Palatinat, soit ailleurs, en attendant les ordres de la Cour, qui n'ont jamais dû vous causer inquiétude sur l'événement d'un combat, car, soit dit entre nous, « *j'avois lettre du 11 septembre qui me défendoit de me livrer à aucun événement qui pût être douteux* ». Pesez bien ces termes soulignés. Il est vrai que par une lettre du 28 du même mois, arrivée le 5 octobre, on me délie les mains, et on me permet d'accepter le combat si on me le présente ;

mais le moment étoit passé, et de le recevoir et de le pouvoir donner. De ce détail vous conclurez qu'ayant fait de ma part tout ce qui étoit humainement possible, j'éprouverai, comme cela arrive toujours, la censure des gens mal instruits ou de mauvaise volonté, et que l'on ne peut instruire parce que l'on ne le peut sans dire beaucoup de choses qu'on ne peut dévoiler et qui chargeroient ceux qui ont contribué à nos malheurs. J'aime mieux n'entrer dans ces détails qu'avec mes amis et mes maîtres, persuadé qu'ils rendront justice à ma conduite, dont ils n'ont ignoré aucunes circonstances.

61. Lettre de M. le comte de Saxe a M. le maréchal de Maillebois.

D'Elnbogen, 20 octobre 1742.

Quoique mes avis n'aient pas prévalu, je suis trop attaché au service du Roi pour rester dans le silence dans une circonstance si importante que celle où nous nous trouvons. L'idée d'aller sur l'Inn est une chimère; l'Inn n'est pas une rivière à passer devant 20,000 hommes qui n'ont au plus que douze lieues de terrain à garder. Le reste de l'armée des ennemis remettra le blocus devant Prague, et notre brave armée qui y est y sera prise. Je ne saurois me vaincre sur la douleur que me cause une idée aussi affligeante. D'ailleurs tous nos chevaux de trait sont hors d'état d'aller, et l'armée périra dans les fatigues de cette opération dans une saison aussi avancée que celle où nous sommes. Il y a une position à prendre, qui ne sera peut-être pas du goût de M. le comte d'Estrées, aux avis duquel il me paroît que vous déférez; c'est de vous mettre derrière la Naab, en cantonnant la droite au Danube, le quartier général à Amberg, et la gauche tirant vers Egra. Vous pourrez tirer vos subsistances par le Danube, par Nuremberg et par la Franconie. Les ennemis ne sauroient s'établir entre la Bohême et la Naab, le pays étant trop pauvre et trop âpre pour qu'ils puissent y vivre; ils seront obligés de subsister dans la Bohême; à une assez grande distance de vous, pour être averti à temps de leurs mouvements; d'ailleurs vous conserverez une position qui en imposera à l'Allemagne.

L'événement de la guerre n'est pas décidé, ce qui tient les esprits en suspens; et si enfin le Roi veut que son armée se rapproche des bords du Rhin, l'on a le temps de faire des réquisitions, des magasins, des arrangements de marche sur plusieurs colonnes par cantonnement, les princes d'Allemagne ne pouvant exiger de la reine de Hongrie de ne pas suivre nos troupes pour la ruine du pays, ce qui conservera nos troupes et les remettra en état d'arriver en bon ordre sur le Rhin.

Sans ces précautions nous serons obligés de camper et de fourrager; nous révolterons tous les peuples par où nous passerons, et nous perdrons notre armée. Voilà, Monsieur, ce que j'ai cru de mon devoir de vous devoir représenter.

J'ai l'honneur d'être, etc.

62. Lettre de M. de Puysieux.

Au camp sous Egra, 24 octobre 1742.

Les deux droites de la première et seconde ligne sont parties ce matin pour aller camper à Waldsassen, et de là à Tirschenreit, d'où elles dirigeront leur marche sur Amberg. Les deux gauches partent demain et suivront la même route. La réserve de M. le comte de Saxe partira le lendemain et fera l'arrière-garde de tout. L'on a donné le pain à toute l'armée pour neuf jours, à raison d'une livre seulement par ration, l'espèce manquant.

M. le prince Charles marche avec une partie de son armée sur Topel et Kœnigswart; il a laissé aussi un corps de Hongrois sur nos derrières, et cela dans la vue sans doute de nous observer et d'être à portée de nous harceler. Les hussards nous enlèvent journellement quelques pièces. Ils pillèrent il y a trois jours l'équipage de M. de Refuge. Nous nous affoiblissons en détail, et de manière qu'avant la fin de décembre l'on peut compter que nous serons réduits à la moitié.

On disoit ces jours passés que le comte de Saxe s'en retournoit à Dresde; mais cela ne se confirme pas, et l'on croit qu'il attendra le dénoûment de cette campagne, pendant laquelle l'on peut dire qu'il s'est acquis à juste titre la réputation d'un homme de guerre et d'un général.

63. Lettre de M. de Puysieux.

A Stadt-Am-Hof, 6 novembre 1742.

L'armée arriva hier ici. Trois brigades d'infanterie et dix escadrons de dragons aux ordres de M. de Balincourt partiront dans deux ou trois jours pour se porter par la rive droite du Danube à Braunau sur la rivière d'Inn, où M. de Seckendorf, maître du reste de la Bavière, s'est retranché pour être en état d'y tenir ou de se défendre contre M. de Bernklau, retranché aussi à Scharding et dont le corps d'armée se fortifie journellement. L'on dit que l'armée du Roi suivra ce détachement aussitôt que nos ponts, qui sont à Ingolstadt, seront descendus; et en attendant on en fait construire un de radeaux à Donaustauf pour y faire passer les troupes de M. de Balincourt, M. de Seckendorf demandant ce secours avec beaucoup d'empressement pour attaquer Scharding, ce qui pourra réussir si M. le prince Charles, dont l'armée étoit avant-hier à Cham, et qui a poussé une tête à Werth, ne trouve pas le moyen de passer le Danube entre Deckendorf et Passau; car dans ce cas ils arriveront sur l'Inn avec M. de Balincourt, ce qui lui sera cependant d'autant plus difficile que les ponts de ce prince sont à Passau et que les troupes impériales occupent sur le Danube les postes de Straubing, Deckendorf, Winzer, Osterhofen, Vilshofen et autres. Tous ces postes, excepté Straubing, ne tiendront pas s'ils sont attaqués; mais ils retarderont les opérations de l'ennemi et nous feront gagner du temps.

L'on attend dans peu de jours l'arrivée du maréchal de Broglie (1). Le maréchal de Belle-Isle, reprenant par son absence le commandement de l'armée de Bohême, va prendre de justes mesures pour remonter la cavalerie, et la Cour doit, dit-on, envoyer 30,000 hommes de milices pour recruter toutes les troupes que le Roi a en Allemagne. Elles en auroient d'autant plus de besoin qu'elles seront incessamment réduites à la moitié. L'on est persuadé que M. le prince Charles prendra le parti de regagner Passau et de défendre les bords de la rivière d'Inn, qui seront pour nous (à ce que l'on croit) le *non plus ultra*. Quoi qu'il en soit, il semble que nos affaires prennent une face plus riante; mais la saison est bien avancée et les troupes bien fatiguées.

64. Lettre de M. de Puysieux.

A Stadt-Am-Hof, le 12 novembre 1742.

M. de Balincourt (ainsi qu'on l'a mandé la semaine dernière) a passé le Danube à Donaustauf, sur un pont volant, avec environ 10,000 hommes pour se porter en diligence à Braunau et mettre M. de Seckendorf en état de s'y soutenir et même d'agir si les circonstances le lui permettent. Depuis ce temps-là M. le prince de Conty a suivi ce corps, à deux jours de marche, avec 8 escadrons de dragons, 16 de cavalerie et la brigade de Marsan. Hier, M. de la Mothe passa le Danube audit Donaustauf avec deux brigades d'infanterie et deux de cavalerie. Aujourd'hui M. de Maillebois a marché sur la même route avec la gendarmerie, deux brigades de cavalerie, deux de dragons et deux d'infanterie. Demain il passera encore quelques brigades, et dans deux jours le reste de l'armée suivra. De cette façon, toutes ces différentes divisions seront à portée de se donner la main et subsisteront plus aisément. Il y a lieu de croire que celle de M. de Balincourt joindra M. de Secken-

---

(1) Le maréchal de Maillebois fut remplacé à l'armée de Bavière par le maréchal de Broglie.

dorf sans être inquiétée, n'ayant point appris jusqu'à présent que M. le prince Charles, qui a repris les postes de Deckendorf, Nieder-Altaich, Winzer et Henkersperg, ait fait remonter son pont de Passau. Il paroîtroit au contraire que ce prince (dont malheureusement nous ignorons presque toujours les mouvements et les véritables forces, ce qui fait que nous n'allons jamais qu'en tâtonnant) voudroit se borner à couvrir l'Autriche en gardant Scharding et Passau, et tenant toujours cependant un pied dans la Bavière, à la rive gauche du Danube. Quant à nous, notre objet paroît être d'aller prendre des quartiers dans la basse Bavière, en portant notre droite à Braunau sur l'Inn, et notre gauche à Landau et à Landrot sur l'Iser. Il faut voir présentement si, par les manœuvres de l'ennemi, nous lui donnerons la loi; il seroit triste et dangereux de la recevoir de lui.

Par les dernières lettres de Prague, il paroissoit que M. le maréchal de Belle-Isle étoit encore fort resserré, ce qui prouveroit que M. le prince Charles, étant encore en force de ce côté-là, ne le seroit pas de celui-ci.

On fortifie ce faubourg (1) pour y établir des fours. Comme nous vivons au jour le jour, et que rien n'est préparé d'assez loin, nous sommes à la veille de manquer de pain; et cela retiendra peut-être ici le reste des troupes quelques jours de plus.

L'on attend à chaque instant M. le maréchal de Broglie. Le comte de Saxe est toujours avec sa réserve à Kirn proche de Regenstauf.

65. Extrait d'une Lettre de Francfort du 23 novembre 1742.

J'ai reçu cette nuit un courrier de M. le maréchal de Belle-Isle avec une de ses lettres, du 16 de ce mois. Il me marque que le 13 il a fait faire un fourrage général sans avoir rencontré aucun ennemi, parce qu'il lui avoit donné le change en laissant transpirer la veille qu'il fourrageroit d'un côté, où il l'a été chercher avec un gros détachement pour interrompre le fourrage, pendant qu'ils fourrageoient de l'autre. Il m'a ajouté qu'il a suffisamment de vivres pour faire morfondre le prince de Lobkowitz, en attendant qu'il trouve l'occasion de lui donner quelque coup de patte sur le premier corps ou quartier qu'il trouvera à portée.

Le prince de Lobkowitz, avec une partie de son armée, est actuellement à Brandeiss, entre l'Elbe et la Moldau, couvert de bois et de ra-

---

(1) Stadt-Am-Hof, qui est, comme on l'a dit précédemment, un faubourg de Ratisbonne.

vines entre les deux rivières; une autre partie est en deçà de la Moldau, couvert de la Beraun. Le reste est avec M. de Saint-Ignon, entre Schlan et le ruisseau de Wilvan et la rivière d'Egra; tous ces corps forment ensemble 18 ou 20,000 hommes.

66. Extrait d'une Lettre datée de Saint-Omer le 18 novembre 1742 (1).

On commence enfin à songer à des quartiers d'hiver pour cette année; on lève aujourd'hui le camp sous Dunkerque, et l'on en fait entrer 10 bataillons dans cette ville avec les 4 escadrons de Mailly; le reste se partage entre Gravelines, Berghes, Bourbourg, Calais et Saint-Omer. Le régiment des cuirassiers marche à Calais, Ardres et Guines, et 6 bataillons de ceux qui étoient à cette gauche marchent à la droite pour remplacer les gardes françoises et suisses, qui ont, dit-on, l'ordre de retourner à Paris. Par cette position, M. le maréchal (2) a à cette gauche 30 bataillons et 10 escadrons en état de se porter en moins de douze heures sous Dunkerque, si par hasard il prenoit fantaisie aux Anglois de faire pendant l'hiver quelques tentatives sur cette place (ce que je ne saurois croire qu'ils fassent); mais ce que M. le maréchal a encore de meilleur à leur opposer, c'est cinq pieds d'eau qu'il peut mettre en quinze heures de temps dans tout le pays depuis Saint-Omer jusqu'à Berghes, Gravelines, Dunkerque et même Nieuport.

67. Relation de ce qui s'est passé a Leitmeritz (3), depuis le 18 novembre jusqu'au 25 (4).

Le 18 novembre, les ennemis répandirent le bruit, dans les quartiers qu'ils occupoient autour de Leitmeritz, des deux côtés de l'Elbe, qu'ils alloient se replier en Autriche; cette nouvelle fut confirmée par les ordres de partir que reçut, le 19, à trois heures du matin, le quartier de Broschan, de l'autre côté de l'Elbe, sur l'Eger.

Le 19, les mêmes nouvelles furent confirmées par tous les paysans.

---

(1) Cette lettre est probablement de M.^r d'Havrincourt.
(2) Le maréchal de Noailles.
(3) Leitmeritz, ville de Bohême, sur l'Elbe, un peu à gauche du confluent de l'Eger.
(4) Cette relation est du marquis d'Armentières, colonel du régiment d'Anjou et brigadier des armées du Roi, qui commandait la place de Leitmeritz, dans laquelle on avait mis 800 hommes de garnison.

Le 20, les Croates qui avoient le poste le plus avancé vers Leitmeritz, du côté de Sahorsan, ne parurent point à leur ordinaire dans le jour; il nous fut rapporté par les paysans que les troupes devoient s'en aller. Dans la nuit du 20 au 21, on aperçut de grands feux du côté de Sahorsan, ce qui me fit prendre le parti de doubler mes postes et de faire coucher tout habillé le reste de la garnison.

Le 21 au matin, à huit heures, je fis sortir la patrouille ordinaire de hussards, qui me rapporta qu'il n'y avoit rien de nouveau. Sur les dix heures du matin, on vit paroître une troupe de hussards et plusieurs troupes de cavalerie suivies d'environ 3 à 400 Croates; on vit distinctement des officiers généraux se promener autour de la place et la reconnoître; ils établirent les Croates dans le faubourg de l'Évêché, d'où ils tiraillèrent toute la journée sur nos postes, sur lesquels la supériorité du terrain leur donnoit avantage; inconvénient auquel j'avois remédié en faisant enterrer et traverser les postes le plus qu'il étoit possible. La place reconnue, la cavalerie se replia, laissant les villages les plus voisins de Leitmeritz occupés par des hussards. J'eus nouvelle dans la journée qu'ils avoient promis le pillage de Leitmeritz à leurs Croates; j'ajoutai foi à cette nouvelle, croyant qu'ils pourroient être pressés de prendre Leitmeritz. Sur ce, vu la foiblesse de ma garnison et l'étendue de ma place, je pris le parti de faire coucher tout le monde à son poste, et fis mettre le feu à quelques maisons du faubourg, dont la supériorité de la position pouvoit beaucoup m'incommoder. Toute la nuit se passa tranquillement, à la réserve de quelques coups de fusil qui furent tirés du faubourg.

Le 22, sur les neuf heures, on vit paroître une grosse colonne de cavalerie, que je jugeai être de 2,000 chevaux; ils postèrent en arrivant leurs grandes gardes fort près de la place, et se mirent en bataille la gauche vers le haut Elbe. La cavalerie fut suivie par une grosse colonne d'infanterie dont les Croates avoient la tête, et je jugeai qu'il pouvoit y avoir 4 ou 6 bataillons de troupes réglées; ils défilèrent les uns et les autres, avec affectation, près de la place, ce qui ne leur étoit pas nécessaire pour entrer dans leur camp. Quand le camp fut assis, M. le comte de Wallis (1) m'envoya un trompette porteur d'une lettre pour me sommer de me rendre, à laquelle je répondis convenablement à l'honneur des armes du Roi. En même temps que la tête de leurs troupes parut en deçà de l'Elbe, un corps de 400 chevaux s'avança vers la tête du pont, de l'autre côté de cette rivière. Dans la journée,

---

(1) Général de l'armée autrichienne chargé par le prince de Lobkowitz de prendre Leitmeritz, afin d'enlever au maréchal de Belle-Isle le moyen de battre en retraite sur la Saxe.

ils renforcèrent leur poste qu'ils avoient à l'Évêché, et dès ce moment jusqu'à la fin ils ne cessèrent de faire un feu très-vif et très-suivi sur la partie du rempart qu'ils pouvoient voir et sur le faubourg à la queue du pont. Le même jour, ils prirent poste dans le faubourg sur le haut Elbe. Avec si bonne compagnie et si voisine de moi, je ne pus me dispenser de faire coucher au bivac toute ma garnison.

Le 23 au matin, ils nous tirèrent beaucoup des deux faubourgs; ils s'accommodèrent dans celui du haut Elbe, et toute la journée se passa à se tirailler de part et d'autre. Sur ce qu'ils firent passer la rivière à des Croates, je crus qu'ils en vouloient à la tête de mon pont, que je ne pouvois pas soutenir, vu la foiblesse de ma garnison, ce qui me détermina à en faire couper une arche dans la nuit du 23 au 24. Pendant cette même nuit, des patrouilles des ennemis s'approchèrent assez près des postes avancés; ils se firent feu réciproquement. La raison du peu de monde que j'avois et du voisinage des ennemis subsistant toujours, tout mon monde coucha cette nuit au bivac.

La nuit du 23 au 24, ils établirent une batterie de deux pièces de trois, qui tira le 24 au matin, à la pointe du jour, sur une chapelle retranchée qui couvroit la porte du faubourg du haut Elbe et sur l'église Saint-Laurent, dont le feu incommodoit beaucoup les troupes postées dans ce faubourg. Ils continuèrent d'en tirer jusqu'à dix heures, et pensèrent tuer M. Duglar. Dans la matinée, le feu recommença très-vivement dans les deux faubourgs et se soutint toute la journée de même. M. de Ruffé, ingénieur, et un lieutenant d'Alsace furent tués, et M. le chevalier de Ballode, lieutenant dans Languedoc, blessé. Ayant remarqué dans la journée que les ennemis en vouloient à la chapelle qu'ils avoient canonnée le matin, j'en fortifiai le poste et y mis un lieutenant et 30 hommes, que je fis soutenir, à l'entrée de la nuit, par une compagnie de grenadiers; ce que je jugeai être plus que suffisant pour mettre ce poste à l'abri d'insulte; et de plus j'avois fait tout préparer, en cas d'attaque vigoureuse et qu'on ne pût soutenir ce poste, pour y mettre le feu. Sur les cinq heures du soir, je vis défiler 5 à 600 Croates qui allèrent renforcer le poste dans le faubourg de l'Évêché; ce qui me fit croire qu'ils vouloient tenter quelque chose dans la nuit et me fit porter une attention particulière sur la partie des Dominicains, partie la plus foible de ma place, que je n'avois pas eu le temps de faire palissader en entier. Je savois aussi qu'ils avoient des échelles. Toutes ces choses me déterminèrent à faire coucher ma garnison au bivac.

La nuit du 24 au 25, entre une heure et deux, les ennemis tirèrent deux coups de canon sur la chapelle retranchée, et en même temps des grenadiers se présentèrent pour l'attaquer. Le lieutenant qui y commandoit soutint fort foiblement leur attaque, et plus occupé de sa retraite que de ce qu'il avoit à faire, oublia de mettre le feu. Quoique je sentis l'importance de ce poste, je ne voulus point y envoyer de compagnies de grenadiers pour le reprendre, qui ne pouvoient déboucher et se former pour cette attaque que sous le feu des grenadiers ennemis postés dans les maisons brûlées qu'ils avoient crénelées, et qui auroient trouvé une résistance insurmontable dans la chapelle occupée par les ennemis. Ces raisons m'empêchèrent de troubler les ennemis autrement que par un grand feu, et j'ordonnai en même temps qu'on s'enterrât à travers sacs dans les postes que cette chapelle pouvoit voir d'enfilade et de revers, ce qui se fit dans la nuit. Sur les cinq heures du matin, les ennemis parurent à une barrière du faubourg de la queue du pont, du côté du haut Elbe. Le sergent qui y étoit posté fit feu, et en se repliant mit le feu à la maison où il étoit, comme il lui étoit ordonné; le poste de la seconde barrière le reçut. Quelques moments après, par un malentendu et sans ordre quelconque de moi, l'on mit le feu au faubourg intérieur, ce qui força les troupes à se retirer. Les barrières du côté de l'Évêché abandonnées, les Croates entrèrent dans le faubourg, d'où, au travers des flammes, ils montèrent dans les fausses-braies et firent effort pour pénétrer jusques dans la ville, ce qui n'étoit pas une besogne bien difficile, le faubourg abandonné; ce qui me détermina à rappeler; et je profitai du moment du pourparler pour poster la meilleure partie de mes troupes dans ce côté de la ville que les Croates, malgré la suspension d'armes, vouloient forcer, et où ils tuèrent M. de Ballode, capitaine dans Languedoc, très-bon sujet. De toutes ces circonstances il résulte qu'il n'y avoit point de parti à prendre que de capituler, et l'on ne pouvoit par les veilles forcées espérer mieux d'une garnison qui s'affoiblissoit et que les fatigues continuelles mettoient presque hors d'état de rendre aucun combat. Ma garnison étoit déjà affoiblie de 100 hommes et étoit réduite à 692 combattants; ils avoient à garder une enceinte de 947 toises, non compris le faubourg du pont.

Lettre de M. le comte de Wallis à M. le marquis d'Armentières.

Le 21 novembre 1742.

Monsieur, le corps que vous voyez ici est un détachement de l'armée de Mgr le prince de Lobkowitz, qui a les ordres de se rendre maître de Leitmeritz à quelque prix que cela peut être. Les conditions que je peux vous offrir sont de remettre la ville aux troupes de S. M. R. d'Hongrie et Bohême en vous rendant prisonnier de guerre.

Les magasins seront consignés aux susdites troupes, les équipages de MM. les officiers leur seront conservés sans aucune violation. L'endroit dans lequel vous vous trouvez est incapable d'une défense;

vous devez savoir qu'il ne vous reste ni secours ni retraite à espérer, et je serois en conclusion très-mortifié de vous voir, en cas de refus, vous exposer à la cruauté d'un assaut, dont vous connoissez la fureur, l'affaire venant à être poussée à cette extrémité. Je suis, Monsieur,

Votre, etc.

Signé : Le comte de Wallis.

Réponse de M. le marquis d'Armentières.

A Leitmeritz, le 22 novembre 1742.

Monsieur, je reçois la lettre dont vous m'honorez, d'aujourd'hui, datée de Sahorsan. Nous ne sommes point ici troupes à craindre les horreurs de l'assaut; nous sommes encore loin de l'essuyer. Le moment arrivé, vous trouverez dans les troupes du Roi mon maître leur valeur ordinaire. Toute la garnison s'est promis réciproquement de se défendre jusqu'au dernier moment. Je suis bien éloigné de croire de n'être point secouru : M. le maréchal de Belle-Isle ne me laissera point prendre. Connoissant la façon de penser de V. Ex. et de celle de M. le prince de Lobkowitz, je suis persuadé que vous approuverez la mienne et qu'elle me vaudra l'honneur de votre estime, que je serai charmé de mériter (1).

68. Lettre de M. de Puysieux.

Du cantonnement de Frontenhausen (2), du 24 décembre 1742.

Les cantonnements ne nous fournissent plus aucune matière à nouvelles; je crois même que c'est partie remise pour la campagne prochaine; et il y a toute apparence que nous ne ferons aucun mouvement cet hiver, à moins que nous n'y soyons forcés. La disposition qu'on fait à l'égard de nos quartiers prouve bien que nous ne songeons à aucune entreprise; la destination de la cavalerie est sur les derrières, sur le Lech; la gendarmerie prendra ses quartiers à Donauwerth. Ce fait est certain, ou du moins il le faut croire tel, puisque M. de Broglie l'a dit hier. L'infanterie bordera l'Iser, le quartier général à Straubing; c'est l'arrangement qui subsiste pour le présent. Il passoit hier pour certain que la gendarmerie partoit le 28 pour ses quartiers.

---

(1) Le marquis d'Armentières capitula le 25, après que les habitants eurent fait entrer des Croates par un aqueduc, et que l'ennemi eut forcé les barrières du côté du pont.

(2) Ville de Bavière sur la Vils, à l'est de Landshut.

Cet arrangement est bien de notre goût, mais il n'est pas tout à fait de celui de l'empereur; le 22, M. de Broglie en reçut une lettre qui le dénote assez, par laquelle S. M. lui mandoit s'il ne songeoit pas à faire le siége de Passau et de Scharding, et qu'il comptoit bien qu'il ne finiroit pas la campagne qu'il ne se fût rendu maître de ces deux endroits. En ce cas elle ne seroit pas encore prête à finir, car l'armée qui est réunie entre Passau et Scharding nous feroit trouver bien des difficultés dans l'exécution de ce projet. Selon moi, on en a manqué le moment, qui étoit bien plus favorable lorsque l'armée ennemie étoit divisée et que nous étions sous Braunau. J'avois du moins imaginé qu'on feroit quelque tentative dans ce temps sur Passau, mais on n'en a pas fait la moindre. Si la prise s'en étoit suivie, nous aurions pu dire avoir fait une fin de campagne passable, au lieu qu'en vérité elle est misérable. L'Empereur n'en est nullement satisfait, et je trouve qu'il a raison, car il pouvoit être possible de faire mieux qu'on n'a fait pour lui, en un mot faire quelque chose, et on n'en a pas seulement fait la démonstration.

Testament de M. le cardinal de Fleury.

Chanson sur l'air des Pendus (1).

Malgré l'horoscope charmant
Qui me promettoit six vingts ans,
Je touche à mon heure dernière :
Dumoulin (2) n'y sait plus que faire.
Approchez, Sire, et m'écoutez,
C'est ma dernière volonté.

Je donne par mon testament
A Tencin le gouvernement ;
Il est devenu honnête homme
Dans son ambassade de Rome.
J'aurois sans doute mieux trouvé,
Mais je veux être regretté.

On dira qu'il n'a nul talent,
Qu'en tous points il est ignorant ;

---

(1) Le duc de Luynes donne dans ses mémoires une copie de cette chanson ; mais comme elle est incomplète, nous la citons d'après le recueil Maurepas (t. 31, p. 135, décembre 1742).
(2) Médecin.

A L'ANNÉE 1742.

Mais, Sire, pour le ministère
Il ne faut pas tant de mystère :
Vous voyez comme tout va bien,
Et si pourtant je ne sais rien.

Le conseil est bien composé,
Je l'ai parfaitement formé ;
En mille ans personne, je pense,
N'eût pris Orry pour la finance.
Il est bête, dur et fripon,
Mais au demeurant j'en réponds.

Breteuil n'est qu'un vrai freluquet ;
Je l'aurois déjà chassé net ;
Mais dans vingt ou trente ans peut-être
Il en saura plus que son maitre,
S'il s'applique, car du Vernet (1),
Lui enseigne tout ce qu'il sait.

Pour Amelot, quand je l'ai pris
C'étoit pour être mon commis ;
Car en matière politique,
Chacun sait que je suis unique.
Moi seul j'ai l'Europe mené ;
Elle se tait quand j'ai parlé.

Le Maurepas est un sujet ;
Mais trop rempli de son objet,
Il veut élever la marine,
Et ce seroit notre ruine.
J'ai toujours barré ses desseins
  De peur de fâcher nos voisins.

J'ai mis au conseil d'Argenson ;
C'est un fort aimable garçon.
Propos de table et de ruelle,
 Il jase de tout à merveille.
Prenez-le, Sire, en attendant
Pour vos petits appartements.

Quoi qu'il vaque, on peut hardiment
L'y placer indifféremment ;
Je le sais par expérience,
Il ne faut talent ni science.
Tout homme est bon à tout métier ;
Voyez Orry et Tonnelier.

Richelieu subjugua les grands ;
Ils étoient trop indépendants.

---

(1) Paris du Vernet.

J'ai fait plus, j'ai mis la noblesse
Dans la plus extrême détresse,
Le bourgeois, le peuple si bas
Qu'ils ne se soulèveront pas.

Les provinces n'ont plus d'argent,
Mais le malheur n'est pas si grand :
Elles vivront d'économie
Et redoubleront d'industrie.
Au reste, quand Fleury mourra,
Fera les vignes qui pourra.
(P. 155.)

CODICILLE DU CARDINAL DE FLEURY EN FAVEUR DES FERMIERS GÉNÉRAUX.

Je recommande à vos bontés
Mes fermiers, vos enfants gâtés ;
J'en ai fait par leur opulence
Quarante grands seigneurs en France.
Il faut pour les gratifier
Encore un bail du sieur Carlier (1).
(P. 179.)

ÉPITAPHES SUR LE CARDINAL FLEURY.

Ci-gît un cardinal antique,
Mentor rusé, ministre sans éclat,
Qui sut pousser la politique
Jusqu'à mourir pour le bien de l'État.

Fleury est mort, vive le Roi !

Sans richesses et sans éclat,
Se bornant au pouvoir suprême,
Il n'a vécu que pour lui-même,
Et meurt pour le bien de l'État.
(P. 183 et suivantes.)

---

(1) Prête-nom des fermes.

ANNÉE 1743.

JANVIER.

Nouvelles de la Cour et de l'armée. — Maladie de Mme de Chevreuse. — Arrivée du chevalier de Belle-Isle. — Mort de l'électeur palatin et de M. de Breteuil. — Retraite de Bohême. — Mort du prince de Bisache. — Incendie à Brest; agents de l'Angleterre arrêtés. — Serment de M. de la Mothe, nouveau chevalier d'honneur de la Reine. — Logement de Mme de Flavacourt. — Gouvernement donné. — Maladie du cardinal de Fleury. — Voyage de Choisy. — Grave indisposition du Roi. — Visites au cardinal de Fleury. — Mort de la duchesse de Saint-Simon. — Mariage de M. de Lauraguais. — Maison de Mme de Mailly à Paris. — Charges de chancelier et de grand-aumônier de la Reine. — Mort du cardinal de Fleury; douleur du Roi. — Feuille des bénéfices donnée à l'ancien évêque de Mirepoix; l'archevêque de Rouen nommé grand-aumônier. — Mort de M. de Collandre et de Mme de Soyecourt. — M. de Montaigu nommé ambassadeur à Venise. — Élection à l'Académie française de M. de la Bletterie annulée.

Du mercredi 2 janvier, Versailles. — M. le duc de Bouillon demanda avant-hier l'agrément du Roi pour le mariage de Mlle de Bouillon avec le fils de M. de Guémené, comme je l'ai marqué ci-devant.

Hier se fit la cérémonie ordinaire des chevaliers de l'Ordre; il n'y a point eu de promotion; M. le cardinal de Tencin (1) fut reçu; Mme la princesse de Rohan quêta; elle n'en fut avertie qu'à huit heures du matin.

Aujourd'hui il y a eu l'office des morts comme à l'ordinaire, c'est-à-dire suivant le nouvel usage. M. l'abbé de Pomponne (2) est venu aujourd'hui chez Mme de Luy-

---

(1) C'étoit la première fête de l'Ordre où il s'étoit trouvé ici depuis sa nomination. (*Note du duc de Luynes.*)

(2) Il est chancelier de l'Ordre. (*Note du duc de Luynes.*)

nes ; M. le cardinal de Rohan, qui y est venu, lui a demandé pourquoi M. le Dauphin avoit hier un carreau vert à la cérémonie et aujourd'hui un carreau violet, ce qui ne doit être que pour le Roi. M. l'abbé de Pomponne a répondu que c'étoit une faute, mais qu'il ne s'en mêloit point, que c'étoit l'affaire de M. de Breteuil, qui est premier maître des cérémonies de l'Ordre.

M. le Dauphin et Madame soupèrent hier avec le Roi au grand couvert, M. le Dauphin sur le retour de la table, du côté du Roi, et Madame vis-à-vis de lui, du côté de la Reine. Comme le Roi et la Reine sont servis chacun de leur bouche et par leurs gentilshommes servants, il y eut un moment de contestation assez vive pour savoir qui devoit servir Madame ; il a été décidé ce matin (1) qu'elle devoit l'être par les gentilshommes servants du Roi. Ce fut effectivement un gentilhomme servant du Roi qui servit Madame. Il devoit y avoir derrière le gentilhomme servant un officier pour demander à boire pour Madame ; il ne s'y trouva pas, et cela fit quelque embarras.

Comme M. le Dauphin et Madame n'ont point été jusqu'à présent dans l'usage de souper au grand couvert, et que M. le Dauphin n'y avoit point encore soupé avant le jour de Noël, il étoit en usage depuis plusieurs années que le maître d'hôtel de quartier présentant la serviette au Roi, le maître d'hôtel de quartier de la Reine présentoit aussi la serviette à la Reine. Il vient d'être décidé que, conformément à ce qui se pratiquoit du temps du feu Roi, M. le Dauphin présenteroit la serviette au Roi au grand couvert ; par conséquent Madame la présentera aussi à la Reine (2).

Le Roi a été aujourd'hui à la chasse pour la première

---

(1) Hier. (*Note du duc de Luynes.*)

(2) Cela se pratiqua ainsi le premier jour de l'an. M. de Livry donna la serviette à M. le Dauphin ; M. de Chalmazel devoit aussi la présenter à Madame. Cela est sans difficulté ; cela ne se fit pas cependant, parce qu'il y eut du malentendu. (*Note du duc de Luynes.*)

fois. depuis quinze jours, à cause de la gelée. Pendant tout ce temps, il a toujours dîné, comme à l'ordinaire, tête à tête avec M. de Meuse. Pendant ce temps-là, Mme de la Tournelle, qui est établie dans son nouvel appartement, comme je l'ai déjà marqué, dînoit seule; elle n'a point voulu jusqu'à présent descendre dans les cabinets pour y dîner, ni que le Roi fît porter son dîner chez elle; mais immédiatement après le dîner le Roi monte chez elle avec M. de Meuse. Au bout d'une demie-heure, M. de Meuse s'en va.

Hier, le Roi dîna avec M. de Meuse, M. de Bouillon et M. le duc de Brancas, dans ses cabinets; aujourd'hui, il y soupe avec Mme la Duchesse, Mlle de la Roche-sur-Yon, Mme d'Antin, Mme de la Tournelle et plusieurs hommes.

Du 4. — M. le cardinal de Fleury, qui est à Issy depuis environ un mois, vint hier ici, et travailla seul près d'une heure avec le Roi; il s'en retourna de bonne heure après dîner; il est fort changé.

On trouvera à la fin de cette année l'état des quartiers que notre armée prend en Bavière, et une lettre d'un homme sensé, officier de gendarmerie, par laquelle on verra que l'Empereur n'est pas content, et n'a pas sujet de l'être des partis que nous prenons (1).

Du 6. — On eut nouvelle, il y a cinq ou six jours, par un courrier de M. de Belle-Isle, qu'il étoit sorti de Prague la nuit du 16 au 17 décembre avec 11,000 hommes de pied et 3,000 chevaux, qu'il avoit laissé dans Prague M. de Chevert, brigadier et lieutenant-colonel du régiment de Beauce avec 1,800 hommes et 4,000 malades. M. de Belle-Isle avoit dérobé deux marches aux ennemis et fit sept lieues la première journée. Par un second courrier l'on apprit qu'il étoit arrivé à Lubenz (2), à cinq journées de Prague, et qu'il comptoit être le 27 à Egra. Ce second courrier avoit

---

(1) Cette lettre ne se trouve pas dans le manuscrit de l'auteur des *Mémoires*.
(2) Ou Liebenz.

marché jusqu'à Egra avec la cavalerie. M. de Belle-Isle n'ayant gardé avec lui que l'infanterie et les dragons, les cavaliers à pied, dont on avoit formé des compagnies, ont suivi la cavalerie. Sur ce second courrier, on en fit partir un d'ici pour porter des ordres à M. de Belle-Isle à Egra, mais on ne dit point encore quels sont ces ordres. On apprit il y a deux jours par un troisième courrier que M. de Belle-Isle étoit arrivé le 26 au soir à Egra, ayant été suivi seulement par quelques hussards de l'armée du prince de Lobkowitz, qui ont, à ce que l'on dit, pillé quelques équipages. Au reste il ne manquoit que 250 soldats à l'arrivée à Egra.

Le Roi donna il y a quelques jours à Mme de Boufflers une fort jolie tabatière. Il n'y a rien de nouveau par rapport aux cabinets. Le Roi ne sortira point cette semaine, qui est celle de Mme de la Tournelle; il y aura un voyage de Choisy dimanche prochain.

J'ai marqué ci-dessus que ma belle-fille tomba malade le samedi 15 décembre; le lendemain dimanche, elle eut la fièvre, les yeux fort rouges, mal aux reins et un grand assoupissement. M. Helvétius la fit saigner du pied deux fois le lundi, et, jugeant que ce pouvoit être la petite vérole, proposa d'envoyer quérir M. de Vernage. Le mardi matin, la petite vérole se déclara; elle avoit même commencé à paroître dès la nuit. M. de la Vigne, médecin du commun de la Reine, avec sa permisssion, s'est enfermé avec Mme de Chevreuse. M. de Vernage étoit toujours effrayé de la rougeur des yeux et craignoit un embarras dans le cerveau; cependant il n'y eut nul accident jusqu'au neuf de la petite vérole. Ce jour-là même, on la changea de linge et de lit; elle parut dès ce moment plus inquiète et plus souffrante, et le lendemain matin il y eut un moment de délire et de convulsion fort effrayant. Elle avoit reçu ses sacrements dès le premier jour de sa maladie. Elle voulut dans ce moment faire son testament; elle le fit avec tranquillité, et dès lors il parut un mieux considérable. Depuis ce temps, elle a toujours été aussi bien qu'on pouvoit l'espérer; elle est présentement hors de tout danger (1); il reste encore de la rougeur et de la fluxion sur les yeux. Comme elle avoit désiré de voir Gendron, oculiste, la Reine eut la bonté de lui envoyer de son propre mouvement une chaise pour l'amener ici. L'âge et les infirmités de Gendron ne lui permettant pas de suivre cette maladie, on a eu recours au sieur Desmours, oculiste. M. Helvétius vit encore la malade un moment, le mardi matin; depuis ce temps, il n'est pas revenu, mais il a été consulté tous les jours par les autres médecins.

---

(1)   Lettre du maréchal de Belle-Isle au duc de Luynes.

A Amberg, ce 10 janvier 1745.

C'est de tout mon cœur, Monsieur, que je vous fais mon compliment sur la pleine convalescence de Mme la duchesse de Chevreuse. Mme de Belle-Isle, qui a partagé toutes vos inquiétudes, m'a appris dès les premiers jours cette cruelle nouvelle afin que je prisse, comme j'ai fait, toutes les précautions pour que M. votre fils n'en eût aucune connoissance. C'est avec une satisfaction infinie que je lui ai annoncé la petite vérole et la guérison à la fois en lui remettant la lettre de Mme de Luynes; voilà peut-être la seule circonstance où il est heureux d'être hors du commerce du monde et de ne point recevoir de lettres. Il est bon que cette triste situation soit finie. Je compte donc vous ramener bientôt M. de Chevreuse en bonne santé; il finira comme il a commencé, car il reconduira en France la division des dragons. Je ne saurois en vérité vous en dire assez de bien, et je sens que je l'aime chaque jour davantage. Il est également ridicule et nuisible au bien du service qu'il ne soit pas maréchal de camp depuis six mois; il a mérité de l'être deux ou trois fois pour une, cette campagne. Est-ce là le cas d'attendre des promotions générales? Il ne devroit point y en avoir d'autres que celles d'avancer les sujets à mesure qu'ils se distinguent. Vous trouverez que je parle comme un militaire et que je suis devenu bien rouillé depuis que j'ai quitté la Cour. Sur ce pied je ne veux point me dérouiller, et m'en tiendrai à dire la vérité. J'ai lieu de croire qu'il y en a beaucoup qui ne sont point encore parvenues à Versailles ou qui y ont été bien cachées. J'attends avec bien de l'impatience d'être à portée de pouvoir vous renouveler moi-même le sincère et inviolable attachement avec lequel j'ai l'honneur d'être, Monsieur, votre très-humble et très-obéissant serviteur.

Le maréchal de Belle-Isle.

Vous voulez bien me permettre d'assurer ici Mme de Luynes de mon attachement le plus tendre et le plus respectueux.

M. le chevalier de Belle-Isle arriva hier au soir à Issy; il est parti d'Egra le 30 après midi; il a été présenté au Roi aujourd'hui; on ne sait point encore les détails dont il est chargé. On a seulement appris par lui que M. de Belle-Isle avoit emmené de Prague seize otages, quatre de la haute noblesse, quatre du clergé, quatre des moyens et quatre de la magistrature. Il avoit avec lui les trente pièces de canon appartenant au Roi, qui sont arrivées sans accident. Les chevaux des équipages de cette armée étoient au nombre de 10,000, moins dix. M. le prince de Lobkowitz avoit fait garder les deux chemins par où il croyoit que l'armée passeroit nécessairement; M. de Belle-Isle a passé par un troisième chemin.

On a su aussi que M. de Chevert avoit capitulé dans Prague, qu'il avoit obtenu pour lui et les 1,800 hommes de sa garnison les conditions les plus honorables et d'être conduit en lieu de sûreté; pour les 4,000 malades il n'a pu obtenir d'autre traitement que celui de prisonniers de guerre. On ne dit point encore le temps que M. de Belle-Isle compte demeurer à Egra; ce qui est de certain, c'est qu'il n'a point trouvé d'ordres de la Cour en y arrivant.

Le Roi dit hier au soir que l'électeur palatin (1) étoit mort; il étoit dans la quatre-vingt-deuxième année de son âge.

M. de Breteuil, qui étoit hier à Issy, s'y trouva fort mal; on le remit aussitôt dans sa voiture; en arrivant à Paris on le crut mort. C'est une attaque d'apoplexie; il a été saigné plusieurs fois cette nuit; il a reçu l'extrême onction; ce matin, la connoissance lui étoit déjà revenue en partie; cette après-midi il en avoit encore davantage, mais cependant on le regarde comme en très-grand danger.

M. le Cardinal est arrivé ici cette après-midi, tant par rapport à cette nouvelle, que pour M. le chevalier de

---

(1) Charles-Philippe de Neubourg.

Belle-Isle; il n'a resté qu'environ une heure de temps, et est reparti pour Issy. Il a dit à M. de Belle-Isle de remettre ses dépêches à M. de Maurepas.

Du 7. — M. de Breteuil est mort ce matin à sept heures. Il eut hier quelques moments de connoissance, mais jamais entière. Le Roi a dit aujourd'hui, après la messe, qu'il avoit donné la place de secrétaire d'État à M. d'Argenson. M. d'Argenson est parti cette après-midi pour aller à Issy, et de là à Paris.

M. le chevalier de Belle-Isle soupa hier chez Mme de Luynes. On lui fit plusieurs questions; il dit entre autres choses que plusieurs jours avant la sortie M. le maréchal de Belle-Isle avoit fait ouvrir les portes de Prague, laissant à tout le monde la liberté d'y entrer, mais défenses à qui que ce soit d'en sortir; que le jour de la sortie M. le maréchal de Belle-Isle avoit envoyé des officiers avec main forte à ceux qu'il avoit choisis pour otages leur dire de sa part qu'il les prioit de venir lui parler; que lorsqu'ils étoient arrivés, on les avoit fait entrer dans une maison vis-à-vis celle de M. de Belle-Isle; que c'étoit là où on leur avoit déclaré que l'intention du Roi étoit qu'ils suivissent son armée pour être garants du traitement que l'on feroit aux troupes qui resteroient dans Prague; qu'on leur avoit donné huit heures de temps pour faire leur arrangement, sans cependant les laisser sortir de la maison, leur permettant seulement de donner leurs ordres; que M. le maréchal n'avoit passé aucune rivière et avoit passé par des chemins de traverse qu'il connoissoit; qu'il avoit trouvé sur son chemin un poste des ennemis, mais trop foible pour l'arrêter; que ce quartier, n'ayant pu s'opposer à la marche de l'armée, avoit pris le parti de la suivre; que le temps qu'il avoit fallu pour avertir M. de Lobkowitz, rassembler ses troupes et marcher, avoit donné deux jours d'avance à notre armée; que les Autrichiens avoient été fort étonnés de ce qu'au bout de deux ou trois jours de marche M. de Belle-Isle avoit fait un séjour, et qu'enfin M. de Lobkowitz n'avoit pas osé s'engager dans les défilés qui sont du côté d'Egra, et avoit pris le parti de ne plus suivre.

On a su un peu plus de détails sur la capitulation. Outre les seize otages emmenés par M. de Belle-Isle, dont un est mort en chemin, il y en a eu encore douze autres que M. de Belle-Isle fit mettre dans la citadelle, à la garde de M. de Chevert, avant que de partir. Il paroît que l'on a été fort content de M. de Monty, l'un des principaux ingénieurs de la reine de Hongrie et le plus estimé, qui a été pris dans une sortie pendant le siége. M. de Monty est fort ami du prince de Lobkowitz, lequel a beaucoup d'égards pour lui, avec d'autant plus de raison que la femme dudit sieur de Monty est auprès de la reine de Hongrie, qu'elle a beaucoup de crédit sur son esprit, et qu'elle en reçoit tous les jours des marques d'estime et de bonté. On ne doute pas que M. de Monty n'ait beaucoup contribué aux conditions honorables qui ont été accordées à la garnison; non-seulement les 1,800 hommes sont sortis avec tous les honneurs de la guerre, mais même ceux des 4,000 malades qui se sont trouvés en état de sortir dans le même temps ont joui du même privilége. Mme la comtesse de Bavière n'est point sortie, comme on l'avoit dit d'abord; elle a voulu rester auprès de son fils (1), qui n'est âgé que de trois mois, et il y a eu un article de la capitulation particulier pour elle. Pour M. le comte de Bavière, il est vrai qu'il est sorti avec l'armée. Les troupes ne sont point restées à Egra; elles ont dû arriver le 6 à Amberg; on ne doute pas que leur destination ne soit pour revenir en France.

Copie d'une lettre écrite par M. le maréchal de Belle-Isle à un des ministres du Roi dans une cour étrangère, d'Amberg le 8 janvier 1743.

« Vous me paroissez désirer, monsieur, avec tant d'instance d'être

---

(1) Il est mort depuis à Prague. (*Note du duc de Luynes*, datée du 22 février 1743.)

informé au vrai de ce qui s'est passé dans la marche de l'armée de Prague à (1) Egra que, quoique je n'aime pas à parler d'une chose où j'ai eu personnellement tant de part, je cède néanmoins au bien qui en peut résulter pour l'honneur des armes du Roi, surtout dans les circonstances présentes qu'il convient au bien des affaires générales de détruire toutes les menteries que débitent les écrits et gazettes autrichiennes. Je vais donc vous faire un récit sommaire, mais exactement vrai, de ce qui s'est passé relativement à cette expédition.

« Lorsque le maréchal de Broglie m'a remis le commandement de l'armée de Bohême et de la ville de Prague, le 27 octobre, jour de son départ, elle étoit peu approvisionnée; il n'avoit conservé que 12 à 1300 chevaux pour toute cavalerie et 250 pour tous attelages, pour les vivres et pour l'artillerie; tous les environs de Prague, à trois lieues à la ronde, étoient totalement dévastés et fourragés; nous avions affaire à environ 2,500 hussards et 1,500 Croates ou pandours sous le commandement des généraux Festetitz et comte de Forgatz. Mon premier soin a été de remonter ma cavalerie; j'avois déjà trouvé 2,000 chevaux en six jours de temps et 7 à 800 chevaux d'attelages; j'avois étendu mes quartiers pour approvisionner mes magasins et cependant faire vivre plus commodément mes troupes, lorsque j'appris que le prince Lobkowitz avoit été détaché de l'armée du grand-duc pour venir de nouveau bloquer l'armée dans Prague. Il campa en effet à quatre lieues de cette place, le 4 novembre, avec treize régiments d'infanterie, huit de cuirassiers ou de dragons, 1,500 Croates ou pandours, et à peu près autant de hussards ou de chasseurs à cheval, ce qui avec le corps du général Festetitz formoit une armée de 18 à 20,000 hommes effectifs, à quoi s'est joint encore quelques jours après 5 à 6,000 chasseurs ou milices de Moravie. J'ai donc été obligé de retirer mes quartiers, dont j'ai formé un camp à une petite lieue de la ville pour tenir les débouchés qui mènent à l'Elbe.

Le prince de Lobkowitz a eu grand soin de se couvrir de rivières et de se tenir hors de portée que je puisse le combattre; mais la nécessité où j'étois d'user de toute mon industrie à rassembler des fourrages ou des vivres et de mettre mon armée en état de pouvoir agir, dès que les opérations de l'armée du Danube obligeroient le prince Charles à rappeller M. de Lobkowitz, m'a uniquement occupé et m'a empêché d'attaquer ses quartiers et de faire la petite guerre.

J'ai cherché à donner le change à mon ennemi, et tandis que je ne songeois qu'à sortir, j'ai fait toutes les démonstrations de quelqu'un qui veut faire un établissement solide; j'en supprime ici tous les détails. Ce n'a pas été la partie la moins difficile, parce qu'il falloit que je

---

(1) On peut suivre cette marche sur la carte d'Allemagne de Chauchard.

travaillasse aux deux contraires à la fois, que mon véritable objet fût caché en tâchant de persuader l'autre. J'ai fait reconnoître tous les chemins qui conduisent de Prague à Egra; il y en a deux ordinaires, auxquels le prince de Lobkowitz a donné toute son attention. J'ai cherché tous les moyens d'en pouvoir prendre un troisième au milieu des deux autres; il m'a fallu y envoyer des gens intelligents et déguisés, et lorsque j'ai vu qu'il n'y avoit aucune diversion à espérer de nos armées de Bavière et du Danube, et que plus je différerois, plus les obstacles s'augmenteroient et que ma retraite pouvoit devenir impraticable, j'ai pris décisivement toutes mes mesures et ai mis mon armée en marche la nuit du 16 au 17, sur deux colonnes, leur donnant un rendez-vous, à trois grandes lieues de la ville, où je suis arrivé de ma personne le 17, à la pointe du jour, menant avec moi 1,100 hommes d'infanterie, y compris 23 compagnies de grenadiers que j'avois formées sur les cavaliers à pied, 3,000 chevaux, cavaliers, dragons ou hussards, 30 pièces de canon de campagne à la suédoise avec tout leur attirail, des chariots chargés de cartouche pour l'infanterie, pierres à fusils, outils, etc., des caissons portant du pain ou du riz pour six jours, le trésor, l'hôpital; le tout composant environ 300 voitures et 6,000 mulets ou chevaux de bât d'équipage.

J'avois fait prendre aux troupes, en partant, du pain et du riz pour six jours, et je conduisois avec moi des bœufs pour distribuer la viande journellement; j'en ai donné une livre par jour à chaque soldat, pour suppléer au pain; je leur ai aussi fait donner du lard et de l'eau-de-vie et une seconde distribution de riz, dans la marche; j'avois fait ficeler secrètement du foin; j'en ai fait prendre à toute la cavalerie et aux équipages pour deux jours, et pour quatre jours d'avoine.

Quoique j'aie laissé dans Prague une garnison de plus de 4,000 hommes, elle n'étoit composée que de convalescents, infirmes et malingres, qui n'eussent jamais pu faire deux jours de marche; cette précaution étoit d'ailleurs nécessaire pour la sûreté de nos hôpitaux et des effets que je ne pouvois emporter, comme aussi pour faire diversion et empêcher que le prince de Lobkowitz ne fût averti sur-le-champ de mon départ. J'omets le détail d'une infinité d'autres précautions qu'il m'a fallu prendre pour dérober ma marche, en quoi j'ai parfaitement réussi. Le prince de Lobkowitz, ayant cru que ce n'étoit qu'un grand fourrage, n'a su la vérité que le 18. J'avois fait alors huit grandes lieues, car après que j'eus joint toutes les troupes, le 17 à la pointe du jour, par un brouillard et un verglas qui rendoient ma marche extrêmement pénible, je la continuai jusqu'à Teuklowitz, où je surpris un régiment de cuirassiers, qui eût été enlevé sans le brouillard, qui facilita sa retraite; on en tua une vingtaine, on fit 17 prisonniers, et l'on prit 22 chevaux. Comme le pays est fort ouvert et qu'il y a douze ou quatorze lieues de plaines à traverser, ayant affaire à un ennemi qui avoit plus de 8,000 chevaux frais et sans bagages, j'avois partagé mon armée en cinq divisions, deux avant-gardes et une grosse arrière-garde; chaque division composée d'une brigade d'infanterie de deux mille deux ou trois cents hommes, de deux brigades de cavalerie d'environ 500 chevaux, d'une brigade d'artillerie de six pièces, et des équipages des officiers généraux et des troupes de la division. Ma première avant-garde étoit composée alternativement de mes carabiniers ou dragons, de mes hussards et de 18 à 20 compagnies de grenadiers; et la seconde avantgarde, des gardes ordinaires et du campement. Il faut observer que le pays est fait de façon qu'il est impossible de marcher sur plus d'une colonne; il est aisé de comprendre la file que doit tenir tout ce que je viens de détailler, et c'est par cette raison que mon armée étant toujours partagée en divisions, j'étois toujours en état de faire face en force à la tête, à la queue et le long de ma colonne, parce que faisant à droite où à gauche selon le côté où paroîtroit l'ennemi, je me trouverois toujours en bataille, mes armes mêlées, infanterie, cavalerie et canon, couvrant mes équipages que je faisois mettre derrière; et c'est ce qui est en effet arrivé, car à mon départ de Teuklowitz, les ennemis firent mine d'attaquer mon arrière-garde avec quantité de hussards et de Croates, soutenus par douze escadrons de cuirassiers avec leurs étendards. Mes grenadiers, qui étoient postés derrière mes chariots, firent feu à propos; ce qui joint à quelques volées de canon obligea l'ennemi à se retirer en désordre hors de la portée. Ils attaquèrent le même jour presqu'en même temps le centre de ma colonne à la troisième division, où étoient la brigade d'Auvergne et celles de la Reine et d'Orléans-cavalerie. Le comte de Bavière, qui la commandoit, fit mettre ses troupes en bataille et tirer du canon, ce qui les écarta sur-le-champ.

Ils se présentèrent aussi en assez grand nombre à l'avant-garde, où ils furent chargés avec encore plus de vigueur; tout cela ralentit un peu la marche, et fit que l'arrière-garde n'arriva qu'un peu après minuit; la terre étoit couverte de neige; l'armée fit néanmoins ce jour-là six grandes lieues, ce qui m'obligea à ne partir le lendemain qu'à midi. Les hussards nous entourant de toutes parts à la portée du pistolet, je marchai dans le même ordre; il n'y eut que des escarmouches; les ennemis avoient déjà rompu tous les ponts sur le chemin de ma gauche, ne s'attendant pas que je puisse prendre à droite, comme je fis. J'arrivai à Jechnitz, qui jusque là est la grande route qui mène vers Pilsen; j'y fis rester l'artillerie et quelques brigades pour faire croire à l'ennemi que je devois continuer, mais dès qu'il fut nuit je fis marcher tout le reste de l'armée à Steben, qui est le grand chemin de Carlsbad et le plus fréquenté; c'est celui de la poste.

Comme c'est là que l'on commence à entrer dans les montagnes et dans les défilés, je changeai ma disposition, qui ralentissoit trop mes mouvements; je fis séjourner toute l'infanterie, l'artillerie et les équipages, et fis prendre les devants par un chemin différent à toute ma cavalerie que j'envoyai droit à Egra, ne réservant avec moi qu'une partie des carabiniers, tous les dragons et les hussards. Je remis l'armée en marche à une heure après minuit, au lever de la lune, mon infanterie entremêlée par division avec le canon et les équipages, et toujours une grosse arrière-garde. Je suivis le grand chemin de Carlsbad pendant une lieue, où je pris tout court à gauche à travers des montagnes et un pays où jamais armée n'a passé; je n'arrivai qu'à minuit à Luditz, d'où vous conclurez que les troupes furent ce jour-là vingt-quatre heures en marche par un froid et un vent du nord insupportable; mais il faisoit beau soleil. Jusque là l'armée avoit toujours campé en front de bandière; mais ayant déjà mis trois ou quatre lieues de grands défilés derrière moi, je fis cantonner les troupes dans les faubourgs de Luditz, et leur fis donner toutes sortes de secours; j'y restai jusqu'au lendemain midi; et comme le brouillard de la nuit n'avoit fait qu'une glace, sur laquelle mon artillerie n'eût jamais pu monter une très-haute et très-roide montagne, je la fis tourner autour de cette montagne sur des marais glacés, et arrivai à onze heures du soir à Teusing, où je restai encore jusqu'au lendemain midi, pour laisser le temps aux troupes de faire leur soupe, de bien manger et de dormir.

C'est là que j'appris que le prince de Lobkowitz avoit fait rompre et brûler les ponts de Carlsbad sur la rivière d'Egra et tous ceux de la route de Pilsen, où il avoit jeté plusieurs milliers de chasseurs, Croates et pandours, n'ayant jamais voulu croire que j'eusse pu passer par le chemin que j'avois tenu. Celui qui me restoit à faire étoit encore bien pis; mais comme j'étois alors au milieu des hautes montagnes et des forêts, je vins mettre mon quartier général à Einsiedl, et fis cantonner toutes les troupes dans les villages circonvoisins, laissant une grosse arrière-garde à Landek, qui est la tête du défilé. J'y séjournai le jour de Noël pour laisser arriver mes traîneurs, faire prendre les devants à l'artillerie, et faire faire du pain de portion que j'avois commandé dans tout le pays; ce qui me mit à même de distribuer environ 40,000 rations à l'armée.

J'ai omis de dire qu'à mesure que j'ai fait faire des distributions, j'ai fait brûler les voitures, qui n'eussent jamais pu passer et m'embarrassoient beaucoup; par la même raison je fis également, brûler les caissons portant les cartouches de l'infanterie, infiniment trop lourds; je fis mettre les cartouches sur des chariots de paysans conduits par des gens du pays, au moyen de quoi tout a passé légèrement et est arrivé sans accident.

JANVIER 1743.

Le 25, je remis l'armée en marche à minuit, et arrivai à la pointe du jour à l'entrée de la forêt qui couvre la haute montagne de Kœnigswarth, d'où l'on descend par un chemin de précipices qui eût été impraticable sans la neige qui en adoucissoit l'escarpement. Je plaçai à la droite et à la gauche de l'entrée du défilé les deux brigades de Piémont et d'Auvergne pour faire l'arrière-garde de tout. J'arrivai avec le gros de l'armée à Kœnigswarth à midi, où je fis cantonner toutes les troupes le long de la petite rivière de Wonheim. Les bagages et l'arrière-garde arrivèrent à onze heures du soir.

Il paroîtra incroyable à la postérité qu'une armée composée de tout ce que j'ai dit, et surtout avec de l'artillerie, ait fait une marche de 38 lieues, par la saison de l'année la plus rude et les jours les plus courts, à travers un pays ennemi armé et soutenu par un corps de 18 à 20,000 hommes, sans embarras et avec toutes sortes de secours, sans néanmoins avoir jamais été entamée et n'ayant perdu que ce qui n'a pu suivre.

Par les états que je me suis fait donner, je vois que ma perte est d'environ 7 à 800 hommes et une quinzaine d'officiers que j'ai laissés derrière, attaqués de maladies et dans l'impossibilité de suivre ; j'ai laissé avec eux des passe-ports et des trompettes pour les remettre prisonniers de guerre à la première troupe ennemie.

Le 27, j'ai fait cantonner toute l'infanterie entre la ville d'Egra et la petite rivière de Wonheim, et la cavalerie de l'autre côté de la rivière d'Egra ; j'y ai séjourné jusqu'au 3 janvier, pour y laisser reposer les troupes, d'où je les ai conduites dans le Palatinat (1), toute l'infanterie le long de la Naab, communiquant par ma droite aux quartiers de M. le maréchal de Broglie, en deçà et à la rive gauche du Danube ; j'ai placé ma cavalerie tout le long de la rivière de Vils, en arrière. Dans cette position, je fais la gauche de l'armée de M. de Broglie, qui est de l'autre côté du Danube, et j'attends les ordres de la Cour sur la destination de cette armée ; après quoi, je compte regagner le chemin de Paris pour prendre un peu de repos et travailler sérieusement au rétablissement de ma santé, qui est entièrement délabrée et épuisée.

Je dois encore vous dire que j'ai laissé le commandement de la place, en partant de Prague, à M. de Chevert, officier de distinction, avec une ample instruction de tout ce qu'il devoit faire ; je lui ai laissé pour garnison 4,000 hommes composés de tous nos convalescens, malingres et infirmes, et d'un nombre de cavaliers à pied hors d'état de soutenir la fatigue de la marche ; cette garnison m'étoit nécessaire :

---

(1) Le haut Palatinat.

1° pour la sureté de 2,000 malades ou blessés à l'hôpital, et des effets de tous les particuliers que l'on n'a pu emporter;

2° pour tenir le prince de Lobkowitz en suspens et faire diversion pendant les premiers jours de ma marche, avant qu'il eût pu démêler quelle étoit la force et la qualité de ce que j'avois laissé de troupes dans cette place, d'autant que j'avois pris la précaution de faire mettre des vivres et de l'artillerie dans la citadelle;

3° pour garder plus longtemps le secret et empêcher que le prince de Lobkowitz ne fût averti de mon départ, qu'il a ignoré plus de trente-six heures;

4° et enfin par excès de précaution et pour faciliter la capitulation du tout, j'ai emmené avec moi vingt personnes des plus notables de tous les ordres de la ville, pour me servir d'otages et de représailles de ce qui se passeroit après mon départ. Tout cela, joint à toutes les autres précautions secrètes et à la bonne conduite qu'a tenue M. de Chevert, a produit ce que j'avois prévu, qui est qu'il a obtenu une capitulation très-honorable, toutes les troupes étant sorties de la place avec tous les honneurs de la guerre, avec tous les effets et équipages des particuliers, le tout devant être conduit jusqu'à Egra. Il n'y a que les malades absolument hors d'état de sortir qui resteront prisonniers de guerre.

Voilà, monsieur, le détail sommaire de ce que j'ai fait pour tirer l'armée du Roi de la mauvaise situation où on l'avoit jetée. Je ne sais comment les ennemis ont osé dire que ma marche ait ressemblé à une fuite, puisque dès le second jour j'ai séjourné à Teuklowitz, quoique je fusse alors au milieu des quartiers de M. de Saint-Ignon, qui en effet se présenta le lendemain à notre arrière-garde avec quatre régiments de cuirassiers ou de dragons et beaucoup de hussards. Je me rendis de là au camp de Lischan près de Rakonitz, d'où je ne décampai qu'à midi; j'en ai usé de même à Luditz et à Teusing; et partout où l'ennemi s'est approché de ma colonne, il a trouvé des coups de fusil et des coups de canon; les hussards n'ont pris que ce qui n'a pu suivre, et les voitures brisées et les chevaux de bât vendus ou écartés par la faute des valets.

Je serois fâché que ce que je vous écris là fût copié et imprimé; mais vous le pouvez communiquer et lire à toutes les personnes que vous jugerez à propos, avec certitude que vous ne direz rien que de vrai (1). »

Du mercredi 9. — On apprit hier matin que M. de Bisache est mort à Naples le septième jour de sa petite vé-

---

(1) Voyez au 2 mai 1749 de très-importants détails sur la retraite de Bohème, communiqués par le maréchal de Belle-Isle lui-même au duc de Luynes.

role; il est tombé malade à peu près dans le même temps que Mme de Chevreuse, sa sœur, qui est l'aînée de quatre enfants de M. le comte d'Egmont. Le fils aîné, qu'on appeloit d'abord prince de Gavre et présentement le marquis d'Egmont, est colonel de cavalerie, et est toujours resté en Bohême; le dernier de tous, qu'on appelle le marquis de Renty, est encore fort jeune, et au collége; il a eu la petite vérole, dont il a perdu un œil presque entièrement. M. de Bisache, qui étoit le second, venoit d'épouser depuis deux ou trois mois la princesse del Jesso ou de la Villa; on trouvera ce détail dans le journal de 1742.

Mme de Clermont, fille de M. de Breteuil, vint hier ici avec Mme du Châtelet pour demander la charge de chancelier de la Reine pour le fils de M. de Breteuil, qui a quinze ou seize ans; il ne laisse d'autres enfants que ce fils, Mme de Clermont et une fille qui n'est point mariée.

M. de la Mothe (1) arriva hier de Bavière; la Reine pleura beaucoup quand elle le vit; tout ce qui lui rapelle la mémoire de M. le maréchal de Nangis renouvelle sa douleur.

On sut, il y a trois ou quatre jours, que la nuit de Noël il y avoit eu un grand incendie à Brest; le feu prit à un vaisseau, nommé *Le Juste,* qui étoit dans le port; on l'éteignit; mais le vent ayant poussé les flammes jusque dans le chantier, *Le Royal-Louis,* de 100 pièces de canon, que l'on construisoit et qui étoit achevé aux deux tiers, a été entièrement consumé; les flammes gagnèrent un magasin de charpente et celui des chevilles, qui furent aussi brûlés. La perte sera considérable, mais pas aussi immense qu'on l'avoit cru d'abord. On a arrêté à l'occasion de cet incendie trois hommes, dont deux ont été reconnus pour avoir des correspondances continuelles avec l'Angle-

---

(1) Chevalier d'honneur de la Reine.

terre; le troisième a été pris sortant de Brest et ayant une mèche soufrée sous son habit.

Du jeudi 10. — M. de la Mothe prêta hier serment entre les mains de la Reine avant son dîner; ce fut encore un nouveau sujet de larmes.

Mme de la Tournelle a demandé au Roi pour Mme de Flavacourt, sa sœur, l'appartement de M. d'Argenson; c'est celui qu'avoit avant lui feu Mme la duchesse de Gramont, et avant elle M. et Mme la maréchale de Duras, dans l'aile des Princes; le Roi le lui a accordé avec plaisir, et lui a dit que lorsque le logement neuf que l'on faisoit pour Mme de Flavacourt, du côté de l'aile neuve, seroit fini, elle seroit encore la maîtresse de choisir.

Le Roi va samedi à Choisy pour jusqu'à jeudi; les dames y resteront, et le Roi y retournera le samedi suivant.

Le jour que M. le Cardinal vint ici, la Reine lui parla fortement du désir qu'elle avoit que la charge de chancelier de sa maison fût donnée à M. de Saint-Florentin. Le Cardinal lui répondit que le Roi avoit bien voulu la lui donner à vendre, afin que le prix fût employé au mariage d'une de ses petites-nièces. La Reine est extrêmement piquée de cet arrangement, fait sans lui en avoir rien dit.

J'ai eu des nouvelles de mon fils, du 29, du camp sous Egra; il a perdu dans la marche sa berline, quelques-uns de ses mulets, beaucoup d'effets et de papiers.

Du vendredi 11. — Le Roi a donné ce matin le gouvernement de Givet et Charlemont à M. le chevalier de Belle-Isle; il étoit vacant depuis longtemps par la mort de M. de Leuville. Il a accompagné cette grâce de beaucoup de marques de bonté; il l'a appris lui-même à M. le chevalier de Belle-Isle, et lui a ensuite fait plusieurs questions.

M. le Cardinal eut hier un assez grand frisson à Issy; les nouvelles d'aujourd'hui ne sont pas bonnes, et ceci a l'air d'une véritable maladie.

Hier, il ne devoit y avoir que des hommes dans les cabinets; cependant Mmes d'Antin et de la Tournelle y soupèrent, et pour les attendre le Roi ne se mit à table qu'après la comédie. Il n'y avoit que cinq hommes, MM. de Meuse et de Bouillon, M. le prince de Tingry, M. de Guerchy et le comte de Fitz-James. Ces deux derniers sont depuis longtemps amis de Mme de la Tournelle. Le Roi étoit de fort bonne humeur, malgré l'état de M. le Cardinal.

M. de Bouillon compte présenter sa fille le 27 de ce mois; elle sera fiancée dans le cabinet du Roi le 28; le mariage se fera chez le cardinal d'Auvergne; après quoi ils vont à Navarre (1).

M. le chevalier de Belle-Isle part ces jours-ci pour retourner auprès de M. son frère, pour lequel il demande un congé, et il ne partira pas sans l'emporter avec lui.

Mme la Duchesse est du voyage de Choisy; elle doit y mener une dame avec elle; le Roi lui a laissé la liberté de choisir qui elle voudroit, hors sa dame d'honneur, Mme de Coëtlogon; mais on doute qu'il y ait aucune dame qui veuille y aller, n'étant priée que par Mme la Duchesse; et l'on juge que par cette raison elle ne pourra mener que Mme de la Guiche. Mlle de la Roche-sur-Yon y va aussi, Mmes d'Antin, de Boufflers et de la Tournelle.

Du samedi 12. — Le Roi a accordé la lieutenance générale de Flandre à M. le prince de Tingry, sur la démission de M. le maréchal de Montmorency, son père; ils ont tous deux remercié le Roi ce matin.

Sur les trois heures, le Roi est parti dans sa berline pour Choisy; il a emmené Mlle de la Roche-sur-Yon, Mmes d'Antin et de la Tournelle (2); il n'y avoit point

---

(1) Château situé près d'Évreux, construit en 1686 par J. H. Mansart; il est aujourd'hui dans un état complet d'abandon et de ruine.

(2) La sixième dame de Choisy n'a pas été nommée par Mme la Duchesse; c'est Mme la maréchale d'Estrées, qui a été avertie de la part du Roi. (*Note du duc de Luynes*, datée du 14 janvier 1743.)

d'hommes avec lui, pas même son capitaine des gardes. Outre le carrosse du Roi, il y en avoit deux autres, dont un marchoit devant, dans lequel étoit M. le duc de Villeroy.

Du dimanche 13. — Le Roi dit hier en partant pour Choisy qu'il reviendroit mercredi, jeudi, ou vendredi.

M. le duc de Gesvres vint hier dire à Mme de Luynes que jeudi prochain le Roi prendroit le deuil de l'électeur palatin pour onze jours.

M. le Cardinal est mieux; il a été à la messe aujourd'hui; il n'a point de fièvre.

Du lundi 14. — M. le Cardinal n'a plus de fièvre depuis deux jours; il étoit extrêmement foible hier au soir et n'a pas bien passé la nuit; il étoit mieux ce matin, mais fort enrhumé.

Le nouveau chevalier d'honneur (1) paroît réussir fort bien; il parle volontiers, mais ses discours amusent la Reine.

Du mercredi 16. — M. le Cardinal fut si mal hier que l'on ne croyoit pas qu'il passât la nuit; il avoit reçu Notre-Seigneur avant-hier, et hier l'extrême-onction; cependant il est beaucoup mieux, et on le regardera demain comme hors d'affaire s'il n'y a point de redoublement. Le Roi a été aujourd'hui de Choisy le voir à Issy, et a resté une demi-heure enfermé avec lui.

Du vendredi 18, *Paris.*

Extrait d'une lettre de Mme de Luynes,
datée de Versailles ce même jour.

Le Roi est arrivé à huit heures et demie; un moment auparavant, la Reine avoit appris que le Roi avoit eu hier une colique courte, mais très-vive; elle a envoyé chercher Champcenetz (2), qui lui en rendit

---

(1) M. de la Mothe.

(2) Après que la Reine eut parlé à Champcenetz, la Reine se mit au jeu; on vint dire à Mme de Tallard que le Roi étoit arrivé; elle demanda permission à la Reine pour que Mesdames allassent chez le Roi. Mme de Luynes ayant regardé la Reine dans ce moment, la Reine l'entendit, quitta le jeu, appela

compte, devant moi, dans le passage où elle se déshabille quelquefois. Il dit que le Roi étant rentré dans la salle du jeu, à sept heures, il revint chez lui un demi-quart d'heure après, en lui disant : « Je me meurs, je souffre des douleurs horribles : Lapeyronie! Lapeyronie, » On l'envoya chercher, et comme il ne venoit pas assez promptement, il eut dix courriers; il le trouva sur son lit dans une grande agitation, se déshabillant lui-même, en arrachant tout; il lui fit donner de l'eau chaude et des serviettes brûlantes, qu'il ne sentoit pas du tout; enfin, les douleurs s'apaisèrent par l'effet d'un remède, et se passèrent. La violence du mal n'a duré qu'un quart d'heure.

Du dimanche 20, *Paris.* — Hier le contrat de M. le duc de Lauraguais avec Mlle de Mailly fut signé à Versailles; il y avoit quarante personnes à la signature.

Du lundi 21, *Paris.* — Le Roi fut avant-hier à Issy voir encore M. le Cardinal; il y resta un bon quart d'heure, et en sortit avec l'air fort triste, cependant sans pleurer. En arrivant à Versailles, il monta chez Mme de la Tournelle, à qui il dit qu'il l'avoit trouvé dans le même état que deux jours auparavant, mais plus foible.

La Reine a été aujourd'hui à Issy avec Mme la maréchale de Villars. M. le Cardinal étoit mieux, à ce que l'on disoit, cependant dans un prodigieux abattement. La même difficulté d'avaler subsiste; on a envoyé quérir Gendron, qui lui a mis un emplâtre sur la gorge, mais il n'a pu le soutenir. Malgré cet état, avant-hier il voulut voir M. de la Chétardie, qui arrive de Russie; il lui fit plusieurs questions et lui rappela des détails qu'il lui avoit mandés il y a dix-huit mois.

M. de Luxembourg est arrivé il y a déjà plusieurs jours; il a été parfaitement bien reçu du Roi.

Du vendredi 25, *à Paris.* — Le Roi, la Reine, M. le Dauphin, Mesdames ont envoyé faire des compliments à Mmes de Chevreuse et d'Egmont sur la mort de M. de Bisache; ceux qui sont venus chez Mme de Chevreuse ne l'ont

---

Mme de Luynes, et alla chez le Roi savoir de ses nouvelles. (*Note du duc de Luynes.*)

pas vue, parce que les quarante jours de sa petite vérole n'étoient pas passés.

Mme la duchesse de Saint-Simon mourut il y a quelques jours à la Ferté; elle avoit environ soixante ans; elle avoit été dame d'honneur de Mme la duchesse de Berry; elle étoit respectable par sa vertu et par sa piété; c'est une grande perte pour cette maison. Elle est morte d'une fluxion de poitrine accompagnée de fièvre maligne. M. le duc de Saint-Simon est allé passer quelques jours dans l'abbaye de la Croix, chez l'abbé de Mathan, qui est extrêmement de leurs amis et depuis longtemps. M. le duc et Mme la duchesse de Ruffec sont allés à la Ferté sur les nouvelles de cette maladie. M. le marquis de Ruffec, qui souffre toujours de grandes douleurs de goutte dans l'estomac, n'a pu sortir de Paris.

Le mariage de M. de Lauraguais se fait dimanche; c'est Mme de Lesdiguières, tante de Mme de Mailly, qui fait la noce; elle a emprunté pour cela la maison de Mme de Rupelmonde, qui est en Auvergne depuis longtemps. Les mariés iront coucher chez M. le duc de Brancas. On a donné part de ce mariage à Mme la comtesse de Mailly et rempli à cet égard tous les devoirs d'attentions et d'honnêtetés; mais elle n'ira point à la noce, parce que Mme de la Tournelle doit s'y trouver.

Le Roi a donné ordre à M. le contrôleur général de faire accommoder la maison où doit loger Mme de Mailly, rue Saint-Thomas du Louvre; tout l'appartement sera boisé et verni aux dépens de S. M. Il paroît que Mme de Mailly a pris son parti de ne plus songer à retourner à la Cour; elle se sert du carrosse de M. de Mailly jusqu'à ce qu'elle en ait un; elle va dîner tous les jours avec Mme la maréchale de Noailles, et y passe aussi toutes les soirées.

Le 22 ou le 23, M. le Dauphin fut à Issy voir M. le Cardinal. On prétend que S. Ém. lui fit un discours assez long et fort touchant; mais je crois que tout le sens de ce discours consistoit à dire que le spectacle de l'état où il étoit étoit une belle instruction pour un jeune prince, et lui faisoit bien connoître à quoi aboutissoient toutes les grandeurs humaines. Il parla aussi d'une manière fort édifiante à M. de Châtillon. Le Roi y fut le 22, après dîner, mais il ne le vit point en particulier ; tout le monde entra en même temps que lui. Ce matin on a cru qu'il mourroit dans une foiblesse, et il y a lieu de croire qu'il ne passera pas la journée. Il n'y a que trois jours que M. Amelot, à qui j'avois envoyé une lettre de M. le marquis de Fénelon pour M. le Cardinal, crut, malgré son état, devoir lui rendre compte sommairement de quoi il s'agissoit ; il n'étoit cependant question que d'obtenir la permission pour que le chevalier de Fénelon, qui a quitté le service de France, s'attachât à celui de l'empereur.

Les sceaux de la Reine s'étant trouvés enfermés sous le scellé de M. le marquis de Breteuil, M. l'abbé de Breteuil, cousin du secrétaire d'État, a dû les rapporter à la Reine ces jours-ci, et la Reine les gardera jusqu'à ce qu'elle ait un chancelier. On parle de M. de Fulvy et de M. le président de Briçonnet pour cette place. Comme le Roi l'a donnée à vendre à M. le Cardinal, S. Ém. envoya quérir il y a quelques jours M. Houel, et fut assez longtemps avec lui. M. Houel est connu pour avoir gagné beaucoup d'argent au jeu et surtout au biribi, et comme M. de Fulvy lui doit encore assez considérablement, M. le Cardinal vouloit savoir s'il y avoit sûreté à lui vendre la charge. M. le Cardinal étoit aussi occupé il y a peu de jours de l'affaire du *bon* du Roi, dont j'ai parlé ci-dessus (1) ; il en demanda des nouvelles à M. de Marville, qui en est le rapporteur. Il y a huit commissaires de nommés pour l'examen de cette affaire. Celui dont il s'agissoit pour la place de fermier général est le sieur Mabile, secrétaire de l'intendance de Paris ; on lui avoit

---

(1) Le 25 décembre 1742.

demandé 50,000 livres au profit de Mme de Listenay pour avoir le *bon* du Roi; l'argent fut donné aussitôt qu'on eut apporté à M. Mabile le *bon*, qui parut en bonne forme; cela avoit passé par un avocat à qui on avoit remis ce *bon*; le *bon* s'est trouvé faux, et l'on est après à remonter à l'origine.

On ne sait point encore à qui sera donnée la feuille des bénéfices et la charge de grand-aumônier de la Reine. Pour la feuille, quelques gens nomment l'un ou l'autre des deux cardinaux, de Rohan et Tencin; d'autres M. l'évêque de Langres (1), comme ami intime de M. Couturier, supérieur du séminaire de Saint-Sulpice, lequel a la confiance de M. le Cardinal depuis longtemps. M. de Langres a presque toujours été à Issy depuis la maladie. Il y a quelques jours que l'on raisonnoit sur cette affaire devant le Roi, et le Roi dit : « Pourquoi pas l'archevêque de Bourges (2) et les jésuites? » On avoit aussi nommé dans la conversation M. l'évêque de Mirepoix. Ceux qui nommoient M. de Langres disoient qu'il remettroit son évêché, qu'on le donneroit à un des abbés de Fleury, et qu'on lui donneroit à lui l'abbaye de Saint-Étienne de Caen, qui est une de celles de M. le cardinal de Fleury, et qui vaut environ 40,000 livres de rente; l'autre est Tournus qui est moins considérable; M. le Cardinal n'en touche rien, faisant distribuer en aumônes dans le pays tout ce qui lui en revient.

Du mardi 29. — On croyoit depuis deux ou trois jours que M. le Cardinal mourroit à tout moment; cependant il n'est mort qu'aujourd'hui. Le Roi étoit au conseil de finances, auquel les ministres n'assistent point. L'usage est que lorsque le Roi travaille seul avec quelque ministre, le premier valet de chambre reste dans la chambre; lorsqu'il y a conseil, personne n'y reste. Le

---

(1) Gilbert de Montmorin de Saint-Hérem.
(2) Frédéric-Jérôme de Roye de la Rochefoucauld.

conseil étoit près de finir ; M. de Maurepas et M. Amelot ont demandé à entrer dans la chambre ; le conseil étant fini, le Roi a été lui-même sur-le-champ ouvrir la porte du cabinet. Ordinairement c'est quelqu'un de ceux du conseil qui va l'ouvrir ; mais le Roi avoit entendu la voix de M. de Maurepas et les avoit vus passer tous deux dans la cour. Les deux ministres ont rendu compte à S. M. de la mort de M. le Cardinal. Ceux qui étoient au conseil se sont approchés du Roi un moment après ; après quoi, S. M. est entrée dans sa garde-robe et a fermé la porte sur lui avec force. Le Sr Duparc, secrétaire de M. le Cardinal, venoit d'arriver avec des papiers cachetés pour le Roi et les clefs des armoires de S. Ém. M. de Maurepas, au sortir de chez le Roi, est allé dans cet appartement pour y prendre les papiers qui regardent les affaires du Roi. A deux heures un quart, le Roi a envoyé querir M. l'évêque de Mirepoix, et lui a dit que le zèle, l'attachement, la prudence qu'il avoit marqués dans l'éducation de M. le Dauphin l'avoient déterminé à lui donner la feuille des bénéfices. M. de Mirepoix, après un remercîment respectueux, a dit au Roi qu'il seroit nécessaire qu'il prît ses ordres pour plusieurs arrangements. Le Roi lui a dit : « Toujours ; quand vous voudrez, vous n'aurez qu'à venir à cinq heures et demie. » Le Roi lui a presque toujours parlé en pleurant. Apparemment que dans le même temps il a donné ordre à M. de Maurepas d'aller chez la Reine, car elle a envoyé sur les trois heures chercher M. l'archevêque de Rouen (1), et lui a dit que le Roi lui avoit donné la place de grand-aumônier, et à l'aîné des abbés de Fleury celle de premier aumônier. Elle lui a appris aussi la nomination de M. de Mirepoix. M. de Mirepoix, de qui je tiens le détail qui le regarde, m'a dit que le Roi lui avoit parlé d'abbaye, mais que les larmes de S. M. et l'embarras dans le-

---

(1) Nicolas de Saulx-Tavannes.

quel il étoit lui-même l'avoient empêché d'entendre ce que le Roi disoit. Il n'y a aucuns appointements attachés à la feuille des bénéfices; il y a seulement un secrétaire payé par le Roi; c'est le Sr Gérard qui a fait cette fonction jusqu'à présent.

Le Roi a envoyé dire à M. de Gesvres qu'il n'y eût point de comédie; c'étoit aujourd'hui le jour. La Reine l'a mandé à Mme de Luynes, et lui a fait dire qu'elle verroit du monde à six heures, comme à l'ordinaire.

La Reine a été cette après-dînée remercier le Roi de ce qu'il venoit de faire pour M. l'archevêque de Rouen.

Il y a déjà quelques jours que l'on sait que M. de Collandre, neveu de M. d'Argenson par sa mère et colonel du régiment de Berry, est mort en Bavière. Le Roi a donné aujourd'hui ce régiment à vendre à la famille, et l'agrément à M. d'Argenson, ministre, de l'acheter pour son fils. M. d'Argenson ne le payera que le prix de la taxe.

On a su ces jours-ci que Mme de Soyecourt, fille de M. de Saint-Aignan, est morte de la poitrine, à Saint-Aignan.

J'ai oublié de marquer ci-dessus que M. de Montaigu, capitaine aux gardes, dont le frère est gentilhomme de la manche de M. le Dauphin, a été nommé ambassadeur à Venise, pour remplacer M. de Froulay, qui a demandé à revenir.

Il y a trois ou quatre jours que l'on rendit compte au Roi, suivant l'usage ordinaire, du choix que l'Académie françoise avoit fait de M. de la Bletterie pour un de ses membres, à la place de M. de Saint-Aulaire. Ces élections ne peuvent valoir qu'après qu'elles ont été approuvées par S. M. Le Roi répondit d'abord : « Je verrai. » Quelque temps après, il envoya querir M. Hardion, l'un des membres de cette Académie et actuellement directeur, et chargé ici de la bibliothèque du Roi et de ses médailles; il lui dit : « Dites à l'Académie que leur choix ne me convient pas. » M. de la Bletterie est fort noté pour le jansénisme. M. de la Bletterie a été père de l'Oratoire et avoit appelé avec sa compagnie, ce qui a donné justement de grandes impressions sur sa doctrine; cependant la déclaration de 1720 ayant mis à couvert des poursuites sur les appels faits antérieurement, M. de la Bletterie n'ayant point renouvelé son appel, a cru pouvoir se présenter pour être reçu à l'Académie. Il a de l'esprit et est connu par la vie de Julien l'apostat, qu'il a composée et qui est fort bien écrite; cependant l'on prétend qu'elle n'est pas exempte de reproches. M. le cardinal de Rohan, ayant su que M. de la Bletterie étoit un de ceux qui se présentoient pour être reçu à l'Académie, en parla au Roi comme d'un homme suspect; M. de la Bletterie, instruit des sentiments où étoit M. le cardinal de Rohan par rapport à lui, lui fit parler par des personnes amies de l'un et de l'autre, et lui écrivit, ainsi qu'à M. l'archevêque de Sens, une lettre de justification, dans laquelle il protestoit de sa soumission à l'Église. Quoique cette expression, qui est en usage parmi les jansénistes, ne signifie chez eux autre chose que l'Église assemblée dans un concile et non l'Église dispersée, les expressions de la lettre parurent assez fortes à M. le cardinal de Rohan pour le déterminer à donner sa voix à M. de la Bletterie. Il a dit depuis que ce qui l'avoit déterminé étoit qu'il n'y avoit que deux concurrents, dont l'autre, qui est M. Racine, n'étoit pas non plus sans reproche sur les sentiments; qu'on en pouvoit juger en lisant son poëme sur la Grâce, quoique celui qu'il a fait depuis sur la Religion fût d'une très-saine doctrine. Personne n'a osé faire de représentations au Roi sur M. de la Bletterie, et il a fallu procéder à une autre élection.

FÉVRIER.

Qualité de prince de l'Empire. — Les abbés de Fleury. — Translation du corps du cardinal de Fleury. — Promotion de chevaliers du Saint-Esprit. — Mort du vicomte de Rohan. — Présentation de Mme de Lauraguais et du vicomte de Rohan. — Réception à l'Académie du duc de Nivernois et de Marivaux ; élection de M. de Mairan. — Mort du prince René de Rohan. — Exil de M. de Chauvelin à Issoire. — Le chevalier de Fénelon passe au service de l'Empereur. — Loterie nouvelle. — M. de Saint-Florentin nommé chancelier de la Reine. — Présentation de Mlle de Bouillon. — Mme de Fleury ; usage des mantes et des manteaux de deuil. — Le prince Jules prend le nom de duc de Montbazon. — Mort de Mme de Sassenage. — Le duc de Saint-Simon ; son deuil. — Mariages. — Fiançailles dans l'Œil-de-Bœuf. — Bal chez le Dauphin. — Discours sur M. de Belle-Isle. — Présentations. — Mort de l'abbesse de Chelles. — Promotion d'officiers généraux. — Bal chez Mesdames. — Bénéfices donnés. — La Reine va à la paroisse Notre-Dame ; difficulté sur le carrosse.

Du dimanche 3, Paris. — J'ai oublié de marquer ce qui s'est passé par rapport à la qualité de prince de l'Empire que M. de Grimberghen a obtenue. Ce titre, suivant l'usage de l'Empire, passe à tous les enfants mâles et femelles nés et à naître, sans que les aînés excluent les cadets, de manière que quatre filles d'un prince de l'Empire auront toutes quatre en même temps la qualité de princesses de l'Empire. Cette grâce accordée par un diplôme authentique ne peut s'étendre, suivant l'usage de l'Empire, aussi loin que les pairies s'étendent en France, et elles ne passent qu'aux enfants, petits-enfants, etc. M. de Grimberghen n'ayant point d'enfants, puisqu'il n'avoit qu'une fille, qui étoit la première femme de mon fils, auroit fort désiré faire passer ce titre sur la tête de mon fils ; il falloit pour cela un nouveau diplôme, qu'il croyoit être à portée d'obtenir. Quoique cette dignité n'ait aucun titre ni aucune prérogative en France, cependant il ne convient pas à un sujet du Roi de l'accepter sans avoir l'agrément de S. M. ; j'allai donc en parler à M. le Cardinal ; c'étoit environ un mois ou six semaines avant sa mort. M. le Cardinal me dit qu'il examineroit cette affaire, mais qu'il ne savoit pas si le Roi vouloit à son service des princes de l'Empire. M. Amelot lui en a reparlé depuis ; il a persisté toujours dans le même sentiment, et il me répondit qu'il ne me conseilloit pas de suivre cette idée; de manière que l'affaire en est demeurée là.

Le 30 du mois dernier, MM. les abbés de Fleury furent présentés au Roi; ce sont de dignes et bons ecclésiastiques, fort estimés pour leurs vertus et la pureté de leurs mœurs; d'ailleurs peu de représentation et nul usage du monde. Le Roi les reçut avec beaucoup de bonté, et leur dit à peu près dans ces termes, d'un air touché : « Vous avez perdu un oncle, et moi j'ai perdu un ami; je reconnoîtrai avec plaisir dans sa famille les soins qu'il a eus de mon éducation et les services qu'il m'a rendus. » Le Roi, qui avoit travaillé avec M. l'évêque de Mirepoix dès le jour de la mort de M. le Cardinal, dit à M. de Mirepoix que son intention étoit de donner aux deux abbés de Fleury les deux abbayes de M. le cardinal de Fleury; c'est celle de Saint-Étienne de Caen, qui vaut au moins 30,000 livres de rente, on dit même 45, et celle de Tournus, qui vaut 18 à 20,000 livres. M. de Mirepoix exécuta les ordres du Roi, et MM. les abbés de Fleury le supplièrent de remercier très-humblement S. M., disant qu'ils n'en vouloient point, qu'ils avoient déjà à eux deux 60,000 livres de ses bienfaits en bénéfices, et qu'ils ne désiroient rien de plus.

M. le Cardinal les a faits ses légataires; mais on estime que ce legs sera peu de chose, ayant laissé aux pauvres des lieux ce qui pouvoit lui être dû dans ses abbayes. Il laisse environ 25,000 livres en tout à ses domestiques, dont 4,000 à Barjac, son premier valet de chambre; mais celui-là a au moins 25,000 livres de rente et une charge chez le Roi. Il a fait son exécuteur testamentaire M. le contrôleur général.

Vendredi dernier, le corps de M. le Cardinal fut porté en grande cérémonie du séminaire de Saint-Sulpice à Issy, à la paroisse de ce lieu, où il doit rester en dépôt jusqu'à ce qu'on lui ait fait, aux dépens du Roi, un mausolée dans une des chapelles de la nouvelle église de Saint-Thomas du Louvre, pour la construction de laquelle le Roi a déjà donné, il y a longtemps, 50,000 écus, et que l'on appellera désormais Saint-Louis du Louvre. Le Roi a donné ordre que l'on se préparât à faire un service solennel des plus magnifiques à Notre-Dame. C'est le P. La Neuville, jésuite, qui est chargé de travailler à l'oraison funèbre. A la cérémonie de porter le corps de M. le Cardinal à la paroisse d'Issy, il y avoit environ deux cents prêtres, douze évêques, mais fort peu de gens de la Cour. M. le duc de Châtillon y fut avec M. l'évêque de Mirepoix, M. de Muys et l'abbé de Broglie.

M. de Maurepas, grand-trésorier de l'ordre du Saint-Esprit, eut, il y a quelques jours, permission de vendre sa charge à M. le contrôleur général. Le Roi lui permet de garder le cordon; c'est une grâce que l'on accorde ordinairement au bout de vingt ans d'exercice; il n'y en a que dix-neuf qu'il a la charge. C'étoit jeudi, 31 janvier, que cette grâce fut accordée; le même jour le Roi donna la charge de grand-maître des cérémonies de l'Ordre, vacante par la mort de M. de Breteuil, à M. Amelot, et le soir il dit à son souper : « Il aura le temps d'apprendre à faire les révérences d'ici à la Pentecôte, » ce qui fit juger dès lors qu'il y auroit une promotion à la Chandeleur.

Hier, jour de la Chandeleur, il y eut chapitre, et le Roi nomma huit chevaliers, savoir : MM. les ducs de Brissac, de Boufflers, de Luxembourg et de Biron; M. de la Mothe-Houdancourt, qui est grand d'Espagne, chevalier d'honneur de la Reine et lieutenant général des armées du Roi; M. le marquis de Gassion, aussi lieutenant général des armées du Roi; M. le comte de Lautrec, beau-frère de M. le duc de Rohan, aussi lieutenant général, qui a été employé dans les négociations à Genève; et M. le comte de Coigny, colonel général des dragons, gouverneur de Choisy. Le Roi a dit qu'il n'avoit voulu faire dans cette promotion que des militaires de Bohême et de Bavière.

Il y a quelques jours que M. le vicomte de Rohan, frère de M. le duc de Rohan et second fils de feu M. de Léon, mourut de la poitrine, à Paris; il avoit un régiment de cavalerie de son nom; il étoit âgé de vingt-deux ans. Le Roi a donné ce régiment à M. le comte de Brionne, fils aîné de M. le prince de Lambesc, qui en avoit un d'infanterie; il dit à M. le prince Charles, qui n'avoit fait aucune démarche pour obtenir ce régiment : « Je sais que vous désiriez un régiment de cavalerie pour M. de Brionne, je lui donne celui de Rohan. » Le prince Charles répondit, adressant la parole à quelqu'un qui étoit dans le cabinet du Roi : « Il y a trente-trois ans que j'ai l'honneur de servir S. M.; je n'en avois pas encore reçu de marques de bonté dont j'aie été autant touché que de celle-ci. »

Dans le premier travail que M. de Mirepoix fit avec le Roi, il demanda à S. M. s'il trouveroit bon qu'il prît pour secrétaire, à la place du Sr Gérard, qui l'étoit de M. le Cardinal, un prêtre nommé Déliot, qui lui est attaché depuis plusieurs années et qui étoit son grand-vicaire à Mirepoix. Le Roi lui dit qu'il étoit le maître, et en conséquence ce changement s'est fait. Le second travail fut vendredi dernier. M. de Mirepoix proposa à S. M. un homme de ses amis depuis longtemps (1) pour une petite abbaye; le Roi prit la feuille sur-le-champ, et signa; le travail fut assez court, mais la conversation assez longue. Il y aura travail de même tous les vendredis, suivant l'ancien usage.

Jeudi dernier 31, Mme de Lauraguais fut présentée; elle est moins grande que Mme de la Tournelle, mais plus grasse; elle a vingt-huit ans; elle n'est nullement jolie, mais gaie et vive. Le vendredi suivant elle soupa

---

(1) M. l'abbé Combes, supérieur des missions étrangères. (*Note du duc de Luynes.*)

dans les cabinets avec Mme de la Tournelle; il n'y avoit qu'elles deux de dames.

Aujourd'hui, le Roi est parti pour la Meutte pour jusqu'à mardi, après souper. Il n'y a de dames que les deux sœurs ci-dessus, Mme de Flavacourt et Mme de Boufflers (1).

Hier, jour de la Chandeleur, il y eut sermon; ce fut le P. Châtillon, jésuite, prédicateur du carême; le sermon fut médiocre, le compliment fut bon, mais trop long, Mme la duchesse de Duras quêta.

Du 9, Paris. — Le vicomte de Rohan, dont j'ai marqué la mort ci-dessus, a été enterré le 30, aux Célestins.

Il y a environ huit jours que M. le duc de Rohan présenta à Versailles son troisième frère, qui étoit ecclésiastique et qui s'appeloit l'abbé de Léon; il a quitté le petit collet, et s'appelle présentement le vicomte de Rohan. M. le duc de Rohan savoit que M. son frère avoit pris l'état ecclésiastique sans grande vocation, qu'il auroit fort désiré en sortir, mais que ce qui l'arrêtoit étoit la situation de ses affaires, n'ayant que 10,000 livres de rente de son bien et jouissant d'une abbaye qui lui en valoit 13,000. M. le duc de Rohan, dont on ne peut assez louer la probité et les bons procédés, a dit à son frère que les considérations de l'intérêt ne devoient point l'arrêter, qu'il lui donnoit 10,000 livres de pension, qui lui tiendroient lieu de la plus grande partie de ce qu'il perdoit en remettant son abbaye.

M. le Cardinal de Fleury a fait peu de legs, ayant très-peu de fonds de bien. Je n'ai pas vu son testament, mais tout ce que j'en sais c'est que M. le contrôleur général est son exécuteur testamentaire, MM. les abbés de Fleury ses légataires universels; ce qui leur sera d'un profit peu considérable, d'autant plus qu'outre ce que j'ai marqué ci-dessus, il laisse 50,000 livres à un de ses

---

(1) Mlle de la Roche-sur-Yon y a été aussi, mais elle ne fut avertie qu'une heure ou deux avant que de partir. (*Note du duc de Luynes.*)

petits-neveux, pour payer les bulles d'une commanderie pour lesquelles M. le Cardinal s'étoit engagé.

J'ai oublié de parler ci-dessus de ce qui s'étoit passé par rapport à la mort de l'Électeur palatin (1). Comme il a un ministre ici, on a remarqué que la Cour a pris le deuil sans que ce ministre ait donné part, comme cela se pratique ordinairement; ce qui détermina M. de Grevembrok, ministre de l'Électeur, à envoyer à M. le Cardinal la lettre du prince de Sultzbach, nouvel électeur palatin, au Roi, écrite deux heures après la mort; cette lettre fut envoyée au Roi par M. le Cardinal, et en conséquence on prit le deuil.

Le jour de la Chandeleur, M. de Saint-Florentin, qui est secrétaire de l'Ordre, fit les fonctions de maître des cérémonies. Ces fonctions consistent à peu de chose quand il n'y a point de réceptions. Feu M. de Breteuil n'avoit que 50,000 écus de brevet de retenue sur la charge de grand-maître des cérémonies; M. Amelot la paye 200,000 livres et a pareille somme de brevet de retenue; les 50,000 livres d'excédant sont pour les enfants de M. de Breteuil.

Ce fut M. de Saint-Florentin qui, en qualité de secrétaire de l'Ordre, travailla avec le Roi au sujet de la promotion.

Lundi dernier, 4 de ce mois, M. le duc de Nivernois et M. de Marivaux furent reçus à l'Académie françoise, le premier à la place de feu M. l'évêque de Clermont (Massillon), et le second à la place de feu M. l'abbé Houtteville, connu par son livre de *La Religion prouvée par les faits*. Le discours de M. de Nivernois fut extrêmement approuvé (2); celui de M. de Marivaux le fut beaucoup moins.

---

(1) Cette mort arriva pendant la maladie de M. le Cardinal. (*Note du duc de Luynes.*)

(2) Vers faits à cette occasion :

« Aux grâces du prince d'Ithaque
« Vous joignez l'éloquence et l'esprit de Nestor ;
« On crut voir l'autre jour le jeune Télémaque
« Prononcer un discours composé par Mentor. »

(*Note du duc de Luynes.*)

M. l'archevêque de Sens (Languet de Gergy), en qualité de directeur, leur répondit; son discours fut trouvé trop dogmatique et trop long.

Il y a deux ou trois jours que l'on sut que M. de la Vauguyon, gendre de M. de Béthune, qui est en Bavière, étant allé avec M. de Froulay, neveu de l'ambassadeur de Malte, pour souper chez M. le prince de Conty, ils versèrent tous deux dans une voiture allemande et tombèrent dans un précipice de trente pieds de haut; M. de la Vauguyon s'est cassé le bras et la jambe du même côté.

M. de Mairan, secrétaire de l'Académie des Sciences et homme d'une grande réputation pour l'astronomie, fut élu avant-hier pour membre de l'Académie, à la place de feu M. de Saint-Aulaire.

Le prince René mourut avant-hier; il étoit petit-fils de M. le prince de Rohan. Feu M. de Soubise, qui avoit épousé la fille de Mme la princesse d'Épinoy, avoit laissé quatre garçons : M. de Soubise d'aujourd'hui, marié en premières noces avec Mlle de Bouillon (Rhodes), dont il a eu un garçon et une fille (le garçon est mort), marié en secondes noces avec Mlle de Carignan, dont il n'a point encore d'enfants; des trois autres frères de M. de Soubise, il ne reste plus aujourd'hui que M. l'abbé de Ventadour, coadjuteur de Strasbourg, qui a une mauvaise santé.

Nous sûmes hier que M. Chauvelin, ci-devant garde des sceaux, a eu une lettre de cachet pour aller de Bourges en exil à Issoire, qui est en Auvergne (1). Le jour même de la mort de M. le Cardinal, il fut présenté au Roi une lettre à laquelle étoit joint un mémoire. La lettre (2) étoit par-

---

(1) M. Chauvelin aussitôt la lettre de cachet partit de Bourges le lundi 4. On sait que sa réponse a été qu'il obéissoit aux ordres du Roi; que le désir de se justifier l'avoit emporté trop loin. (*Note du duc de Luynes*, datée du 11 février 1743.)

(2) J'ai su depuis que la lettre est médiocre; que l'on ne sait même si elle est faite pour être donnée devant ou après la mort de M. le Cardinal; qu'il y avoit deux mémoires joints, dont l'un contenoit en marge la lettre que M. le

faitement bien écrite, fort touchante et fort respectueuse. Le mémoire, qui contenoit apparemment un détail de l'administration de M. Chauvelin, est injurieux à la mémoire de M. le Cardinal. C'est à peu près le terme dont le Roi s'est servi en parlant de ce mémoire. La réponse a été la lettre de cachet. On prétend que ce mémoire a été fait dès le temps que M. le Cardinal fut malade à Fontainebleau (1), et avoit été confié à quelqu'un de chez le Roi pour être remis à S. M. le jour même que M. le Cardinal mourroit ; il a été effectivement remis ou le jour de sa mort ou le lendemain, et cependant le Roi n'en a rien dit, et on n'en a pas su la moindre chose jusqu'à avant-hier jeudi. Le Roi, adressant la parole à M. de Richelieu, en parla tout haut à son souper dans ses cabinets ; il y avoit quatorze ou quinze personnes. Un de ceux qui étoient présents m'a dit à peu près les termes du Roi, que voici : « On m'a remis un mémoire de M. Chauvelin, qui tend à flétrir la mémoire de M. le Cardinal ; les expressions m'en ont fait horreur ; j'ai envoyé M. Chauvelin en exil plus loin qu'il n'étoit. » Le Roi paroissoit fort en colère. Personne ne peut pénétrer qui a remis le dit mémoire (2).

M. de Picquigny a été reçu honoraire à l'Académie des Sciences, à la place de M. le cardinal de Fleury.

M. le chevalier de Fénelon, frère de l'ambassadeur, après avoir servi pendant environ vingt-six ou vingt-sept ans en qualité de capitaine de cavalerie, ayant été obligé, par le mauvais état de ses affaires et par les pertes et malheurs qui lui sont arrivés, de vendre sa compagnie, avoit désiré de s'attacher au service du roi d'Espagne en y ob-

---

Cardinal écrivit à M. Chauvelin le jour de son renvoi, avec des commentaires fort injurieux à M. le Cardinal et des faits que le Roi prétend faux. L'autre mémoire étoit des raisonnements critiques sur l'état des affaires politiques de ce temps-là.

(1) D'autres gens disent qu'il est daté de Grosbois.

(2) M. de Maurepas sait qui a remis le dit mémoire. (*Note du duc de Luynes.*)

tenant un grade supérieur à celui de capitaine; cet arrangement n'ayant pu s'exécuter, M. le marquis de Fénelon a obtenu qu'il passât au service de l'empereur, avec le grade de lieutenant-colonel; cela s'est fait avec l'agrément du Roi.

Il paroît depuis plusieurs jours une loterie nouvellement établie dont le fond est de 9 millions; ceux qui gagneront seront payés en argent comptant, et ceux qui perdront seront payés en rente viagère sur la Ville, au denier vingt.

Depuis ce que j'ai marqué sur la charge de M. de Breteuil, j'ai appris ce soir que le Roi a donné 8,000 livres de pension au fils, et 4,000 à la fille, qui est Mme de Clermont.

La charge de chancelier de la Reine n'est pas encore donnée; M. le président Briçonnet se présentoit pour l'acheter; on m'a dit que le Roi s'étoit déclaré en disant : « Il est trop jansénite, et sa femme encore davantage. »

Du dimanche 10, *Paris.* — J'ai appris aujourd'hui que le Roi avoit donné à M. de Saint-Florentin l'agrément pour la charge de chancelier de la Reine; il ne l'achète que 60,000 livres. Beaucoup de gens soutiennent que la femme du chancelier a droit d'être assise à la toilette de la Reine, comme celle du chancelier de France. On cite sur cela l'exemple de Mme de la Rochepot, dont le mari étoit chancelier de Mme la duchesse de Berry, et de Mme Terrat, dont le mari étoit chancelier de M. le duc d'Orléans. Mme la maréchale de Villars dit qu'elle se souvient fort bien que Mme de Berry étoit fort en colère de cette idée de s'asseoir; que cependant elle croit avoir vu Mme de la Rochepot assise, mais qu'elle n'en est pas sûre. D'un autre côté, on assure que feu Mme la duchesse de Saint-Simon, dame d'honneur de Mme la duchesse de Berry, consultée sur ce fait, a dit qu'elle n'avoit jamais vu Mme de La Rochepot assise, et qu'elle n'avoit jamais vu non plus Mme Terrat assise chez S. A. R.

FÉVRIER. 1743.

Le Roi est parti aujourd'hui pour Choisy. Les dames de ce voyage sont Mme la Duchesse, Mlle de la Roche-sur-Yon, Mme d'Antin et les trois sœurs (1).

J'ai oublié de marquer ci-dessus que Mlle de Bouillon fut présentée le 6 de ce mois, et ce fut Mme de la Trémoille, sa tante, qui la présenta. Mme de la Trémoille n'avoit point paru à la Cour depuis la mort de son mari; elle n'étoit point en deuil. Ce même jour, Mme de Fleury devoit faire sa révérence, mais comme sa présence auroit été une circonstance désagréable pour Mme de la Trémoille, à cause de la charge, les arrangements furent pris de façon qu'elles ne se trouvèrent point ensemble; Mme de la Trémoille même ne s'est déterminée à venir à Versailles qu'à cause de la mort de M. le Cardinal.

Mme de Fleury fit sa révérence un quart d'heure après Mme de la Trémoille; ce fut Mme de Luynes qui la mena partout; elle a pris le grand deuil, mais elle n'étoit point en mante. L'usage des mantes et des manteaux est presque entièrement aboli; cependant on demande toujours permission. L'usage étoit aussi de ne point prendre des grands deuils de père et de mère sans avoir demandé permission à la Reine, ou à Mme la Dauphine, quand il n'y avoit point de Reine. Cet usage s'observe encore beaucoup moins que celui des mantes. Mme de Fleury étoit embarrassée comment elle prendroit le deuil de M. le Cardinal; elle consulta Mme de Luynes, qui en parla à la Reine, et il fut décidé qu'elle devoit prendre le plus grand deuil.

Le même jour 6, M. le duc de Fleury, qui arrivoit de l'armée par congé, fit sa révérence au Roi avec ses quatre frères, les deux abbés et les deux chevaliers, et M. de Narbonne son beau-frère.

J'ai parlé ci-dessus de la présentation de Mme de Lauraguais; c'est Mme la duchesse de Brancas, sa belle-mère, qui l'a présentée. Lorsqu'elles furent chez Mme la com-

---

(1) Mmes de la Tournelle, de Flavacourt et de Lauraguais.

tesse de Toulouse il y eut quelque embarras pour les fauteuils; on dit qu'il n'y en avoit que deux, et il y avoit quatre duchesses à la présentation, et Mme de la Tournelle et Mme de Flavacourt. Mme de Brancas dit qu'elle attendroit que l'on eût trouvé des fauteuils; cependant à la fin il s'en trouva. De là elles furent chez Mlle de la Roche-sur-Yon, où il se trouva des fauteuils. On m'a assuré que Mme de Brancas ne s'y mit point, disant qu'elle rendoit avec plaisir ce que l'on n'exigeoit pas.

Le fils aîné de M. le prince de Guéméné, qui épouse Mlle de Bouillon, fut présenté hier. Mme de Guéméné avoit toujours désiré qu'il s'appelât le prince de Rohan, ce qui avoit fort déplu à M. le prince de Rohan, père de Mme de Guéméné; enfin à l'occasion du mariage, il avoit été convenu qu'on l'appelleroit le prince Jules et sa femme la princesse de Rohan. M. de Gesvres fit l'observation, avec raison, qu'il ne pouvoit être présenté au Roi sous le nom du prince Jules, et enfin l'on est convenu qu'on lui donneroit le nom de duc de Montbazon, et c'est sous ce nom qu'il a été présenté.

M. l'abbé de Fleury prêta serment hier comme premier aumônier, entre les mains de la Reine, et en fit les fonctions aussitôt au dîner de la Reine.

Du mercredi 13, *Paris.* — M. de Saint-Florentin achète la charge de chancelier de la Reine et la paye 20,000 écus. Il m'a dit ce soir que comme le Roi avoit donné cette charge à vendre à M. le Cardinal, de son vivant, pour marier Mlle de Pérignan, sa petite-nièce, S. M. vouloit que cette gratification fût payée sur la plus haute estimation où la charge a été portée, et que comme on en a offert 50,000 écus, S. M. vouloit que Mlle de Pérignan touchât ladite somme, savoir: 60,000 livres de M. de Saint-Florentin, et 90,000 que le Roi fait payer. M. de Saint-Florentin m'a ajouté que la charge valoit environ 7,500 livres de rentes et qu'elle donnoit le droit d'entrer en carrosse dans la cour des maisons royales, lorsque la Reine y étoit, le Roi étant absent. D'ailleurs, elle n'a nulle fonction, sinon de tenir une fois tous les ans le conseil de la Reine et de sceller les provisions des charges de la maison de la Reine.

Du vendredi 15, *Paris.* — Mardi, 5 de ce mois, mourut ici Mme de Sassenage, ma tante, âgée de soixante-neuf ans; elle avoit épousé en premières noces M. le comte de Morstein, dont elle avoit eu deux filles, qui moururent jeunes toutes deux. De son second mariage avec M. le comte de Sassenage, il ne lui reste que M. le marquis de Sassenage d'aujourd'hui. Mme de Sassenage étoit infirme depuis longtemps; elle ne sortoit presque jamais, ce qui donna occasion à la plaisanterie de M. le duc de Béthune, qui disoit qu'elle étoit moitié femme et moitié canapé. Depuis plusieurs années, elle étoit devenue extrêmement sourde. Elle étoit sœur cadette de mon père, et aînée de feu Mme de Lévis et de M. de Chaulnes.

Il y a dix ou douze jours que M. le duc de Saint-Simon est revenu à Paris. Il loge depuis bien des années dans une vilaine maison, appartenant aux Jacobins, dans la rue Saint-Dominique. Non-seulement il a fait tendre de noir son antichambre, suivant l'usage ordinaire, mais il a voulu que sa chambre à coucher et son cabinet fussent tendus de gris et que son lit fût gris. Ordinairement il n'y a que les femmes veuves qui soient meublées de cette manière. Il compte aussi porter le deuil un an, quoiqu'il soit réduit à six mois pour les hommes. M. le duc de Charost se souvient qu'à la mort d'une de ses femmes il a eu un lit noir, dans lequel même il couchoit. Cependant pour les hommes il n'y a communément que l'antichambre tendue de noir; et pour les femmes un lit noir, mais dans une chambre de parade.

Il y eut hier un service aux Invalides pour M. de Breteuil; suivant l'usage accoutumé, tous les ministres y étoient et une prodigieuse quantité d'hommes; les dames y furent priées, mais il n'y en eut point qui y allèrent.

Il y eut mercredi dernier un service aux Petits-Pères pour M. le Cardinal; il y en a encore eu un autre hier jeudi en Sorbonne, dont il étoit proviseur.

Dimanche prochain, Mlle de Bouillon sera fiancée avec M. le duc de Montbazon dans le cabinet du Roi. Les deux familles ont envoyé des billets d'invitation pour cette cérémonie.

Du lundi 18, *à Versailles.* — Hier matin, M. le duc de Sully demanda l'agrément du Roi pour le mariage de sa seconde fille avec M. de l'Aubespine. M. de Sully s'appeloit autrefois M. de Béthune; il a été premier gentilhomme de la chambre de M. le duc de Berry; sa femme est fille de feu M. Desmaretz; il n'a que deux filles; l'aînée a épousé M. de Goesbriant, le lieutenant général; celle-ci a environ vingt-huit ans. M. de l'Aubespine n'a que vingt ou vingt-deux ans; il est dans le régiment du Roi. Sa mère est sœur de père de feu M. le duc de Beauvilliers, et de père et de mère de M. de Saint-Aignan d'aujourd'hui; elle avoit épousé en premières noces M. de Marillac.

M. de Saint-Sauveur, écuyer de la petite écurie, épouse Mlle de Turgis; il en demanda l'agrément au Roi il y a quelques jours; il pria Mme de Luynes de le nommer à la Reine, dont il venoit aussi demander l'agrément. Mme de Luynes fit ce qu'il désiroit, et la Reine le reçut avec bonté; ensuite elle appela Mme de Luynes, et lui dit : « Il ne devroit pas venir nous demander notre agrément de cette manière; l'usage est seulement que nous signions leurs contrats. »

Hier se firent les fiançailles de M. de Montbazon et de Mlle de Bouillon. Il avoit été dit que ce seroit dans le cabinet du Roi, et que Mlle de Bouillon n'iroit point chez Mesdames, mais seulement chez la Reine; qu'elle suivroit ensuite chez le Roi. Tout cela fut changé quelque temps après, et il fut réglé que ce seroit dans la pièce qui est avant la chambre du Roi, qu'on appelle l'Œil-de-Bœuf, et que Mlle de Bouillon iroit d'abord chez Mesdames et qu'elle les suivroit chez la Reine. Cela s'exécuta ainsi ; ce fut après le salut. On avoit mis une table dans le fond de l'OEil-de-Bœuf auprès de la cheminée. Le Roi étoit suivi de M. le Dauphin, de M. le comte de Charolois, M. le prince de Dombes et M. le duc de Penthièvre. Il y avoit chez la Reine Mme la princesse de Conty, Mlle de Sens, Mlle de Conty, Mlle de la Roche-sur-Yon; Mesdames y arrivèrent suivies de Mlle de Bouillon et de la noce. Il y avoit bien en tout cinquante dames. La Reine sortit de son appartement par son cabinet, passa par la galerie, et trouva le Roi au bout de la table, du côté droit ; elle se plaça du côté gauche. M. le Dauphin et les princes du sang, du côté du Roi, et Mesdames et les princesses du sang, du côté de la Reine. On commença par la signature du contrat. Le Roi signe toujours le premier, même avant les mariés. La Reine, les princes et princesses ayant tous signé, chacun suivant leur rang, le marié et la mariée signèrent; ensuite M. de Bouillon et Mme de Guéméné. M. de Montbazon avoit un habit de brocart d'argent, garni de dentelle d'or et un manteau de même. Mlle de Bouillon étoit aussi vêtue avec un habit noir et or et une mante de réseau d'or, portée par Mlle de Montauban. J'entendis que M. de Dreux disoit à M. de Montbazon qu'il auroit dû être vêtu de noir et or. On peut voir ce qui se passa au mariage de Mlle de Guéméné, à Fontainebleau, dont j'ai fait le détail dans le temps. Hors cette différence sur l'habillement, la cérémonie me parut la même. Après la signature, M. le cardinal de Rohan arriva, précédé de plusieurs prêtres, parmi lesquels étoit le curé de Notre-Dame ; il avoit passé par la chambre du Roi ; il arriva par le milieu, vis-à-vis le Roi, et fit la cérémonie à l'ordinaire. Après quoi, la Reine se retira chez elle suivie de toutes les dames; le Roi resta à sa place jusqu'à ce que toutes les dames fussent parties. M. de Montbazon étoit à la droite et Mlle de Bouillon à la gauche, suivant l'usage ordinaire. M. de

Guéméné, père du marié, n'a pas paru, ni dans cette cérémonie, ni dans tout ce qui a regardé le mariage. Il est interdit, et personne ne le voit.

Hier, il y eut bal en masque chez M. le Dauphin : le bal commença à dix heures. Le Roi y fut à peu près dans ce temps là ; il y arriva sans être masqué, et ne se mit point dans un fauteuil ; il y a resté jusqu'à minuit et demi ou environ. La Reine y descendit sur les onze heures, et y resta jusqu'à environ une heure. M. le Dauphin et Mesdames y ont dansé jusqu'à deux heures. Mme de la Tournelle y étoit masquée en sœur grise.

M. de Luxembourg est arrivé ici il y a déjà plusieurs jours ; le jour même qu'il vint à Versailles, le Roi le fit monter dans ses petits appartements, où il dîna avec lui et M. de Meuse. Avant le dîner, il fut près d'une petite demi-heure tête à tête avec le Roi, lui parla beaucoup de Prague, mais sans lui nommer les noms ni de M. de Broglie ni de M. de Belle-Isle, à ce que M. de Luxembourg a dit depuis.

M. de Belle-Isle devoit arriver ici du 20 au 22. M. Amelot lui a dépêché un courrier à Francfort, qui doit, à ce qu'il dit, retarder son départ de cette ville de trois ou quatre jours au plus.

On continue toujours ici à tenir de mauvais discours sur M. de Belle-Isle ; le mauvais succès de nos armées en Allemagne, même l'état fâcheux où se trouve l'armée de Bavière, qui dépérit tous les jours par la fatigue et les maladies, tout retombe sur M. de Belle-Isle, comme l'auteur, dit-on, de cette entreprise. Le déchaînement va si loin que les mêmes gens qui disoient qu'il faudroit lui ériger des statues, s'il trouvoit moyen de ramener en France l'armée enfermée dans Prague, disent aujourd'hui que c'est une entreprise mal concertée et une fuite indigne du nom françois.

Le Roi donna ordre hier à MM. de Soubise et de Picquigny d'assembler les gendarmes et chevau-légers au

15 du mois prochain ; aujourd'hui il a travaillé avec M. de Biron et ensuite seul avec M. d'Argenson. Il se trouva un peu mal à la messe hier, et a pris médecine aujourd'hui.

Du mardi 19, *Versailles*. — Mme de Chaulnes et Mme de Sassenage vinrent hier ici faire leur révérence au Roi. Mme de Chaulnes ayant été incommodée n'avoit point vu le Roi depuis que S. M. a donné le gouvernement d'Amiens à M. de Picquigny. Mme de Sassenage est venue faire sa révérence, à cause de la mort de sa belle-mère. Comme elles ont désiré toutes deux que M^{mc} de Luynes fût avec elles, Mme de Luynes y a consenti avec plaisir, mais c'est elle qui les a présentées ; cela ne se pouvoit faire autrement à cause de sa place.

Le contrat de mariage de M. l'Aubespine avec Mlle de Sully a été signé ce matin.

M. de Verneuil a présenté ce matin M. le comte de Priego, grand d'Espagne, qui revient d'auprès de l'infant don Philippe. On sait que M. de Priego est M. le prince d'Havré. Il a été présenté dans le cabinet comme grand d'Espagne. M. de Verneuil m'a dit que c'étoit l'usage que les grands d'Espagne fussent présentés une fois seulement dans le cabinet.

Le Roi travailla hier jusqu'à dix heures du soir avec M. d'Argenson, et doit y travailler encore aujourd'hui ; on croit qu'il s'agit de la promotion, mais rien ne transpire jusqu'à présent. Hier, au sortir du travail, M. d'Argenson fut chez la Reine.

Aujourd'hui le Roi a vu les étrangers pour la première fois depuis la mort de M. le Cardinal.

Du jeudi 21, *Versailles*. — Hier matin on apprit la mort de Mme l'abbesse de Chelles ; elle mourut avant-hier, de la petite vérole ; elle étoit fille de feu M. le duc d'Orléans. M. le duc de Chartres devoit venir rendre compte ici au Roi de cette nouvelle ; n'ayant pas pu venir hier, ce fut M. le comte de la Marche qui en fit part à S. M., au retour de la chasse pendant le débotter. Feu Mme la princesse de Conty, mère de M. le comte de la Marche, étoit la propre sœur de Mme de Chelles.

Hier matin, le Roi dit à son lever à M. de Biron qu'il étoit lieutenant général, à MM. de Souvré, d'Armentières et de Bissy qu'ils étoient maréchaux de camp, et à M. le comte de Noailles qu'il étoit brigadier. Cette déclaration, à la suite de deux jours de travail avec M. d'Argenson, dont j'ai parlé ci-dessus, fit juger qu'il y avoit une promotion. Tout le monde courut chez M. d'Argenson, après que le Roi fut parti pour la chasse ; mais la porte étoit fermée, sans que personne y pût pénétrer. On crut trouver quelques éclaircissements aux bureaux de la guerre, mais les bureaux étoient absolument fermés ; ainsi chacun demeura dans l'attente et dans l'inquiétude de son sort jusqu'à cinq ou six heures du soir. Le Roi revint assez tard de la chasse, et ce ne fut qu'après qu'il fut entièrement habillé qu'il travailla quelques moments avec M. d'Argenson, c'est-à-dire qu'il vérifia un brouillon de liste et signa celle qui sert de règle à la promotion. Il paroît par cette liste que l'on a suivi exactement l'ordre du tableau sans que ceux qui ont mieux fait que les autres aient aucune distinction. Comme on ne peut pas dire que ce soit le combat de Sahay, ni les blessures de mon fils, qui aient décidé en sa faveur, il faut juger que c'est le seul titre de sa charge, de même que pour M. de Bissy.

Hier il y eut bal en masque chez Mesdames. La Reine y fut sur les onze heures, sans être masquée ni personne de sa suite. M. le Dauphin étoit masqué et toute sa suite, hors M. de Châtillon. Le Roi y fut à deux heures et y a resté jusqu'à environ cinq heures ; il étoit masqué, ainsi que tous ceux qui avoient l'honneur de le suivre. Ce matin le Roi n'a été à la messe qu'à une heure et demie. La Reine a entendu la sienne auparavant ; et quoique l'on ait dit la messe au grand autel, et que par conséquent l'on fut sûr qu'elle seroit finie avant celle du Roi, il n'y a cependant point eu de musique.

Du vendredi 22, Versailles. — Il y a déjà plusieurs jours que M. le comte de Saxe est venu ici; on croit qu'il a été envoyé par M. le maréchal de Broglie; lundi dernier il eut une conversation avec le Roi, dans son cabinet, en présence de M. d'Argenson.

Du samedi 23, Versailles. — Hier vendredi, suivant l'usage établi, le Roi travailla avec M. de Mirepoix, et nomma à plusieurs bénéfices vacants, comme on peut voir par la liste ci-jointe. S. M. donne à M. l'évêque de Mirepoix (1) l'abbaye de Corbie, qui étoit aux œconomats (2) depuis longtemps, et cette grâce fut accompagnée de beaucoup de marques de bonté. Cette abbaye vaut au moins 55,000 livres. M. de Mirepoix avoit l'abbaye de Saint-Mansut, diocèse de Toul, qui vaut 20 à 25,000 livres et qu'il remet au Roi, ne voulant garder qu'un bénéfice. Les jours qu'il y aura quelques ordres à donner pour les œconomats, M. de Muy en rendra compte à S. M. en présence de M. de Mirepoix. Le Roi lui a dit de se concerter avec M. de Mirepoix pour le travail des œconomats.

Feu M. le Cardinal avoit trois secrétaires : le sieur Duparc, le sieur de Monglas et le sieur Gérard; celui-ci étoit chargé de la feuille des bénéfices. S. M. a donné 4,000 livres de pension au premier et 1,000 écus à chacun des deux derniers.

Les princes et princesses du sang ont pris le deuil de Mme de Chelles; ils avoient demandé permission au Roi de faire sur cela ce que feroit M. le duc d'Orléans, et M. le duc d'Orléans a pris le deuil, quoique le Roi ne l'ait point pris. Comme il y a peu d'exemples de religieuses dans la famille royale, le Roi ne sachant pas lui-même

---

(1) Boyer.

(2) *Œconomat*, régie, gouvernement de biens. Cette abbaye est en régie, en œconomat, il n'y a point de titulaire. (*Dict. de Trévoux.*)

quel étoit l'usage en pareil cas, il a chargé M. de Dreux de faire les recherches nécessaires et de lui en rendre compte.

M. le Dauphin a un peu de rhume et de fièvre depuis hier, ce qui empêche les bals. Ces rhumes sont une maladie qui court beaucoup et qui est répandue dans tout le royaume. Le Roi disoit il y a quelques jours qu'à Aix le Parlement avoit cessé de s'assembler, à cause de cette maladie, n'y ayant ni procureur ni avocats pour plaider.

Le nonce du Pape est malade à Paris; le Roi a envoyé M. de Verneuil, introducteur des ambassadeurs, savoir de ses nouvelles.

Le Roi a nommé à l'abbaye de Corbie M. l'évêque de Mirepoix, précepteur de M. le Dauphin (1);

A l'abbaye de Luxeuil, l'abbé de Clermont-Tonnerre (2);

A l'abbaye de Sainte-Croix de Bordeaux, l'abbé de Laval;

A Saint-Volusien de Foix, l'abbé de Breteuil;

A Saint-Vincent du Bourg, l'abbé de Bragelone, grand-vicaire de Beauvais;

A Nizors, l'abbé de Montesquieu, doyen de Saint-Seurin de Bordeaux;

A la Madeleine de Châteaudun, l'abbé Vidaud de la Tour;

Au prieuré de Leroux, diocèse de Luçon, l'abbé Dupré;

A l'abbaye de Panthemont, Mme de Béthizy de Mézières.

Du mardi gras 26, Versailles. — Avant-hier, le Roi partit pour la Meutte; il ne reviendra que ce soir après souper. Les dames de ce voyage sont les trois sœurs, Mme d'Antin, Mme de Boufflers.

Avant-hier M. l'abbé de la Garlaye, nommé à l'évêché

---

(1) Cette nomination a été fort approuvée du public. (*Note du duc de Luynes.*)

(2) Lorsque M. de Mirepoix proposa au Roi l'abbé de Clermont, le Roi dit: « J'y consens volontiers, son père m'a bien servi. » Cet abbé de Clermont est fils de M. de Clermont, mestre de camp général de la cavalerie. (*Note du duc de Luynes.*)

de Clermont, fut sacré ici à la paroisse Notre-Dame par M. le cardinal de Tencin; les deux évêques assistants étoient M. l'évêque de Mâcon et M. l'évêque de Langres.

Hier la Reine, suivant son usage ordinaire, à cause des prières de quarante heures, fut entendre le salut à la paroisse Notre-Dame. M. l'archevêque de Rouen, son grand-aumônier, étant malade, ne put la suivre. Quoique le grand ni le premier aumônier de la Reine n'aient point de place dans le carrosse des écuyers, cependant un usage de politesse s'est introduit, dans l'occasion de petites courses comme celle-ci, que lorsque ces messieurs demandoient une place on se faisoit un plaisir de les y recevoir; dans ce cas-là même ils se mettent à la droite dans le fond, comme à la place d'honneur. M. le cardinal de Fleury y a été plusieurs fois de cette manière, et M. l'archevêque de Rouen. C'est le premier écuyer à qui l'on demande les places dans le carrosse, comme étant seul en droit d'en disposer; en son absence, c'est l'écuyer de quartier, et en l'absence de celui-ci, c'est l'écuyer cavalcadour. Le chevalier d'honneur a toujours sa place de droit dans le carrosse et dans le fond; mais il n'a nulle autorité pour les places dans le carrosse. L'écuyer cavalcadour alloit à cheval autrefois, et ce n'est que depuis peu que l'usage s'est introduit peu à peu d'aller dans le carrosse. J'ai marqué ci-dessus que le premier médecin y a aussi obtenu une place. M. de Tessé, premier écuyer, étant incommodé hier, ne put pas suivre la Reine; l'écuyer de quartier étoit absent; il n'y avoit donc pour les places du fond que M. de la Mothe, chevalier d'honneur; et M. de Farges, écuyer cavalcadour, se seroit vraisemblablement mis à côté de lui. Feu M. de Nangis avoit toujours trouvé mauvais que même l'écuyer de quartier voulût se mettre dans le fond, à côté de lui, en l'absence du premier écuyer; il avoit représenté les droits de sa charge et les anciens usages, et avoit obtenu une décision telle qu'il la désiroit. Les écuyers de quartier, blessés de cette décision, avoient fait leurs représentations que comme représentants le premier écuyer, et ayant place dans le carrosse, ils devoient avoir la place du fond. Ces représentations avoient été écoutées, et on avoit trouvé qu'ils avoient raison. L'une ou l'autre de ces décisions étoit fort égale à la Reine; mais ce qui ne lui étoit pas indifférent, c'étoit de voir arriver un fait contraire à ce qui avoit été décidé en faveur du maréchal de Nangis, dont elle savoit les intentions. M. de la Mothe, de son côté, désiroit que, sans donner occasion à aucune dispute, l'écuyer cavalcadour ne fût pas dans le fond auprès de lui. Dans ces circonstances, on proposa hier à M. l'abbé de Fleury, premier aumônier, de demander une place dans le carrosse des écuyers pour suivre la Reine à la paroisse; il fut dit qu'il s'adresseroit, suivant la règle, à l'écuyer cavalcadour, à cause de l'absence de l'écuyer de quartier. En cas qu'il y eût quelque difficulté, il fut résolu que l'on diroit que c'étoit l'intention de la Reine. M. l'abbé de Fleury s'adressa à M. de Farges, qui consentit avec plaisir à cette proposition; et en conséquence M. l'abbé de Fleury monta dans le carrosse à côté de M. de la Mothe, et M. de Farges sur le devant. M. de Fleury auroit dû se mettre à la droite, on l'en avoit même averti; mais comme c'est la première fois qu'il y montoit, il fut apparemment embarrassé, et se mit à la gauche. La Reine n'avoit point été à la paroisse depuis la mort de M. de Nangis et de Mme de Mazarin. Le corps de Mme de Mazarin est enterré à la paroisse; ce fut un grand sujet d'affliction pour la Reine, qui répandit beaucoup de larmes.

MARS.

Souper dans les cabinets. — Intendances données. — M. de Coulonges. — Mort du chevalier d'Hautefort et de Mme de Tournon. — La duchesse de Choiseul. — Le maréchal de Belle-Isle est reçu par le Roi. — Lettre de

Voltaire. — Deuil de l'abbesse de Chelles. — Mort de M. Bignon. — Le comte de Saxe. — Le maréchal de Belle-Isle et les officiers généraux. — Retour du duc de Chevreuse. — Mort du maréchal d'Asfeldt. — Présents de la czarine à M. de la Chétardie. — Mort de M. d'Hautefort-Bozein. — Entrée au conseil du maréchal de Noailles. — Retour du prince de Conty. — Nouvelles grâces accordées à la famille du cardinal de Fleury. — Le prince de Conty soupe dans les cabinets. — Direction des fortifications. — Détails sur le maréchal de Belle-Isle et sur le siége de Prague. — Gouvernements donnés ; M. de Danois. — Dignité de prince de l'Empire. — MM. de Saint-Pern et de Castellane. — Conduite du duc de Chevreuse avec le maréchal de Broglie. — Mort de l'abbé Bignon et de M. de Brienne. — Mme de Corronini. — Compagnie des chevau-légers. — Gouvernements et places de conseiller d'État donnés. — M. d'Aubigné ; nouveaux détails sur l'armée de M. de Belle-Isle. — Habitudes du Roi. — Appartements donnés. — Le duc de Saint-Simon ne vient plus à la Cour ; ses revenus ; son caractère. — Conversation du Roi avec M. de Meuse. — Les officiers généraux du parti de M. de Belle-Isle restent sans emploi. — Mort de la duchesse de Rohan. — Mme de Mailly. — Chasse du Roi à Fausse-Repose ; incident. — Présentations ; M. de la Tour d'Auvergne. — Mariages. — Élection de l'évêque de Bayeux à l'Académie française.

Du vendredi 1er mars. — Mardi dernier, la Reine fut encore à la paroisse pour le salut ; mais M. de Tessé la suivit, et se mit à côté de M. de la Mothe, et M. l'abbé de Fleury n'y fut point. Le même jour, le Roi revint de la Meutte après souper. Il n'a point été au bal. Mme de la Tournelle, qui est malade, et Mme d'Antin n'y ont point été non plus ; les trois autres dames y furent lundi avec cinq hommes, dans un carrosse de remise à deux chevaux. Mercredi, on comptoit qu'il y auroit grand couvert le soir, comme à l'ordinaire, le Roi n'allant point à la chasse, mais il n'y en eut point ; le Roi soupa dans sa chambre en maigre, à neuf heures. Il paroît qu'il a remarqué cette année plus que les autres le désagrément de souper avec la Reine pendant qu'elle ne fait que collation.

Hier, il y eut souper dans les cabinets. Mme de la Tournelle, qui avoit été malade depuis deux ou trois jours, y descendit avec ses deux sœurs ; il n'y avoit point d'autres dames.

Il y a déjà deux ou trois jours que le Roi a nommé M. de Séchelles intendant de Lille, et M. de la Grandville intendant de Strasbourg. M. de la Grandville étoit intendant de l'armée de Westphalie, et est actuellement en Bavière; M. de Séchelles étoit intendant de l'armée de Bohême. Celui-ci revint ici il y a trois ou quatre jours. M. d'Argenson le présenta au Roi, dans le cabinet; c'est l'usage pour les intendants, et cela parce que c'est un secrétaire d'État qui les présente. M. de Séchelles s'est acquitté supérieurement de l'emploi dont il a été chargé. Le Roi lui fit quelques questions sur Prague; M. d'Argenson prit la parole, et dit ce qu'il convenoit sur la difficulté de l'ouvrage dont M. de Séchelles avoit été chargé; le Roi répondit avec bonté : « Tout autre que lui y auroit été embarrassé ».

M. de Belle-Isle doit arriver demain après dîner. On ne sait point encore s'il commandera une armée, ni dans quel lieu. Ce qui est certain, c'est que M. le maréchal de Noailles doit partir incessamment, et que personne ne dit où il va. Il y a déjà quelques-uns des officiers généraux qui sont instruits de leur destination.

J'ai oublié de marquer ci-dessus qu'il y a environ un mois qu'un grand homme, avec l'ordre de Pologne, nommé M. de Coulonges, vint ici trouver M. le duc de Châtillon et le prier de le présenter à M. le Dauphin; M. de Châtillon lui demanda s'il avoit été présenté au Roi; M. de Coulonges lui répondit que non, mais qu'il avoit l'honneur de faire sa cour à S. M., qui avoit demandé son nom et qu'on lui avoit nommé. M. de Châtillon lui dit que cela étant, il n'avoit qu'à se trouver au dîner de M. le Dauphin; que si M. le Dauphin faisoit quelques questions sur lui, il lui diroit son nom. M. de Coulonges avoit fait connoissance avec M. le baron de Sickem, en Allemagne, et l'avoit prié de l'amener ici avec lui; M. de Sickem l'avoit présenté dans plusieurs endroits, ne doutant pas que ce ne fût un homme connu. On a su depuis que c'étoit un aventurier; on a même cherché à l'arrêter, mais il s'est échappé.

Du dimanche 3.— Il y a déjà quelques jours que M. le chevalier d'Hautefort est mort; il avoit été premier écuyer de Mme la duchesse de Bérry, dont il portoit toujours la livrée.

Mme de Tournon mourut il y a trois ou quatre jours; elle avoit épousé en premières noces M. du Brossay; elle avoit été d'une figure fort agréable et avoit beaucoup fait parler d'elle. Elle étoit sœur de feu MM. les duc et chevalier de la Vallière et de Mme la duchesse de Choiseul, première femme de M. le duc de Choiseul. Mme de Choiseul étoit aussi d'une figure charmante; on sait assez tous les discours qui ont été tenus sur elle. M. le comte d'Albert, aujourd'hui prince de Grimberghen, est un de ceux dont on parloit le plus. M. le duc de Choiseul, qui l'aimoit, malgré sa mauvaise conduite, a eu longtemps une lettre de cachet pour l'envoyer dans ses terres, sans avoir voulu jamais en faire usage; cependant, dans les derniers temps de sa vie il ne la voyoit plus. Lorsqu'elle tomba malade de la maladie dont elle mourut, elle demanda avec empressement à le voir; M. le duc de Choiseul demanda conseil aux gens les plus sages et les plus éclairés, et ce fut par leur avis qu'il refusa de la voir; il savoit qu'elle étoit accouchée d'une fille que l'on vouloit faire passer sous son nom, et que le projet étoit de la lui faire reconnoître. Cette fille a été connue sous le nom de Mlle de Saint-Cyr, et ayant demandé en justice à être reconnue pour Mlle de Choiseul, elle gagna son procès contre M. de la Vallière; mais elle mourut peu de temps après.

Il y a environ quinze jours ou trois semaines que M. de Meuse a la goutte, sans pouvoir sortir de sa chambre; depuis ce temps le Roi a toujours dîné seul. Vendredi dernier, S. M. ne fut point à la chasse et soupa seul dans sa chambre, comme le mercredi d'auparavant; aujourd'hui dimanche il soupe au grand couvert.

L'affaire des Espagnols en Italie n'est pas encore bien éclaircie; on verra par les nouvelles détaillées qui sont à la fin de ce livre que chacun des deux partis en parle différemment.

M. le maréchal de Belle-Isle a couché la nuit dernière à Dammartin, et sans entrer dans Paris est arrivé ici aujourd'hui ; il a été descendre chez M. Amelot, avec lequel il a été enfermé quelque temps. De là il a été chez M. d'Argenson. Immédiatement après le salut, M. Amelot est venu chez le Roi et est entré dans le cabinet ; tout le monde a sorti de la chambre et on a fermé les portes. M. de Belle-Isle est arrivé un moment après ; on l'a fait entrer dans la chambre, où il a attendu moins d'un demi-quart d'heure. De là il est entré dans le cabinet ; le Roi l'a fait asseoir, et a travaillé avec lui et M. Amelot pendant près de deux heures. Comme c'est aujourd'hui le jour du travail de M. le contrôleur général, le Roi a retardé son souper d'une demi-heure. M. de Belle-Isle m'a dit que le Roi l'avoit très-bien reçu et lui avoit parlé avec beaucoup de bonté.

Il paroît depuis quelques jours une lettre de Voltaire écrite à un ami. Quoiqu'elle soit très-bien écrite, il y a lieu de croire qu'elle ne fera changer de sentiment personne (1).

---

(1) *Copie d'une lettre de Voltaire.*

« Il y a longtemps, monsieur, que je suis persécuté par la calomnie et que je la pardonne. Je sais assez que depuis les Socrate jusqu'aux Descarte, tous ceux qui ont eu un peu de succès ont eu à combattre les fureurs de l'envie ; quand on n'a pu attaquer leurs ouvrages ni leurs mœurs, on s'est vengé en attaquant leur religion.

« Grâces au ciel, la mienne m'apprend qu'il faut savoir souffrir. Le Dieu qui l'a fondée fut, dès qu'il daigna être homme, le plus persécuté de tous les hommes. Après un tel exemple, c'est presque un crime de se plaindre ; corrigeons nos fautes, et soumettons-nous à la tribulation comme à la mort. Un honnête homme peut à la vérité se défendre, il le doit même, non pour la vaine satisfaction d'imposer silence à l'imposture, mais pour rendre gloire à la vérité ! Je peux donc dire devant Dieu, qui m'écoute, que je suis bon citoyen et vrai catholique, et je le dis uniquement parce que je l'ai toujours été de cœur. Je n'ai pas écrit une page qui ne respire l'humanité, et j'en ai écrit

MARS 1743.

Du mardi 5. — Le Roi a pris aujourd'hui le deuil de Mme de Chelles ; on le portera onze jours. M. le duc de Fleury, premier gentilhomme de la chambre, vint avant-hier le dire à Mme de Luynes.

L'on sait chaque jour la destination des officiers généraux pour cette année. M. le maréchal de Noailles commandera depuis le Rhin jusqu'à la mer ; M. le maréchal de Broglie reste en Bavière ; M. de Coigny retourne commander les dragons en Bavière.

Le Roi soupa hier dans ses cabinets ; il n'y avoit de dames que Mme de la Tournelle et Mme de Lauraguais.

Du samedi 9, à Paris. — J'ai parlé ci-dessus du deuil de Mme de Chelles ; ce deuil a donné occasion à bien des mouvements différents. M. le duc d'Orléans l'a pris sans en parler au Roi ; Mme la Duchesse a demandé la permission au Roi pour le prendre ; Mme la comtesse de Toulouse et M. le duc de Penthièvre n'ont pas voulu le prendre. Le Roi ne vouloit point prendre le deuil, disant que ce n'étoit point l'usage de le porter des religieuses ; que Mmes de Rohan ne l'avoient point pris de Mme de Panthemont. M. le duc d'Orléans a fait différentes représentations, et en particulier sur l'obligation où il se trouvoit de quitter

---

beaucoup qui sont sanctifiées par la religion. Le poëme de *La Henriade* n'est d'un bout à l'autre que l'éloge de la vertu qui se soumet à la Providence ; j'espère qu'en cela ma vie ressemblera toujours à mes écrits.

« Je n'ai jamais surtout souillé ces éloges de la vertu par aucun espoir de récompense, et je n'en veux aucune que celle d'être connu pour ce que je suis.

« Mes ennemis me reprochent je ne sais quelles lettres philosophiques. J'ai écrit plusieurs lettres à mes amis, mais jamais je ne les ai intitulées de ce titre fastueux. La plupart de celles qu'on a imprimées sous mon nom ne sont point de moi, et j'ai des preuves qui le démontrent. J'avois lu à M. le cardinal de Fleury celles qu'on a indignement falsifiées ; il savoit très-bien distinguer ce qui étoit de moi d'avec ce qui n'en étoit pas. Il daignoit m'estimer ; et surtout dans les derniers temps de sa vie, ayant reconnu une calomnie infâme dont on m'avoit noirci au sujet d'une prétendue lettre au roi de Prusse, il m'en aima davantage.

« Les calomniateurs haïssent à mesure qu'ils persécutent ; mais les gens de bien se croyent obligés de chérir ceux dont ils ont reconnu l'innocence. »

le deuil si le Roi ne vouloit pas le prendre, ajoutant que MM. de la Rochefoucauld et de Lorraine l'avoient porté pour des abbesses de Montmartre et de Jouarre; enfin, le Roi, par bonté pour M. le duc d'Orléans et pour ne pas l'obliger à quitter le deuil, s'est déterminé à le prendre. Il a fait écrire à M. le duc d'Orléans, par M. de Maurepas, qu'il avoit eu tort de prendre le deuil sans sa permission, mais que malgré cela il vouloit bien ne pas lui donner le désagrément de le quitter, qu'il alloit le prendre lui-même.

M. Bignon mourut avant-hier; il étoit intendant de Soissons et avoit fait les fonctions d'intendant de l'armée de Flandre l'année passée.

M. de Séchelles remercia le Roi hier matin pour la place d'intendant de Lille; il sera cette année intendant de l'armée que commande M. le maréchal de Noailles.

On fait revenir de l'armée de Bavière tous les lieutenants généraux qui sont plus anciens que M. le comte de Saxe, de sorte qu'il sera le premier. M. le comte de Saxe est reparti depuis trois jours pour se rendre à cette armée; le Roi l'a parfaitement bien traité ici; il lui a permis de lever un régiment de hullans, qui sera de 1,000 hommes en tout. Ce sont les meilleures troupes à opposer aux hussards. Le Roi a donné parole à M. le comte de Saxe que ce régiment ne seroit pas entièrement réformé à la paix, qu'il en conserveroit toujours 600, et lui a promis une pension pour le dédommager lorsque cette réforme seroit faite; d'ailleurs, S. M. a assuré M. le comte de Saxe qu'il lui donneroit toujours avec plaisir toutes sortes de marques de bonté.

M. le maréchal de Belle-Isle fut hier au lever du Roi, qui lui parla davantage qu'il n'avoit fait la dernière fois. Après la messe il travailla avec S. M. près de deux heures et demie, en présence de M. d'Argenson. Il rendit compte de tout ce qu'il avoit fait depuis qu'il avoit l'honneur de commander l'armée. Il avoit apporté un plan de sa route de Prague à Egra; il le montra au Roi, qui l'examina avec beaucoup d'attention et lui fit plusieurs questions. M. de Belle-Isle paroît très-touché des bontés que le Roi lui marqua dans ce travail.

La liste des officiers généraux qui doivent servir dans l'armée de M. de Noailles n'est pas encore arrêtée ; cependant plusieurs savent déjà leur sort. Jusqu'à présent, de sept lieutenants généraux qui servoient dans l'armée de M. de Belle-Isle, il n'y en a qu'un destiné pour aller en Bavière, c'est M. du Chayla; M. de Clermont, quoique mestre de camp de la cavalerie, n'est point employé. M. de la Fare, M. d'Apchier, M. d'Aubigné, M. de Sandricourt, M. le comte de Bavière, M. le chevalier de Belle-Isle ne sont point employés non plus. Dans les maréchaux de camp, M. de Beauvau, quoique inspecteur de cavalerie, n'est point employé jusqu'à présent. Ce traitement est d'autant plus singulier qu'il ne paroît pas s'accorder avec plusieurs autres circonstances : M. d'Argenson avoit écrit à M. de Belle-Isle, de la part du Roi, dans le mois de janvier, une lettre par laquelle il lui marquoit qu'il fît savoir aux officiers généraux qui servoient sous ses ordres combien le Roi étoit content de leurs services. Par une seconde lettre, écrite peu de jours après, M. d'Argenson mandoit le traitement que le Roi feroit aux officiers généraux; que ce traitement, ainsi que leurs appointements, dureroit jusqu'au 1ᵉʳ avril, ajoutant qu'avant ce temps S. M. leur feroit savoir leur destination. D'ailleurs on peut avoir remarqué ce que j'ai écrit ci-dessus, que lorsque M. de Mirepoix proposa le fils de M. de Clermont pour une abbaye, le Roi dit qu'il y consentoit volontiers, que le père l'avoit bien servi. M. de la Fare, qui fit sa révérence avant-hier, fut très-bien reçu; il étoit hier au lever du Roi, et S. M. lui parla avec bonté. Cependant il sembleroit que l'on s'est peu soucié d'employer tous les amis de M. de Belle-Isle; l'on prétend même que M. de Luxembourg et M. de Boufflers ne l'auroient pas été si M. de Noailles ne les avoit demandés.

Mon fils arriva avant-hier matin; il a conduit jusqu'au Rhin la division qu'il commandoit; il a été de là à Francfort faire sa cour à l'empereur, qui avoit paru le désirer. L'empereur lui a fait l'honneur de l'embrasser, et lui a donné toutes sortes de marques de bonté. De Francfort il est venu voir une partie de sa division à Landau et l'autre à Wissembourg. Il dit que des deux princesses, filles de l'empereur, l'aînée n'est point belle, mais qu'elle plaît infiniment, et que la seconde est fort belle. Mon fils eut l'honneur de faire hier matin sa révérence au Roi, et fut reçu de S. M. avec toutes sortes de marques de bonté.

M. le maréchal d'Asfeld mourut avant-hier; il étoit directeur général des fortifications et gouverneur de Strasbourg. Le gouvernement de Strasbourg a été donné à M. le maréchal de Broglie (1); les fortifications ont été réunies aux deux secrétaires d'État de la guerre et de la marine.

M. de la Chétardie m'apporta ici il y a quelques jours les présents que lui a faits la czarine. Il y a un diamant qui pèse 104 grains, et qui est fort blanc; une croix de l'ordre de Sainte-Anne; une croix et une plaque de l'ordre de Saint-André; le tout de diamants, qui paroissent fort beaux. Il y a aussi une tabatière d'or, d'une forme singulière, assez plate, garnie de diamants en dessus, et dans le milieu une fort grande émeraude; en dedans il y a un portrait de l'impératrice, entouré de diamants fort bien choisis et surmonté d'une couronne de diamants. Le gros diamant qui est monté en bague étoit dans la tabatière. M. de la Chétardie avoit déjà pris congé de l'impératrice et étoit même parti lorsqu'elle le rappela et lui donna cette tabatière, en lui disant que c'étoit la princesse Élisabeth qui l'avoit chargé de lui remettre ce présent.

Du lundi 11, *Paris.* — M. d'Hautefort-Bozein mourut

---

(1) M. de Broglie rend le gouvernement de Bergues Saint-Vinox, au moyen de quoi il ne gagne qu'environ 7 ou 8,000 livres de rente. (*Note du duc de Luynes.*)

avant-hier ; il étoit fort âgé ; il avoit été attaché longtemps à M. le comte de Toulouse, qui l'avoit fait son premier écuyer après la mort de M. le marquis d'Hautefort, son cousin, père de M. d'Hautefort d'aujourd'hui. Il étoit lieutenant général de 1718. Il y avoit déjà plusieurs années qu'il étoit gouverneur de Saint-Malo, qui vaut 20,000 livres au moins.

M. le maréchal de Noailles entra hier au conseil ; on prétend que cette place lui étoit promise dès l'année passée, et que c'étoit un arrangement fait par feu M. le Cardinal.

M. le prince de Conty revint de Bavière la nuit d'avant-hier à hier, et fit sa révérence au Roi hier après le salut ; on dit qu'il s'en retournera dans quinze jours. Il s'est acquis une estime et une considération infinie par sa valeur, sa grande volonté et son application.

Nous apprîmes hier que le Roi a donné le gouvernement de Guise à M. de Montal, lieutenant général.

Avant-hier, après souper, le Roi retourna de la Meutte à Versailles ; il n'a couché qu'une nuit à la Meutte ; il n'y avoit de dames à ce voyage que les trois sœurs.

Le Roi fit samedi la revue des gardes françoises et suisses, dans la plaine des Sablons.

Mon fils a reçu ce matin sa lettre de service ; il est employé comme maréchal de camp dans l'armée commandée par M. le maréchal de Noailles.

Mardi 12. — J'appris hier en arrivant de Paris les nouvelles grâces que le Roi vient d'accorder à la famille de M. le cardinal de Fleury : 1,000 écus de rentes viagères à Mme la duchesse de Fleury la mère ; à Mlle de Fleury, qui est à marier, 20,000 livres de rente ; elle avoit déjà 5 ou 6,000 livres de rente des bienfaits du Roi. M. de Saint-Florentin a payé les 20,000 écus pour la charge, ce qui fait encore 1,000 écus de rente ; le Roi s'étoit chargé de donner à Mlle de Fleury, comme je l'ai marqué ci-dessus, le surplus du prix de ladite charge sur le pied de 50,000 écus, qui est le plus haut prix où elle ait été portée ; au lieu de cela, par une grâce nouvelle, le Roi lui fait 20,000 livres de rente en réunissant toutes les sommes ci-dessus, et c'est en rente foncière. S. M. donne à M. le chevalier de Rocozel, frère de M. le duc Fleury le père, et oncle du premier gentilhomme de la chambre, 4,000 livres de pension ; à M. le marquis de Fleury, frère du premier gentilhomme de la chambre, 7,000 livres de rente foncière et 27,000 livres en argent ; à Mme de Narbonne, sœur du premier gentilhomme de la chambre, et dont le mari est exempt des gardes du corps, 6,000 livres de rente foncière et 1,000 écus de rente viagère ; à MM. les chevaliers de Fleury, qui sont chevaliers de Malte et frères du premier gentilhomme de la chambre, chacun 2,000 livres de pension.

L'affaire dont j'ai parlé de la réunion de la charge de directeur des fortifications n'est pas encore absolument terminée ; ce qui forme quelque embarras, c'est l'inégalité des fonds destinés pour chacun des départements, et la nécessité où l'on se trouve quelquefois de faire plus de dépense dans un département que dans un autre ; par exemple, il n'y a que 50,000 écus de fonds pour l'entretien des fortifications des places maritimes, et l'on a dépensé quelquefois trois ou quatre fois cette somme.

Du mercredi 13, *Versailles.* — Le Roi fut avant-hier à la chasse, et soupa dans ses cabinets au retour de la chasse ; il n'y avoit de dames que Mmes de la Tournelle et de Lauraguais.

Hier c'étoit jour de sermon ; le Roi n'y avoit point été vendredi dernier, qui est le jour qu'il partit pour la Meutte. La Reine y fut seule ce jour-là, et le prédicateur lui fit un petit compliment à la fin de son exorde, suivant l'usage, et le compliment fut fort approuvé. Hier, le Roi fut au sermon, et soupa encore dans ses cabinets avec trois ou quatre hommes. M. le prince de Conty, qui a été reçu parfaitement bien du Roi, soupa hier et avant-hier dans les cabinets ; il est maigri et fort changé. Ces deux jours derniers il y a eu du gras dans les cabinets pour les deux dames et pour M. le prince de Conty ; c'est ce qu'on n'avoit point encore vu. Hier devoit être regardé comme un souper particulier, mais lundi il y avoit quatorze personnes.

On parle diversement sur le voyage de M. le prince de Conty ici. Beaucoup de gens croyent que les plaintes faites par l'Empereur contre M. le maréchal de Broglie, et contenues dans une lettre écrite par S. M. I. directement au Roi, et l'incompatibilité de ce général avec M. de Seckendorf, qui est le seul homme que l'Empereur puisse mettre à la tête de ses troupes, ont mis dans la nécessité de songer à un autre arrangement. On dit que M. le maréchal de Broglie reviendra, et qu'il n'est pas même éloigné de le désirer, ayant obtenu ce qu'il souhaitoit. On ajoute que M. le prince de Conty va commander l'armée, ayant sous ses ordres M. le comte de Saxe. Cependant voici ce qui s'est passé sur cette affaire et qui est certainement vrai. Mme la princesse de Conty, fort en peine de la santé de son fils, et se servant de cette raison, soit que ce fût la seule, soit qu'elle en eût d'autres, avoit écrit au Roi (et je crois même plusieurs fois) pour lui demander un moment d'audience, l'assurant qu'elle n'avoit à lui parler que pour M. son fils. Le lendemain de la mort de M. le Cardinal, le Roi dit à M. de Gesvres que Mme la princesse de Conty lui demandoit avec empressement une audience, ajoutant même la raison pour laquelle elle vouloit lui parler; apparemment que le Roi donna l'heure en même temps à M. de Gesvres pour cette audience. M. de Gesvres fut parler à Mme la princesse de Conty, et lui répéta ce que le Roi lui avoit dit; Mme la princesse de Conty répondit toujours que le Roi lui avoit ordonné de venir lui parler, et fut un peu embarrassée avec M. de Gesvres, parce qu'elle ne s'étoit pas adressée à lui pour cette audience. Enfin l'audience fut donnée dans la pièce qui est entre le cabinet ovale et l'escalier. M. de Gesvres et Champcenetz, premier valet de chambre, restèrent dans le cabinet oval, et la porte demeura ouverte ; ils entendirent que Mme la princesse de Conty parlait beaucoup de M. son fils ; effectivement elle demanda au Roi son retour, par rapport à sa santé et à ses affaires, à la condition expresse que S. M. lui permettroit d'y retourner. Comme ce même jour, ou la veille, la lettre et le mémoire de M. Chauvelin, dont j'ai parlé ci-dessus, furent donnés au Roi, le public, instruit de l'ancienne liaison de Mme la princesse de Conty avec M. Chauvelin et de l'audience qu'elle avoit eue, jugea et dit que c'étoit elle qui avoit donné le mémoire, d'autant plus que l'on ignoroit et que l'on ignore encore par qui ce mémoire a été remis ; mais on peut regarder comme certain qu'elle ne remit aucun mémoire à S. M.

Il paroît constant que la réunion de la direction des fortifications aux deux secrétaires d'État est faite. Ceux qui veulent soutenir l'avantage de cette réunion disent que le même arrangement subsistoit sous Louis XIV, du temps de M. de Louvois et de M. de Seignelay ; mais on ne fait pas une observation, c'est que l'inspection générale des fortifications étoit alors exercée par un homme d'un mérite supérieur, qui étoit M. de Vauban, et que d'ailleurs cela ne subsista qu'un certain temps, M. le Pelletier de Souzy ayant été chargé en particulier des fortifications. On pourroit répliquer que ce détail n'étoit pas trop de la compétence d'un homme de robe, mais le feu Roi employoit les gens de robe pour travailler avec lui de préférence aux militaires.

Quoique M. de Séchelles ait été nommé intendant de Lille, il paroît certain que ce ne sera pas lui qui sera intendant de l'armée de M. le maréchal de Noailles, et que ce sera M. Chauvelin, intendant d'Amiens, en qui M. de Noailles a pris beaucoup de confiance dans la dernière campagne. Tous ces arrangements se font sans qu'on ait consulté en rien M. de Belle-Isle ; cependant il dit qu'il ne peut avoir aucun sujet de se plaindre, qu'il a eu deux audiences du Roi, l'une en présence de M. Amelot, l'autre en présence de M. d'Argenson; qu'il a eu le temps dans l'une et dans l'autre de rendre compte fort en détail des affaires politiques et militaires dont il a été chargé; que le Roi lui a marqué du contentement de la manière dont il s'étoit acquitté de ses ordres dans l'un et l'autre genre; qu'il ne s'est point présenté depuis devant S. M. sans en avoir reçu des marques de bonté par des questions sur sa santé; que sa sciatique est la seule raison qui ait empêché qu'il ne soit employé, ayant une lettre écrite de la main du Roi par laquelle S. M. avoit la bonté de lui demander si sa santé lui permettoit d'aller sur-le-champ prendre le commandement de l'armée de Bavière; qu'il avoit été obligé de répondre au Roi que, ne pouvant absolument monter à cheval, il ne pouvoit accepter l'honneur qu'il lui faisoit; qu'à la vérité il s'étoit trouvé obligé, malgré son état, de garder le commandement de l'armée de Bohême, mais que les circonstances étoient fort différentes; qu'il avoit commencé par demander son congé et l'avoit obtenu, et que trois jours après il avoit reçu une lettre de M. le Cardinal, portant ordre de garder le commandement de l'armée, malgré ses infirmités, le Roi ne lui demandant de faire que ce qu'il pourroit, mais jugeant sa présence absolument nécessaire. Ce fut dans le même temps qu'on lui envoya une patente pour commander l'armée, sans aucune dépendance de M. de Broglie, qui avoit obtenu, comme je l'ai marqué ci-dessus, celle de commandant général.

M. de Belle-Isle me racontoit aujourd'hui un fait qui lui est arrivé pendant le blocus de Prague, qui est assez singulier pour mériter d'être rapporté. Pendant le séjour que l'armée du Roi avoit fait en Bohême, avant que d'être renfermée dans Prague, on avoit établi des contributions; une partie avoit été payée, il en restoit encore de dû 140,000 livres. L'armée étant restée bloquée dans Prague depuis le siége, M. de Belle-Isle ne perdit point de vue le payement de cette somme ; il trouva le moyen de faire avertir tous ceux qui devoient de payer au plus tôt ; comme la plupart avoient des effets dans leurs maisons à eux ou à leurs amis dans la ville de Prague et qu'il n'y avoit que les menaces qui pussent faire payer cette dette, il les avertit qu'il alloit faire mettre le feu à ce qui leur appartenoit s'ils ne payoient pas. Cet avertissement fit une telle impression que l'un des plus grands seigneurs de Bohême, qui avoit une grande quantité de vaisselle d'argent dans sa maison à Prague et enfermée sous clef, et qui devoit une somme de 45,000 livres de contribution, envoya aussitôt sa clef et donna ordre que l'on vendît sa vaisselle pour payer cette somme. Mais ce qui est le plus remarquable, c'est que M. le prince de Lobkowitz, commandant l'armée de la reine de Hongrie et maître alors de toute la Bohême, à la réserve des deux seules villes de Prague et d'Egra, après avoir tenté inutilement d'arrêter la rigueur avec laquelle on exigeoit lesdites contributions, par plusieurs lettres qu'il écrivit à M. de Belle-Isle et qui étoient presque toutes remplies de menaces, fut enfin obligé d'écrire sur un autre ton, et demanda que l'on ménageât les biens de son neveu, ce qui fut exécuté.

Mon fils me contoit ces jours-ci encore un autre fait que M. de Belle-Isle m'a confirmé. Comme M. de Broglie en quittant Prague n'avoit laissé dans la ville du fourrage que pour trois jours et du pain pour trois semaines et environ 25,000 écus dans le trésor de l'armée, il fallut que M. de Belle-Isle songeât à réparer la subsistance et à faire venir de l'argent. Je viens de marquer ce qu'il fit par rapport à l'argent. Outre cela, j'ai marqué dans le temps qu'il trouva moyen de remonter une partie de la cavalerie et les dragons en fort peu de jours. Il eut attention aussi de faire entrer des farines, de façon que quand il est sorti de Prague il avoit de quoi fournir l'armée de pain pendant quatre mois. Il fallut aussi songer aux fourrages, et c'est de quoi il s'occupoit tous les jours; il fit usage des chevaux qu'il venoit de faire donner à ses troupes, et avoit trouvé moyen d'en amasser pour plus de trois mois. Mon fils, entendant raisonner M. de Belle-Isle sur la disposition d'un de ces fourrages, et usant de la liberté qu'il lui avoit donnée de lui faire quelquefois des questions, lui représenta que marchant du côté où l'on disoit qu'étoient les ennemis, sa droite lui paroissoit bien en l'air; M. de Belle-Isle trouva l'observation fort juste, et lui dit qu'il savoit bien que l'armée de M. de Lobkowitz étoit à Konigsal, qui est le côté vers lequel il marchoit, qu'il savoit même que l'avant-garde de l'armée ennemie étoit en marche et passoit la rivière; mais que M. le prince de Lobkowitz avec le reste de l'armée ne marchoit point ce jour-là; qu'il est vrai que cette avant-garde pourroit l'attaquer, mais que celui qui la commandoit ne se hasarderoit point de faire cette tentative sans avoir envoyé recevoir les ordres de M. de Lobkowitz; que quelque diligence que l'on pût faire il falloit tant de temps pour aller au quartier général et tant pour le retour, que cet intervalle de temps lui étoit plus que suffisant pour faire son fourrage sans aucun risque. Son jugement fut très-fondé, et le fourrage se passa tranquillement.

Non-seulement M. de Belle-Isle a travaillé plusieurs fois avec MM. d'Argenson et Amelot, mais il a été aussi voir les autres ministres. Après une conversation d'une demi-heure ou trois quarts d'heure avec M. de Maurepas, le même jour, M. de Maurepas dit le soir que l'extrait de la conversation qu'il avoit eue avec M. de Belle-Isle étoit qu'il n'y avoit de bien fait que ce qui avoit été fait par lui, et que tout ce que l'on feroit sans lui seroit mal.

Du jeudi 14, Versailles. Le Roi soupa hier dans sa chambre; il travailla avant souper avec M. d'Argenson. On a su ce matin qu'il y avoit trois gouvernements de donnés. Celui de Salces, qu'avoit feu M. de Nangis, a été donné à M. de Lutteaux; celui de Villefranche, qu'avoit M. le marquis de Montal, à M. du Chayla ; le fort Barreaux, qu'avoit M. des Pontis, à M. le comte de Danois. Un quatrième, qu'avoit feu M. de Polastron, qui est Neuf-Brisach, a été donné à M. de Clermont-Gallerande. Il y a encore trois gouvernements à donner ; Berghes, que rend M. de Broglie ; Saint-Malo, vacant par la mort de M. d'Hautefort ; Montpellier, par celle de M. de Castries ; outre cela, il y a encore le gouvernement de Pontarlier à donner. On nommoit beaucoup M. de Richelieu pour le gouvernement de Montpellier ; mais on n'en parle plus de même, et l'on croit qu'il n'y compte plus. M. de Danois a fait aujourd'hui son remercîment au Roi ; le Roi ne lui a rien dit, mais en rentrant dans son cabinet il a dit à quelqu'un de ceux qui le suivoient : « Le gouvernement que je lui ai donné est bon, mais il le mérite bien. » Effectivement M. de Danois est homme de grande distinction ; il est lieutenant général de cette dernière promotion ; il étoit maréchal de camp de 1734. On ne peut pas oublier ce qui lui arriva à la bataille de Malplaquet. M. de Danois étoit dans le régiment du Roi ; il fut blessé au visage d'un coup de feu, et resta sur le champ de bataille au nombre des morts. Il est frère de M. de Cernay ; ils sont de Valenciennes. Une femme qui avoit élevé M. de Danois, et qui étoit à Valenciennes dans sa maison, ayant entendu dire qu'il avoit été tué, dit qu'elle vouloit absolument qu'on la menât sur le champ de bataille. On lui représenta l'inutilité de son zèle, l'impossibilité presque absolue de retrouver le corps de M. de Danois au milieu de tant de morts ; rien ne put l'arrêter : elle demanda un carrosse et un domestique de la maison, qu'elle prit avec elle ; elle se fit conduire dans l'endroit où étoit le régiment du Roi. Il se trouva que M. de Danois, qui étoit tombé, comme je l'ai dit, au milieu des morts et laissé pour tel, malgré l'extrême foiblesse où l'avoit jeté la quantité de sang qu'il avoit perdue, avoit conservé assez de force et de connoissance pour apercevoir un homme qui vendoit de l'eau-de-vie et qui passa sur le champ de bataille; il appela cet homme, et lui demanda un coup d'eau-de-vie par charité, lui disant qu'étant dépouillé comme il l'étoit et prêt à mourir il ne pourroit ni lui donner ni même lui promettre rien, mais que Dieu seroit sa récompense. Cette eau-de-vie le soutint jusqu'au lendemain matin, que la femme arriva à la pointe du jour et le trouva encore en vie; on le rapporta à Valenciennes, et il guérit parfaitement de cette blessure.

M. le maréchal de Belle-Isle fut hier au coucher du Roi. Comme il a la première entrée, et qu'il y a peu ou même point de différence le soir entre la première et la grande, il resta avec M. de Gesvres, M. de Maillebois et le premier valet de chambre; il prit ce moment pour s'approcher du Roi et lui demander son agrément pour la dignité de prince de l'Empire, dont l'Empereur vouloit l'honorer. M. Amelot prétendoit qu'une permission verbale suffisoit; M. de Belle-Isle a insisté à en vouloir une par écrit, et le Roi a donné ordre à M. Amelot de l'expédier. Le Roi, qui avoit paru un peu embarrassé dans le premier moment que M. de Belle-Isle voulut lui parler, parut fort à son aise quand il sut de quoi il s'agissoit, et dès cet instant parla beaucoup à M. de Belle-Isle jusqu'à la fin de son coucher.

J'ai oublié de marquer ci-dessus que M. de Belle-Isle est revenu de Francfort avec la Toison d'Or, que le roi d'Espagne lui a accordée, et dont la cérémonie s'est faite à Francfort.

J'oubliois de marquer que M. de Belle-Isle dit hier au Roi que l'intention de l'Empereur avoit été, s'il avoit conservé la Bohême, de lui donner un fief de 40,000 écus de rente dans ce royaume pour joindre à la dignité de prince de l'Empire.

A l'occasion de la permission accordée à M. de Belle-Isle d'accepter cette dignité, je parlai encore, il y a quelques jours, à M. Amelot de ce que j'ai marqué ci-dessus par rapport à mon fils; il me paroissoit qu'un exemple devoit déterminer sur une grâce qui n'est de nulle valeur dans ce pays-ci. D'ailleurs, cette grâce est dans un cas plus favorable, si on peut le dire, que celle de M. de Belle-Isle ; ce n'est en quelque manière qu'une extension au diplôme accordé à M. de Grimberghen. M. de Grimberghen prétend, comme je l'ai marqué ci-dessus, que l'usage de l'Empire est de ne point nommer les collatéraux dans les diplômes ; cependant celui de M. de Belle-Isle s'étend aux collatéraux ; il est vrai que les droits de chancellerie sont plus considérables pour l'expédition de pareils diplômes ; enfin, il ne s'agissoit que de permettre que cette grâce parvînt jusqu'à mon fils, soit par une addition au diplôme de M. de Grimberghen, soit par un nouveau diplôme. M. Amelot a toujours persisté à répondre qu'il croyoit savoir que cette proposition ne seroit point agréable au Roi, malgré l'exemple de M. de Belle-Isle.

Du 15, *Versailles.* — Avant-hier, M. le duc de Penthièvre présenta au Roi M. de Saint-Pern, qu'il a fait son premier écuyer à la place de M. d'Hautefort-Bozein ; il présenta en même temps le chevalier de Castellane, frère de celui qui est chef de brigade des gardes du corps, qu'il a fait capitaine de ses gardes à la place de M. de Saint-Pern. Il les amena l'un et l'autre chez la Reine, à qui il comptoit les présenter ; la Reine lui fit signe que Mme de Luynes étoit présente et qu'il falloit s'adresser à elle. M. de Penthièvre vint à Mme de Luynes lui demander permission de présenter ces deux messieurs ; il s'approcha en même temps de la Reine ; Mme de Luynes s'en approcha aussi, et ils les nommèrent l'une et l'autre à S. M.

J'ai déjà marqué ci-dessus les témoignages que MM. les maréchaux de Broglie et de Belle-Isle avoient bien voulu rendre de la conduite de mon fils pendant cette dernière campagne. Il me contoit il y a quelques jours la manière dont il avoit agi avec M. le maréchal de Broglie dans les premiers temps que ce général arriva à l'armée. Comme on savoit qu'il étoit ami de M. de Belle-Isle, et que M. le maréchal de Broglie ne le connoissoit point, il crut que le meilleur parti étoit de s'expliquer d'abord simplement et naturellement. Il connoissoit M. de Marcilly, fort ami de M. de Broglie ; il le pria de dire à M. le maréchal qu'il désiroit infiniment de lui plaire, qu'il n'épargneroit pour cela ni les soins ni les attentions; qu'il espéroit même mériter son estime par son exactitude à lui obéir et son assiduité à son devoir; que d'ailleurs il étoit ami de M. de Belle-Isle ; que s'il ne pouvoit espérer les bontés de M. le maréchal de Broglie, qu'en changeant de sentiments et de conduite par rapport à M. de Belle-Isle, il sentoit bien qu'il ne parviendroit jamais à les obtenir; qu'à cela près il feroit tout ce qu'il pourroit pour s'en rendre digne. Ce discours fut rendu à M. de Broglie par M. de Marcilly, et il fut très-bien reçu; mon fils y alla le lendemain, et fut fort bien traité par ce général, qui a toujours continué à lui marquer de l'estime et de l'amitié.

Du dimanche 17, *Versailles.* — Il y a deux ou trois jours que M. l'abbé Bignon mourut en sa maison de l'Isle-Belle près de Mantes; il étoit doyen du conseil et chargé de la bibliothèque du Roi. M. l'abbé Bignon avoit plus de quatre-vingts ans. La place de doyen du conseil passe à M. l'abbé de Pomponne ; elle lui vaudra 6 ou 7,000 livres de rente de plus. Cette place ne se perd jamais, quand même on seroit hors d'état de servir pendant de longues années.

Jeudi dernier mourut à Paris M. de Brienne, âgé de quatre-vingt-quatre ans; il étoit fils du secrétaire d'État, petit-fils par sa mère de M. de Chavigny (1), aussi secré-

---

(1) M. de Chavigny le ministre a eu vingt enfants, dont treize ont vécu en même temps. L'aîné étoit M. de Pons, mort depuis deux ans, qui a eu un fils, lequel a le régiment de Cambrésis et a épousé il y a quelques années la fille de M. le marquis de la Fare; un second est M. de Chavigny, qui a chassé toute sa vie et qui est mort vieux; M. l'ancien évêque de Troyes, mort il y a douze ans au moins; un chevalier et un abbé. M. de Chavigny eut plusieurs filles; une épousa en premières noces M. Brulart, dont elle eut Mme de Chameron-Vichy et Mme de Luynes, et en secondes noces M. le duc de Choi-

taire d'État, et frère de feu Mme de Gamaches. Sa femme vit encore; elle est sœur de Mme de Luynes; mais elle est âgée de vingt-cinq ans plus qu'elle; elle étoit fille de M. Brulart d'un premier lit. M. de Brienne avoit deux garçons : le cadet s'appelle Loménie, et n'est connu de personne. Il est marié et a peu de bien; il a un garçon. L'aîné est M. de Brienne, qui a épousé Mlle de Vilatte-Chamillart, sœur de Mme de Guitaut. Leur mère, Mme de Vilatte, est aujourd'hui Mme de Saumery, veuve du sous-gouverneur du Roi, qui avoit été ambassadeur à Munich. Ils ont trois garçons; le Roi a donné à l'aîné, depuis un mois ou deux, une compagnie nouvelle, l'une des quatre dont on augmente le régiment des cuirassiers.

M. le comte de Bavière prit congé hier au débotter; il s'en va servir en Bavière. C'est un usage qui s'est établi sous ce règne-ci de faire les révérences et prendre congé dans le cabinet. C'est de M. de Gesvres que je tiens cette observation.

M. le Premier demanda hier l'agrément du Roi : il se marie; il a cinquante-deux ans; il épouse Mme de Thémines, sœur de M. d'Hautefort et de Mme d'Heudicourt; elle a trente-neuf ans. Il a fait aujourd'hui signer son contrat; le mariage se fera demain.

Mme de Corronini vint ici hier voir la Cour où elle n'étoit jamais venue; elle est en France depuis peu de temps, où elle est venue, à ce qu'elle dit, pour sa santé; d'autres disent pour quelques négociations de mariage; elle est venue avec M. Loss. Mme de Corronini est une grosse et grande femme, âgée, et qui a de l'esprit; elle est princesse de l'Empire et gouvernante des princesses filles de l'Empereur, qu'elle a très-bien élevées. Ce qu'elle nous a dit des obligations de cette charge ne paroît pas devoir

---

seul; une autre étoit Mme la maréchale de Clérembault; une troisième étoit la mère de M. de Brienne, dont c'est ici l'article; une autre, Mme de Bosmelet, mère de Mme la duchesse de la Force douairière aujourd'hui; deux abbesses à Issy et une autre religieuse. (*Note du duc de Luynes*).

la rendre désirable, à en juger suivant nos usages. Il est vrai que la gouvernante ne couche point dans l'appartement des princesses, mais il faut qu'elle soit chez elles depuis neuf heures jusqu'à minuit et toujours debout, même pendant les repas, au commencement et à la fin desquels elle leur présente la serviette.

Comme j'ai parlé ci-dessus, à l'article du 29 août 1741, de la grâce accordée par le Roi à M. de Picquigny pour M. de Chauve de Vézanne, il convient d'ajouter ici ce qui s'est passé depuis. M. de Vézanne ayant toujours continué de se mêler du détail de la compagnie des chevau-légers et s'en étant acquitté avec zèle et capacité, en dernier lieu dans la campagne de Flandre, où il s'est attiré l'estime et l'amitié de toute la compagnie, M. de Picquigny désiroit fort d'obtenir pour lui le grade de maréchal des logis. Les deux maréchaux des logis aides majors étoient M. de Fortisson, dont j'ai parlé ci-dessus, qui vit encore, mais qui ne sert plus depuis plusieurs années et qui a obtenu le grade de maréchal de camp; l'autre, M. de Fontaines, qui sert depuis plus de soixante ans. M. de Picquigny demanda dans son travail avec le Roi, il y a environ quinze jours, qu'il plût à S. M. accorder le même grade de maréchal de camp à M. de Fontaines, et en même temps la retraite ordinaire, qui est 1,000 écus de pension. M. de Fontaines avoit déjà 3,500 livres de pension du Roi. Le Roi accorda les 1,000 écus de retraite en conservant les 3,500 livres de pension. A l'égard du grade de maréchal de camp, comme la promotion étoit faite, il ne voulut pas que l'on y ajoutât rien; mais il donna espérance à M. de Picquigny qu'il pourroit l'accorder dans quelque temps. A l'égard de la place de M. de Fontaines, sur le rapport que M. de Picquigny fit de M. de Vézanne, S. M. voulut bien le nommer à cet emploi. Quelques jours après, le Roi, travaillant avec M. d'Argenson, lui parla des 6,500 livres de pension de M. de Fontaines, et lui dit de chercher les exemples de pareille grâce. M. d'Argenson avertit aussitôt

M. de Picquigny de l'ordre qu'il avoit reçu. M. de Picquigny fit sur-le-champ un mémoire où il rapportoit l'exemple de pareille grâce accordée dans les gendarmes, même un peu plus considérable, puisque l'aide major des gendarmes avoit déjà 1,800 livres de pension et qu'il eut permission de tirer 20,000 livres de son emploi. Ce mémoire ne fut point remis, parce que M. d'Argenson étoit déjà instruit de cet exemple; ainsi l'arrangement fait n'a point souffert de difficulté.

Du mercredi 20, *Versailles.* — On sut avant-hier que le Roi avoit donné à M. le maréchal de Puységur le gouvernement de Berghes, que M. le maréchal de Broglie vient de remettre à S. M. M. de Puységur avoit demandé Strasbourg, et n'avoit point demandé Berghes. Berghes vaut environ 22,000 livres de rente; il rend celui de Condé, qui en vaut 18,000. Il y a encore à donner Saint-Malo, Montpellier, qui sont considérables, et Pontarlier, qui est peu de chose. Il paroît certain que le Roi a eu le dessein de donner à M. de Charlus le gouvernement de Montpellier, supposé qu'il voulût épouser Mlle de Fleury; mais M. l'archevêque d'Alby n'a pas voulu consentir à ce mariage.

Il y a eu deux places de conseiller d'État de vacantes, l'une par la mort de M. Bignon, intendant de Soissons, l'autre par la mort de M. l'abbé Bignon, son oncle, bibliothécaire du Roi. La première a été donnée à M. de Vatan, prévôt des marchands de la ville de Paris; la seconde fut donnée avant-hier à M. l'abbé de Saint-Cyr, sous-précepteur de M. le Dauphin.

M. d'Aubigné arriva ici il y a quelques jours; il fit sa révérence au Roi; il ne lui dit pas un mot. Il est ami de M. de Belle-Isle; cela seul seroit une raison de n'être pas bien reçu ici dans le moment présent; mais outre cela, on lui a imputé plusieurs choses sur lesquelles il prétend avoir des preuves par écrit qui doivent le justifier entièrement. Une de ces accusations est au sujet d'un événement arrivé près de Schwandorf, en conduisant une des divisions de l'armée de Bohème en revenant. On disoit qu'une partie de cette division étoit revenue fuyant dans Amberg, qu'il y avoit péri deux cent soixante-quatorze hommes et que tous les équipages avoient été pillés; M. d'Aubigné a montré la lettre par laquelle M. le maréchal de Broglie, n'ayant pas apparemment assez éclairci le bruit que l'on avoit répandu, lui marquoit qu'il rendroit compte à la Cour de cette affaire avec tout le ménagement qu'il seroit possible. M. d'Aubigné a prouvé, en arrivant ici, que tous ces faits étoient absolument faux, puisque tous ses équipages marchoient devant lui et qu'il n'en avoit pas perdu la moindre partie; qu'il n'avoit pas non plus perdu un seul homme de sa division; qu'il n'avoit pas même trouvé les ennemis; et mon fils, qui suivoit et menoit une division immédiatement après M. d'Aubigné, assure qu'il n'est pas rentré un seul homme de cette division dans Amberg.

Comme la plupart des lieutenants généraux de l'armée de M. de Belle-Isle ne sont point employés, on a débité ici que cela ne devoit pas surprendre, puisque M. le maréchal de Belle-Isle avoit mandé lui-même qu'il ne connoissoit pas un lieutenant général dans son armée propre à la commander. On a rapporté même un extrait de la lettre de M. de Belle-Isle, et cet extrait a été montré au Roi. Ce qui a donné occasion à cette injuste accusation a été une lettre écrite par M. de Belle-Isle à M. de Breteuil, après la levée du siége de Prague et la tentative inutile de l'armée de M. de Maillebois pour entrer en Bohème. M. de Belle-Isle, voyant le peu d'espérance qui lui restoit d'être secouru par cette armée, écrivit à M. de Breteuil pour demander les ordres du Roi sur trois cas différents dans lesquels il pourroit se trouver : le premier de sortir avec toute l'armée, infanterie, cavalerie, artillerie, supposé que la position de l'armée ennemie le lui permît; le second de faire sortir seulement la cavalerie; le troisième de laisser la cavalerie et d'emmener seulement l'infanterie. Dans les deux derniers cas il s'agissoit de savoir si le Roi vouloit que M. de Belle-Isle sortît de Prague ou y restât avec la portion de l'armée qu'il seroit obligé d'y laisser, et à l'égard de l'autre portion de l'armée, savoir à qui il en donneroit le commandement. M. de Belle-Isle ajoutoit qu'à l'égard du choix de celui qui commanderoit, il étoit inutile qu'il fît aucun détail à M. de Breteuil, lequel étoit assez instruit pour pouvoir rendre compte au Roi.

J'ai marqué ci-dessus que depuis la maladie de M. de Meuse, le Roi dînoit toujours seul dans ses cabinets. Cependant MM. d'Ayen et de Noailles y ont dîné une seule fois, et depuis le carême le Roi a fait porter souvent sa collation, qui est ordinairement du lait, chez Mme de la Tournelle. D'ailleurs le même usage que j'ai marqué ci-dessus subsiste toujours; il n'y a de grand couvert que le dimanche; outre cela le Roi soupe à son petit couvert, dans sa chambre, deux fois la semaine; les autres jours, quand même il n'auroit pas été à la chasse, il soupe dans ses cabinets; Mmes de la Tournelle et de Lauraguais y sont toujours; Mme de Flavacourt y est souvent, mais quelquefois on ne l'avertit point pour ces soupers.

Du mardi 26, Versailles. — Il y a trois ou quatre jours que le Roi donna à M. et à Mme d'Aumont l'appartement de feu M. le cardinal de Fleury; ils ont actuellement l'appartement qu'avoit feu Mme la duchesse du Lude, et depuis Mme de Nesle et Mlle de Clermont; ils demandoient à en changer.

Le Roi donna aussi, il y a trois jours, à M. le duc et à Mme la duchesse de Ruffec l'appartement de M. et de feu Mme de Saint-Simon. Cet appartement est dans l'aile neuve, auprès de celui de Mme la maréchale de Villars. Cet arrangement s'est fait de concert avec M. de Saint-Simon, qui a demandé cette grâce pour son fils et qui a cru ne devoir point perdre de temps à la solliciter, parce qu'étant présentement seul et cet appartement étant double, il pourroit arriver que dans le besoin où l'on est d'appartements, on lui proposeroit de le changer contre un moins grand. M. de Saint-Simon ne vient plus à la Cour ; il n'y a point paru depuis que M. le Dauphin a été reçu chevalier de l'Ordre, à Fontainebleau (1). M. de Saint-Simon a soixante-huit ans; il avoit un grand crédit sur l'esprit de feu M. le duc d'Orléans, dont il a obtenu plusieurs grâces pendant la Régence : l'ambassade d'Espagne, dont la grandesse a été une suite, laquelle grandesse est encore une grâce particulière, parce qu'il obtint la permission de la faire passer à celui de ses enfants qu'il voudroit; une place au conseil de Régence, avec 20,000 livres d'appointements, qu'il n'a pas voulu garder. Il obtint outre cela pour ses deux enfants la survivance de ses deux gouvernements de Blaye et de Senlis. Blaye vaut 25,000 livres, dont 21,000 livres tous frais faits; Senlis 15,000, dont 13,000 tous frais faits. Ces deux gouvernements et la pension de l'Ordre sont les seuls bienfaits du Roi qui restent à M. le duc de Saint-Simon. En tout il jouit aujourd'hui de 173,000 livres de rente, sur quoi il a donné à chacun de ses garçons, en les mariant, 20,000 livres de rente et 10,000 livres, aussi de rente, à Mme de Chimay, sa fille. Il doit 900,000 livres en rente constituée au denier vingt, et 200,000 livres de dettes exigibles ; il doit outre cela à ses enfants 500,000 écus, qui est le bien de Mme de Saint-Simon, dont il revient 50,000 livres à la fille et le reste à MM. de Ruffec. Ses enfants ne veulent lui rien demander, et qu'il jouisse de tout ce qu'il a. Pour mettre même plus de netteté dans ses affaires, ils se chargent de lui fournir 55,000 livres clair et net tous les ans, et du surplus ils en acquitteront toutes les charges de son bien. M. de Saint-Simon est l'homme du monde le plus incapable d'entendre les affaires d'intérêt, quoique cependant il soit extrêmement instruit sur toutes autres matières; il a beaucoup d'esprit et est très-bon ami ; mais comme c'est un carac-

---

(1) Le 13 mai 1742.

tère vif, impétueux et même excessif, il est aussi excessif dans son amitié. Par exemple, il conserve une reconnoissance infinie pour la mémoire de Louis XIII, duquel sa maison a reçu beaucoup de grâces, et entre autres l'érection du duché; il n'a pas un appartement à la ville, à la Cour, à la campagne, où il n'y ait le portrait de Louis XIII.

Il y eut sermon dimanche et hier lundi, à cause de la fête de la Vierge. Hier après le sermon et le salut, le Roi partit pour Choisy, menant les quatre dames qui sont de ce voyage; c'est Mme la duchesse d'Antin et les trois sœurs; il reviendra vendredi, et il tiendra conseil d'État en arrivant.

J'ai oublié de marquer ci-dessus que depuis le départ des gardes françoises et suisses pour la campagne, la garde, qui n'est composée que de détachements par compagnie de ces troupes, monte sans drapeaux, ce qui ne s'étoit jamais vu. La raison de cette nouveauté est que lorsque les gardes françoises et suisses alloient en campagne, c'étoient des compagnies entières qui restoient pour la garde du Roi, et qu'aujourd'hui cette garde n'est composée que de détachements faits de chaque compagnie.

Du mercredi 27. — Il y a lieu de croire qu'il n'y aura point de chevaliers de l'Ordre à la Pentecôte prochaine, d'autant plus que ceux qui ont été nommés à la Chandeleur, étant tous militaires et servant tous, ne pourront pas être reçus à la Pentecôte. Il y a quelque temps que M. de Meuse, étant tête à tête avec le Roi, lui parloit sur la facilité des preuves qui étoient à faire pour être reçu chevalier de l'Ordre, ajoutant qu'un honneur aussi considérable sembloit demander qu'il y eût moins de personnes à portée de l'obtenir. Le Roi lui répondit qu'Henri III avoit eu ses raisons en admettant des preuves faciles à faire; qu'il avoit voulu conférer cet honneur à un plus grand nombre de gens de sa Cour. M. de Meuse ajouta encore qu'il étoit bien difficile qu'il n'y eût des occasions où le Roi ne donnât des dispenses, même sur les preuves nécessaires; le Roi répondit qu'il n'en donnoit aucune.

Dans cette conversation ou dans quelqu'une des autres qu'il a souvent avec le Roi, le discours tomba sur les rangs à la Cour. M. de Meuse dit qu'il étoit assez désagréable pour les gens de condition de n'avoir aucune marque extérieure qui les distinguât et d'être confondus avec tout le monde. Le Roi répondit : « Mon père avoit eu le dessein d'établir quelques marques extérieures pour distinguer les conditions, mais cela seroit sujet à trop d'inconvénients. »

Dans une de ces conversations, il fut question des carreaux des ducs, et le Roi dit : « C'est le maréchal de Duras qui y a donné occasion; comme il avoit peine à se tenir à genoux, il portoit dans sa poche une espèce de petit matelas pour mettre sous ses genoux. » On parla aussi du carreau que M. de Châtillon avoit pris derrière M. le Dauphin avant que d'être fait duc, et le Roi parut approuver que cela se fût passé de cette manière.

Dans une autre conversation, je ne sais par quel hasard le discours tomba sur les grâces que le Roi accordoit quelquefois à gens d'une naissance peu considérable, et le Roi dit : « Il est de ma gloire de les élever. »

Quant à ce que je viens de marquer sur les chevaliers de l'Ordre, tout concourt à prouver que la promotion de la Chandeleur avoit été faite par M. le Cardinal. M. de la Mothe-Houdancourt reçut en Bavière, l'année passée, une lettre de S. Ém. qui lui marquoit : « Vous ne serez pas chevalier de l'Ordre au premier jour de l'an, mais vous n'attendrez pas longtemps. »

M. le chevalier d'Apchier servira cette année. Pour M. de la Fare, quoique le Roi l'ait très-bien traité, qu'il lui ait toujours parlé avec bonté, qu'il l'ait même mené à Choisy ce voyage-ci, il n'a jamais pu obtenir de servir.

M. d'Argenson en a parlé plusieurs fois au Roi dans son travail, et le Roi remettoit toujours d'un travail à l'autre sur cette affaire. Enfin M. d'Argenson dit il y a quatre ou cinq jours à M. de la Fare qu'il ne falloit pas l'amuser plus longtemps, qu'il pouvoit vendre son équipage.

Pour M. de Beauvau, colonel du régiment de la Reine et inspecteur de cavalerie, qui a été fait maréchal de camp à la dernière promotion et qui a été chargé assez longtemps des affaires du Roi auprès de l'électeur de Bavière, auprès duquel même il étoit resté à Francfort depuis l'élection, quoique ce soit un des plus dignes officiers et le plus rempli de talents, on l'a cru apparemment trop attaché à M. de Belle-Isle, et il n'est point employé. M. de Beauvau ne s'est trouvé enfermé dans Prague que parce qu'ayant vu M. de Belle-Isle parti pour aller joindre l'armée et jugeant qu'il pourroit y avoir quelque chose à faire, quoiqu'il fût malade, il demanda à l'Empereur permission d'aller faire un tour à l'armée seulement pour douze jours. La retraite de Frauenberg arriva dans cette entrefaite, et fut ensuite suivie du blocus et du siége de Prague. M. de Beauvau, voyant qu'il ne seroit point employé et ayant reçu beaucoup de marques de bonté de l'Empereur, désiroit aller passer deux jours seulement à Francfort pour lui marquer sa reconnoissance; il le dit à M. Amelot, qui lui fit d'abord quelque difficulté, mais qui lui répondit cependant qu'il le pouvoit. M. de Beauvau prit congé du Roi le lendemain pour aller à Francfort. Cette démarche ne fut point approuvée par M. Amelot, qui lui manda de suspendre son voyage et qu'il auroit de ses nouvelles. Deux ou trois jours après, il reçut une lettre, à Paris, de M. Amelot qui lui mandoit de ne point aller à Francfort.

Il paroît que M. le cardinal de Tencin a grand désir de s'en aller à Lyon; on ne s'aperçoit pas jusqu'à présent que son crédit augmente dans ce pays-ci.

A l'égard de M. Amelot, les autres ministres paroissent

peu contents de lui ; ils disent que dans le comité ni dans le conseil il ne dit rien d'important, réservant tout pour son travail particulier avec le Roi.

Du jeudi 28, *Versailles*. — Nous sûmes hier que Mme la duchesse de Rohan étoit morte à Paris ; elle s'appeloit Mlle du Bec ; elle étoit fille du marquis de Vardes ; sa mère étoit Nicolaï ; elle avoit été mariée en 1678 avec M. le duc de Rohan-Chabot ; elle avoit eu dix enfants, trois garçons et sept filles. Feu M. le prince de Léon étoit l'aîné de ces enfants. Le chevalier de Rohan, qui a pris le nom de comte de Chabot à son mariage, a épousé une fille de M. de Jarnac, veuve de M. de Montendre, qui prit le nom de Jarnac. Le troisième garçon est mort. Mme la princesse de Berghes est une des filles de Mme de Rohan, dont c'est ici l'article. Une autre fille avoit épousé M. le comte de la Marck, grand d'Espagne, ci-devant ambassadeur à Madrid. C'est la mère du comte Louis de la Marck. Feu M. le prince de Léon avoit eu de Mlle de Roquelaure, qu'il avoit enlevée, comme l'on sait, trois garçons et deux filles. L'aîné des garçons, qui est M. le duc de Rohan d'aujourd'hui, a épousé la fille de M. le duc de Châtillon, gouverneur de M. le Dauphin, et de Mlle de Voisin ; le second est mort, comme je l'ai marqué ci-dessus ; le troisième, qui avoit pris le petit collet, l'a quitté et a pris le nom de vicomte de Rohan ; il est présentement aux mousquetaires. Des deux filles, l'une a épousé M. de Lautrec ; l'autre a épousé M. de Fernand Nunez, Espagnol.

Du dimanche 31. — Il y a longtemps que je n'ai eu occasion de parler de Mme de Mailly ; son nom est trop connu pour omettre aucune des circonstances qui la regardent. Elle passe sa vie avec Mme la maréchale de Noailles, comme j'ai marqué ci-dessus. Cette société et les sermons du P. Renault lui ont donné apparemment occasion à des réflexions plus sérieuses ; elle a quitté le rouge depuis sept ou huit jours, et paroît fort gaie et fort contente.

Le Roi fut hier à la chasse à Fausse-Repose ; comme il

faisoit un vent froid, il envoya attaquer et demeura dans son carrosse. Après que la chasse fut commencée, il monta à cheval et courut un premier cerf; le second ayant demeuré longtemps dans la garenne de Sèvres, le Roi vint mettre pied à terre sur le chemin de Paris, à l'abri d'une maison; il y fut plus d'une heure, et y resta jusqu'à la mort du cerf. Pendant ce temps, il passa un officier des gardes, en chaise de poste, qui s'en alloit à Paris, et qui ayant aperçu le Roi se cacha dans sa chaise. Le Roi le remarqua et envoya savoir qui c'étoit; il sut que c'étoit le chevalier d'Ormesson; il demanda à M. le maréchal de Noailles, à son débotter, s'il avoit donné congé à quelqu'officier. Le maréchal répondit que non, et parut étonné de la question. Le Roi lui conta le fait, tel que je viens de le marquer, excepté qu'il ne dit pas le nom, et ajouta qu'il s'étoit bien douté que c'étoit un officier qui s'en alloit sans congé. Le maréchal pria le Roi de vouloir bien lui dire qui c'étoit; mais le Roi répondit qu'il ne le diroit pas, et ajouta en s'en allant : « C'est un officier de votre compagnie. » Dans le fait, M. le chevalier d'Ormesson ayant eu depuis le départ du Roi des nouvelles de Paris qui demandoient qu'il y allât faire un tour, s'étoit adressé à la Reine, auprès de laquelle il servoit, pour lui demander un congé; après l'avoir obtenu, il partit, et étoit revenu le soir.

Il y a eu aujourd'hui deux présentations, l'une après le sermon, l'autre après le salut. La première a été Mme d'Argenson, qui n'étoit point encore venue dans ce pays-ci; c'est Mme la duchesse de Lorges qui l'a présentée. La seconde a été Mme la duchesse de Montbazon, qui n'avoit point paru ici depuis son mariage; elle a été présentée par Mme la princesse de Rohan.

Il y a sept ou huit jours que M. de Gesvres présenta au Roi M. de la Tour d'Auvergne, qui est un jeune homme, capitaine de cavalerie, qui prétend depuis longtemps être de même maison que MM. de Bouillon. M. de Bouillon a fait examiner ses titres par les plus habiles généalogistes, et dit avoir les preuves que c'est effectivement la même maison, mais dont cette branche est séparée de l'autre depuis plus de quatre cents ans. M. le comte d'Évreux, à qui M. de Bouillon en parla, étoit convenu que l'on ne pouvoit empêcher M. de la Tour d'Auvergne d'être présenté au Roi, mais avoit demandé à M. de Bouillon de ne pas se trouver à la présentation; cependant M. de Bouillon s'y trouva, et rendit les témoignages les plus avantageux de M. de la Tour d'Auvergne. Cette affaire a donné occasion à M. le comte d'Évreux de faire beaucoup de plaintes. M. le cardinal d'Auvergne étoit choqué aussi bien que M. le comte d'Évreux. M. de Bouillon, instruit de ce qu'ils pensoient l'un et l'autre, résolut de parler au Roi, ce qu'il a fait ce matin; il a dit à S. M. qu'il savoit que les discours de M. le comte d'Évreux étoient parvenus jusqu'à elle, et qu'il ne pouvoit s'empêcher de lui représenter que M. de la Tour d'Auvergne étoit bien réellement de sa maison; qu'il en avoit vu et examiné les titres; qu'il apportoit, comme il a fait effectivement, ces titres mêmes au Roi pour qu'il ait la bonté de les faire examiner s'il le jugeoit à propos; qu'il sentoit bien qu'une branche séparée, et depuis aussi longtemps, ne pouvoit pas prétendre les mêmes honneurs et les mêmes distinctions qui ont été accordées par les rois longtemps depuis ladite séparation, mais qu'il trouveroit de l'injustice de ne pas reconnoître M. de la Tour d'Auvergne pour être de sa maison (quoiqu'il ne fût pas riche), puisque ses titres étoient bien réels.

L'on fait part actuellement du mariage de M. le duc de Montenegro-Caraffa avec Mlle du Châtelet. Mlle du Châtelet est fille de M. du Châtelet de Laumont; elle est grande, bien faite, sans être jolie. Sa mère, qui est Breteuil, est connue par son esprit et son habileté dans les sciences les plus abstraites.

M. de Dromesnil, neveu de M. l'évêque de Verdun, veuf

depuis environ un an, épouse la troisième fille de M. Boulogne. M. Boulogne a un garçon et quatre filles. L'aînée des filles a épousé M. de Boves, maître des requêtes ; la seconde est Mme de l'Hôpital, attachée à Mesdames, et dont le mari est ambassadeur de France à Naples ; celle-ci est la troisième ; il y a la quatrième à marier.

Le Roi revint avant-hier de Choisy, tint conseil en arrivant, et soupa dans ses cabinets. Il y soupa encore hier. Les dames sont toujours les trois sœurs. On ne servit point de gras à Choisy ; c'est l'usage ordinaire de ne servir qu'en maigre, ainsi que dans les cabinets.

Hier, M. Hardion, directeur de l'Académie, rendit compte au Roi de l'élection, faite jeudi dernier, de mon frère pour remplir la place vacante par la mort de M. le cardinal de Fleury. Cette place étoit fort demandée par M. de Voltaire ; tous ses amis sollicitoient vivement, et le Roi n'ayant jamais voulu y consentir, ils avoient fait des tentatives pour empêcher que personne se présentât pour la demander. Mon frère ne songeoit en aucune manière à cette place. Étant allé rendre visite à M. de Maurepas, sans aucun dessein de lui en parler, M. de Maurepas lui en parla le premier, et lui dit qu'il devroit y songer ; que cette demande seroit bien reçue. Mon frère en parla à M. l'évêque de Mirepoix, qui est fort de nos amis et qui est de l'Académie. M. de Mirepoix lui parla de la même manière que M. de Maurepas, et en rendit compte au Roi, qui parut approuver que mon frère fît les démarches nécessaires. En conséquence, mon frère alla chez tous les académiciens, et jeudi il fut élu tout d'une voix. Il sera reçu quand il aura composé son discours. On sait que l'usage est de faire l'éloge de celui dont on remplit la place, et le sujet qu'il a à traiter est d'une trop grande étendue pour ne pas mériter beaucoup de réflexions.

AVRIL.

Mort de l'électeur de Mayence et de l'électrice palatine. — Audience de l'envoyé de Gênes. — Mariages. — Départ des officiers généraux pour l'armée. — Arrivée du maréchal de Maillebois. — Mort de M. de Champigny. — La *Mérope* de Voltaire. — Mariage de Mlle de Goësbriant. — M. de Vissec ou *le doux marquis*. — Cène de la Reine. — Le Roi fait bon accueil à Chevert. — Opinion de M. de Broglie sur la guerre. — Croix de Saint-Louis donnée au duc de Chevreuse. — Reproches faits à M. d'Aubigné sur ses opérations en Bohême. — Audience de M. de Piosasque. — Fin du carême. — Guidons de gendarmerie et régiment donnés. — Disgrâce de tous les amis du maréchal de Belle-Isle. — Nouvelle Cour des cabinets. — Conduite de Mme de la Tournelle; son peu de crédit; son désir d'être duchesse. — Le Roi et M. de Meuse. — Crédit de M. de Noailles; le maréchal de Belle-Isle n'est consulté en rien. — M. de Montijo, ambassadeur d'Espagne; son habileté et sa magnificence. — Le roi de Pologne à Trianon. — M. de Castellane est nommé major de la gendarmerie. — La Reine envoie souper chez le Roi Mmes de la Tournelle, de Flavacourt et d'Antin. — Propos de M. d'Ayen. — Nouvelles étrangères. — Habitudes du roi de Pologne.

Du mardi 2 avril, Versailles. — J'ai oublié de marquer ci-dessus la mort de l'électeur de Mayence (1); il y a huit ou dix jours que l'on sait cette nouvelle; il étoit d'Eltz (2); son successeur n'est point encore nommé. C'est le chapitre de Mayence qui y nomme, et cela se fait par élection. Ordinairement ils élisent un de leur corps, et dans ce cas il ne faut qu'une voix de plus pour décider la pluralité; lorsque leur choix tombe sur un étranger, il faut qu'il ait les deux tiers des voix; mais un étranger ne peut être élu sans avoir un indult de Rome, au lieu que par un capitulaire de Mayence son élection est toujours confirmée par le Pape, et pour ainsi dire de droit. Pour être chanoine de Mayence, il faut être né de maison libre, c'est-à-dire qui ne dépende d'aucun souverain. Il n'y a en Allemagne que cinquante maisons qui prétendent avoir droit d'entrer dans ce chapitre. On sait que

---

(1) Il est mort le 21 mars, âgé de soixante-dix-huit ans. (*Note du duc de Luynes.*)

(2) Philippe-Charles d'Eltz, né le 26 octobre 1665, électeur et archevêque de Mayence le 9 juin 1732.

c'est l'électeur de Mayence qui convoque la diète de l'Empire et qui fait de droit le couronnement de l'Empereur. Indépendamment de la qualité d'électeur, à laquelle est jointe celle de souverain, les prélats en Allemagne ont presque tous une grande autorité. Par exemple, l'archevêque de Saltzbourg nomme à quatre autres évêchés et donne des bulles. Quant à ce que je viens de marquer de la confirmation que le Pape donne aux élections faites par le chapitre de Mayence, son pouvoir ne s'étend pas seulement à ce qui regarde les électeurs, il se conserve toujours dans le droit ou plutôt dans la possession de confirmer l'élection des Empereurs; il est vrai que l'usage n'est plus sur ce point tel qu'il étoit autrefois. Les Empereurs autrefois demandoient au Pape de confirmer leur élection, et alloient même à Rome aussitôt après qu'ils avoient été élus. C'est de là, comme on sait, qu'est venu l'usage des Mois Romains (1), qui subsistent encore aujourd'hui. Présentement les Empereurs ne demandent point la confirmation du Pape; ils envoient seulement à Rome, aussitôt après leur élection, pour demander au Pape la confirmation des anciens priviléges accordés aux Empereurs; et dans le bref que le Pape fait expédier en réponse, non-seulement il confirme les anciens priviléges, mais encore l'élection de l'Empereur, auquel il accorde les premières prières, c'est-à-dire le droit de nommer à certains bénéfices.

Je croyois avoir parlé ci-dessus de la mort de l'électrice palatine; elle étoit retirée en Toscane, où elle mourut il y a environ un mois. Elle étoit Médicis, fille de Côme III,

---

(1) En Allemagne, on appelle *Mois Romains* une certaine taxe ou subvention que l'Empereur lève sur les sujets de l'Empire dans quelque pressante nécessité. Ce qui vient de ce que l'Empereur, ayant coutume autrefois de s'aller faire couronner à Rome, on faisoit une taxe sur tout l'Empire pour les frais de son voyage et de son séjour pendant un certain nombre de mois, qui ont été appelés *Mois Romains*; et ce nom a été donné à toutes les autres taxes qu'on a faites en de grandes nécessités, ou pour des dépenses extraordinaires. (*Dict. de Trévoux.*)

grand-duc de Toscane, et de Marguerite-Louise d'Orléans ; elle étoit veuve de Jean-Louis, palatin, mort en 1716, lequel étoit fils de Philippe-Guillaume, duc de Bavière. Elle a fait le grand-duc de Toscane, François-Étienne de Lorraine, mari de la reine de Hongrie, son légataire universel.

Hier, M. de Gesvres vint dire à la Reine que le Roi prendroit jeudi le deuil de l'électrice palatine, pour onze jours, en violet; il l'alla dire aussi à Mme de Luynes et à Mme de Tallard. L'on comptoit que l'on donneroit part aujourd'hui de cette mort; mais M. de Grevembrok, envoyé de l'électeur palatin, n'avoit pas encore reçu les lettres pour donner part. M. de Stainville, qui est ici chargé des affaires du grand-duc, mais sans caractère, a remis aujourd'hui à M. Amelot une lettre pour le Roi, par laquelle il donne part de cette mort, et cela en qualité d'héritier de l'électrice; mais comme la reine d'Espagne a fait des protestations contre cette hérédité, il a été décidé qu'on ne prendroit pas le deuil en conséquence de la part donnée par le grand-duc, et que l'on différeroit jusqu'à ce que M. de Grevembrok ait reçu ses pouvoirs.

Le nouvel envoyé de Gênes a eu aujourd'hui audience publique. J'étois à cette audience chez la Reine ; tout s'est passé comme à l'ordinaire : M. de la Mothe seul, derrière le fauteuil de la Reine. M. le cardinal de Tencin étoit à cette audience, et s'y est assis. Il y avoit des ambassadeurs présents. Cet envoyé s'appelle Doria, et remplace M. de Lomellini ; son compliment a été en italien, suivant l'usage. L'audience de la Reine étoit dans le grand cabinet.

Le Roi a signé aujourd'hui le contrat de mariage de M. le duc de Montenegro-Caraffa avec Mlle du Châtelet. Montenegro est une terre, et leur nom est Caraffa ; c'est un jeune homme petit et qui n'est pas d'une figure agréable.

M. de Clermont, mestre de camp de la cavalerie, a demandé l'agrément aujourd'hui pour le mariage de sa seconde fille avec M. Busset-Bourbon. C'est un jeune homme de vingt-deux ans, capitaine de cavalerie, qui a aujourd'hui 25,000 livres de rente et dix autres mille livres de rente assurées. Mlle de Clermont a vingt-et-un ans.

M. le maréchal de Duras a aussi demandé au Roi l'agrément pour le mariage de M. de Mailly, fils de sa belle-sœur, Mme de Mailly (Bournonville), avec Mlle de Seppeville. M. le duc de Villars étoit avec lui comme parent de Mlle de Seppeville.

Mme de l'Aubépine (Saint-Aignan) a présenté aujourd'hui sa belle-fille, qui est Sully et sœur de Mme de Goësbriant.

Le Roi ne fait point cette année la revue des gendarmes et chevau-légers qui sont partis pour la campagne; mais il a fait aujourd'hui la revue des mousquetaires.

Du samedi 6. — Il y a déjà quelques jours que l'on sait la mort de la princesse de Bavière, Marie-Thérèse; elle étoit née en 1723; elle est morte de la petite vérole. Elle étoit fille du feu duc Ferdinand, frère de l'Empereur. L'Empereur n'a fait part de cette mort que depuis peu de jours. Quelques jours après mourut à Munich, aussi de la petite vérole, Thérèse-Bénédictine, princesse de Bavière, qui étoit née en 1725; c'étoit la seconde fille de l'Empereur. Elle étoit belle, mais elle avoit beaucoup moins de grâces et plaisoit moins que sa sœur aînée. C'est celle dont il avoit été question pour M. le duc de Chartres; on prétend que le mariage étoit arrêté, et que Mme la comtesse Corronini, gouvernante des filles de l'Empereur, qui a passé quelques mois ici, sous le prétexte de sa santé, étoit chargée de traiter des conditions de ce mariage. On n'a point encore pris le deuil de ces deux princesses.

On le prit hier de l'électrice palatine; le Roi l'a pris en

violet, il le portera onze jours. J'ai parlé ci-dessus de ce deuil. M. de Grevembrok reçut mercredi dernier la lettre de l'électeur palatin par laquelle il donne part au Roi de cette mort. Il demanda aussitôt à M. Amelot si l'on lui donneroit une audience pour remettre la lettre ; M. Amelot lui dit de la lui envoyer. M. Amelot l'a remise au Roi, et il n'y aura point d'audience. Le Roi manda jeudi à la Reine par M. de Gesvres qu'il prenoit le deuil le lendemain, mais il n'étoit pas encore décidé dans ce moment pour qui ni combien de temps. Comme la Reine va tout les matins au lever du Roi, ainsi que je l'ai déjà marqué, le Roi lui dit hier matin que le deuil étoit pour l'électrice palatine. Celle-ci est grande-tante à la mode de Bretagne du Roi. Les deux princesses de Bavière étoient toutes deux cousines issues de germain de S. M. On ne portera pas le deuil de ces deux princesses, l'un après l'autre.

Les officiers généraux de l'armée de M. le maréchal de Noailles ont ordre d'être à Metz le 20 de ce mois ; il paroît que l'on a impatience qu'ils y soient déjà arrivés, d'autant plus que l'on sait que les Autrichiens, Anglois et Hanovriens ont déjà passé le Rhin. Une partie de leur armée a dû passer le 2, et le reste le 12. Ce sera M. le duc de Chartres qui commandera la cavalerie ; c'est l'usage ordinaire que ce soit le premier prince du sang.

M. le maréchal de Maillebois arriva avant-hier ici, de l'armée de Bavière. A l'arrivée de M. le maréchal de Broglie à cette armée, il avoit déjà demandé à revenir, s'y croyant inutile ; le Roi lui fit écrire alors qu'il souhaitoit qu'il restât. Depuis ce temps, ayant continué à voir que sa présence ne pouvoit servir en rien aux intérêts de S. M., puisqu'il n'avoit d'autre droit que de faire des représentations, et que c'est précisément ce qui n'est pas reçu favorablement par M. le maréchal de Broglie ; que d'ailleurs, s'il se passoit quelque événement heureux, l'honneur ne pourroit jamais lui en être attribué, il a insisté de nouveau pour avoir la permission de revenir; et aussitôt après l'avoir obtenue, il est parti. Il fit sa révérence au Roi avant-hier; il lui dit qu'il venoit le remercier de la bonté qu'il lui avoit marquée en lui permettant de venir lui faire sa cour, et lui renouvela les assurances de son zèle et de son attachement. Le Roi lui dit : « Je le sais, et je suis content de vos services. » Depuis ce temps S. M. lui a parlé continuellement, quoique ce n'ait point été sur des choses importantes; elle a toujours paru le recevoir avec bonté. Il attend les ordres du Roi pour lui rendre compte en présence de M. d'Argenson. M. de Maillebois reprit hier les fonctions de maître de la garde-robe, ayant droit d'exercer pendant huit ans cette charge, qu'il a cédée à son fils, comme l'on sait.

Le Roi fut courre hier auprès de Chevreuse; n'ayant point trouvé de cerf, il revint de bonne heure; il étoit ici à trois heures et demie. Comme le sermon n'étoit qu'à quatre, on crut que le Roi pourroit y aller; son fauteuil même étoit dans la chapelle; ce ne fut que lorsque la Reine fut arrivée à la chapelle, que le Roi lui manda, par l'exempt des gardes du corps, qu'il n'iroit point au sermon. J'ai déjà marqué ci-dessus que l'usage est, et continue, que le premier gentilhomme de la chambre se mette derrière le fauteuil du Roi, au sermon, à côté du capitaine des gardes, et à sa droite, de même que le chevalier d'honneur est derrière le fauteuil de la Reine, à la droite de l'officier des gardes.

Avant-hier, après que M. de Maillebois eut fait sa révérence au Roi, il vint chez la Reine. Mme de Villars n'y étoit point, et Mme de Luynes étoit à Paris. Il s'adressa à M. de la Mothe; M. de la Mothe en rendit compte à la Reine, qui le fit entrer.

J'ai oublié de marquer ci-dessus que M. de Champigny, maréchal de camp et major général de l'armée de Bavière, y est mort, le 20 du mois passé. M. de Revel, l'un des fils de M. le maréchal de Broglie, a été choisi pour remplir cette place.

Du jeudi 11. — Je ne sais si j'ai marqué ci-dessus que les comédies et même les concerts ont cessé à la semaine de la Passion; le dernier concert fut le samedi, veille du dimanche de la Passion; les concerts ne recommenceront que le lundi d'après la Quasimodo, et alors il y en aura trois par semaine, parce que les comédies ne recommencent qu'après la Toussaint, ou à Fontainebleau. La dernière pièce que les comédiens jouèrent ici fut une tragédie de Voltaire, que l'on appelle *Mérope*; c'est une pièce qui avoit été composée par M. le marquis Maffeï, qui avoit déjà été traduite en prose, et que Voltaire a mise en vers; au moins c'est le même sujet; elle avoit déjà été jouée une fois ici, et y a été fort approuvée, aussi bien qu'à Paris.

Hier matin, M. le comte de Goësbriant, lieutenant général, fit signer ici le contrat de mariage de sa seconde fille avec M. le marquis de [Hierles], fils de M. de Vissec. (1). M. de Vissec est retiré dans ses terres en Languedoc; il est brigadier des armées du Roi; il étoit lieutenant-colonel du régiment des dragons qui est aujourd'hui la Suze; il a cédé sa compagnie à son fils. Le marquis de Vissec est celui qu'on appelle le doux marquis. Il y a grand nombre d'histoires de lui qui lui ont fait donner ce nom; une entre autres où, dans une action, un des ennemis étant venu à genoux lui demander la vie, il lui répondit avec le ton de douceur qu'il conserve toujours : « Hélas, mon cher ami, demandez-moi toute autre chose. » Dans une autre occasion, étant à souper avec ses amis, il racontoit une dispute qu'il avoit eue contre un officier qui lui avoit dit beaucoup d'injures

---

(1) Le *Mercure* de France le nomme N. de Montfaucon, comte d'Hierles, fils de Guy-Joseph de Montfaucon, seigneur et baron de Vissec et d'Hierles dans les Cévennes.

et avoit fini par lui donner un soufflet. L'histoire finissant là tout court, la compagnie fut surprise, et lui demanda s'il n'y avoit rien par delà. Toujours avec le même ton de douceur, il répondit : « Cet homme fut enterré le soir. » M. de Goësbriant a quatre filles; il est veuf et a fort peu de biens. L'aînée des filles est mariée, il y a déjà plusieurs années, au fils de M. de Sauroy. M. de Goësbriant, le grand-père, vit encore et est fort vieux; il étoit gendre de M. Desmaretz.

La Reine n'a point joué depuis le commencement de cette semaine, et n'a vu l'après-dînée que les entrées.

Il y a actuellement dans la maison de la Reine une charge à remplir, pour laquelle on est venu parler à Mme de Luynes; c'est la place de premier valet de chambre, charge sans aucune fonction dans aucun temps de l'année.

Le Roi a été à la chasse lundi et mardi de cette semaine, et a soupé dans ses cabinets; il ira encore samedi. Hier les ténèbres, et souper dans sa chambre. Les ténèbres comme à l'ordinaire, toujours avec un psaume en musique et le *miserere* en faux bourdon (1).

Du vendredi saint, 12. — Avant-hier au soir, la Reine dit à Mme de Luynes d'envoyer avertir Mme la princesse de Rohan pour quêter jeudi. Mme de Rohan ni Mme de Montauban ne vont point à la cène, à cause du rang qu'elles prétendent. M. le cardinal de Rohan ne reste pas non plus à l'adoration de la Croix, par la même raison.

J'ai déjà marqué ci-dessus que lorsque Mesdames suivent la Reine à la chapelle, Mme de Tallard marche toujours immédiatement après elles et avant Mme de Luynes, prétendant qu'en qualité de gouvernante, rien ne doit

---

(1) Aujourd'hui il a dîné dans sa chambre, et a été ensuite à ténèbres. Demain le sermon de la Passion, l'office, et dîner au grand couvert. On ne sert jamais de poisson au dîner; ce que l'on appelle le rôt est composé de racines frites, déguisées en poisson.

la séparer de Mesdames. Hier, Mme de Tallard n'étoit point avec Mesdames ; elles étoient suivies par Mme de la Lande, l'une des sous-gouvernantes ; en cette qualité Mme de la Lande marcha immédiatement après Mesdames, et passa avant Mme de Luynes.

Hier la Reine fit la cène à l'ordinaire. Le prédicateur de la cène du Roi étoit un Cordelier, celui de la cène de la Reine un Barnabite ; ils prêchèrent tous deux assez bien. Mesdames portèrent le pain et le vin, à l'ordinaire ; et treize dames pour les treize portions. Il y en avoit six de titrées, qui marchèrent suivant leur rang ; en tout, des treize dames, il y avoit neuf dames du palais ; il ne manquoit du palais que Mme de Mérode, Mme de Fitz-James et Mme de Montauban ; celles qui suppléoient furent Mme la duchesse de Rochechouart, Mme de Châtillon, Mme de Chalmazel et Mme d'Andlau. Mme d'Andlau porta une partie des plats, et ensuite Mme de l'Hôpital la relaya. Ce fut M. de Ventadour, coadjuteur de Strasbourg et évêque *in partibus*, qui officia.

M. le maréchal de Belle-Isle, qui n'étoit point venu ici depuis assez longtemps, ayant été malade, vint avant-hier ; le Roi lui a beaucoup parlé dans les différentes occasions où il lui a fait sa cour. Le Roi continue aussi de parler beaucoup à M. de la Fare, quoiqu'il n'ait pas jugé à propos de l'employer. Il a parlé beaucoup aussi aujourd'hui à dîner à M. de Chevert, connu par l'escalade de Prague, qui l'a fait faire brigadier, et ensuite par la capitulation de Prague, qu'il a faite après la sortie de M. de Belle-Isle.

Avant-hier mercredi, le Roi quitta le grand deuil et prit les bas blancs. La Reine prit le blanc. Aujourd'hui le Roi a pris le violet pour la fille de l'Empereur.

M. de Lautrec est ici depuis quelques jours ; il est lieutenant général, et arrive de Bavière ; il a passé à Francfort, par ordre du Roi, pour assurer S. M. Impériale de l'attachement et du zèle de M. le maréchal de Broglie pour son service. L'Empereur lui a répondu qu'il ne pourroit jamais être persuadé de cet attachement, pendant que M. le maréchal de Broglie par ses discours continueroit à décourager son armée, blâmant toujours hautement cette entreprise et disant qu'il n'y avoit rien de mieux à faire que de ramener les troupes en France.

Le Roi m'a dit aujourd'hui qu'il avoit donné la croix de Saint-Louis à mon fils; ce sera M. le maréchal de Noailles qui la recevra à Metz. Il y a quelques jours que le Roi reçut plusieurs chevaliers; il en recevra encore lundi. Cette cérémonie se fait dans sa chambre.

Du samedi 13. — Le Roi a été à presque tout l'office ce matin; il étoit à la chapelle dès neuf heures, et y a resté jusqu'à midi; de là il a été à la chasse; il soupe ce soir dans ses cabinets.

J'ai parlé ci-dessus, à l'article du 20 mars, de ce qui regarde M. d'Aubigné. Non-seulement il étoit accusé de ce que j'ai marqué par rapport à Schwandorf, et qui est expliqué dans l'article du 20 mars, mais il y avoit encore deux autres chefs sur lesquels on prétendoit avoir quelques reproches à lui faire; le premier, lorsque, ayant été envoyé par M. le maréchal de Belle-Isle de Prague à Pisek, avec ordre de pousser plus avant, s'il pouvoit, et d'aller jusqu'à Budweiss, en cas que les ennemis ne s'en fussent pas déjà emparés, il s'étoit avancé seulement jusqu'à Frauenberg, d'où il s'étoit retiré fort peu de temps après et replié sur Pisek, dans le temps que M. le maréchal de Broglie arrivoit dans cette même ville. Le second chef, au sujet de la retraite de Thein. M. d'Aubigné a fait un mémoire détaillé sur ces trois accusations; il remit ce mémoire il y a dix ou douze jours à M. d'Argenson, et lui montra toutes les lettres qui prouvoient la vérité des faits. Je ne parlerai point de l'affaire de Schwandorf, elle est expliquée plus haut. Quant à celle de Frauenberg, M. d'Aubigné fait voir qu'ayant été envoyé, par M. de Belle-Isle, de Prague, avec M. de Mortany, maréchal de camp sous ses ordres, il donna l'avant-garde de son détachement à M. de Mortany, qui trouva les hussards ennemis déjà entrant dans Pisek; il les attaqua, les poussa et les obligea de se retirer; il en donna aussitôt avis à M. d'Aubigné, qui le suivoit, et ayant continué lui-même à suivre les ennemis jusqu'à Frauenberg, qui est à huit lieues de Pisek, il avoit fait assez de diligence pour y arriver en même temps qu'eux, les battre une seconde fois sur la hauteur de Frauenberg, les empêcher d'y entrer et se rendre maître de ce poste important; qu'il avoit donné un second avis de cette expédition et de sa position à M. d'Aubigné, qui, ne pouvant marcher aussi légèrement, n'étoit arrivé que le surlendemain à Frauenberg; qu'il n'avoit pu aller plus loin, étant certain que les ennemis étoient maîtres de Budweiss; que toute cette expédition s'étant faite dans une très-forte gelée, et la rivière de Moldau, près laquelle est Frauenberg, étant prise de manière qu'on la pouvoit passer partout, M. d'Aubigné avoit bien senti qu'il ne pourroit pas tenir dans le poste où il étoit; que cependant, il avoit voulu, avant que de se retirer, être sûr que les ennemis eussent pris la résolution de passer la rivière, mais qu'ayant vu qu'ils avoient déjà fait répandre du foin sur la glace, pour faire passer leur cavalerie, il avoit jugé que c'étoit le moment de songer à la retraite, après avoir laissé une garnison à Frauenberg (1). En conséquence, il s'étoit replié sur Pisek; qu'en y arrivant, il avoit envoyé ordre aux troupes qui étoient plus à portée de lui de venir joindre son détachement; qu'il avoit envoyé en même temps un détachement en avant pour s'informer de la marche des ennemis, et avoit été reconnoître un camp pour mettre ses troupes en bataille à la pointe du jour, tant celles de son détachement que celles qui de-

---

(1) Cette garnison est restée dans le château jusqu'à la retraite que M. le maréchal de Broglie fit quelques jours après le combat de Sahay. (*Note du duc de Luynes.*)

voient lui arriver; qu'il ne pouvoit manquer d'être informé à temps de la marche des ennemis, parce que du lieu où il savoit qu'ils étoient, qui est à quatre lieues de Pisek, il y a deux chemins, dont l'un vient à Pisek, et l'autre, laissant Pisek à droite, tourne ce poste et vient aboutir entre Pisek et Prague; mais que comme ce dernier chemin est entre des montagnes, lorsqu'on s'y est une fois déterminé, on ne peut plus prendre d'autre route. Telle étoit la disposition de M. d'Aubigné lorsque M. le maréchal de Broglie arriva à Pisek. Ce général en arrivant fit assembler un conseil de guerre, et demanda à être instruit de l'état présent de nos troupes et de celles des ennemis. M. d'Aubigné commença à lui en rendre compte, mais étant fort enrhumé il le pria de trouver bon que M. de Mortany (1) lui en achevât le détail. M. de Broglie parut content de la position, et dit qu'on lui rendît compte le lendemain matin des nouvelles que l'on auroit. Les troupes qu'on avoit envoyé avertir arrivèrent pendant la nuit; à mesure qu'elles arrivèrent, on les posta dans le camp que l'on avoit reconnu, et le lendemain à la pointe du jour elles se trouvèrent toutes en bataille, suivant l'arrangement que l'on avoit projeté. Les ennemis se déterminèrent à venir à Pisek; mais, nous ayant trouvés prêts à les recevoir, ils prirent le parti de se retirer.

Quant à l'affaire de Thein, l'on sait qu'après le combat de Sahay, M. de Belle-Isle ayant quitté l'armée pour aller trouver le roi de Prusse, M. le maréchal de Broglie envoya M. de Boufflers à Crumau et M. d'Aubigné à Thein,

---

(1) M. le maréchal de Broglie fut fort content du rapport que lui fit M. de Mortany; mais le lendemain, à l'occasion de quelque détail sur ce qui s'étoit passé la veille, M. de Mortany parla beaucoup trop vivement à M. le maréchal de Broglie. Il faisoit la fonction de maréchal des logis de la cavalerie. M. de Broglie, trouvant qu'il lui avoit manqué de respect, ne voulut plus s'en servir. M. de Mortany, qui a de l'esprit, du courage et des talents, ne pouvant plus espérer d'être employé au service de la France, a pris le parti à la fin de la campagne de passer au service de l'Empereur. (*Note du duc de Luynes.*)

celui-ci avec une brigade d'infanterie et une de cavalerie. Il faut observer que la ville de Thein n'est pas du même côté de la Moldau que Frauenberg; elle est sur la rive droite et à quatre lieues plus bas, comme l'on sait. Thein est dans un fond, entouré d'une chaîne de montagnes dont elle est commandée partout et de fort près. Ces montagnes mêmes s'étendent jusqu'à la rive gauche de la Moldau, vis-à-vis Thein, ne laissant que le passage de la rivière. Il y a sur la Moldau un pont vis-à-vis Thein et du haut des montagnes qui environnent cette ville, le pays est fort découvert, et il y a trois lieues de plaines. Au-dessus et au-dessous de Thein, la rivière est guéable en deux endroits, dans l'un desquels la cavalerie pouvoit passer en escadrons; il auroit fallu des travailleurs et douze ou quinze jours de temps pour rendre ces gués impraticables. M. d'Aubigné, aussitôt qu'il fut arrivé à Thein, rendit compte de toutes ces circonstances à M. le maréchal de Broglie. Il sembloit qu'il auroit suffi de garder la rive gauche de la Moldau et le pont avec l'infanterie, d'étendre la cavalerie à droite et à gauche pour garder les gués, et de porter seulement un poste de 50 hommes dans Thein et une garde ordinaire de cavalerie sur le haut de la montagne, de l'autre côté de Thein, pour observer ce qui se passeroit dans la plaine. Mais M. le maréchal de Broglie envoya ordre à M. d'Aubigné d'occuper la ville de Thein avec 500 hommes. Sur cet ordre, M. d'Aubigné occupa la ville de Thein avec la brigade d'infanterie, et laissa sa cavalerie à la garde du pont, ayant posté une garde ordinaire sur le haut de la montagne. Ayant été informé par sa garde de cavalerie que l'on voyoit déjà paroître quelques troupes ennemies, il en donna avis sur-le-champ à M. le maréchal de Broglie. La garde ordinaire, ayant aperçu les colonnes de l'armée autrichienne, en instruisit M. d'Aubigné, qui, ayant monté sur la hauteur et reconnu que c'étoit effectivement l'armée ennemie qui s'avançoit, donna ordre aux troupes qui étoient dans Thein de repasser le pont, ce qui s'exécuta le plus promptement qu'il fut possible. On a prétendu que cette retraite ne s'étoit pas faite assez diligemment, par l'attention que M. d'Aubigné avoit eue de conserver ses équipages et à leur donner le temps de se retirer, et le fait est qu'il n'avoit point son équipage avec lui : il n'avoit que quatre mulets et un chariot. M. d'Aubigné ayant repassé le pont, avec son infanterie et sa garde de cavalerie, et fait rompre ce pont le mieux qu'il lui fut possible en aussi peu de temps, se chargea de garder le pont, avec son infanterie et envoya M. de Villemur, maréchal de camp détaché d'avec lui, avec la cavalerie, vers un des gués où la cavalerie pouvoit passer ; les ennemis, ayant effectivement passé le gué, poussèrent M. de Villemur et mirent sa cavalerie assez en désordre. M. de Villemur ayant eu son cheval tué sous lui fut fait prisonnier, et la brigade de cavalerie se retira dans les bois les plus voisins. Pour M. d'Aubigné, il se retira en bon ordre avec l'infanterie ; mais, comme il n'avoit point reçu de réponse de M. le maréchal de Broglie, il ne pouvoit savoir de quel côté il devoit se retirer. Dans cette incertitude, il prit le parti de se replier sur Frauenberg. Ce fut en chemin qu'il trouva et joignit l'armée de M. le maréchal de Broglie, qui se retiroit elle-même.

M. d'Argenson porta donc le mémoire de M. d'Aubigné dans son premier travail avec le Roi. Ce ne fut pas sans quelque peine qu'il détermina le Roi à vouloir bien en entendre la lecture ; enfin, cette lecture faite et accompagnée des témoignages que M. d'Argenson rendit de la vérité des faits, le Roi lui dit : « Il faut dire quelque chose d'honnête à M. d'Aubigné. » M. d'Argenson eut beau demander une explication, le Roi n'en voulut pas dire davantage, et en conséquence M. d'Argenson a dit à M. d'Aubigné que le Roi avoit été étonné de la différence qu'il avoit trouvée dans les faits, et qu'il étoit bien persuadé de son zèle et de son attachement pour son service.

AVRIL 1743.

Du 14, jour de Pâques. — M. le comte de Piosasque, qui est arrivé ici aujourd'hui de la part de l'Empereur, a eu audience particulière du Roi et de la Reine ; on dit qu'il est chargé d'une commission impériale. M. de Piosasque est colonel des gardes à cheval de l'Empereur et général de sa cavalerie, grade qui est immédiatement après celui de feld-maréchal. C'est un homme âgé d'environ soixante ans et d'une taille médiocre. MM. de Piosasque sont originaires de Savoie ; les ancêtres de celui-ci vinrent s'établir en Bavière, à l'occasion du mariage de Ferdinand-Marie, électeur de Bavière, en 1652, avec Henriette-Adélaïde, fille d'Amédée duc de Savoie. Ferdinand-Marie est le grand-père de l'Empereur d'aujourd'hui.

Du mercredi de Pâques 17, Versailles. — Dimanche dernier, qui étoit le jour de Pâques, ce fut M. l'abbé de Ventadour, évêque de Ptolémaïde, qui officia ; il avoit aussi officié le samedi saint. Ce fut Mme la duchesse de Rochechouart qui quêta dimanche. Il n'y eut point conseil ce jour-là ; le conseil d'État se tint le lundi.

Avant le conseil, lundi, le Roi reçut vingt-quatre chevaliers de Saint-Louis dans sa chambre. C'est M. de Sauroy, trésorier de l'extraordinaire des guerres, qui lut le serment. Après le conseil, M. le maréchal de Noailles prit congé du Roi ; il partit pour Paris, d'où il est parti ce matin pour Metz.

Dimanche fut le dernier sermon du carême, et par conséquent le compliment du prédicateur, suivant l'usage : ce compliment fut une véritable instruction, mais fort respectueuse et même touchante.

Hier M. le marquis de Clermont fit signer ici le contrat de mariage de Mlle sa fille avec M. de Bourbon-Busset.

Le jour de Pâques, M. le Dauphin soupa au grand couvert. Madame étoit malade. Depuis Pâques, le Roi soupe comme il faisoit pendant le carême, toujours au grand couvert ou dans ses cabinets.

Du samedi 20, *Versailles.* — Il y a déjà quelques jours que le Roi nomma à trois guidons de gendarmerie qui étoient vacants : MM. de Boissy, homme de condition de Limousin; d'Autrey, petit-fils de feu M. d'Armenonville, garde des sceaux; et de Ximénès, fils du lieutenant général, mort en Bohême l'année passée.

Nous sûmes hier avec grand plaisir que le Roi a donné au vicomte de Talleyrand le régiment de cavalerie de Sabran. Le vicomte de Talleyrand est frère du comte de Talleyrand qui a épousé la fille de Mme de Chalais. MM. de Talleyrand sont gens de grand nom, de Périgord. Le vicomte étoit capitaine de carabiniers et avoit été blessé considérablement au bras, au combat de Sahay.

M. de Luxembourg a pris congé du Roi, aujourd'hui au débotter. Le Roi l'a fort bien reçu, et lui a parlé honnêtement et même avec amitié. Depuis quelque temps cela étoit fort différent; et comme ami de M. de Belle-Isle, il avoit eu part à la disgrâce commune.

La disposition des esprits, dans le particulier des cabinets du Roi, est fort différente de ce qu'elle étoit du temps de Mme de Mailly; il ne reste presque plus des amis de Mme de Mailly admis particulièrement dans les cabinets que M. de Meuse, qui est toujours dans le même particulier avec le Roi, et tous les jours tête à tête plusieurs heures. D'ailleurs, M. le duc de Villeroy, M. le duc d'Ayen et M. le comte de Noailles, qui sont toujours également bien auprès du Roi et continuellement dans les cabinets, ne peuvent pas être regardés comme tenant au Roi par Mme de Mailly, puisque le Roi a toujours eu de la bonté pour eux. Le Roi a toujours aussi fort aimé M. de Coigny; ainsi l'on ne doit point le regarder dans le nombre des amis de Mme de Mailly tenant par elle. M. de Luxembourg, qui tenoit beaucoup par elle, n'est pas trop bien auprès du Roi depuis longtemps. M. et Mme de Boufflers sont aussi bien que lui enveloppés dans la prévention qui règne contre M. de Belle-Isle; Mme de Boufflers a été longtemps sans souper dans les cabinets; elle y soupa cependant il y a cinq ou six jours. M. de Boufflers partit il y a au moins quinze jours pour aller dans ses terres, d'où il se rendra à l'armée de M. de Noailles; il a fallu de fortes sollicitations pour obtenir que MM. de Luxembourg et de Boufflers fussent employés cette année; cependant M. de Luxembourg, en prenant congé, a été fort bien reçu. Ce que l'on peut appeler en quelque manière la nouvelle cour des cabinets, c'est M. de Richelieu, qui y a toujours été à la vérité, mais c'est le seul qui ait un véritable crédit sur l'esprit de Mme de la Tournelle, et l'on en peut voir la raison en lisant ce qui est écrit ci-devant; c'est M. de Guerchy, le comte de Fitz-James, le marquis de Gontaut, M. le duc d'Aumont, tous fort liés avec Mme de la Tournelle et Mme de Lauraguais. Mme d'Antin s'est toujours conservée au même point avec le Roi; elle étoit plus amie de Mme de Mailly que de Mme de la Tournelle; cependant cela fait le même effet pour les soupers et pour les voyages. Mlle de la Roche-sur-Yon est aussi restée à peu près au même point où elle étoit pour les cabinets et les voyages.

Mmes de la Tournelle et de Lauraguais ne sortent presque point tout le jour de leur chambre. Mme de la Tournelle persiste toujours à ne vouloir point que le Roi fasse porter son dîner chez elle; elle dit qu'elle ne demanderoit pas mieux que de dîner avec lui quand il l'aura mise en état qu'elle lui en donne. Il faut convenir que l'arrangement présent ne ressemble point à ce qui avoit été annoncé dans le commencement de la faveur de Mme de la Tournelle. Dans ce temps, M. de Richelieu, enthousiasmé de cette affaire, disoit, ce sont ces termes : « Qu'il vouloit que celui « qui entreroit dans l'antichambre de Mme de la Tournelle « eût plus de considération que celui qui auparavant étoit « tête à tête avec Mme de Mailly. »

Mme de la Tournelle ne vouloit point prendre d'engagement, disoit-on, qu'elle ne fût assurée d'avoir une maison à elle, donner à manger, avoir du monde chez elle, et avoir un carrosse pour aller se promener, ne voulant point se servir des carrosses du Roi. Il est vrai qu'elle ne s'en sert point, mais elle n'en a point à elle ; aussi elle ne sort jamais, quoiqu'elle aime les spectacles. Quand elle soupe hors des cabinets, elle quitte le jeu et la compagnie tous les jours à minuit, lorsqu'elle sait que le coucher du Roi est fini ; elle peut avoir du crédit en particulier pour plusieurs choses qui paroissent devoir ne pas l'intéresser beaucoup, mais il y en a deux très-considérables par lesquelles on voit qu'elle a peu de crédit jusqu'à présent : l'une est le gouvernement de Montpellier, que M. de Richelieu désire depuis longtemps ; l'autre est un brevet de duchesse pour elle-même. Pour le gouvernement, on ne doutoit pas, lorsque M. de Richelieu arriva de Languedoc, que le Roi ne lui annonçât sur-le-champ lui-même cette grâce. S. M. avoit paru désirer son retour et l'attendre avec impatience ; cependant il ne fut question de rien. Quelque temps après, M. de Richelieu se détermina à faire une tentative dont le succès paroissoit presque sûr. Il a une des lieutenances générales de Languedoc ; cette charge vaut 18,000 livres de rente ; Montpellier en vaut 22,000. Quatre mille livres d'augmentation paroissoient être une petite grâce à obtenir ; il en parla au Roi. Le Roi ne lui répondit rien, et le gouvernement est encore à donner. Pour le brevet de duchesse, il est vrai que Mme de la Tournelle ne veut ni en parler ni qu'on en parle ; malgré cela, ceux de ses amis qui sont le plus à portée de parler ont tenu souvent devant le Roi tous les propos qui peuvent conduire à cette grâce. Assurément le Roi n'a pas besoin d'explication pour comprendre ce qu'on veut lui faire entendre ; malgré cela, jusqu'à présent on ne voit aucun effet.

Une autre observation singulière, c'est par rapport à M. de Meuse ; il peut être assurément regardé comme tenant au Roi par lui-même. Malgré cette assiduité perpétuelle à faire sa cour, le tête-à-tête continuel, cette conversation remplie de bonté et de promesses, au moins d'espérances les plus étendues et les plus flatteuses dont j'ai parlé ci-dessus, quoique le Roi sache qu'il n'est pas riche, qu'il n'a sacrifié le désir qu'il avoit de servir que par obéissance pour S. M., non-seulement il n'a pas été fait chevalier de l'Ordre, mais il n'a pu encore obtenir aucun des gouvernements qui sont vacants; cependant il y a lieu de croire que le Roi a envie de lui donner celui de Saint-Malo.

Du mercredi 24, *Versailles.* — Le crédit de M. de Noailles paroît toujours se soutenir dans le moment présent, et celui de M. de Belle-Isle semble être presque entièrement anéanti. Il est question de plusieurs points importants dans les négociations : l'un est l'élection de l'archevêque de Mayence, le premier des électeurs et dont le suffrage a plus de poids dans l'Empire. Le feu électeur étoit fort attaché à la maison d'Autriche; il seroit d'une grande importance d'en avoir un dont les sentiments fussent différents. Personne ne sembleroit devoir être plus consulté que M. de Belle-Isle, par toutes sortes de raisons; on ne lui a seulement pas demandé son avis.

Les mouvements des troupes dans le pays Messin, dans l'Alsace, sur les bords du Rhin, en deçà et au delà, sont d'assez grande conséquence pour mériter une même délibération. Indépendamment des talents et de l'application de M. de Belle-Isle, le long séjour qu'il a fait à Metz, son attention à tout voir et tout examiner par lui-même, joints à la connoissance qu'il avoit déjà de tous ces différents pays, la route enfin qu'il vient de faire dans ces mêmes pays à la tête d'une armée, la certitude où l'on est que personne ne sait mieux que lui les mouvements des esprit des nations alliées contre la France, tout sembloit annoncer la nécessité de le consulter. M. de Noailles, avant que de partir, a eu une conférence avec lui ; à cela près, on ne lui a parlé de rien.

Il n'y a personne en France en qui l'Empereur ait plus de confiance qu'en M. de Belle-Isle; il lui a des obligations essentielles; cela n'est pas douteux; mais il est certain qu'il l'estime infiniment et que M. de Belle-Isle est le seul capable d'avoir du crédit sur son esprit. L'Empereur est parti de Francfort, où il laisse l'Impératrice et toute sa famille, à la réserve du Prince Royal qu'il emmène avec lui; il va à Munich, où même il doit être présentement. Il a été question de concerter avec lui les mouvements de nos troupes, tant celles de l'armée de M. de Noailles que celles de M. de Broglie. L'Empereur n'a pas un ministre en qui nous ayons confiance, ni qui ait assez de capacité pour la mériter; de manière que lorsque après son élection, lorsqu'il fut question d'envoyer des ministres dans les différentes cours, il envoya quérir M. de Sade, envoyé de France auprès de l'électeur de Cologne, son frère, pour savoir si l'électeur de Cologne avoit quelqu'un dont on pût faire usage. M. de Sade ne put lui en nommer aucun, et l'Empereur a été obligé de se servir de ce qu'il avoit de moins mauvais. L'Empereur, qui doit être présentement à Munich, va se mettre à la tête de son armée. Il a fallu nommer un ambassadeur du Roi auprès de lui, et un ambassadeur qui fût en état de le suivre et de monter à cheval. M. de Belle-Isle ne le pouvoit pas, à cause de sa santé; mais il pouvoit donner son avis, et il paroissoit nécessaire de le prendre. On ne le lui a pas demandé; on s'est contenté de lui donner ses lettres de recréance pour finir son ambassade; on n'a pas même encore décidé pour le remboursement de la dépense qu'il a été obligé de faire à Francfort. Il a eu l'attention de faire tout payer exactement; mais il a fallu qu'il empruntât beaucoup. J'ai marqué ci-dessus ce qui s'étoit passé entre M. le Cardinal et lui, dans le temps de son départ; il a donné son mémoire, disant qu'il seroit content de ce que le Roi ordonneroit, et le Roi n'a encore rien ordonné.

Le Roi quitta le deuil (1), samedi, de la fille de l'Empe-

---

(1) Le Roi a continué le violet pendant tout le deuil. (*Note du duc de Luynes.*)

reur pour prendre celui de la nièce; pour cela il quitta l'habit violet et prit le noir, et la Reine prit le blanc.

M. de Lautrec, lieutenant général, gendre de feu M. le prince de Léon, lequel a été ministre du Roi à Genève, a été nommé ces jours-ci ministre plénipotentiaire du Roi auprès de l'Empereur.

Tous les ambassadeurs et ministres étrangers suivent l'Empereur en Bavière. De ce nombre est M. de Montijo, ambassadeur d'Espagne, dont j'ai parlé ci-dessus. On dit que personne n'a plus de capacité, d'esprit et d'habileté dans les affaires, et qu'il est impossible de trouver un ministre qui serve mieux son maître; il est universellement considéré dans l'Empire. Quoiqu'il ait de la hauteur, elle est accompagnée de tant de politesse et de magnificence, que l'on n'en est pas moins empressé d'aller chez lui. Cette magnificence est au delà de tout ce qu'on pourroit croire; il donne des fêtes continuellement à la ville et à la campagne; ses meubles sont magnifiques; il a répandu de l'argent avec profusion dans toutes les occasions nécessaires, et en dernier lieu au retour des troupes françoises. M. de Belle-Isle n'ayant plus de maison, il a reçu tous les officiers chez lui. Pour donner une idée de cette magnificence par un détail peu important, M. de Belle-Isle, au retour de Prague, comptoit aller loger chez M. Blondel, ministre de France; M. de Montijo lui demanda avec instance qu'il vînt loger chez lui; pour cela il avoit fait bâtir, comme je l'ai déjà marqué, un appartement tout exprès, que l'on a détruit après le départ de M. de Belle-Isle. Cet appartement étoit construit avec toute la magnificence et la commodité imaginables et meublé superbement. Le jour de l'arrivée de M. de Belle-Isle, il eut grand soin que cet appartement fût bien éclairé; et pour cet effet il y avoit fait mettre huit cents bougies. Quand toute la compagnie fut retirée, M. de Belle-Isle, trouvant toute cette illumination inutile, ordonna qu'on les éteignît. M. de Montijo, étant revenu le soir faire la conversation avec M. de Belle-Isle, trouva fort mauvais qu'elles fussent éteintes, et les fit toutes rallumer. Il a fait bâtir une galerie dans sa maison, qui est d'une longueur immense, meublée et ornée parfaitement, car il a beaucoup de goût, éclairée et échauffée également, quand même il n'y est pas ; c'est pour la promenade et le lieu d'assemblée des ministres étrangers et de tout ce qui veut venir chez lui. M. de Belle-Isle dit qu'il faut que M. de Montijo ait bien dépensé un million pour son établissement à Francfort. Il est persuadé que sa dépense depuis ce temps-là va au moins à 60,000 livres par mois. M. de Montijo est grand d'Espagne et président du conseil des Indes. On dit que son désintéressement égale son habileté. Il jouit de 4 ou 500,000 livres de rente, et l'Espagne ne le laisse pas manquer d'argent.

Il y a plusieurs jours qu'on l'on sait que le roi de Pologne doit venir faire un voyage ici ; la Reine l'attendoit dès avant-hier, et alla s'établir à Trianon pour y être au moment de son arrivée ; elle l'attendit tout le jour sans avoir aucune de ses nouvelles, quoiqu'elle eût envoyé M. de Chalmazel au-devant de lui. Il se répandit même un bruit hier matin que le roi de Pologne étoit resté malade à Reims ; ce bruit étoit sans fondement. Les mauvais chemins ont été la seule cause de ce retardement. Il arriva hier après-midi à Trianon, où il couchera pendant son séjour ici. Il aura l'appartement de M. le comte de Clermont pour rester des moments dans la journée à Versailles. Il a amené un maître d'hôtel avec lui pour le faire servir à ses dépens ; il ne sera pas nourri de la bouche de la Reine. M. le duc Ossolinski, grand-maître de sa maison, et M. le commandeur de Thianges, son grand-veneur, sont les seuls qui l'aient suivi. Il ne vit point le Roi hier ; il ne l'a vu qu'aujourd'hui.

Du jeudi 25, *Versailles.* — M. de Castellane a remercié le Roi ce matin ; il vient d'être fait major de la gendarmerie. M. du Châtelet, qui avoit cette majorité depuis longtemps, ne la garde point, ayant été fait maréchal de camp. M. de Castellane étoit depuis trois ou quatre ans chef de brigade des gardes du corps. La majorité de la gendarmerie est une place considérable; outre le revenu qui y est attaché, et qui va bien à 12 ou 15,000 livres de rente, elle donne l'agrément de travailler avec le Roi pour tout ce qui regarde le détail de la gendarmerie; à la vérité, c'est en présence du secrétaire d'État de la guerre. D'ailleurs le major est le seul inspecteur de ce corps.

M. de Verneuil, introducteur des ambassadeurs, et M. le marquis d'Harville ont demandé ce matin l'agrément du Roi pour le mariage de l'aînée des filles de M. d'Harville avec le fils de M. de Verneuil.

Hier il y eut souper dans les cabinets; il n'y avoit de dames que Mme de la Tournelle et Mme de Lauraguais. Mlle de la Roche-sur-Yon, Mme de Flavacourt et Mme d'Antin étoient ici; elles ne furent point averties; il est vrai qu'elles sont de semaine.

Le Roi soupa aussi lundi dernier dans ses cabinets. C'étoit le jour que la Reine attendit si longtemps à Trianon le roi de Pologne. Mmes d'Antin, de la Tournelle et de Flavacourt étant de semaine, étoient avec la Reine. Sur les sept heures, la Reine fit attention que ces trois dames ayant accoutumé de souper dans les cabinets, il convenoit qu'elle les renvoyât à Versailles, puisqu'elle vouloit attendre jusqu'à près de neuf heures. Ne pouvant pas se résoudre à adresser pour cela la parole à Mme de la Tournelle, elle dit à Mme d'Antin et à Mme de Flavacourt que si elles étoient du souper du Roi, elles n'avoient qu'à prendre le carrosse de ses écuyers et revenir à Versailles. L'une et l'autre répondirent qu'elles n'étoient point du souper, qu'elles n'avoient point été averties. Un moment après, Mme de Luynes vint de la part de la Reine dire tout haut que les dames qui étoient du souper du Roi pouvoient s'en retourner, que la Reine leur en donnoit la permission. Alors Mme de la Tournelle dit que Mmes d'Antin et de Flavacourt étoient du souper qu'elle avoit oublié de les avertir, et en conséquence elles s'en allèrent toutes trois.

Le roi de Pologne fut hier chez le Roi, après le débotter; le Roi le reçut fort bien; il fit quelques pas dans son cabinet pour venir au-devant de lui, il l'embrassa et lui parla beaucoup pendant une demi-heure ou environ que dura cette visite; il est vrai que la conversation ne roula que sur des choses générales, et il n'y eut point de particulier. Le Roi traita bien aussi M. le chevalier de Thianges et lui parla. On remarqua qu'il ne dit pas un mot à M. le duc Ossolinski (1).

Du vendredi 26, Versailles. — M. le duc d'Ayen a pris congé aujourd'hui; il va joindre M. son père. J'appris il y a quelques jours un propos qu'il tint devant le Roi, en allant à la chasse, il y a peu de temps; c'étoit en carrosse; il n'y avoit avec le Roi que lui, M. de Richelieu et M. de Soubise. Le Roi demanda à M. d'Ayen quand il partoit. « Sire, je n'en sais rien, lui répondit M. d'Ayen. » « Mais votre régiment marche, lui dit le Roi, il faut bien que vous partiez. » « Je ne sais pas quand je partirai, dit M. d'Ayen, ni même si je partirai; j'ai envie de prendre le petit collet; mon pauvre père est absent et je braillerai comme l'abbé de Broglie. » Ce propos est vrai, car Mme de Luynes en a parlé à M. d'Ayen, qui en est convenu.

Du samedi 27, Versailles. — On reçut hier des nouvelles importantes de trois endroits différents.

On apprit d'Egra que le détachement que M. de Broglie y avoit envoyé, sous les ordres de M. du Chayla, y étoit arrivé sans obstacle, et que le général Festetitz, qui bloquoit cette place, s'étoit retiré à l'approche de nos troupes.

---

(1) Il lui a parlé depuis plusieurs fois. (*Note du duc de Luynes.*)

On apprit de Mayence que l'élection de l'archevêque-électeur étoit faite, et que c'étoit un chanoine du chapitre qui a été élu; il s'appelle d'Ostein. C'est un homme de quarante-cinq ans, petit, mais fort gros, qui aime assez à boire. Il y a lieu de croire qu'il sera fort attaché aux intérêts de la reine de Hongrie; son frère a été ministre du feu Empereur à la cour de Londres. On regarde ce choix comme fort mauvais pour nos intérêts; et l'on prétend qu'il y avoit deux autres sujets, dont l'un fort bon et l'autre indifférent, sur lesquels il auroit été fort facile de faire tomber l'élection.

La troisième nouvelle est la mort de M. de Campillo, à Madrid; c'étoit l'un des ministres de cette cour qui avoit le plus de crédit. Il n'y avoit pas longtemps qu'il étoit en place; M. l'évêque de Rennes, notre ambassadeur, avoit beaucoup contribué à son élévation. Il paroît que M. de Campillo n'étoit pas fort ami de M. de Campo-Florido.

Du dimanche 28, Versailles. — M. de Verneuil m'a dit aujourd'hui que le Roi lui avoit permis de céder sa charge à M. son fils, en faveur du mariage; il conserve six ans d'exercice.

Le roi de Pologne couche à Trianon, comme je l'ai déjà marqué, et y dîne tous les jours; il dîne seul, et il y a outre cela la table de M. le duc Ossolinski. Le roi de Pologne, au sortir du dîner, vient ici tous les jours vers les deux heures, et y reste jusqu'à six heures, ou dans les cabinets de la Reine, ou dans l'appartement de M. le comte de Clermont, qu'on lui a prêté. Lorsqu'il est dans cet appartement, la Reine y est presque toujours avec lui, ce qui n'empêche pas que l'on ne puisse lui faire sa cour. On lui annonce certaines personnes, et la Reine les fait entrer. A six heures ou six heures et demie, il retourne à Trianon, prend du thé, fume et se couche; il est toujours couché à neuf heures, et se lève sur les six ou sept heures. Il a auprès de lui un détachement des gardes du corps, avec un chef de brigade que l'on relève. Lorsqu'il vient ici et que la garde est entrée pour le Roi, non-seulement elle bat aux champs quand le roi de Pologne arrive, mais même elle l'attend; mais elle ne monte pas pour lui.

TABLE ALPHABÉTIQUE
DES NOMS ET DES MATIÈRES

MENTIONNÉS DANS CE VOLUME.

A.

Absolu (M.), capitaine, 321.
Acunha (M. d'), ambassadeur de Portugal, 194.
Adam, curé de Saint-Barthélemy, 263.
Adélaïde (Madame). *Voy.* France (Marie-Adélaïde de).
Agénois (Emmanuel-Armand du Plessis, comte d'), 269.
Agénois (Mme d'), 237, 240, 241.
Aguesseau (D'). *Voy.* Daguesseau.
Albe (Duc d'), 175.
Alby (Archevêque d'). *Voy.* Castries.
Alègre (Louis-Léonard, abbé d'), aumônier de la reine, 13, 237.
Alègre (Mme d'), 113.
Alexandre, premier commis du bureau de la guerre, 175.
Amelot (Jean-Jacques), seigneur de Chaillou, ministre et secrétaire d'État au département des affaires étrangères, 29, 73, 75, 80, 121, 135, 149, 170, 221, 232, 238-240, 243, 246, 256, 261, 298, 304, 373, 395, 397, 400, 402, 405, 414, 424, 433, 435, 437, 448, 455, 457.
Amelot (Anne de Vougny, Mme), femme du précédent, 103, 239.
Amelot (Mlle), 135, 176. *Voy.* Force (duchesse de la).
Amiens (Vidame d'), 28.
Amiens (Évêque d'). *Voy.* Motte.
Ancenis (Marthe-Élisabeth de Roye de la Rochefoucauld, duchesse d'), dame du palais de la reine, 113; 114, 123, 235, 237.
Ancezune (Joseph-André d'Ancezune d'Ornaison de Caderousse, marquis d'), maréchal de camp, 329.
Andelot. *Voy.* Andlau.
Andlau (Abbé d'), aumônier du roi, 13, 14.
Andlau (Mme d'), fille de M. de Polastron, 73, 88, 92, 114, 143, 145, 461.
Angleterre (Le roi d'). *Voy.* Georges II.
Antin (Duc d'), 37, 41, 133.
Antin (Duchesse douairière d'), 187, 193.
Antin (Françoise-Gillone de Montmorency-Luxembourg, duchesse d'), dame du palais de la reine, 3, 4, 7, 16, 27, 55, 69, 74, 91, 92, 97, 102, 106, 114, 121, 128, 132, 136, 142, 144, 166, 171, 174, 184, 201, 214, 231, 237,

246, 258, 270, 272-274, 276, 283, 288, 291, 293, 294, 304, 377, 391, 409, 418, 421, 446, 469, 475.

ANTIN (Françoise-Renée de Carbonnel de Cansy, marquise d'), 104, 185. *Voy.* FORCALQUIER (Mme de).

ANVILLE (Duc d'), 254, 274.

APCHIER (M. d'), 179, 181, 427, 447.

APREMONT (M. d'), 351.

Archevêque (M. l'). *Voy.* VINTIMILLE.

ARDORE (Prince d'), ambassadeur de Naples, 128, 141, 219.

ARDORE (Princesse d'), 36, 142, 189, 219.

ARDORE (Le fils de M. d'), 217.

ARGENSON (Marc-Pierre de Voyer de Paulmy, comte d'), intendant de la généralité de Paris, 65, 125, 186, 212, ministre d'État, 216, 221, 223, 231, 232, 242, 254, 256, 257, 373, secrétaire d'État, 381, 390, 398, 415-417, 422, 424, 426, 427, 433, 435, 441, 442, 448, 458, 462, 466.

ARGENSON (Mme d'), 450.

ARGENSON (M. d'), lieutenant dans le régiment du roi, 194.

Arles (Archevêque d'). *Voy.* BELLEFONDS.

ARMAGNAC (Charles de Lorraine, comte d'), dit le *prince Charles*, grand-écuyer de France, 403.

ARMAGNAC (Françoise-Adélaïde de Noailles, comtesse d'), femme du précédent, 248.

ARMENONVILLE (M. d'), mestre de camp, 130.

ARMENTIÈRES (Marquis d'), brigadier d'infanterie, 49, 179, 180, 281, 286, 298, 355, 367, 370, 371, maréchal de camp, 416.

ARMENTIÈRES (Mme d'), 306.

ARPAJON (Mme d'), 28.

ARPAJON (Mlle d'), 19, 22. *Voy.* NOAILLES (Comtesse de).

ARPAJON (Privilège de la maison d'), 22.

ASFELDT (Claude-François Bidal, marquis d'), maréchal de France, 200, 209, 428.

AUBESPINE (M. de l'), 412, 415.

AUBESPINE (Mme de l'), 456.

AUBIGNÉ (Louis-François d'Aubigné de Tigny, comte d'), lieutenant général, directeur général de l'infanterie, 58, 67, 159, 161, 166, 168, 177, 179, 182, 183, 315, 427, 442, 443, 462, 463-466.

AUGER (M. d'), chef de brigade des gardes du corps, 157, 191.

AUGUSTE III, roi de Pologne, électeur de Saxe, 17, 21, 35, 65, 84, 176, 216, 324.

AUMONT (Louis-Marie-Victor-Augustin, duc d.), premier gentilhomme de la chambre du roi, 44, 54, 72, 93, 132, 169, 444.

AUMONT (Mme d'), 93, 141, 444.

AUMONT (Mlle d'), 93.

AUTREY (M. d'), 468.

AUVERGNE (Cardinal d'). *Voy.* TOUR D'AUVERGNE (Henri Oswald de la).

AYDIE (MM. d'), 303.

AYEN (Louis de Noailles, duc d'), 2, 4, 13, 20, 31, 91, 103, 115, 116, 123, 444, 468, 476.

www.ingramcontent.com/pod-product-compliance
Lightning Source LLC
Chambersburg PA
CBHW051619230426
43669CB00013B/2102